FONTES CHRISTIANI

EVAGRIUS SCHOLASTICUS
KIRCHENGESCHICHTE
I

D1666831

FONTES CHRISTIANI

Zweisprachige Neuausgabe christlicher Quellentexte
aus Altertum und Mittelalter

Im Auftrag der Görres-Gesellschaft

herausgegeben von
Marc-Aeilko Aris, Siegmar Döpp,
Franz Dünzl, Wilhelm Geerlings,
Rainer Ilgner, Roland Kany,
Rudolf Schieffer

Band 57/1

EVAGRIUS SCHOLASTICUS

KIRCHENGESCHICHTE

I

GRIECHISCH
DEUTSCH

TURNHOUT
BREPOLS ✠ PUBLISHERS
2007

EVAGRIUS SCHOLASTICUS

HISTORIA ECCLESIASTICA

KIRCHENGESCHICHTE

ERSTER TEILBAND

ÜBERSETZT UND EINGELEITET
VON
ADELHEID HÜBNER

TURNHOUT
BREPOLS ❧ PUBLISHERS
2007

Abdruck des griechischen Textes von J. Bidez / L. Parmentier,
The Ecclesiastical History of Evagrius, Amsterdam 1964 (London 1898)

Fontes-Redaktion:
Silke Köster, Melanie Kurek, Horst Schneider,
Barbara Szlagor, Andrea Themann-Steinke

Bibliografische Information der Deutschen Bibliothek

Die Deutsche Bibliothek verzeichnet diese Publikation in der
Deutschen Nationalbibliografie; detaillierte bibliografische Daten
sind im Internet unter <http:/dnb.ddb.de> abrufbar

Umschlagbild: Marmorplatte eines Lesepults,
Ravenna, S. Apollinare Nuovo, 6. Jh.

Alle Rechte vorbehalten – Gedruckt in Belgien
© Brepols Publishers, Turnhout, 2007
Satz: Arbeitsstelle Fontes Christiani, Bochum
Herstellung: Grafikon – Ter Roye, Oostkamp, 2007
D/2007/0095/32
ISBN 978-2-503-51975-3 gebunden
ISBN 978-2-503-51976-0 kartoniert

INHALTSVERZEICHNIS

ERSTER TEILBAND

EINLEITUNG

TEXT UND ÜBERSETZUNG

ZWEITER TEILBAND

ANHANG

EINLEITUNG

Evagrius Scholasticus war der letzte griechisch schreibende Kirchenhistoriker der Spätantike. Seine Kirchengeschichte behandelt die Jahre von 428 bis 594, sie ist die wichtigste Quelle für die Zeit nach dem Konzil von Chalcedon (451) bis zum Ende des sechsten Jahrhunderts und gilt als ein Höhepunkt der Kirchengeschichtsschreibung.[1] Dennoch hat er bei modernen Kirchenhistorikern relativ wenig Beachtung gefunden.[2]

I. LEBEN UND UMWELT DES AUTORS

1. Das Leben

Auskunft über das Leben des Evagrius Scholasticus verdanken wir fast ausschließlich Hinweisen, die er selbst an mehreren Stellen seiner Kirchengeschichte gibt.

Evagrius wurde während der Regierungszeit Kaiser Justinians (527–565) in Epiphania[3] geboren, einer kleinen Stadt am Orontes in Syrien, die heute Hama heißt und damals zur Provinz Syria secunda gehörte. Epiphania hatte einen eigenen Bischof und unterstand der Jurisdiktion der etwa 50 km nördlich gelegenen Metropole Apamea und dem Patriarchat von Antiochien.

---

[1] So GRILLMEIER, *Jesus der Christus* 2/1, 38; WINKELMANN, *Die östlichen Kirchen* 139, bezeichnet Evagrius als den „wichtigsten Historiker" für diese Epoche.
[2] Ein Indiz dafür ist die Tatsache, daß er im Artikel „Kirchengeschichte" des LACL von FITSCHEN (*Kirchengeschichte* 425 f) gar nicht vorkommt.
[3] Vgl. *h. e.* 3, 34, unten 410 f.

Das Geburtsdatum ergibt sich aus einer Angabe im 4. Buch. Evagrius sagt, daß er im Jahr 594, 52 Jahre nach Ausbruch der Pest, die seit 542 das östliche Reich heimsuchte[4], in seinem 58. Lebensjahr stand[5]: demnach ist er im Jahr 536 geboren. Damit läßt sich jedoch eine Aussage schwer vereinen, die Evagrius ebenfalls im 4. Buch macht.[6] Im Jahr 540, als nach der Zerstörung Antiochiens durch den Perserkönig Chosroes I. die Eltern ihn nach Apamea mitnahmen, wo Bischof Thomas angesichts der Persergefahr durch Aussetzung einer Kreuzreliquie die Gläubigen zu stärken suchte und sich ein Wunder ereignete, war er, wie er sagt, Elementarschüler. In der Antike wurden die Kinder üblicherweise mit sechs bis sieben Jahren eingeschult, demnach wäre also das Geburtsdatum früher anzusetzen; es ist aber durchaus möglich, daß in Antiochien die Kinder schon mit vier Jahren Schulunterricht erhielten, möglich ist auch, daß Evagrius sich nicht genau erinnert und sich mehr auf überlieferte Erzählungen als auf eigene Erinnerungen stützt, zumal sich seine Beschreibung des Wunders weitgehend mit der bei Prokop[7] deckt.

Als die Perser unter ihrem König Chosroes I. Syrien verwüsteten, war Evagrius ein kleines Kind. Er war Elementarschüler, als er an der Pest erkrankte[8], die, von Ägypten kommend[9], Syrien im Jahr 542 erreichte. Wie Justinian gehörte er zu den wenigen, die die Krankheit überlebten, doch in späteren Jahren verlor er durch die Seuche, die in mehreren Schüben auftrat und bis circa 600 andauerte, seine Frau, mehrere Kinder, Verwandte, Hausangestellte und

---

[4] Vgl. *h. e.* 4,29, unten 508–513.
[5] Vgl. *h. e.* 4,29, unten 510f.
[6] Vgl. *h. e.* 4,26, unten 498f.
[7] Vgl. Prokop, *Pers.* 2,11,14–30 (200–202 Haury/Wirth).
[8] Vgl. *h. e.* 4,29, unten 510f.
[9] Evagrius hielt Äthiopien für den Ursprungsort der Pest (vgl. *h. e.* 4,29, unten 508f).

Landarbeiter und noch in seinen letzten Lebensjahren eine Tochter und deren Sohn.[10]

Die Familie scheint relativ wohlhabend gewesen zu sein, denn nach dem Besuch von Elementar- und Grammatikschule konnte Evagrius das Studium der Rhetorik und der Rechtswissenschaft aufnehmen, was Voraussetzung für die Ausübung eines öffentlichen Amtes war. Rhetorik hat er möglicherweise an der berühmten Rhetorenschule in Antiochien studiert. Für das Studium der Rechte hatte Justinian durch eine Konstitution des Jahres 533 nur die Universitäten von Rom, Berytus und Konstantinopel zugelassen. Berytus mit der bedeutendsten Rechtsschule der Antike war durch ein Erdbeben im Jahr 551 zerstört worden, und das Werk des Evagrius enthält keinerlei Anzeichen dafür, daß er Berytus oder gar Rom kannte. Man nimmt daher an, daß er in Konstantinopel Jura studiert hat, an dessen 425 von Theodosius II. gegründeter Universität Rhetorik, Philosophie und Jurisprudenz in hohem Ansehen standen. Daß Evagrius mit der Topographie und den Geschicken der Stadt vertraut war, geht aus mehreren Beschreibungen in seiner Kirchengeschichte hervor.[11] Das Studium der Rechtswissenschaften dauerte vier oder fünf Jahre; die Rechtssprache war Latein, aber die Unterrichtssprache war Griechisch, und seit dem 5. Jahrhundert wurden auch Gesetzestexte auf Griechisch abgefaßt. Evagrius erwarb sich durch das Studium den Titel eines Scholasticus und hat im Unterschied zu manch anderem literarisch gebildeten

---

[10] Vgl. *h. e.* 4, 29, unten 510f.
[11] Beispielsweise aus der Schilderung des Stadtbrandes, *h. e.* 2, 13, unten 256–261, oder der Beschreibung der Hagia Sophia, *h. e.* 4, 31, unten 514–517. Es fällt allerdings auf, daß er in seiner Beschreibung der Hagia Sophia nichts über den durch ein Erdbeben verursachten Einsturz der Kuppel im Jahr 558 sagt, obwohl er in dieser Zeit in Konstantinopel gewesen sein müßte, wenn er dort studiert hätte. Die Kuppel wurde durch den Wiederaufbau erhöht, auf die erhöhte Kuppel beziehen sich die Angaben des Evagrius.

Scholasticus den Beruf eines Rechtsanwaltes tatsächlich
ausgeübt.

Seit wann Evagrius in Antiochien tätig war, ist nicht bekannt, vielleicht war er schon Rechtsanwalt zur Zeit des
dortigen Patriarchen Anastasius (559–570), über dessen
Person und Werk er sich gut unterrichtet zeigt und den er in
ähnlicher Weise rühmt[12] wie den Patriarchen Gregor[13], der
nach der Absetzung des Anastasius[14] dessen Nachfolger
(570–593) wurde. Nach der Thronbesteigung Gregors 570
wurde er, wie auch sein Verwandter, der Historiker Johannes aus Epiphania, dessen Sekretär und Rechtsberater. In
dieser Position hat er es zu Wohlstand und Ansehen gebracht: Er besaß ein Haus in der Stadt und Besitzungen auf
dem Land mit vielen Angestellten[15], und er muß zu den führenden Persönlichkeiten der Stadt gehört haben, denn als
er zum zweiten Mal im Oktober 588 heiratete, feierte die
Stadt mit ihm ein Fest[16]. Für seine Arbeit im Dienst des
Patriarchen standen ihm mehrere Schreibkräfte zur Verfügung[17]; er hatte die Berichte Gregors zu redigieren und hat
einen ganzen Band mit dessen Berichten, Briefen, Beschlüs-
sen, Reden und Erörterungen[18] veröffentlicht, der aber
nicht mehr erhalten ist[19]. Als Sekretär des Bischofs hatte er
Zugang zum Archiv des Patriarchats und den dort aufbe-
wahrten Dokumenten und Akten, die er für seine Kirchengeschichte auswerten konnte. Wie er sagt, hat er zwei Ehrungen erhalten: von Kaiser Tiberius (578–582) den Titel

---

[12] Vgl. *h. e.* 4,40, unten 542–545.
[13] Vgl. *h. e.* 5,6, unten 564–569.
[14] Vgl. *h. e.* 5,5, unten 564f.
[15] Vgl. *h. e.* 4,29, unten 510f.
[16] Vgl. *h. e.* 6,8, unten 626–629.
[17] Vgl. *h. e.* 6,23, unten 656f.
[18] Unter διαλέξεις (so der griechische Text) kann man sowohl Erörterungen, Abhandlungen oder Dialoge als auch Predigten verstehen; Evagrius bezeichnet sein Buch (*h. e.* 1,15; 2,1, unten 166–169.194–201) und
auch Predigten (*h. e.* 1,2, unten 122–125) als διάλεξις.
[19] Vgl. *h. e.* 6,24, unten 658–661.

Quästor und von Kaiser Mauricius (582–602) den Titel Eh-
ren-Präfekt[20]. Es ist daher nicht verwunderlich, daß er von
beiden Kaisern ein äußerst positives Bild entwirft. Das Vor-
haben, die militärischen Unternehmungen des Kaisers
Mauricius darzustellen[21], hat er nicht mehr ausgeführt.

Dank seiner hervorgehobenen Stellung war Evagrius
über die Aktionen seines Bischofs gut unterrichtet und hat
an einigen von ihnen auch teilgehabt. So war er anwesend,
als Patriarch Gregor im Beisein von vielen Bischöfen den
Sarkophag des Heiligen Simeon Stylites des Älteren öffnen
ließ, weil der Heermeister des Ostens Philippicus den Bischof von Antiochien um Reliquien des Heiligen für seine
Ostfeldzüge gebeten hatte.[22] Er hat auch das Pilgerzentrum
des Styliten, Qalaat Seman, besucht und beschrieben.[23]

Daß der Bischof der Spätantike Aufgaben wahrnahm, die
über den kirchlichen Bereich hinausgingen, geht auch aus
der Kirchengeschichte des Evagrius hervor: Patriarch Gregor war für die Versorgung der Stadt zuständig[24] und er hat
die neu ausgehobenen Soldaten, als sie auf dem Weg zu ihren Einheiten durch Antiochien kamen, mit Geld, Nahrung
und Kleidung versorgt[25]. Ausführlich berichtet Evagrius,
daß der Bischof im Auftrag von Kaiser Mauricius im Jahr
589 aufständische Truppen dazu brachte, eine Meuterei zu
beenden, die im östlichen Heer ausgebrochen war; die
Rede, mit der Gregor die Soldaten gewann, hat er in ganzer
Länge wiedergegeben.[26] Zusammen mit dem Bischof von

[20] Vgl. *h. e.* 6,24, unten 658–661.
[21] Vgl. *h. e.* 5,20, unten 598–601.
[22] Vgl. *h. e.* 1,13, unten 158–165. Die Reliquien des Styliten waren nach
Antiochien transferiert worden; Evagrius hat aber wohl nur noch seinen
Kopf gesehen. PHILIPPICUS wurde 584 zum magister militum per Orientem ernannt.
[23] Vgl. *h. e.* 1,14, unten 164–167.
[24] Vgl. *h. e.* 6,7, unten 624–627.
[25] Vgl. *h. e.* 6,11, unten 632f.
[26] Vgl. *h. e.* 6,11–13, unten 632–639.

Melitene wurde der Bischof von Antiochien als Gesellschafter für den Perserkönig Chosroes II. auserwählt, als
dieser im Jahr 590 beim byzantinischen Kaiser Zuflucht vor
einem Usurpator gesucht hatte[27], und er wurde ausersehen,
die Votivgaben des Perserkönigs zum Heiligtum des Sergius nach Sergiupolis zu bringen[28]. Danach unternahm er auf
Geheiß des Kaisers Missionsreisen im Osten Syriens, um
die dortigen Monophysiten für die Orthodoxie zu gewinnen. Evagrius hat seinen Bischof bei diesen Gelegenheiten
offensichtlich nicht begleitet.[29]

Evagrius gibt auch Zeugnis von Gefahren und Problemen, denen sich sein Bischof ausgesetzt sah: Als 573 wieder
ein persischer Angriff auf Antiochien zu befürchten war,
floh der Patriarch und brachte die kirchlichen Geräte in
Sicherheit, weil die Stadtmauern keinen Schutz mehr ver-
sprachen, aber auch, weil das Volk rebellierte.[30]

In „höchste Gefahr" geriet Gregor einige Jahre später,
als ein gewisser Anatolius, der mit dem Bischof Umgang
pflegte, heidnischer Praktiken überführt wurde und das
aufgebrachte Volk auch den Bischof beschuldigte, an heidnischen Opfern beteiligt gewesen zu sein; Kaiser Tiberius
zog die Untersuchung der Sache an sich, woraufhin es auch
in Konstantinopel zu einer Heidenverfolgung und Volks-
erhebung kam, die sich selbst gegen Kaiser und Patriarch
richtete und erst nach der Verurteilung des Anatolius und
vieler anderer endete.[31]

Im Frühjahr 588 geriet Gregor mit dem Comes Orientis
Asterius in einen Streit, in dem die Oberschicht der Stadt
gegen den Patriarchen Partei ergriff und auch das Volk auf

---

[27] Vgl. *h. e.* 6,18, unten 644f.
[28] Vgl. *h. e.* 6,21, unten 650f.
[29] Evagrius gibt keine Beschreibung der SERGIUS-Kirche von Sergiupolis, während er sich über die Architektur anderer Kirchen ausführlich äußert.
[30] Vgl. *h. e.* 5,9, unten 576f.
[31] Vgl. *h. e.* 5,18, unten 594–597.

den Straßen und im Theater gegen Gregor randalierte. Asterius wurde zwar abgesetzt, aber auch unter seinem Nachfolger ließen die Tumulte nicht nach, schließlich wurden Gregor Schädigung der Wohlfahrt der Stadt und Inzest vorgeworfen. Im ersten Punkt konnte er sich leicht verteidigen, aber wegen des Vorwurfs des Inzests mußte er sich in Konstantinopel vor Synode und Senat verantworten. Evagrius hat seinen Bischof in die Kaiserstadt begleitet, um die Verteidigung in diesem Prozeß zu übernehmen, und „nach vielen Kämpfen" seinen Freispruch erreicht.[32]

Bei diesem Aufenthalt in Konstantinopel fand wahrscheinlich die Begegnung des Autors mit den Eltern des Kaisers Mauricius statt[33], die in der Nähe des Kaiserpalastes residierten. In diese Zeit fällt wohl auch sein Besuch der Stätte des vierten ökumenischen Konzils, Chalcedon, denn die Schilderung der Gegend ist so anschaulich, daß man annehmen muß, daß er selbst dort gewesen ist.[34] Seine exakten Beschreibungen der Euphemia-Kirche von Chalcedon mit archäologisch interessanten Details ebenso wie der Kirche von Qalaat Seman und der Hagia Sophia zeugen von seinem Interesse für Architektur.

Evagrius hatte nicht nur Beziehungen zu hochgestellten Persönlichkeiten, sondern stand auch zu Mönchen in engen Verbindungen, die möglicherweise durch den Patriarchen Gregor intensiviert worden sind, denn dieser war Abt in einem Kloster bei Jerusalem und auf dem Sinai gewesen, bevor er Bischof wurde; ihm verdankt er vermutlich auch seine Kenntnisse über die Mönche Palästinas. Evagrius gibt eine anschauliche Darstellung der verschiedenen Weisen mönchischen Einsiedlertums[35], weiß viele Mönchslegenden

---

[32] Vgl. *h. e.* 6,7, unten 626f.
[33] Vgl. *h. e.* 5,21, unten 602f.
[34] Vgl. *h. e.* 2,3, unten 202–205.
[35] Vgl. *h. e.* 1,21, unten 180–187.

zu erzählen[36], unterhielt sich mit Mönchen der syrischen Wüste über den Styliten Simeon den Älteren[37] und stand in einem besonders freundschaftlichen Verhältnis zu Simeon Stylites dem Jüngeren, der auf dem „Wunderberg" in der Nähe Antiochiens lebte. Dieser Simeon erriet die Gedanken des Historikers, den er liebte, als dieser nach dem Verlust seiner Kinder mit Gott haderte[38]; das bestätigt auch die kurz nach 600 verfaßte *Vita* Simeons[39], die das einzige zeitgenössische Zeugnis über Evagrius enthält.

Simeon der Jüngere starb im Mai 592; bald darauf, wohl im Jahr 593, starb auch Patriarch Gregor. Evagrius schrieb, wie er selbst angibt, das vierte Buch seiner Kirchengeschichte im Jahr 593/594[40], auch das sechste Buch enthält keine Daten, die über das Jahr 594 hinausgehen. Wie lange er danach noch gelebt hat, ist unbekannt, sicher ist lediglich, daß er die Ermordung des Kaisers Mauricius im Jahr 602 nicht mehr erlebt hat.

2. Die Stadt Antiochien

Evagrius hat die wichtigste Zeit seines Lebens in Antiochien verbracht. Folglich stehen in seiner Kirchengeschichte — neben der Geschichte der Reichskirche — Ereignisse und Personen sowohl des kirchlichen wie des weltlichen Bereichs aus Antiochien im Vordergrund.

---

[36] Über die syrischen Mönche SIMEON STYLITES DER ÄLTERE vgl. *h. e.* 1, 13, unten 158–165; zu SIMEON SALOS vgl. *h. e.* 4, 34, unten 520–525; zu THOMAS vgl. *h. e.* 4, 35, unten 524–527; zu SIMEON STYLITES DEM JÜNGEREN vgl. *h. e.* 6, 23, unten 654–659; über die palästinischen Mönche ZOSIMAS und JOHANNES DEN CHOUZIBITEN vgl. *h. e.* 4, 7, unten 462–467; zu BARSANUPHIUS vgl. *h. e.* 4, 33, unten 520f.
[37] Vgl. *h. e.* 1, 13, unten 158–165.
[38] Vgl. *h. e.* 6, 23, unten 656f.
[39] *Vita Simeonis minoris* 233 (1, 210 VAN DEN VEN).
[40] Vgl. *h. e.* 4, 29, unten 508–513.

Antiochien am Orontes, um 300 v. Chr. von Seleucus I.
Nicator gegründet und seit 246 v. Chr. Hauptstadt des Se-
leukidenreiches, seit 64 v. Chr. Hauptstadt der römischen
Provinz Syria, war nach der Verwaltungsreform des Dio-
cletian (284–305) Hauptstadt der Diözese Oriens. Diese
umfaßte je nach Grenzverlauf zwölf bis sechzehn Provinzen. Sie reichte von Kilikien und der Kommagene im Nor-
den bis Palästina und Arabien im Süden, vom Mittelmeer
im Westen bis zu Euphrat und Tigris im Osten und bildete
mit den Diözesen Asiana, Thracia und Pontus (im 4. Jahrhundert auch Aegyptus) einen Teil der Präfektur Oriens, an
deren Spitze der Prätorianerpräfekt des Ostens stand. Die
Diözese wurde von dessen Stellvertreter, dem Comes
Orientis, geleitet, die Provinzen wurden von Provinzstatt-
haltern, den Consulares, verwaltet. Antiochien war Sitz des
Comes Orientis, des ihm unterstellten Consularis Syriae
und des Magister militum per Orientem, des Chefs der militärischen Verwaltung. Im kirchlichen Bereich war Antiochien Sitz eines Patriarchen, dem im 6. Jahrhundert 14 Metropoliten und etwa 140 Bischöfe unterstanden; das Gebiet
des Patriarchats entsprach im wesentlichen dem der weltlichen Diözese, ausgenommen Palästina, das seit dem Konzil von Chalcedon ein eigenes Patriarchat bildete.

Antiochien war, zumindest bis 540, eine Großstadt, nach
Rom und Alexandrien die drittgrößte Stadt des Imperiums
und auch nach dem Aufstieg Konstantinopels die drittgrößte Stadt des Ostreiches. Es lag am Kreuzungspunkt
wichtiger Handelsstraßen und nahm Einflüsse aus Ost und
West in sich auf. Die Bevölkerung, die zu einem großen Teil
aus Händlern bestand, war ein Gemisch aus Griechen, Sy-
rern und Juden, daneben gab es auch Perser, Araber und
Phönizier; die Antiochener liebten Feste und Spiele und
galten als leichtfertig und vergnügungssüchtig. Das Volk
war bekannt dafür, daß es sich leicht zu Aufständen hinrei-
ßen ließ (im Jahr 387 kam es dort zum „Statuenaufstand"
gegen Theodosius I.), und Evagrius berichtet nicht nur von

dem Aufruhr gegen Gregor 588, sondern weist auch in verschiedenen anderen Bemerkungen auf Volkserhebungen
hin[41]. Griechen — sie sollen die ersten Einwohner gewesen
sein[42] — bildeten die Oberschicht, und Griechisch war die
Sprache der Gebildeten; Latein wurde von Juristen und
Verwaltungsbeamten beherrscht, doch war dessen Kenntnis gegen Ende des sechsten Jahrhunderts stark zurück-
gegangen. Ein großer Teil der Bevölkerung bestand aus Sy-
rern, Syrisch sprachen das einfache Stadtvolk und die Land-
bevölkerung. Es gab auch eine große jüdische Gemeinde in
Antiochien, die Evagrius aber mit keinem Wort erwähnt.

Antiochien war eine reiche und schöne Stadt, sie hieß
„die Große" oder auch „die Schöne", schon die Seleukiden
hatten sie prachtvoll ausgebaut, und die römischen Kaiser
hatten für weitere Verschönerungen gesorgt. Ammianus
Marcellinus, der aus Antiochien stammende bedeutendste
Historiker des 4. Jahrhunderts, nennt sie „Krone des
Orients"[43], der antiochenische Rhetor Libanius, der berühmteste Sohn der Stadt, preist sie in mehreren seiner
Reden[44]. Prokop läßt den Perserkönig sagen, Antiochien sei
„an Reichtum, Größe, Menschenzahl und Schönheit die
erste unter den Städten des Ostens".[45] Ihre Lage im Tal des
Orontes galt als eine der schönsten der Welt.

Das Zentrum der hellenistisch-römischen Stadt, das
„Königsviertel" mit Kaiserpalästen, Hippodrom, Tetrapy-
lon und Bädern, war die sogenannte Neustadt auf der
Orontesinsel im Nordwesten, die durch einen Kanal vom

---

[41] Vgl. *h. e.* 2,12, unten 254–257; 3,32, unten 402–407; 5,9, unten
570–577; 5,18, unten 593–597; 6,7, unten 624–627.
[42] Vgl. *h. e.* 1,20, unten 178–181.
[43] AMMIANUS MARCELLINUS, *Res gestae* 22,9,14 (274f CLARK/TRAUBE/
HERAEUS): *Orientis apex pulcher.*
[44] Zum Beispiel in dem *Antiochikos*: LIBANIUS, *or.* 11 (1/2,437–535 FÖR-
STER).
[45] PROKOP, *Pers.* 2,8,23 (185f HAURY/WIRTH); 1,17,36 (88 HAURY/
WIRTH).

übrigen Stadtgebiet abgetrennt war.[46] Evagrius nennt diese
Bauten in seinem Bericht über das Erdbeben des Jahres 458
und bestätigt, daß die „Neustadt" dank des Wetteifers der
Kaiser dicht bebaut war.[47] Auch die von Konstantin gegrün-
dete Kathedrale, die „Große Kirche", soll sich auf der
Orontesinsel befunden haben; Evagrius spricht ausführlicher von ihrem Geschick anläßlich des Erdbebens von
588.[48] — Eine vier Kilometer lange, prächtige Kolonnaden-
straße mit doppelten Säulenreihen, die von der frühen
Kaiserzeit bis ins achte Jahrhundert Hauptverkehrsachse
war, durchzog die Stadt vom Daphne- (oder Goldenen) Tor
im Südwesten bis zum „Osttor" im Nordosten; in ihrer
Mitte, wo sie von einer Querstraße gekreuzt wurde, befanden sich das Nymphaeum und das Valens-Forum, das nach
der Mitte des fünften Jahrhunderts das Zentrum der Stadt
wurde.

Zu Evagrius' Lebzeiten hatte die Stadt viel von ihrer
einstigen Pracht eingebüßt. Er zählt mehrere Säulenhallen
auf, die unter Theodosius II. von Statthaltern gebaut wurden, die sich als Christen hervorgetan hatten; sie waren zu
seiner Zeit noch erhalten, hatten aber ihr Aussehen verändert, und ihre Lage ist heute nicht mehr bekannt: das Pse-
phium (wohl ein Ratsgebäude), eine Stoa neben der des Ru-
fin, die Stoa des Callistus und die des Anatolius.[49] Er nennt
auch Säulenhallen und ein Tetrapylon, die ein Senator namens Mamian errichten ließ[50], dem im Vorort Daphne eine
Statue aufgestellt worden war[51]; Spuren von der Schönheit
der Säulenhallen waren zu seiner Zeit noch zu sehen, aber

---

[46] Die meisten der von Evagrius genannten Bauten sind lediglich aus der
Literatur (und aus einem Mosaik) bekannt, da im Zentrum der Stadt nur
wenige Ausgrabungen durchgeführt werden konnten.
[47] Vgl. *h. e.* 2, 12, unten 256 f.
[48] Vgl. *h. e.* 6, 8, unten 626–629.
[49] Vgl. *h. e.* 1, 18, unten 174–177.
[50] Vgl. *h. e.* 3, 28, unten 390 f.
[51] Vgl. *h. e.* 3, 28, unten 390 f.

das Tetrapylon war gänzlich verschwunden. Eine Bronze-
statue gab es auch von Kaiserin Eudocia, der Gemahlin von
Theodosius II. (408–450), die im Jahr 438/439 Antiochien
besucht und viel für die Stadt getan hatte; auf ihr Betreiben
soll Theodosius die Stadt erweitert haben[52].

Einzelne Stadtteile[53] und die Stadt insgesamt einschließ-
lich der Berghänge des Silpius waren von einer mit vielen
Türmen bewehrten Mauer eingefaßt, die aber häufig durch
Erdbeben oder kriegerische Auseinandersetzungen be-
schädigt wurde. Nach dem Persereinfall von 540 ließ Justinian sie zurücknehmen und die Orontesinsel nicht mehr
miteinbeziehen. Reste der theodosianischen Mauer waren
für Evagrius noch zu sehen, die justinianische Mauer war,
wie er sagt, um 573 zu einem großen Teil schon verfallen.[54]

Von den Kirchen Antiochiens finden außer der von Konstantin erbauten Großen Kirche nur die Kirche des heiligen
Babylas[55] und die von Justinian erbaute Kirche der Theoto-
kos[56] namentliche Erwähnung.

Vor den Toren der Stadt, in der Nähe des Daphne-Tores
im Süden, lag der christliche Friedhof, das *Coemeterium,* in
dem die vermeintlichen Gebeine des Ignatius und die des
Thomas von Emesa beigesetzt waren.[57] Bekannt ist Evagri-

---

[52] Vgl. *h. e.* 1, 20, unten 178–181.
[53] Antiochien war durch den Zusammenschluß von vier Stadtteilen entstanden und wurde daher auch als „Tetrapolis" bezeichnet; ob sich der
von Evagrius genannte Stadtteil Ostrakine (vgl. *h. e.* 2, 12, unten 256 f;
6, 8, unten 628 f) im Zentrum befand, ist umstritten, die Lage von Byrsia
(vgl. *h. e.* 6, 8, unten 628 f) ist unbekannt. Neueste Untersuchungen zur
Topographie (speziell zum Stadtteil Epiphania) hat HOEPFNER, *Antio-
chia die Große* 3–9, durchgeführt.
[54] Vgl. *h. e.* 5, 9, unten 576 f.
[55] Die Kirche des BABYLAS lag außerhalb der Stadt im Westen am Orontes (*h. e.* 1, 16, unten 170–173); sie ist die einzige, die durch Ausgrabungen identifiziert werden konnte.
[56] Vgl. *h. e.* 6, 8, unten 628 f.
[57] Vgl. *h. e.* 1, 16, unten 170–173; 4, 35, unten 526 f.

us auch die Lage des Euprepius-Klosters, des Klosters, in dem Nestorius Mönch war.[58]

Von besonderer Schönheit war der wasserreiche Vorort Daphne, der inmitten eines Lorbeerhains im Süden der Stadt lag, wo die reichen Antiochener ihre Villen hatten. Der Ort hatte seinen Namen von der Apollo-Daphne-Legende[59] und war berühmt wegen seines Apollo-Heiligtums. Daphne kommt bei Evagrius mehrmals vor; sein Hinweis auf die Translation des heiligen Babylas[60] bezieht sich auf den Versuch des Kaisers Julian im Jahr 362, im Vorort Daphne den Apollo-Kult wiederzubeleben, der aber fehlschlug, da der Tempel in Flammen aufging.

Antiochien war im Lauf seiner Geschichte häufig Schauplatz kriegerischer Auseinandersetzungen und Opfer von Naturkatastrophen; in den ersten sechs nachchristlichen Jahrhunderten soll es allein 15 Erdbeben gegeben haben. Evagrius weiß noch von dem verheerenden Erdbeben, das sich im Jahr 115 unter Trajan ereignete, und gibt einen ausführlichen Bericht über das Erdbeben des Jahres 458[61], dem fast die gesamte Neustadt und große Teile der Altstadt zum Opfer fielen. Das schlimmste Erdbeben, dem im Jahr zuvor ein Großbrand vorausgegangen war und dem weniger als zwei Jahre später ein weiteres Beben folgte, ereignete sich im Jahr 526[62]; dabei sollen 250 000 Menschen umgekommen sein, da die Stadt wegen des Festes Christi Himmelfahrt voller Besucher war. In Konstantinopel wurden auf die Nachricht hin die Spiele abgesagt, und Kaiser Justin trauerte. Justinian sorgte für den Wiederaufbau der Stadt und änderte ihren Namen in Theupolis (Stadt Gottes).

---

[58] Vgl. *h. e.* 1,7, unten 136–147.
[59] Der Sage nach floh die der ARTEMIS ergebene Nymphe DAPHNE vor APOLLO und wurde, um ihm zu entkommen, in einen Lorbeerbaum verwandelt.
[60] Vgl. *h. e.* 1,16, unten 170–173.
[61] Vgl. *h. e.* 2,12, unten 254–257.
[62] Vgl. *h. e.* 4,5, unten 458–461.

Alle Anstrengungen um den Wiederaufbau wurden zunichte gemacht, als der Perserkönig Chosroes I. im Frühjahr 540 die unzureichend verteidigte Stadt völlig zerstörte
und den Großteil der Bevölkerung in die Deportation führte. Dieses Unglück löste im ganzen Reich Erschütterung
aus und besiegelte den endgültigen Niedergang der ehemals
glanzvollen Stadt. Evagrius gibt selbst keine Darstellung
dieses Ereignisses, das er als etwa Vierjähriger erlebte, sondern verweist auf Prokop, der die Eroberung in Einzelheiten schildert[63]. Auch diesmal ließ Justinian die nieder-
gebrannte Stadt neu aufbauen.[64] Ein erneuter persischer
Angriff auf Antiochien im Jahr 573 konnte abgewendet
werden.[65]

Von späteren Erdbeben, deren es mehrere gab[66], nennt
Evagrius das von 577, das Daphne zerstörte[67], und behandelt eingehend das von 588, das auf den Tag seiner zweiten
Hochzeit fiel[68]; 60 000 Menschen sollen dabei ihr Leben gelassen haben, viele Kirchen, Häuser und Bäder wurden zerstört, auch Teile der Stadtmauer, aber die Kuppel der Kathedrale, die sich bei dem früheren Beben verschoben hatte,
nahm ihren alten Platz wieder ein.

Außer durch Erdbeben und Brände wurde die Bevölkerung Antiochiens auch durch die Pest dezimiert, die zu
Lebzeiten des Evagrius viermal die Stadt heimsuchte und
im gesamten byzantinischen Reich mehr als 150 Jahre wüte-
te; Evagrius schildert sie — in Anlehnung an Thucydides
und Prokop — in einem eigenen Kapitel[69]. Doch scheint das
Leben in der Stadt nicht erloschen zu sein, denn es gab auch

---

[63] Vgl. *h. e.* 4,25, unten 494–497; PROKOP, *Pers.* 2,6–10 (173–196
HAURY/WIRTH).
[64] PROKOP, *Aed.* 2,10,2–25 (76–80 HAURY/WIRTH).
[65] Vgl. *h. e.* 5,9, unten 570–577.
[66] Vgl. *h. e.* 6,8, unten 626f.
[67] Vgl. *h. e.* 5,17, unten 590–593.
[68] Vgl. *h. e.* 6,8, unten 626–631.
[69] Vgl. *h. e.* 4,29, unten 508–513.

am Ende des sechsten Jahrhunderts weiterhin Theatervor-
führungen, Festveranstaltungen und Umzüge.[70]

3. Das Christentum in Antiochien

Für das Christentum war Antiochien von Anfang an von
großer Bedeutung. Hier gab es schon sehr früh eine christliche Gemeinde, hier wurden die Christen zum erstenmal
als „Christen" bezeichnet (vgl. Apg 11,19–26). Petrus und
Paulus haben sich in Antiochien aufgehalten, ihre Auseinandersetzung um Juden- und Heidenchristentum fand hier
statt (vgl. Gal 2,11–14) und von Antiochien aus unternah-
men Paulus und Barnabas ihre Missionsreisen (vgl. Apg
13,1–4).

Antiochien war nachweislich seit der zweiten Hälfte des
zweiten Jahrhunderts Bischofssitz und zählte seit dem 5.
Jahrhundert als *Cathedra Petri* mit Rom und Alexandrien
zu den drei „apostolischen Thronoi"; in der durch das Konzil von Chalcedon festgelegten Rangfolge stand es hinter
Rom, Konstantinopel und Alexandrien und war für die östliche Christenheit ein theologisches Zentrum.

Mit Antiochien sind die Namen berühmter, aber auch
umstrittener Theologen verbunden. In Antiochien entwi-
ckelte sich eine eigene als „antiochenische Schule" bezeichnete theologische Richtung, die in der Bibelexegese stärker
als die Alexandriner auf den Wortsinn Wert legte und in der
Christologie die Menschheit Christi betonte. Im fünften
Jahrhundert erlangte die jüngere antiochenische Schule Bedeutung, als deren Begründer Diodor von Tarsus gilt und
deren bedeutendster Theologe Theodor von Mopsuestia
war; zu ihr zählten neben Chrysostomus, Theodoret von
Cyrrhus unter anderem auch Johannes von Antiochien und

---

[70] Theater: vgl. *h. e.* 6,7, unten 624f; Fest zu Ehren von IGNATIUS: vgl.
h. e. 1,16, unten 170–173; zu Ehren von THOMAS: vgl. *h. e.* 4,35, unten
524–527; Hochzeitsfest: vgl. *h. e.* 6,8, unten 626–629.

Nestorius. Mit Johannes Chrysostomus und Nestorius wurden zwei antiochenische Mönche und Presbyter, die wegen ihrer Redegabe berühmt waren, Bischöfe von Konstantinopel, die aber beide scheiterten. Außer Nestorius, den das Konzil von Ephesus 431 absetzte, wurden in dem Zeitraum, den Evagrius behandelt, antiochenische Theologen und antiochenische Theologie mehrmals verurteilt, so auf der zweiten ephesinischen Synode 449 und auf dem 5. ökumenischen Konzil 553 in Konstantinopel. Das Patriarchat mußte auf dem Konzil von Chalcedon (451) durch die Abtretung der drei palästinischen Provinzen an das Patriarchat Jerusalem eine Verkleinerung seines Territoriums hinnehmen.

Die christliche Gemeinde Antiochiens hatte schon von den Anfängen an Uneinigkeiten erlebt (den Streit zwischen Petrus und Paulus, das meletianische Schisma), und auch das fünfte und sechste Jahrhundert waren von Streitigkeiten geprägt. Während jedoch frühere Schismen überwunden werden konnten, bewirkte die Verurteilung von Nestorius nach dem Konzil von Ephesus in Ostsyrien die Entstehung der eigenständigen Kirche der Nestorianer. Nach dem Konzil von Chalcedon entstanden im östlichen Reich heftige Auseinandersetzungen um die Zweinaturenlehre des Konzils, und in Antiochien wurde der Patriarchenstuhl im Wechsel mit chalcedonischen und antichalcedonischen Bischöfen besetzt. Während die Bevölkerung der Provinz Syria secunda mit der Metropole Apamea zu Chalcedon stand, war der Großteil der Bevölkerung Antiochiens und der Provinz Syria prima antichalcedonisch, und im Jahr 479 führte der Widerstand gegen den chalcedonischen Bischof Stephanus zu seiner Ermordung[71]. Unter den monophysitischen Bischöfen ragen Petrus Fullo (der „Walker") und der bedeutende Theologe Severus heraus, der maßgeblich für den Ausbau einer antichalcedonischen Kirche verantwortlich war. Nach der endgültigen Beset-

---

[71] Vgl. *h. e.* 3,10, unten 354f, und Einleitung, unten 37 Anm. 130.

zung der Patriarchenstühle mit orthodoxen Bischöfen und der Verurteilung der Monophysiten unter Justinian 536 bildete sich in Antiochien neben der „kaiserlichen" Kirche die nach Jakob Baradai benannte monophysitische Gegenkirche der Jakobiten heraus, die das Auseinanderbrechen der Glaubenseinheit im Osten bedeutete und Evagrius mit Sicherheit bekannt war, in seiner Kirchengeschichte aber nicht berücksichtigt wird.[72]

Als Antiochener hegt Evagrius für die Bischöfe Antiochiens besonderes Interesse und deutliche Sympathie, nicht nur für die Patriarchen Anastasius und Gregor, unter denen er selbst in Antiochien gelebt hat, sondern auch für Johannes I., den er gegenüber Anschuldigungen in Schutz nimmt[73], für Domnus II., über den er Nachforschungen anstellt[74], für Flavian II., der monophysitischen Angriffen ausgesetzt war[75], und für Ephraem, der nach dem großen Erdbeben für den Wiederaufbau der Stadt sorgte[76] und bei dem Persereinfall die Hauptkirche vor Zerstörung bewahrte[77]. Über den monophysitischen, zwielichtigen Petrus Fullo, den „Walker", äußert er sich nur zurückhaltend, aber der bedeutende monophysitische Theologe Severus erfährt eine eingehende, sachliche Behandlung: Er beschreibt seinen Werdegang und berichtet von seiner Absetzung, sieht aber in ihm auch die Ursache vieler Streitigkeiten.[78] Der theologisch gebildetste chalcedonische Bischof jener Zeit war Anastasius, der es wagte, gegen den Aphthartodoketismus Justinians Widerstand zu leisten[79]; er wurde von

---

[72] Da der Monophysitismus nicht Gegenstand dieser Kirchengeschichte ist, bezeichne ich die Anti-Chalcedonier generell als „Monophysiten" trotz aller unter ihnen bestehenden Unterschiede.
[73] Vgl. *h. e.* 1,3, unten 124–127.
[74] Vgl. *h. e.* 1,10, unten 148–153.
[75] Vgl. *h. e.* 3,31, unten 396–401.
[76] Vgl. *h. e.* 4,6, unten 460–463.
[77] Vgl. *h. e.* 4,25, unten 496 f.
[78] Vgl. *h. e.* 3,33, unten 406–411.
[79] Vgl. *h. e.* 4,40, unten 542–545.

Justin I. abgesetzt, konnte aber nach dem Tod Gregors seinen *Thronos* wieder einnehmen; Evagrius spricht voller
Hochachtung von ihm. Bischof Gregor, der nach Evagrius'
Worten von besonderem Scharfsinn und Durchsetzungs-
vermögen war, scheint beim Volk nicht immer beliebt
gewesen zu sein, wie die Empörungen gegen ihn erkennen
lassen, trotz der gegenteiligen Versicherungen seines Sekre-
tärs[80]; vielleicht stellt er gerade deshalb die Verdienste und
Leistungen seines Bischofs im letzten Buch der Kirchengeschichte umso stärker heraus.

Eine wichtige, aber nicht immer rühmliche Rolle[81] spielten die Mönche, die außerhalb Antiochiens, besonders in
der syrischen Wüste, als Eremiten lebten und sich durch
Fanatismus und radikale Askese hervortaten; die Darstellung der verschiedenen Lebensformen der Mönche Palästinas trifft ebenso auf die Mönche Syriens zu.[82] Evagrius hat
einige von ihnen aufgesucht und sich mit ihnen unterhal-
ten.[83] Der berühmteste Heilige im fünften Jahrhundert war
Simeon Stylites der Ältere, der als erster das „Säulenstehen"
geübt hatte, das eine typisch syrische Erscheinungsform
darstellt und viele Nachahmer fand; er zog ganze Ströme
von Pilgern an und hatte selbst auf den Kaiser Einfluß[84];
sein Leichnam wurde nach seinem Tod nach Antiochien
überführt. In größerer Nähe zu Antiochien, auf dem „Wunderberg", lebte im sechsten Jahrhundert der Säulensteher
Simeon der Jüngere, mit dem Evagrius befreundet war.[85]

---

[80] Vgl. *h. e.* 5,6, unten 566–569.
[81] Vgl. *h. e.* 3,32, unten 406f.
[82] Vgl. *h. e.* 1,21, unten 180–187.
[83] Vgl. *h. e.* 1,13, unten 158–165.
[84] Vgl. *h. e.* 1,13f, unten 158–167.
[85] Vgl. *h. e.* 6,23, unten 654–659.

4. Andere Städte

Über andere Städte Syriens berichtet Evagrius aus eigener
Anschauung wenig. Von seiner Geburtsstadt Epiphania erzählt er lediglich eine Geschichte, die in seiner Familie überliefert wurde. Als der erste Diakon der Stadt im Auftrag der
Bischöfe von Epiphania und Arethusa dem monophysitischen Patriarchen Severus von Antiochien ein „Absetzungsschreiben" übergeben sollte, verkleidete er sich aus Furcht
vor dem hohen Amt als Frau, die ein Bittgesuch stellt, und
erreichte so, daß Severus den Inhalt des Schreibens zur
Kenntnis nahm.[86] Die Anekdote spricht für die Orthodoxie
des Bischofs von Epiphania, macht aber auch den Rangun-
terschied der beiden Städte deutlich. Über Apamea, die
Hauptstadt der Provinz Syria secunda, „einstmals wohlhabend und volkreich", wie Evagrius sagt[87], erfahren wir mehr.
Evagrius schildert das schon oben erwähnte „Wunder", das
sich ereignete, als nach dem Persereinfall die dort befindliche
Kreuzreliquie öffentlich verehrt wurde: Als Bischof Thomas
sie durch die Kirche trug, begleitete sie ein feuriger Schein; tatsächlich blieb Apamea 540 vor Zerstörung verschont.[88]
Evagrius gibt auch die freimütige Unterredung zwischen Bischof und Perserkönig beim Wagenrennen in Apamea wieder.[89] 573 wurde die Stadt durch den persischen General
Adarmaanes zerstört; der Bericht über den Niedergang der
einst prosperierenden Stadt zeigt seine Anteilnahme.[90]

Die Hafenstadt Antiochiens, Seleukia Pieria, und das
ebenfalls nicht weit entfernte Beroea kommen nur in der
Aufzählung der von Chosroes aufgesuchten oder zerstör-
ten Städte vor.[91]

---

[86] Vgl. *h. e.* 3,34, unten 410–413.
[87] *H. e.* 5,10, unten 576f.
[88] Die Apameer hatten ein hohes Lösegeld gezahlt. — Einen Eindruck
von der einstigen Pracht vermitteln die heute noch sichtbaren Ruinen.
[89] Vgl. *h. e.* 4,25f, unten 494–501.
[90] Vgl. *h. e.* 5,10, unten 576–579.
[91] Vgl. *h. e.* 4,25, unten 496f.

Die Wundergeschichten, die Evagrius über Edessa und Sergiupolis zu berichten weiß, verdankt er seinen Quellen, ebenso Nachrichten über andere Städte, die in kriegerischen Auseinandersetzungen eine Rolle spielten. Er hat seinen Bischof wahrscheinlich nicht begleitet, als dieser Votivgaben in die Kirche des heiligen Sergius nach Sergiupolis zu bringen hatte, und ist auch nicht wie sein Vetter Johannes durch Persien gereist.

Außerhalb Syriens kannte Evagrius die Hauptstadt des Reiches, Konstantinopel, und das nahebei gelegene Chalcedon. Er hat vielleicht in den 50 er Jahren des 6. Jahrhunderts dort studiert[92]; auf jeden Fall aber hat er sich 588 anläßlich des Prozesses gegen seinen Bischof in Konstantinopel aufgehalten. Seine genauen Angaben über die Entfernung von Antiochien nach Ephesus[93] lassen vermuten, daß er auf dem Landweg dorthin gereist ist. Auch über einige Orte in Palästina kann er genaue Entfernungsangaben machen und sogar eine Lagebeschreibung geben[94], so daß es möglich ist, daß er das Land, in dem sein Bischof Abt gewesen war, nicht nur aus Erzählungen, sondern aus eigener Anschauung kannte.

Die Welt, in der Evagrius lebte, war eine von Antike und Christentum geprägte Welt, die noch die Merkmale ihrer einstigen Größe, aber auch schon die Zeichen ihres Niederganges trug. Syrien wurde 611 von den Persern und 636 von den muslimischen Arabern erobert und ist heute, nach zeitweiliger Rückeroberung durch die Byzantiner (969), der Zeit des lateinischen Fürstentums (1098–1268) und der Eroberung durch Mameluken (1268) und Osmanen (1517) in verkleinertem Umfang ein selbständiger Staat; Antiochien, die einstige Hauptstadt Syriens, gehört seit 1939 zur Türkei.

---

[92] Vgl. Einleitung, oben 11.
[93] Vgl. *h. e.* 1, 3, unten 124–127.
[94] Vgl. *h. e.* 4, 7, unten 462–467.

II. Das Werk

1. Inhalt

a) 1. Buch

Wie die meisten antiken Historiographen läßt auch Evagrius sein Geschichtswerk mit einem Proöm beginnen. Aber anders als die Profanhistoriker Thucydides, Herodot oder Prokop stellt er sich nicht gleich zu Beginn namentlich vor, sondern nennt die Namen des Eusebius von Caesarea, des Begründers der Kirchengeschichtsschreibung, und die von dessen Nachfolgern, den Historikern der theodosianischen Zeit Sozomenus, Theodoret und Socrates, deren Werk er fortsetzen will. Er setzt sich damit nicht nur von den Profanhistorikern ab, sondern zeigt auch an, daß er innerhalb der christlichen Historiographie in der orthodoxen Tradition steht; der nicht-orthodoxe, von ihm aber durchaus benutzte Kirchenhistoriker Zacharias wird daher nicht genannt.

Evagrius hebt einige der für ein Proöm typischen Gesichtspunkte hervor: Er erklärt die Notwendigkeit seiner Kirchengeschichte, betont die Bedeutung der zu behandelnden Ereignisse und gibt den Umfang des Werkes an — es soll da einsetzen, wo die genannten Autoren aufgehört haben, und soll bis in seine Zeit reichen; es soll auch, wie er im folgenden Kapitel sagt, neben kirchlichen andere Ereignisse enthalten, die „der Geschichte würdig" sind. Auch den Nutzen des Lesers hat er vor Augen, dessen Wissen er vermehren will. Es fehlt jedoch das in vielen profanen Proömien enthaltene und auch von Sozomenus abgelegte Bekenntnis zu Wahrheit und Unparteilichkeit. Sein Hauptanliegen, das er mit den Historikern seit Herodot teilt, besteht darin, denkwürdige Taten vor dem Vergessen zu bewahren, ja, selbst schon vergessene Taten durch das Wort wiederzubeleben und unsterblich zu machen.[95]

---

[95] Ähnlich äußert sich sein Verwandter JOHANNES VON EPIPHANIA über die Macht des Wortes (*fr.* 1 [273 MÜLLER]): παϱέχουσι γὰϱ οἱ λόγοι τὸ ζῆν καὶ διαφθειϱομένοις τοῖς πϱάγμασιν: denn die Worte verleihen selbst untergegangenen Taten Leben.

Während andere Autoren wie Thucydides oder Prokop sich als besonders befähigt ausweisen, hält Evagrius sich nicht für begabt (μὴ δεινός) für dieses Unternehmen, wagt es aber im Vertrauen auf Gott. Damit übernimmt er die für spätere byzantinische Historiker typische Bescheidenheitsgeste von Eusebius[96], dessen Beispiel vor allem die Kirchenhistoriker gefolgt sind. Sie stellen ihre eigene Person zurück, da sie das Gelingen ihres Werkes Gott zuschreiben. Inhalt des ersten Buches ist die Vorgeschichte des Konzils von Chalcedon zur Zeit von Theodosius II.

Obwohl die Kirchengeschichte des Socrates mit dem Jahr 439 endete, läßt Evagrius seine Kirchengeschichte mit dem Jahr 428 beginnen, dem Jahr, in dem Nestorius zum Bischof von Konstantinopel berufen und auf dem Weg zu seinem Bischofssitz, wie Evagrius meint, bei Theodor von Mopsuestia zum Häretiker wurde, denn die Kontroverse um Nestorius bildet die Vorgeschichte zu Chalcedon und zu den durch das Konzil verursachten Auseinandersetzungen: „Der Krieg der Kirchen nahm da seinen Anfang"[97].

Für den Bericht über das Konzil von Ephesus (431), das wegen des Streites zwischen Nestorius und Cyrill von Alexandrien einberufen wurde, benutzt Evagrius die Konzilsakten. Cyrills Maßnahmen stellt er als rechtmäßig hin und tadelt das Verhalten von Nestorius und Johannes von Antiochien, er verweist auf den in den Akten enthaltenen Briefwechsel zwischen Cyrill, Papst Coelestin und Nestorius, gibt das Absetzungsurteil über Nestorius wörtlich wieder und zitiert ausführlich aus dem Brief Cyrills an Johannes von Antiochien, der die Unionsformel enthält, die das zwischen Alexandrinern und Antiochenern entstandene Schisma beendete.[98]

---

[96] Eusebius von Caesarea, v. C. 1,10 (GCS 19f); h. e. 1,1,3 (2f Schwartz).
[97] H. e. 1,2, unten 122–125.
[98] Vgl. h. e. 1,2–6, unten 122–135.

Im Anschluß daran stellt er das weitere Schicksal des Nestorius dar, von dem er durch ein zufällig entdecktes Buch Kenntnis erhielt, in dem Werke und Briefe von Nestorius enthalten waren. Da die Schriften des Nestorius aufgrund seiner Verurteilung weitgehend verloren sind, sind die Hinweise des Evagrius sehr wertvoll, und die aus den Briefen zitierten Passagen wären ohne ihn unbekannt. In dem elenden Schicksal des Nestorius sieht Evagrius den Beweis dafür, daß seine Häresie auf das schärfste zu verurteilen ist.[99]

In den Kapiteln 1,9 und 1,10 behandelt Evagrius die endemische Synode von Konstantinopel im Jahr 448, auf der Flavian von Konstantinopel den Vorsitz hatte und der radikale Monophysit Eutyches verurteilt wurde, sowie die zweite ephesinische Synode vom Jahr 449, die „Räubersynode", die unter dem Vorsitz des monophysitischen Dioskur von Alexandrien Eutyches rehabilitierte und Flavian und Eusebius von Dorylaeum absetzt. Er zitiert aus den Synodalakten, die in den Akten des Konzils von Chalcedon enthalten sind, und nennt die Namen weiterer von Dioskur abgesetzter Bischöfe, die in den syrischen Akten überliefert sind.

Evagrius verteidigt nun gegenüber den Heiden, den „Götzendienern", diese Synode, die die Entscheidungen der vorangegangenen Synoden widerrief und deren Beschlüsse wiederum auf dem Konzil von Chalcedon für ungültig erklärt wurden, indem er Irrtümer in der Kirche grundsätzlich damit rechtfertigt, daß dadurch die richtigen Dogmen umso klarer hervortreten. Anschließend greift er seinerseits den „Glauben" der Heiden an, indem er deren Göttervorstellungen lächerlich macht.[100]

Die Kapitel 1,13 und 1,14 sind dem antiochenischen heiligen Simeon dem Älteren gewidmet, der als erster das Säulenstehen geübt hat. Evagrius gibt bis dahin unbekannte

[99] Vgl. *h. e.* 1,7, unten 136–147.
[100] Vgl. *h. e.* 1,11, unten 152–157.

Einzelheiten aus seinem Leben wieder, berichtet von der Überführung seines Leichnams und der wunderbaren Erscheinung eines Sterns bei seinem Heiligtum und beschreibt dessen Architektur. Als weitere bedeutende Christen werden Isidor von Pelusium und Synesius von Cyrene behandelt[101] und als wichtige antiochenische Ereignisse die Überführung der Gebeine von Ignatius und Babylas[102].

Dann folgen Nachrichten aus dem weltlichen Bereich: über den Hunnenkrieg unter Attila und ein Erdbeben im Jahr 447[103], über Bauten in Antiochien[104], über Aufstände im Westen unter Valentinian III. (425–455) und Auseinandersetzungen mit den Persern und schließlich Notizen über die Dichter Claudian (chronologisch falsch eingeordnet) und Cyrrhus von Panopolis[105].

Am Schluß des Buches steht Kaiserin Eudocia im Vordergrund, die Gemahlin von Theodosius II., die den letzten Teil ihres Lebens in Palästina verbracht und dort für die Einrichtung von Klöstern und Lauren gesorgt hatte.[106] Aus diesem Anlaß gibt Evagrius einen einzigartigen, umfassenden Exkurs über palästinisch-syrisches Anachoretentum.[107]

Mit der Nachricht vom Tod des Theodosius und der Eudocia und der Thronbesteigung des Marcian endet das Buch.

b) 2. Buch

Das Hauptgewicht des zweiten Buches liegt auf dem Konzil von Chalcedon und seinen Folgen in der Zeit von Marcian (450–457) und Leo (457–474).

---

[101] Vgl. *h. e.* 1,15, unten 166–169.
[102] Vgl. *h. e.* 1,16, unten 170–173.
[103] Vgl. *h. e.* 1,17, unten 172–175.
[104] Vgl. *h. e.* 1,18, unten 174–177.
[105] Vgl. *h. e.* 1,19, unten 176f.
[106] Vgl. *h. e.* 1,20–22, unten 178–189.
[107] Vgl. *h. e.* 1,21, unten 180–186.

Kaiser Marcian, der das Konzil von Chalcedon einberief, wird als edler Charakter vorgestellt, dessen besondere Bedeutung durch wunderbare Vorzeichen angekündigt wurde.[108] Anlaß für die Einberufung des Konzils waren Anklagen, die Vetreter des Papstes und Eusebius von Dorylaeum gegen Dioskur wegen seines Vorgehens auf der „Räubersynode" vorbrachten.[109] Doch bevor Evagrius das Konzil behandelt, beschreibt er die Gegend von Chalcedon und die Euphemia-Kirche, in der das Konzil tagte. Nur anhand dieser Beschreibungen, den einzigen, die aus der Antike erhalten sind, läßt sich annähernd rekonstruieren, wo das Konzil stattgefunden hat. Auch ein Blutwunder, das sich am Sarkophag der Heiligen zu ereignen pflegte, wird von Evagrius eingehend geschildert.[110]

Dem Bericht über das Konzil von Chalcedon (451) ist das lange Kapitel 4 gewidmet. Evagrius hat hierfür ausschließlich die Akten benutzt, die ihm in derselben Anordnung wie in den ältesten griechischen Handschriften vorlagen[111]. Er zitiert daraus wörtlich vier Dokumente: 1. die Anklageschrift des Eusebius von Dorylaeum, 2. das Votum der Senatoren über Dioskur, Juvenal, Thalassius, Eusebius von Ancyra, Eustathius von Berytus und Basilius von Seleucia, 3. die Verurteilung Dioskurs durch die päpstlichen Legaten und Freisprechung der übrigen, und 4. — das wichtigste Ergebnis des Konzils — die Glaubenserklärung.[112] Denjenigen, der sich genauer über die einzelnen Sitzungen informieren will, verweist Evagrius auf einen Auszug aus

---

[108] Vgl. *h. e.* 2,1, unten 195–201.

[109] Vgl. *h. e.* 2,2, unten 200–203.

[110] Vgl. *h. e.* 2,3, unten 202–209.

[111] In den Handshriften entspricht die Reihenfolge der *actiones*, der Sitzungsberichte, die E. Schwartz in seiner Edition der Konzilsakten (ACO 2/1,2) übernommen hat, nicht dem tatsächlichen zeitlichen Verlauf; tatsächlich folgte auf die erste Sitzung die als *actio* 3 gezählte Sitzung, dann *actio* 2; vgl. *C Chalc.* (1/2 Schwartz).

[112] Vgl. *h. e.* 2,4, unten 208–227.

den Konzilsverhandlungen, den er am Ende des Buches an-
fügt.[113]

In dieser umfangreichen Epitome werden, abgesehen
von der Glaubenserklärung, die genannten Dokumente
noch einmal wörtlich wiedergegeben. Darüber hinaus zitiert Evagrius aus den Akten der zweiten Synode von Ephesus, die in der ersten Sitzung von Chalcedon verlesen wurden, aus denen hervorgeht, daß Dioskur in Ephesus den
Brief von Papst Leo, den *Tomus Leonis,* nicht hatte verlesen
lassen. Gegenstand der als zweiter gezählten Sitzung in
Chalcedon war das ungesetzliche Verhalten Dioskurs, das
in allen Einzelheiten vor Augen geführt wird; damit doku-
mentiert Evagrius die von monophysitischer Seite bestrittene Rechtmäßigkeit der Absetzung Dioskurs. Er hebt
dann die Schwierigkeiten hervor, die auf der dritten Sitzung
zutage traten, in der es um die Definition des Glaubens
ging. Nach der Verlesung der Bekenntnisse von Nicaea und
Konstantinopel wurden die Briefe Cyrills an Nestorius und
Johannes von Antiochien verlesen; daraus führt Evagrius
längere Teile an und vermerkt, daß sie allgemeine Zustimmung fanden. Die anschließende Verlesung des *Tomus Leonis* stieß jedoch bei den Bischöfen Illyriens und Palästinas
auf Skepsis. Daß und wie ihre Bedenken ausgeräumt werden konnten, indem nachgewiesen wurde, daß der Brief
Leos mit Cyrill in Einklang stand und er schließlich von allen akzeptiert wurde, wird von Evagrius eigens hervorgehoben. Er macht aber auch auf die Widerstände speziell der
Bischöfe Ägyptens in der vierten Sitzung aufmerksam, die
ohne ihren Patriarchen nicht zustimmen wollten, um zum
Schluß zu betonen, daß die Glaubenserklärung, die auf der
fünften Sitzung erarbeitet wurde, vor dem Kaiser verlesen und
von allen unterschrieben wurde. Schließlich führt er noch
Kanones mit wichtigen rechtlichen Bestimmungen an.

---

[113] Vgl. *h. e.* 2, 18, unten 265–319.

Die Widerstände gegen die Zweinaturenlehre des Konzils und den *Tomus Leonis* wurden bald nach dem Konzil sichtbar und verursachten heftige Auseinandersetzungen, wie Evagrius bezeugt.[114] In Alexandrien rief die Einsetzung des chalcedonischen Patriarchen Proterius einen gewaltigen Aufstand hervor, und in Jerusalem führte der Widerstand gegen Juvenal, der sich vom Anhänger Dioskurs zu einem Chalcedonier gewandelt hatte und daran gehindert wurde, seinen Bischofssitz einzunehmen, zur Wahl eines Gegenbischofs. Evagrius hält den erbitterten Streit um die chalcedonische Formel „in zwei Naturen" und die cyrillische Formel „aus zwei Naturen" für überflüssig und sucht in einem ganzen Abschnitt zu beweisen, daß beide auf denselben Sachverhalt zielen.[115]

Danach berichtet Evagrius von Katastrophen im Ostreich[116] und politischen Ereignissen im Westreich, die zur Einnahme Roms durch Geiserich im Jahr 455 führten[117].

Kapitel 8 setzt ein mit der Nachricht vom Tod Marcians und vom Regierungsantritt Kaiser Leos, den die Alexandriner zum Anlaß nahmen, einen antichalcedonischen Gegenbischof, Timotheus Aelurus, zu wählen. Die Ermordung des chalcedonischen Patriarchen Proterius von Alexandrien wurde von den ägyptischen Bischöfen und dem alexandrinischen Klerus in einem Schreiben an Kaiser Leo in Einzelheiten dargestellt, das Evagrius wörtlich anführt.

Kaiser Leo ließ angesichts der Uneinigkeit über das Konzil und über die Wahl von Timotheus Aelurus im Jahr 457 ein Rundschreiben ergehen, adressiert an den Patriarchen Anatolius von Konstantinopel und von Evagrius im Wortlaut wiedergegeben, durch das alle Bischöfe, auch der Bischof von Rom, sowie die syrischen Mönche Simeon, Baradatus und Jacobus zur Stellungnahme aufgefordert wur-

---

[114] Vgl. *h. e.* 2,5, unten 226–233.
[115] Vgl. *h. e.* 2,5, unten 232f.
[116] Vgl. *h. e.* 2,6, unten 232–235.
[117] Vgl. *h.e.* 2,7, unten 234–237.

den; sie billigten — mit einer Ausnahme — das Konzil und
verurteilten die Wahl von Timotheus Aelurus. Die Schreiben sind im nur lateinisch überlieferten *Codex encyclius*
zusammengefaßt; das von Evagrius zitierte kaiserliche
Rundschreiben ist das einzige Dokument, das aus dem ver-
lorenen griechischen Original erhalten ist.[118]

Den Nachrichten aus dem kirchlichen Bereich folgen
Nachrichten über Desaster im Osten: das Erdbeben von
458/459 in Antiochien[119], den Großbrand in Konstantinopel von 465[120] und andere außergewöhnliche Vorfälle. In
den folgenden Kapiteln werden nach einer Erwähnung der
kaiserlichen Nachfolgeregelung im Osten[121] die Geschehnisse im Westen und das Ende West-Roms stichwortartig
behandelt[122] und schließlich die Nachfolger von Leo I., Leo
II. und Zeno, genannt.

c) 3. Buch

Das dritte Buch befaßt sich mit den Regierungszeiten von
Zeno (474–491) und Anastasius (491–518).

Evagrius charakterisiert Zeno als äußerst zügellosen
„schlechten" Herrscher und stellt ihm das Idealbild eines
wahrhaft guten Kaisers gegenüber.[123]

Der Isaurier Zeno wurde bereits nach einem Jahr von
dem Usurpator Basiliscus (475–476) vertrieben[124], der die
kirchliche Einheit dadurch wiederherzustellen suchte, daß
er, unter dem Einfluß des alexandrinischen Patriarchen Timotheus Aelurus, das Konzil von Chalcedon und den *Tomus Leonis* zu anathematisieren befahl. Den Text des Rundschreibens, das die betreffenden Anordnungen enthielt,

---

[118] Vgl. *h. e.* 2, 9f, unten 246–255.
[119] Vgl. *h. e.* 2, 12, unten 254–257.
[120] Vgl. *h. e.* 2, 13, unten 256–257.
[121] Vgl. *h. e.* 2, 15, unten 260f.
[122] Vgl. *h. e.* 2, 16, unten 260–263.
[123] Vgl. *h. e.* 3, 1f, unten 332–335.
[124] Vgl. *h. e.* 3, 3, unten 334f.

zitiert Evagrius wörtlich[125] und berichtet auch, unter Berufung auf Zacharias Rhetor, daß es große Zustimmung fand und von den kleinasiatischen Bischöfen freudig aufgenommen wurde[126]. Widerstand dagegen wurde von Acacius, dem Patriarchen von Konstantinopel, erregt, so daß Basiliscus seine Anordnungen widerrief und ein *Antentzyklion* herausgab, ohne allerdings auf das Konzil von Chalcedon einzugehen; auch diesen Text zitiert Evagrius — leicht verkürzt — wörtlich[127]. Zeno konnte seinen Thron zurückerobern und setzte die Bestimmungen seines Vorgängers außer Kraft.[128] Die Bischöfe Kleinasiens, die dem *Enzyklion* ihre Zustimmung gegeben hatten, verfaßten einen an Acacius gerichteten Widerruf, den Evagrius ebenfalls in Auszügen wiedergibt.[129]

Nach einem kurzen Kapitel über die bischöfliche Sukzession und die Ermordung des Stephanus in Antiochien[130] behandelt Evagrius (ab Kapitel 11) die Wirren um den Bischofsthron von Alexandrien, die zum Acacianischen Schisma führten: Die Alexandriner hatten nach dem Tod von Timotheus Aelurus eigenmächtig gegen den Willen des Kaisers den Monophysiten Petrus Mongus zum Bischof gewählt. Petrus Mongus erhielt den Bischofssitz, nachdem

---

[125] Vgl. *h. e.* 3,4, unten 336–343.
[126] Vgl. *h. e.* 3,5, unten 342–347.
[127] Vgl. *h. e.* 3,7, unten 348–351.
[128] Vgl. *h. e.* 3,8, unten 350–353.
[129] Vgl. *h. e.* 3,9, unten 352–355.
[130] Vgl. *h. e.* 3,10, unten 354f. Daß Evagrius die Ermordung des antiochenischen Patriarchen STEPHANUS nur mit einem Satz erwähnt, während er die Ermordnung des alexandrinischen Chalcedoniers PROTERIUS breit ausmalt (*h. e.* 2,8, unten 240–247), wird auf das reichaltige Quellenmaterial zurückzuführen sein.

er dem 482 erlassenen *Henotikon* zugestimmt hatte, einem
Einigungsschreiben, durch das Kaiser Zeno Gegner und
Anhänger des Konzils zu versöhnen suchte, indem er den
Glauben von Nicaea und Konstantinopel bekräftigte, ohne
das Konzil von Chalcedon und den *Tomus Leonis* zu nennen; Evagrius gibt den Text des Edikts in Kapitel 14 im
Wortlaut wieder. Petrus Mongus versicherte den Konstantinopler Patriarchen Acacius in einem — nur bei Evagrius überlieferten — Brief ausdrücklich seiner Treue zu
Chalcedon, woraufhin sich mit ihm auch die Patriarchen
von Konstantinopel, Antiochien und Jerusalem vereinig-
ten, doch anderen gegenüber anathematisierte er das Konzil, so daß Papst Felix (483–492), der zur Untersuchung der
Sache eigens Gesandte nach Konstantinopel geschickt hatte, ihn als Häretiker betrachtete und von Acacius verlangte,
sich von der Gemeinschaft mit Petrus loszusagen. Da Acacius dem nicht entsprach, erklärte Felix — auf einer in Rom
einberufenen Synode, deren Akten Evagrius kannte —
Acacius für abgesetzt; damit war der Bruch zwischen Rom
und Konstantinopel vollzogen.[131] In der Folgezeit kam es
trotz der Bemühungen des Kaisers um Eintracht auch zwischen den *Thronoi* von Konstantinopel und Antiochien
und dem weiter monophysitisch besetzten Bischofsstuhl
von Alexandrien zu Zerwürfnissen wegen Chalcedon, die
Evagrius nur kurz behandelt.[132]

Die nächsten Kapitel haben Personen und Ereignisse aus
dem weltlichen Bereich der Zeit Zenos zum Inhalt: den Tod
des Armatus[133], den Usurpationsversuch und den Tod von
Theoderich Strabo[134], die Usurpation Marcians, der Evagrius Betrachtungen über den καιρός folgen läßt[135], die Erhebung von Illus und Leontius und die Machtergreifung

---

[131] Vgl. *h. e.* 3,11–21, unten 354–379.
[132] Vgl. *h. e.* 3,22f, unten 380–385.
[133] Vgl. *h. e.* 3,24, unten 384f.
[134] Vgl. *h. e.* 3,25, unten 384–387.
[135] Vgl. *h. e.* 3,26, unten 386–389.

Theoderichs des Großen in Rom[136]. Über eine für die Stadtgeschichte Antiochiens wichtige Persönlichkeit, Mamian,
berichtet Evagrius in Kapitel 28.

Mit Kapitel 29 beginnt der Bericht über die Regierungszeit des von Evagrius als friedliebend charakterisierten
Kaisers Anastasius. In Kapitel 3,30 entwirft er ein bei keinem anderen Autor zu findendes Bild, das die Situation der
Kirche in jener Zeit treffend kennzeichnet: Eine öffentliche
Stellungnahme zu Chalcedon wurde vermieden, die Bischöfe handelten nach ihrem Belieben und hatten unterein-
ander keinerlei Gemeinschaft. Aber unter der Führung des
theologisch versierten Philoxenus von Mabbug erstarkten
die Monophysiten und erwirkten die Absetzung der chalcedontreuen Bischöfe Flavian von Antiochien und Macedonius von Konstantinopel, die sich geweigert hatten, die
Zweinaturenlehre und das Konzil zu verurteilen. Zur Beschreibung der Vorgehensweise der Monophysiten zitiert
Evagrius ausführlich aus einem nur durch ihn bekannten
Brief palästinischer Mönche an den romtreuen und somit
chalcedonischen Bischof Alcison von Epirus; das Schreiben
ist eine der seltenen chalcedonischen Quellen für diese
Zeit.[137] In Kapitel 32 nennt Evagrius allerdings andere
Gründe für die Absetzung von Macedonius von Konstantinopel und Flavian von Antiochien durch Anastasius: Macedonius habe ein Glaubensbekenntnis des Kaisers nicht aus
den Händen geben wollen und Flavian sei der durch Mönche verursachten blutigen Unruhen nicht Herr geworden.
— Nachfolger von Flavian auf dem Thron von Antiochien
wurde der bedeutende monophysitische Theologe Severus;
von seinem Werdegang und der Zustimmung oder Ablehnung, auf die er stieß, handelt Kapitel 33. Kapitel 34 enthält
die schon erwähnte Geschichte des Diakons von Epiphania, der Severus ein Absetzungsschreiben seines chalcedo-

---

[136] Vgl. *h. e.* 3,27, unten 388–391.
[137] Vgl. *h. e.* 3,31, unten 396–403.

nischen Bischofs aushändigte; wie Evagrius sagt, verzichtete Anastasius darauf, die chalcedontreuen Bischöfe zu vertreiben, weil er Blutvergießen vermeiden wollte.

Mit Kapitel 35 wendet sich Evagrius politischen Maßnahmen Kaisers Anastasius zu: seinem erfolgreichen
Kampf gegen die Isaurier[138], dem Perserkrieg und der Befestigung von Grenzstädten in Mesopotamien[139], dem Bau
der Langen Mauern[140] und der Abschaffung des *Chrysargy-*
ron, der Gewerbesteuer[141]. Diese Tat wird von Evagrius aufs
Höchste gepriesen und breit dargestellt. Da der heidnische
Historiker Zosimus die Einführung dieser Steuer Konstantin des Großen (mit Recht) zugeschrieben hatte[142], fühlt
sich Evagrius verpflichtet, unter Berufung auf Eusebius
eine lange Gegendarstellung der Taten und der Person Konstantins und der gesamten Geschichte seit dem Beginn des
Christentums, das von Zosimus für den Niedergang des
Römischen Reiches verantwortlich gemacht wurde, zu
geben[143].

In Kapitel 42 tadelt er Anastasius für die Einführung der
Chrysoteleia und fügt anschließend, die chronologische
Abfolge außer Acht lassend, Ereignisse aus den letzten Regierungsjahren des Anastasius an, die er der Chronik des
antiochenischen Historikers Malalas entnommen hat: die
Erhebung des Vitalian[144] und den Volksaufstand in Konstantinopel, der wegen eines monophysitischen Zusatzes
zum Trishagion ausbrach[145].

---

[138] Vgl. *h. e.* 3,35, unten 414–417.
[139] Vgl. *h. e.* 3,37, unten 416–419.
[140] Vgl. *h. e.* 3,38, unten 418f.
[141] Vgl. *h. e.* 3,39, unten 418–425.
[142] Vgl. *h. e.* 3,40, unten 424–427.
[143] Vgl. *h. e.* 3,41, unten 426–437.
[144] Vgl. *h. e.* 3,43, unten 438–441.
[145] Vgl. *h. e.* 3,44, unten 440–443.

d) 4. Buch

Das vierte Buch handelt von Justin I. (518–527) und Justinian I. (527–565).

Nachfolger von Anastasius wurde Justin I., der ihm unliebsame Gegner durch List beseitigen ließ, um sich die Herrschaft zu sichern.[146] Als strenger Chalcedonier setzte er den monophysitischen Severus von Antiochien ab und ernannte Euphrasius zu dessen Nachfolger.[147] Daß er auch die Kirchenunion mit Rom wiederherstellte, scheint Evagrius nicht zu wissen. In Kapitel 5 berichtet Evagrius von dem schweren Erdbeben des Jahres 526 in Antiochien, das den Patriarchen Euphrasius das Leben kostete und Ephraem auf den Thron brachte[148], der wie sein Vorgänger Chalcedonier (und Monophysitenverfolger) war. Es folgen Wundergeschichten von den palästinischen Mönchen Zosimas und Johannes dem Chouzibiten[149] und Berichte über Erdbeben in Griechenland und Überschwemmungen in Edessa[150].

Mit Kapitel 9 wird Justinian eingeführt, der die orthodoxe Religionspolitik seines Onkels Justin I. fortsetzte, obwohl Theodora, seine Gemahlin, die Monophysiten bevorzugte. Bei seinem Regierungsantritt waren die Bischofsstühle in Konstantinopel und Alexandrien noch mit Monophysiten besetzt; Justinian ließ sie 536 durch eine Synode in Konstantinopel absetzen, so daß seitdem das Chalcedonense im ganzen Reich Geltung hatte und „niemand wagte, es mit dem Anathem zu belegen". Justinian war es auch, der die vier Konzilien von Nicaea, Konstantinopel, Ephesus und Chalcedon zu ökumenischen erklären ließ.[151]

---

[146] Vgl. *h. e.* 4,1–3, unten 454–457.
[147] Vgl. *h. e.* 4,4, unten 456–459.
[148] Vgl. *h. e.* 4,6, unten 460–463.
[149] Vgl. *h. e.* 4,7, unten 462–467.
[150] Vgl. *h. e.* 4,8, unten 466–469.
[151] Vgl. *h. e.* 4,9–11, unten 468–473.

Die Kapitel 12–29 sind im Wesentlichen ein Exzerpt aus
den *Bella* des Prokop. Allerdings geht es dabei nicht in
erster Linie um das Kriegsgeschehen, sondern um solche
Dinge, die von religionsgeschichtlichem Interesse sind. So
wird der Inhalt des ersten Buches über die Perserkriege, das
auch den Bericht über den Nika-Aufstand enthält, nur ganz
kurz wiedergegeben.[152] Aus den Büchern über die Vanda-
lenkriege zieht Evagrius nur wunderbare, Christen betref-
fende Geschichten heraus.[153] Auch die Gotenkriege werden
sehr knapp zusammengefaßt, herausgehoben werden Berichte über die Christianisierung fremder Völker und (nicht
aus Prokop) die Frömmigkeit des Feldherrn Narses.[154]

Den Kapiteln 25–28 liegt das zweite Buch der Perserkriege über die Feldzüge von Chosroes I. in Syrien und Mesopotamien zugrunde, das unter anderem von der Eroberung
Antiochiens berichtet, die Evagrius nur mit einem Satz referiert. Dagegen beschreibt er in großer Ausführlichkeit
Wunder, denen bedrohte oder belagerte Städte ihre Rettung
zu verdanken hatten, so das von Apamea, das Evagrius als
Kind selbst erlebt hat[155], dann das Wunder, das bei der Belagerung von Edessa durch das berühmte *Mandylion,* das
hier zum erstenmal erwähnt wird, bewirkt wurde[156] sowie
ein weiteres, das sich in Sergiupolis ereignete[157].

Kapitel 29 enthält eine ausführliche Schilderung der Pest,
an der auch Evagrius als Kind erkrankt war.

Innenpolitisch wirksame Eigenschaften und Maßnahmen Justinians — seine Habgier[158], seine Bautätigkeit, die

---

[152] Vgl. *h. e.* 4,12f, unten 474–477.
[153] Vgl. *h. e.* 4,14–18, unten 478–487.
[154] Vgl. *h. e.* 4,19–24, unten 488–495.
[155] Vgl. *h. e.* 4,26, unten 496–501.
[156] Vgl. *h. e.* 4,27, unten 500–505.
[157] Vgl. *h. e.* 4,28, unten 504–507.
[158] Vgl. *h. e.* 4,30, unten 512–515.

Evagrius durch eine Beschreibung der Hagia Sophia herausstellt[159], seine Begünstigung der Partei der Blauen und die durch sie verursachten unsicheren Zustände[160] — sind Inhalt der folgenden Kapitel.

Die Kapitel 33–36 enthalten Wundergeschichten: von dem Ägypter Barsanuphius, dem aus Emesa stammenden „Narren um Christi willen" Simeon und Thomas aus Emesa sowie eine andere wunderbare Geschichte von einem jüdischen Kind in Konstantinopel, das, nachdem es Reste des eucharistischen Brotes gegessen hatte, durch die Gottesmutter vor dem Verbrennen in einem Glasbläserofen bewahrt wurde.

Das kirchenpolitisch herausragendste Ereignis der Regierung Justinians ist das fünfte ökumenische Konzil des Jahres 553, das Theodor von Mopsuestia, die Schriften Theodorets von Cyrrhus gegen Cyrill und den Brief des Ibas an Maris den Perser, die sogenannten „Drei Kapitel", verurteilte und damit Beschlüsse des Konzils von Chalcedon widerrief. Evagrius befaßt sich damit in Kapitel 4,38 und auch mit der Origenistenfrage, von der er offenbar annimmt, daß sie nach dem Konzil abschließend erörtert wurde. Er hat dafür wieder die Akten herangezogen, die heute nur noch unvollständig und nur lateinisch erhalten sind, aber über andere Verhandlungen und Verordnungen, die dem Konzil vorausgingen, ebenso wie über den Theopaschitenstreit fehlten ihm anscheinend die Nachrichten. Er war aber über die Grundzüge des Aphthartodoketismus informiert, den Justinian am Ende seines Lebens vertrat und zu dem er alle Bischöfe verpflichten wollte[161]; informiert war er offensichtlich deshalb, weil der antiochenischen Patriarch Anastasius sich damit auseinandergesetzt und dagegen Widerstand geleistet hatte. Er würdigt seine Person und seinen theologischen Standpunkt in Kapitel 40. Der

---

[159] Vgl. *h. e.* 4,31, unten 514–517.
[160] Vgl. *h. e.* 4,32, unten 516–519.
[161] Vgl. *h. e.* 4,39, unten 538–541.

Tod Justinians bewahrte Anastasius vor der ihm angekün-
digten Verbannung.[162]

e) 5. Buch

Im fünften Buch behandelt Evagrius die Zeit von Justin II.
(565–578) und Tiberius II. (578–582).

Nach Justinians Tod trat Justin II. die Herrschaft an.
Evagrius charakterisiert ihn als ähnlich vergnügungsüchtig
wie Zeno und betont seinen niedrigen Charakter, der sich
darin zeigte, daß er seinen Vetter (bei dessen Erwähnung
Evagrius einen zuverlässigen Exkurs über die Awaren einfügt) hinterhältig umbringen ließ.[163] Allerdings erfährt Justins erste Handlung, die Freilassung von Bischöfen, die
von Justinian festgehalten oder versammelt worden waren,
damit sie dem Aphthartodoketismus zustimmten[164], seine
ausdrückliche Billigung.

Justin II. erließ im Jahr 571 ein in orthodoxem Sinn ab-
gefaßtes Religionsedikt, das den Monophysiten entgegenkam, konnte aber auch damit keine Einheit unter den Christen herbeiführen. Evagrius gibt das wichtige Dokument,
das außer bei ihm nur noch auf syrisch bei dem späten Autor Michael Syrus überliefert ist, im Wortlaut wieder; sein
Text enthält einen bedeutsamen Schlußsatz, der bei Michael Syrus ausgelassen ist.[165]

Patriarch Anastasius von Antiochien wurde von Justin II.,
wie Evagrius meint, aus persönlichen Gründen abgesetzt[166];
dessen Nachfolger wurde Gregor, der Dienstherr des Evagrius. Er widmet ihm ein eigenes Kapitel, um seine Fähigkeiten
und Tugenden herauszustellen, und beschreibt ihn als so außerordentlich klug, daß er nicht nur die Kaiser der Römer,
sondern auch die der Perser in Erstaunen versetzte, und als

---

[162] Vgl. *h. e.* 4, 41, unten 544 f.
[163] Vgl. *h. e.* 5, 1 f, unten 550–555.
[164] Vgl. *h. e.* 5, 1, unten 550 f.
[165] Vgl. *h. e.* 5, 4, unten 556–565.
[166] Vgl. *h. e.* 5, 5, unten 564 f.

überaus beliebt, gesteht aber ein, daß er auch heftig sein konnte.[167]

Die folgenden Kapitel schildern den Fortgang des Perserkriegs, der Evagrius zufolge dadurch wieder aufflammte, daß die christlichen Bewohner Armeniens sich mit der Bitte um Hilfe an Konstantinopel wandten, da sie an der Ausübung ihres Glaubens gehindert wurden.[168] Die römischen Streitkräfte waren so schlecht ausgerüstet, daß es ihnen nicht gelang, Nisibis zu erobern, und die Perser Apamea und Dara zerstören konnten.[169]

Justin II. verfiel daraufhin in eine Gemütskrankheit[170], erreichte aber, auch dank der Vermittlung der Kaiserin, einen Waffenstillstand von einigen Jahren[171] und ernannte Tiberius, der vier Jahre später Kaiser wurde, zum Caesar. Bei dieser Gelegenheit hielt er eine Rede, in der er Tiberius vor dem verführerischen Glanz des Kaisertums warnte[172]; diese ungewöhnliche Rede muß großen Eindruck gemacht haben, denn sie wird auch von dem monophysitischen Historiker Johannes von Ephesus wiedergegeben[173].

Tiberius, von Evagrius als menschenfreundlich und außerordentlich großzügig charakterisiert, stellte ein großes Heer zusammen, das bei Melitene einen Sieg über die Perser errang, den Evagrius durch eine breite Schlachtschilderung gebührend feiert.[174]

Nach knappen Nachrichten über den Tod des Chosroes, bischöfliche Sukzession und ein Erdbeben in Antiochien[175]

---

[167] Vgl. *h. e.* 5, 6, unten 564–569.
[168] Vgl. *h. e.* 5, 7, unten 568–571.
[169] Vgl. *h. e.* 5, 8–10, unten 570–579.
[170] Vgl. *h. e.* 5, 11, unten 578–581.
[171] Vgl. *h. e.* 5, 12, unten 580–583.
[172] Vgl. *h. e.* 5, 13, unten 582–585.
[173] JOHANNES VON EPHESUS, *Historia ecclesiastica* 3, 5 (92–95 BROOKS); auch THEOPHYLACTUS, *Historiae* 3, 11, 8–11 (132f DE BOOR), siehe *h. e.* 5, 13, unten 582f.
[174] Vgl. *h. e.* 5, 13f, unten 582–589.
[175] Vgl. *h. e.* 5, 15–17, unten 588–593.

berichtet Evagrius in Kapitel 18 ausführlich über den durch
Anatolius verursachten großen Aufruhr, der sich in Antiochien gegen Anhänger des Heidentums und auch gegen
Patriarch Gregor richtete und in Konstantinopel zu noch
größeren Tumulten führte.

Evagrius wendet sich dann wieder dem Kriegsgeschehen
zu. Zum Befehlshaber des Ostens ernannte Tiberius den
späteren Kaiser Mauricius; seine hervorragenden Eigenschaften, seine Erfolge im Krieg und die Vorzeichen, die
ihm die Kaiserherrschaft ankündigten, sind Inhalt der Kapitel 19–22.

Am Schluß des Buches gibt Evagrius einen außergewöhnlichen Überblick über profane und kirchliche, römische und griechische Geschichtsschreiber des Hellenismus
und der Spätantike bis in seine eigene Zeit.[176] Die Namen
des von ihm benutzten, wahrscheinlich monophysitischen
Chronisten Malalas und des monophysitischen Kirchenhistorikers Zacharias sind darin jedoch nicht enthalten. Möglicherweise will er damit einen Schlußstrich unter den Teil
seiner Kirchengeschichte ziehen, für den ihm Quellen zur
Verfügung standen, um kenntlich zu machen, daß er im folgenden Buch zur Zeitgeschichte übergeht.

f) 6. Buch

Die Jahre 582–594, etwas mehr als die Hälfte der 20-jähri-
gen Regierungszeit des Kaisers Mauricius, sind Inhalt des
sechsten Buches.

Am Anfang des Buches stehen eine enkomiastische Beschreibung der Hochzeit des Mauricius und seine im hohen
Stil gehaltene Charakterisierung als eines wahrhaft vorbild-
lichen und gütigen Kaisers.[177]

Der Perserkrieg nahm unter den Befehlshabern Philippicus, einem Schwager des Kaisers, und Priscus, dessen Ver-

---

[176] Vgl. *h. e.* 5, 24, unten 604–611.
[177] Vgl. *h. e.* 6, 1 f, unten 616–619.

halten eine Meuterei im Heer auslöste, seinen Fortgang.[178] Bevor aber Evagrius auf die Rolle eingehen kann, die Bischof Gregor dabei spielte, spricht er von dem Aufstand gegen Gregor in Antiochien, der durch einen Streit Gregors mit dem Comes Orientis entstanden war und zu Verleumdungen geführt hatte, gegen die er sich in dem schon genannten Prozeß in Konstantinopel, den Evagrius führte und gewann, verteidigen mußte[179]; schließlich noch von dem Erdbeben, das Antiochien am Tag seiner zweiten Hochzeit erschütterte, bei dem der Bischof wider Erwarten gerettet wurde[180].

Wegen seiner Verdienste um die Rekruten wurde der Patriarch beauftragt, bei den aufständischen Soldaten zu vermitteln.[181] Die Rede, durch die Gregor die Soldaten zum Einlenken bewog, ist von Evagrius nach Art des Thucydides als wörtliche Rede wiedergegeben, das heißt, sie ist nur dem Inhalt nach die Rede, die der Patriarch gehalten hat.

Der Krieg, der mit dem Kampf um Martyropolis weiterging[182], nahm eine überraschende Wendung, da der persische König Chosroes II., gegen den sich ein Usurpator erhoben hatte, im Vertrauen auf den Gott der Christen beim christlichen Kaiser Mauricius Zuflucht suchte. Mauricius unterstützte ihn großzügig, gab ihm die Bischöfe Domitian von Melitene und Gregor von Antiochien als Begleiter und stellte ihm ein Heer zur Verfügung, das den Usurpator besiegte.[183]

Chosroes bedankte sich mit Weihegeschenken bei dem heiligen Sergius dafür, daß der Heilige seine Bitte um Hilfe gegen den Usurpator erhört hatte. Er gab ein von Theodora gestiftetes, von Chosroes I. geraubtes Kreuz zurück und

---

[178] Vgl. *h. e.* 6,3–5, unten 620–625.
[179] Vgl. *h. e.* 6,7, unten 624–627.
[180] Vgl. *h. e.* 6,8, unten 626–631.
[181] Vgl. *h. e.* 6,11, unten 632f.
[182] Vgl. *h. e.* 6,14f, unten 638–643.
[183] Vgl. *h. e.* 6,17–19, unten 642–647.

stiftete selbst ein Kreuz, das er mit einer Inschrift versehen
ließ, die Evagrius (ebenso auch der Anfang des 7. Jahrhunderts schreibende Historiker Theophylactus) im Wortlaut
anführt; Bischof Gregor brachte es in einem Festzug nach
Sergiupolis. Bald darauf stiftete der Perserkönig weitere
Gaben, weil der Heilige auch die Bitte um Schwangerschaft
seiner christlichen Frau erhört hatte. Eine Inschrift auf
einer goldenen Patene gibt darüber Auskunft, sie wird von
Evagrius (und Theophylactus) ebenfalls in ihrem vollen
Wortlaut zitiert.[184]

Evagrius bringt dann noch Nachrichten aus dem kirch-
lich-religiösen Bereich: Schon zuvor[185] hatte er von der
persischen Martyrin Golinduch gesprochen, und in Kapitel
22 berichtet er von der Bekehrung eines arabischen Phylar-
chen und der Missionstätigkeit Gregors bei den monophysitischen Arabern.

Am Ende des 6. Buches steht eine Darstellung des Lebens und der Wunder von Simeon Stylites dem Jüngeren,
dem Freund des Autors.[186]

Das letzte Kapitel enthält die Nachricht vom Tod des Patriarchen Gregor und endet mit einer *Sphragis,* einer Selbst-
vorstellung des Historikers.[187]

2. Der Aufbau der „Kirchengeschichte"

Die Kirchengeschichte des Evagrius, die von ihm selbst in
sechs Bücher eingeteilt wurde, ist nach den Regierungszeiten der Kaiser gegliedert. Abgesehen vom ersten Buch,
das mitten in der Regierungszeit von Theodosius II. einsetzt, beginnt jedes Buch mit dem Herrschaftsantritt eines
Kaisers und umfaßt jeweils die Regierungszeiten von zwei

---

[184] Vgl. *h. e.* 6, 21, unten 646–653. THEOPHYLACTUS, *Historiae* 5, 13, 4–6;
5, 14, 2–11 (214–216 DE BOOR).
[185] Vgl. *h. e.* 6, 20, unten 646f.
[186] Vgl. *h. e.* 6, 23, unten 654–659.
[187] Vgl. *h. e.* 6, 24, unten 658–661.

Kaisern, abgesehen wiederum vom letzten Buch, das mitten
in der Regierungszeit von Mauricius endet. Das erste Buch
fällt insofern aus diesem Rahmen, als der Bericht über Kaiserin Eudocia und ihre Klostergründungen am Ende des
Buches steht. — Mit der Nachricht von der Inthronisation
eines Kaisers ist — außer bei Leo[188] — entweder die Beschreibung des Charakters des Kaisers oder der Umstände,
unter denen er zur Herrschaft gelangte, verbunden.

In den ersten Büchern geht Evagrius nach einem bestimmten Schema vor. Der Einführung und Vorstellung der
Kaiser folgt die Darstellung der für die Reichskirche relevanten Ereignisse, also der Konzilien, theologischer Auseinandersetzungen oder der Religionsedikte, dann werden
herausragende Heilige oder Mönche und andere Geschehnisse religiöser Natur behandelt. Erst danach wird weltliches Geschehen — meist en bloc; typisch dafür ist die
Wendung ἐν τούτοις τοῖς χρόνοις — berücksichtigt, und
zwar zuerst aus dem östlichen Reich, dann aus dem Westreich. Diese Art des Vorgehens erleichterte natürlich auch
die Quellenbenutzung. Dadurch daß Evagrius seine Kirchengeschichte nach diesem Prinzip aufgebaut hat, läßt er
das zeitliche Ineinander von kirchlichen und weltlichen
Ereignissen im allgemeinen bewußt außer acht. So erledigen sich aber auch viele der Vorwürfe, die ihm wegen mangelhafter Chronologie gemacht wurden. Daß ihm trotzdem
chronologische Irrtümer unterlaufen sind, wird damit
nicht geleugnet.

Dieses Schema hat Evagrius nur in den ersten drei Büchern strikt befolgt. Auch im vierten Buch hält er es im
wesentlichen für die Regierungszeit von Justin I. und die
Hälfte der langen Regierungszeit von Justinian durch, gibt
es dann aber auf, indem er das fünfte Konzil, den Origenisten-Streit und den Aphthartodoketismus Justinians am
Ende des Buches behandelt. Der erste Teil des fünften

---

[188] Vgl. *h. e.* 2, 8, unten 238f.

Buches über Justin II. weist ebenfalls die genannte Struktur auf, nicht aber der zweite Teil über Tiberius, in dessen Regierungszeit es allerdings auch keine kirchenpolitisch wichtigen Vorkommnisse gab. Im sechsten Buch folgt die gesamte Darstellung dem zeitlichen Ablauf des Geschehens.

3. Die Quellen

Evagrius Scholasticus ist einer der wenigen antiken Autoren, der die meisten seiner Quellen angibt und der wie sein Vorbild Eusebius (und auch Socrates) Akten, Urkunden und Briefe in seine Kirchengeschichte einfügt, die oftmals wichtiges Informationsmaterial darstellen und nur durch ihn bewahrt worden sind. Das macht den besonderen Wert seiner Kirchengeschichte aus.

a) Dokumente

Evagrius konnte für die Darstellung der Konzilien auf die amtlichen Konzilsakten des Patriarchats zurückgreifen, die sowohl Beschluß- und Verhandlungsprotokolle als auch wichtige Korrespondenz enthielten.

Für das erste Konzil von Ephesus (431) hat er die offiziellen, von Cyrill redigierten Akten mit den darin enthaltenen Briefen benutzt.

Die Verhandlungen und Beschlüsse der endemischen Synode von Konstantinopel 448 und der zweiten Synode von Ephesus, der „Räubersynode", die auf dem Konzil von Chalcedon noch einmal verlesen wurden, kannte auch Evagrius anscheinend nur aus den chalcedonischen Akten, was zeigt, daß es auch zu seiner Zeit keine eigene Sammlung von Protokollen der „Räubersynode" mehr gab. Ihm waren aber auch die Ergebnisse der zweiten Sitzung von Ephesus II bekannt, die nicht in den Akten von Chalcedon erscheinen, sondern nur durch eine syrische Übersetzung aus dem Jahre 535 überliefert sind; es ist daher zu vermuten, daß Evagrius diese syrische Übersetzung benutzt hat.

Die Akten von Chalcedon lagen Evagrius in derselben Anordnung vor, wie sie die ältesten Handschriften aufweisen, das heißt mit Vertauschung der Aktionen zwei und drei. Aus dem umfangreichen Material zitiert er die wichtigsten Beschlüsse und Dokumente und bringt auch aufschlußreiche Auszüge aus den Diskussionen.

Wie aus Kapitel 3, 20 hervorgeht, kannte er auch die lateinischen Akten der römischen Synode von 484, aus denen er einige Sätze zitiert.

Die Akten des zweiten Konzils von Konstantinopel, des fünften ökumenischen Konzils, die — bis auf wenige Teile — heute nur noch lateinisch in einer längeren und in einer (mit Rücksicht auf Papst Vigilius) überarbeiteten, kürzeren Fassung erhalten sind, lagen ihm noch griechisch, aber wohl auch nur in der gekürzten offiziellen Version vor.

Die wichtigsten Entscheidungen der Konzilien zitiert Evagrius aus den Akten jeweils wörtlich.

An kaiserlichen Urkunden gibt Evagrius den Text des Rundschreibens von Kaiser Leo wieder, der sonst nur noch in lateinischer Übersetzung im sogenannten *Codex encyclius* erhalten ist[189], ferner das *Enzyklion* und *Antenzyklion* (Rundschreiben und Gegenrundschreiben) des Basiliscus[190], das *Henotikon* (Einigungsschreiben) Zenos[191] und das Unionsedikt (ein erneutes Einigungsschreiben) von Justin II.[192]. Der Text des *Enzyklions* bei Evagrius enthält gegenüber dem in einer antichalcedonischen Sammlung enthaltenen Text aufschlußreiche Abweichungen, das Unionsedikt von Justin II. ist außer bei Evagrius nur noch auf Syrisch bei Michael dem Syrer (12. Jahrhundert) überliefert, doch ohne einen wichtigen Schlußsatz.

---

[189] Vgl. *h. e.* 2, 9, unten 246–251.
[190] Vgl. *h. e.* 3, 4, unten 336–343, und 3, 7, unten 350 f.
[191] Vgl. *h. e.* 3, 14, unten 358–365.
[192] Vgl. *h. e.* 5, 4, unten 556–565.

Neben kaiserlichen Dokumenten zitiert Evagrius auch aus Briefen, von denen viele ohne ihn unbekannt wären, so aus Briefen des Nestorius, die er selbst wiederentdeckt hat[193], aus einem Brief von Simeon Stylites dem Älteren an den Patriarchen von Antiochien[194], aus Briefen der Bischöfe Kleinasiens an Basiliscus[195] und Briefen derselben Bischöfe an den Patriarchen von Konstantinopel Acacius[196], die er der Kirchengeschichte des Zacharias Rhetor entnommen hat, die in dessen erhaltenem Text aber nicht mehr vollständig vorliegen, sowie aus einem Brief des Petrus Mongus von Alexandrien an Acacius, für den Evagrius die einzige Quelle ist[197]. Wichtig ist außerdem der nur bei Evagrius überlieferte Brief palästinischer Mönche an den orthodoxen Metropoliten Alcison von Epirus, aus dem Evagrius lange Abschnitte zitiert und der die einzige chalcedonische Quelle für die Zeit nach dem Konzil von Chalcedon darstellt.[198] Evagrius bezieht sich außerdem auf viele Briefe, die im Zusammenhang mit dem Acacianischen Schisma zwischen Papst Felix, Kaiser Zeno und verschiedenen Mönchen gewechselt wurden, für die er in zwei Fällen der einzige Zeuge ist[199], und auf Briefe der östlichen Patriarchen, ohne sie im Wortlaut wiederzugeben: auf Briefe des Severus von Antiochien an Soterichus von Caesarea[200] und an Justinian und Theodora und auf den Briefwechsel zwischen Severus, Anthimus von Konstantinopel und Theodosius von Alexandrien[201]. Auch diese Briefe werden im Archiv des antiochenischen Patriarchats aufbewahrt worden sein.

---

[193] Vgl. *h. e.* 1,7, unten 136–147.
[194] Vgl. *h. e.* 2,10, unten 252–255.
[195] Vgl. *h. e.* 3,5, unten 344–347.
[196] Vgl. *h. e.* 3,9, unten 352–355.
[197] Vgl. *h. e.* 3,17, unten 368–373.
[198] Vgl. *h. e.* 3,31.33, unten 396–403.408–411.
[199] Vgl. *h. e.* 3,19–21, unten 374–379.
[200] Vgl. *h. e.* 3,44, unten 440–443.
[201] Vgl. *h. e.* 4,11, unten 470–473.

Außerdem gibt Evagrius den auch mit geringen Abweichungen bei Theophylactus überlieferten Wortlaut von Inschriften wieder, die der Perserkönig Chosroes II. auf Weihegeschenken für den Heiligen Sergius hatte anbringen lassen.[202]

b) Kirchengeschichtswerke

Die orthodoxen Kirchengeschichtswerke seiner Vorgänger hat Evagrius, wie er selbst im Proöm sagt, selbstverständlich gekannt und benutzt. Sein Proöm ahmt den Stil des Proöms der Kirchengeschichte von Eusebius nach, wie Eusebius fügt er Dokumente in seine Geschichte ein, und er beruft sich auf Eusebius bei seiner Darstellung Konstantins.[203] Auf Socrates beruft er sich für den Beginn der Kontroverse um Nestorius[204], übernimmt aber nicht dessen ausgewogenes Urteil über Nestorius und korrigiert ihn daher ausdrücklich, um die Verurteilung des Nestorius zu rechtfertigen[205]. Von Theodoret kannte er die Kirchengeschichte[206] und die *Historia religiosa* mit ihrem Kapitel über Simeon Stylites den Älteren[207]. Lediglich Sozomenus wird (außer im Überblick) nicht ausdrücklich genannt, aber wie Sozomenus fügt er Mönchsgeschichten in seine Kirchengeschichte ein, und von ihm hat er wohl auch den Ausdruck „Grasesser".[208] Nicht gekannt hat er die *Historia tripartita* des Theodor Lector[209].

Dagegen muß ihm die syrische „Geschichte der um der Wahrheit willen verfolgten Väter" des Nestorianers Bar-

---

[202] Vgl. *h. e.* 6,21, unten 646–652.
[203] Vgl. *h. e.* 3,41, unten 428 f.
[204] Vgl. *h. e.* 1,2, unten 122–125.
[205] Vgl. *h. e.* 1,5, unten 130–133.
[206] Vgl. *h. e.* 3,41, unten 430 f.
[207] Vgl. *h. e.* 1,13, unten 158–165.
[208] Vgl. *h. e.* 1,21, unten 180–187.
[209] Das wird irrtümlich im Artikel von BALKE im LACL (*Evagrius Scholasticus* 257) behauptet.

hadbeschabba bekannt gewesen sein — auch wenn er sie nicht nennt —, da außer bei Evagrius[210] nur bei Barhadbeschabba[211] erwähnt wird, daß Nestorius auf dem Weg nach Konstantinopel bei Theodor von Mopsuestia Station gemacht hat.[212] Er kannte ebenfalls die syrische *Vita* Simeons des Älteren.

Möglicherweise hat Evagrius auch die (nicht mehr erhaltene) Kirchengeschichte des aus Tarsus stammenden Basilius Cilix, der um 500 in Antiochien Presbyter war, gekannt, aber verschwiegen, da Basilius wie Barhadbeschabba Nestorianer war.

Nicht genannt aber nachweislich benutzt hat Evagrius in seinem Kapitel über Ignatius[213] das sogenannte *Martyrium Antiochenum* des Ignatius.

Für die Zeit nach dem Konzil von Chalcedon stand Evagrius nur ein kirchengeschichtliches Werk zur Verfügung, die gemäßigt monophysitische Kirchengeschichte des Zacharias Rhetor, der, um 465 in Maiuma/Palästina geboren, seit 492 in Konstantinopel tätig war, Bischof von Mytilene wurde und zwischen 536 und 553 gestorben ist. Er war ein Freund des Severus von Antiochien. Seine griechisch geschriebene Kirchengeschichte über die Jahre 450–491 ist heute nur noch in einer gekürzten syrischen Übersetzung eines Mönchs aus Amida in den Büchern 3–6 einer syrischen Chronik, dem Ps.-Zacharias, erhalten, doch läßt sich erkennen, daß Evagrius ihr in Inhalt und Aufbau in seinen Büchern zwei und drei für die Zeit von Marcian, Leo und Zeno gefolgt ist. Es zeigt sich aber auch, daß er kritische Distanz zu ihr gewahrt hat, da ihm bewußt war, daß Zacha-

---

[210] Vgl. *h. e.* 1, 2, unten 122–125.

[211] BARHADBESCHABBA VON BET ARBAIA, *Historia* 20 (519 NAU).

[212] Das beweist, daß Evagrius Syrisch-Kenntnisse besaß; damit erübrigt es sich anzunehmen, daß es von der im nächsten Satz erwähnten syrischen *Vita* SIMEONS DES ÄLTEREN eine griechische Übersetzung gegeben hat (so ALLEN, *Evagrius Scholasticus* 85 f).

[213] Vgl. *h. e.* 1, 6, unten 132–135.

rias voreingenommen (ἐμπαθῶς) berichtet hat[214]; der Name
des Zacharias erscheint auch nicht im „Historikerkatalog"
in Kapitel 5, 24.

Evagrius referiert daher Zacharias nicht nur, sondern
tadelt und korrigiert ihn auch. Er tadelt Zacharias wegen
seiner Behauptung, Nestorius sei zum Konzil von Chalcedon geladen worden, sicherlich deshalb, wie P. Allen sagt[215],
um den Vorwurf, das Konzil habe den Nestorianismus be-
günstigt, zurückzuweisen.[216] Er übernimmt nicht seine Version von der Ermordung des Proterius von Alexandrien, die
Zacharias nach Evagrius' Worten einem Brief des Timotheus entnommen hat, sondern gibt dem Bericht der chalcedonischen Bischöfe Ägyptens in ihrem Brief an Kaiser Leo
den Vorzug[217], und er lehnt Zacharias' Darstellung der Ereignisse, die zum Acacianischen Schisma führten, als ver-
stümmelt ab und korrigiert sie mit einer auf genaueren[218]
Kenntnissen beruhenden Gegendarstellung[219]. Er läßt es
zwar offen, ob die Bischöfe Kleinasiens, die in einem Brief
an Basiliscus dem *Enzyklion* freudig zugestimmt hatten[220],
in einem späteren Schreiben an Acacius aber behaupteten,
sie seien zur Zustimmung gezwungen worden, gelogen
haben oder ob Zacharias sie verleumdet hat, scheint hier
aber doch dem Bericht des Zacharias den Vorzug zu geben.
Daß der Text des *Enzyklions* in der überarbeiteten Fassung
bei Ps.-Zacharias nur in gekürzter Version wiedergegeben
wird, während Evagrius ihn vollständig zitiert, mag auf das
Eingreifen des Redaktors zurückzuführen sein, aber das
Antenzyklion, von Evagrius ebenfalls ganz zitiert, wird von
Zacharias absichtlich ausgelassen, wie Evagrius mißbil-

---

[214] Vgl. *h. e.* 2, 2, unten 202f.
[215] ALLEN, *Evagrius Scholasticus* 99f.
[216] Vgl. *h. e.* 2, 2, unten 202f.
[217] Vgl. *h. e.* 2, 8, unten 240–247.
[218] Vgl. *h. e.* 3, 9, unten 354f.
[219] Vgl. *h. e.* 3, 18, unten 372–375.
[220] Vgl. *h. e.* 3, 5, unten 344–347.

ligend anmerkt. Das zeigt, daß er bewußt andere Akzente
setzt und auch andere Quellen (in diesem Fall vermutlich
Material des Patriarchatsarchivs) heranzieht. Aber obwohl
er unterschiedliche Auffassungen nebeneinander bestehen
läßt, übernimmt er aus der Kirchengeschichte des Zacharias
nichts, was die Monophysiten in einem günstigen Licht
erscheinen läßt (er verschweigt beispielsweise die Begeiste-
rung der alexandrinischen Bevölkerung über die Rückkehr
von Timotheus Aelurus), und folgt ihm nur solange, wie es
seinem Anliegen dienlich ist.[221]

Daneben hat Evagrius auch kleinere monophysitische
Schriften benutzt wie zum Beispiel die Viten des Petrus
Iberus[222] und des Severus[223], ohne ihren Verfasser anzuge-
ben, sowie die Briefe des Severus[224].

Die polemisch monophysitische Kirchengeschichte des
Johannes von Ephesus, die für die Zeit von Justin II. bis 588
als Ergänzung zu Evagrius wichtig ist und möglicherweise
von Ps.-Zacharias Rhetor ausgewertet wurde, hat Evagrius
nicht gekannt.

Im übrigen war Evagrius auf profane Quellen angewiesen.

c) Profane Quellen

Priscus aus Panium († etwa 474), dessen „Byzantinische
Geschichte" verloren ist, wird von Evagrius fünfmal als
Gewährsmann für Ereignisse aus der Regierungszeit von
Marcian und Leo genannt. Evagrius lobt seinen Kenntnis-
reichtum, seine Genauigkeit und seinen eleganten Stil, und
obwohl die „Byzantinische Geschichte" nicht erhalten ist,
kann man aufgrund der Art und Weise, wie Evagrius wiedergibt, was Priscus über den Aufstand in Alexandrien

---

[221] Siehe ALLEN, *Zachariah Scholasticus*.
[222] Vgl. *h. e.* 2,8, unten 238–241.
[223] Vgl. *h. e.* 3,33, unten 406–409.
[224] Vgl. *h. e.* 4,11, unten 470f.

anläßlich der Thronbesteigung des Proterius berichtet[225] —
der Bericht ist auch nicht aus Zacharias übernommen — annehmen, daß er sie selbst gelesen hat und sie nicht nur aus
der Epitome des Eustathius kannte.

Die vermutlich wichtigste Quelle für die ersten drei
Bücher des Evagrius ist der im 6. Jahrhundert verfaßte „Ab-
riß der Weltgeschichte" (Χρονικὴ ἐπιτομή) des Syrers Eustathius, der wie der Kirchenhistoriker aus Epiphania
stammte. Die Chronik reichte bis zum Jahr 502, der Eroberung von Amida im zwölften Regierungsjahr des Anastasius[226], und wurde auch von Malalas benutzt[227]. Da sie nicht
mehr erhalten ist und Eusthatius außer bei Malalas nur
noch im Suda-Lexikon kurz erwähnt wird, sind die Bemerkungen des Evagrius über ihn von großem Wert. Evagrius
übernimmt von ihm Nachrichten über den Perserkrieg unter Theodosius II.[228], über den Aufstieg Zenos[229] und Ereignisse aus seinen späteren Jahren[230], außerdem einen Syn-
chronismus[231] und bescheinigt ihm einen guten Stil[232]. Es ist
anzunehmen, daß er viele der Namen, die im „Historikerkatalog" erscheinen, nur aus Eustathius kannte.

Im „Historikerkatalog" nicht aufgeführt wird der um
500 geborene monophysitische Syrer Johannes Malalas aus
Antiochien, von Evagrius Johannes Rhetor genannt, obwohl Evagrius häufig auf ihn verweist. Malalas hatte zur
Zeit Justinians eine in anspruchslosem Griechisch geschriebene, unkritische Weltchronik verfaßt (sie ist die älteste erhaltene byzantinische Chronik), in der die Stadtgeschichte
Antiochiens eine besondere Berücksichtigung erfuhr. Die

[225] Vgl. *h. e.* 2,5, unten 226–229.
[226] Vgl. *h. e.* 3,37, unten 416f.
[227] JOHANNES MALALAS, *chron.* 12 (399 DINDORF).
[228] Vgl. *h. e.* 1,19, unten 176f.
[229] Vgl. *h. e.* 2,15, unten 260f.
[230] Vgl. *h. e.* 3,25–27, unten 384–391.
[231] Vgl. *h. e.* 3,29, unten 392f.
[232] Vgl. *h. e.* 1,19, unten 176f; 3,37, unten 416f.

heute vorliegende unvollständige und leicht gekürzte Fassung endet mit dem Jahr 563, die von Evagrius benutzte Ausgabe reichte aber nach seinen Angaben[233] nur bis zum Jahr 526; sie wurde wahrscheinlich von demselben Autor in Konstantinopel oder aber von einem anderen Autor fortgesetzt.

Evagrius verwendet Malalas bis in die Zeit von Justin I. für Ereignisse, die Antiochien betreffen, und ist dabei gelegentlich ausführlicher[234] und vollständiger als der Text, der noch erhalten ist. So beruft er sich auf ihn für die Überführung der Gebeine des Ignatius[235] und die Bauten des Mamian in Antiochien[236], doch sind darüber in dem überlieferten Text des Malalas keine Nachrichten mehr zu finden; er nennt ihn außerdem als Quelle für das Erdbeben in Antiochien im Jahr 458[237], die Ermordung des orthodoxen Patriarchen Stephanus[238] und das Erdbeben des Jahres 526 in Antiochien, das Malalas in Einzelheiten geschildert hat[239]. Er verdankt auch viele andere Nachrichten[240] mitsamt ihren Fehlern[241] Malalas, ohne ihn zu nennen; die beiden letzten Kapitel des dritten Buches über die Angriffe Vitalians und den Trishagion-Aufstand in Konstantinopel folgen weitgehend dem Bericht des Malalas, der die Er-

---

[233] Vgl. *h. e.* 4, 5, unten 460f.

[234] Zum Beispiel der Bericht über das Erdbeben von 458 (*h. e.* 2, 12, unten 256f) im Vergleich zu JOHANNES MALALAS, *chron.* 14 (369 DINDORF).

[235] Vgl. *h. e.* 1, 16, unten 170–173.

[236] Vgl. *h. e.* 3, 28, unten 390f.

[237] Vgl. *h. e.* 2, 12, unten 256f.

[238] Vgl. *h. e.* 3, 10, unten 354f.

[239] Vgl. *h. e.* 4, 5, unten 460f.

[240] Zum Beispiel über EUDOCIA vgl. *h. e.* 1, 21f, unten 180–189; über EUDOXIA vgl. *h. e.* 2, 7, unten 234–237; über ZENO vgl. *h. e.* 3, 24, unten 384f; 3, 35, unten 414–417; die Kapitel 3, 43f entsprechen JOHANNES MALALAS, *chron.* 16 (402–407 DINDORF), Kapitel 4, 8 entspricht JOHANNES MALALAS 17 (417f DINDORF).

[241] Zum Beispiel *h. e.* 2, 7, unten 236f: das falsche Datum der Rückkehr von PLACIDIA und EUDOXIA (JOHANNES MALALAS, *chron.* 14 [365f DINDORF]).

hebung des Vitalian allerdings genauer beschreibt als der
Kirchenhistoriker, ohne daß Evagrius seine Quelle angibt.

In der Chronik des Malalas finden sich auch Hinweise
auf die jüdische Gemeinde Antiochiens und auf Judenver-
folgungen; diese hat Evagrius nicht übernommen.

Hauptquelle für die Regierungszeit Justinians ist der
wohl bedeutendste Historiker der Spätantike, Prokop, den
auch Evagrius wegen seines wissenschaftlichen Fleißes, seines guten Stils und seiner Gelehrsamkeit[242], seiner ergrei-
fenden Schilderungen[243] und seiner Klarheit[244] sehr schätzt.
Prokops Bücher über die Kriege Justinians, die *Bella*, sind
vollständig erhalten, so daß erkennbar wird, wie Evagrius
mit seiner Quelle umgegangen ist. Prokop wurde schon
im ersten Kapitel über Marcian erwähnt[245], aber für die
Kapitel 12–27 des vierten Buches der Kirchengeschichte ist
er beinahe die alleinige Grundlage. Dem Verfasser einer
Kirchengeschichte ging es naturgemäß nicht darum, den
von Prokop geschilderten Kriegsverlauf möglichst exakt
wiederzugeben[246], vielmehr gibt das weltliche Geschehen
lediglich den Rahmen für das ab, was ihm wichtig erscheint;
das heißt alles, was in Beziehung zu christlicher Religion
und christlicher Geschichte steht oder das Eingreifen Gottes sichtbar macht.

Evagrius scheint sämtliche Bücher Prokops über die
Kriege gelesen zu haben, trotzdem sind ihm bei der Wiedergabe von Einzelheiten Fehler unterlaufen, und er geht unterschiedlich mit seiner Vorlage um: Die meisten Teile faßt
er grob zusammen, andere paraphrasiert er, einige zitiert er

---

[242] Vgl. *h. e.* 4, 12, unten 474 f.

[243] Vgl. *h. e.* 4, 13, unten 474 f.

[244] Vgl. *h. e.* 4, 19, unten 488 f.

[245] Vgl. *h. e.* 2, 1, unten 198 f.

[246] Dagegen unterstellt ALLEN, *Evagrius Scholasticus* 171, ihm „interest
… in military affairs", obwohl Evagrius ausdrücklich auf eine Darstellung der militärischen Taten des MAURICIUS verzichtet (*h. e.* 5, 20, unten
598–601).

wörtlich.[247] So wird der Inhalt des ersten Buches über die
Perserkriege, das auch den Bericht über den Nika-Aufstand
enthält, nur ganz kurz referiert[248], aus den „Vandalenkrie-
gen" aber ausführlich das Wunder erzählt, daß Christen, obwohl ihnen von Arianern die Zunge abgeschnitten worden
war, wohlartikuliert sprechen konnten[249]. Wörtlich übernimmt er, was Prokop über den Mauren Kabaon sagt, der die
von den Vandalen entweihten christlichen Kirchen wieder
instandsetzen ließ[250], wobei er die Schlachtbeschreibung
Prokops bezeichnenderweise ausläßt; wörtlich übernimmt
er ebenso, was Prokop über die Erfüllung einer Prophezei-
ung Cyprians schreibt[251]. Er zitiert auch die Äußerung des
gefangenen Vandalenkönigs Gelimer beim Triumphzug in
Konstantinopel „Eitelkeit der Eitelkeiten".[252]

Die umfangreichen „Gotenkriege" werden von Evagrius
auf wenige Kapitel[253] reduziert; er behandelt zwar die Ursachen des Krieges und die Erfolge Belisars, aber im übrigen
sind ihm nur Nachrichten über die Christianisierung fremder Volksstämme (und eine Bemerkung über die Frömmigkeit des Narses, die er jedoch nicht aus Prokop hat) wichtig.

Im Anschluß an die „Gotenkriege" greift Evagrius auf
das zweite Buch der „Perserkriege" zurück[254], ohne zu ver-
merken, daß er damit um mehrere Jahre zurückspringt. Er
referiert nur kurz die bei Prokop in Einzelheiten geschilderten Eroberungen der Städte Sura und Beroea und auch
die erschütternde Eroberung von Antiochien durch Chosroes I., übernimmt aber — unter Mißachtung der Chrono-

---

[247] Die Kritik von ALLEN, *Evagrius Scholasticus* 10.185–187, an seiner
Vorgehensweise wird von WHITBY, *The Ecclesiastical History* XXVIII–
XXXI, modifiziert.
[248] Vgl. *h. e.* 4,12f, unten 474–477.
[249] Vgl. *h. e.* 4,14, unten 476–479.
[250] Vgl. *h. e.* 4,15, unten 478–481.
[251] Vgl. *h. e.* 4,16, unten 482–485.
[252] *H. e.* 4,17, unten 486f.
[253] Vgl. *h. e.* 4,19–24, unten 488–495.
[254] Vgl. *h. e.* 4,25–28, unten 494–507.

logie — in größerer Ausführlichkeit, was Prokop über
Apamea und das Wunder schreibt, das auch er dort erlebt
hat[255], und ebenso Prokops Bericht über die Belagerung
von Edessa und gibt eine von Prokop abweichende Beschreibung der Belagerung von Sergiupolis[256], jedoch nur,
um Wundererzählungen anzufügen, die Prokop noch nicht
kennt. Evagrius fand bei Prokop zwar schon den Hinweis
auf die Abgarlegende von Edessa, nicht aber auf das berühmte *Mandylion,* das „nicht von Menschenhand gemach-
te Bild" Christi, die *Acheiropoietos,* der die wunderbare
Errettung Edessas zu verdanken war; es wird hier zum ersten Mal überhaupt erwähnt.

Die daran anschließende Pestbeschreibung[257] ist zwar
durch Prokop angeregt und stimmt in einigen Punkten mit
ihr überein, beruht in der Hauptsache aber auf eigenen Erfahrungen des Kirchenhistorikers.

Daß Evagrius die „Geheimgeschichte" Prokops, die
Anekdota, gekannt hat, ist nicht erwiesen, erscheint aber
möglich, denn seine Charakterisierung der Zeit Justinians
entspricht in vielerlei Hinsicht dem, was Prokop geschrieben hat. Prokops Buch über die „Bauten" Justinians hat er
nicht gekannt, seine Beschreibung der Hagia Sophia ist von
Prokop unabhängig.

Über die Gesetzeskodifikation Justinians äußert der Jurist Evagrius sich nicht, obwohl er den *Codex Iustinianus*
im Zusammenhang mit einem Gesetz von Theodosius II.
über Nestorius im ersten Buch genannt hatte; der Grund
dafür liegt wohl darin, daß Prokop darüber in seinen Büchern über die Kriege nichts gesagt hatte.

Im Anschluß an Prokop hatte der Historiker Agathias
über die Jahre 552–559 ein Geschichtswerk verfaßt; Eva-

---

[255] Vgl. *h. e.* 4,26, unten 496–501.
[256] Vgl. *h. e.* 4,27f, unten 500–507.
[257] Vgl. *h. e.* 4,29, unten 508–513.

grius weiß davon, bekennt aber, daß es noch nicht in seine
Hände gelangt sei.[258]

Über den Perserkrieg 572–591 hatte Johannes von Epiphania, der aus der Heimatstadt des Evagrius stammte und
mit ihm verwandt war, aus persönlicher Kenntnis (er hatte
— nach eigenen Angaben — den Patriarchen Gregor bei
seiner Zusammenkunft mit Chosroes II. und nach dem
Krieg auf einer Reise nach Persien begleitet) ein eigenes
Buch verfaßt, von dem aber nur noch wenige Fragmente
erhalten sind. Die Frage, ob Evagrius Material benutzt hat,
das er seinem Vetter verdankt, wird nicht einhellig beant-
wortet. Zwar sagt er auch von der Geschichte des Johannes,
daß sie noch nicht ediert war, als er sein eigenes Werk voll-
endete[259], es ist aber durchaus möglich, daß er über deren
Inhalt mündlich informiert war bzw. die Materialsamm-
lung des Johannes kannte, da beide Historiker in den Dien-
sten des Patriarchen Gregor standen. Manche Forscher, so
auch P. Allen[260], nehmen daher an, daß Johannes von Epiphania eine Quelle für Evagrius ebenso wie für Theophylactus Simocatta war. Aber die von Johannes erhaltenen
Fragmente über den Anfang des Krieges lassen keine Ab-
hängigkeit des Evagrius von Johannes erkennen. Beide behandeln zwar dieselben Vorgänge (die Rede Justins II. an
Tiberius kommt bei Johannes jedoch nicht vor), aber Darstellung und Deutung sind bei beiden völlig unterschiedlich. Es ist daher unwahrscheinlich, daß Evagrius den Johannes benutzt hat.

Zwischen den letzten Büchern der Kirchengeschichte
des Evagrius und der Geschichte des Theophylactus Simocatta, der während der Regierungszeit des Kaisers Heraclius (610–641) in Konstantinopel geschrieben hat, gibt es in
der Tat auffallende Gemeinsamkeiten: Die Beschreibung der

---

[258] Vgl. *h. e.* 4,24, unten 494f.
[259] Vgl. *h. e.* 5,24, unten 608f.
[260] ALLEN, *Evagrius Scholasticus* 10f.

Schlacht von Melitene bei Evagrius gleicht in Inhalt und Stil der Beschreibung bei Theophylactus[261]; der Bericht über Chosroes und seine Votivgaben entspricht dem — allerdings genaueren und ausführlicheren — von Theophylactus[262]. Andererseits sind die Abweichungen des Theophylactus von Evagrius so signifikant[263], daß man ausschließen kann, daß Theophylactus die Kirchengeschichte des Evagrius benutzt hat, aber es ist ebenfalls evident, daß beide eine gemeinsame Vorlage gehabt haben; welche das war, läßt sich nicht feststellen, sicher nicht (aus den oben genannten Gründen) Johannes von Epiphania. Daß dieser allerdings eine der Quellen des Theophylactus war, steht fest, denn zwischen dessen fragmentarisch erhaltenem Werk über den Perserkrieg und der Geschichte des Theophylactus gibt es wörtliche Übereinstimmungen.[264]

Auch eine betont antichristliche Quelle war Evagrius bekannt: Die um 500 verfaßte *Historia nova* des Zosimus; er benutzt sie jedoch nur, um Zosimus zu widerlegen, sowohl in Bezug auf Konstantin als auch auf seine Beurteilung der Geschichte.[265]

---

[261] *H. e.* 5,14f, unten 584–591 — THEOPHYLACTUS, *Historiae* 3,13f (135–140 DE BOOR).

[262] *H. e.* 6,19–21, unten 644–653 — THEOPHYLACTUS, *Historiae* 5,10–14 (206–208 DE BOOR); besonders auffallend ist, daß beide an derselben Stelle den Bericht über die Martyrin GOLINDUCH einfügen; beide zitieren als einzige wörtlich die Inschriften auf den Weihegeschenken.

[263] So weiß THEOPHYLACTUS nichts von der Rolle des KURS in der Schlacht von Melitene; den Gedanken über die Unbeständigkeit des menschlichen Lebens, den bei Evagrius (*h. e.* 6,17, unten 644f) Kaiser MAURICIUS äußert, bringen bei THEOPHYLACTUS (*Historiae* 4,13,8 [174 DE BOOR]) die persischen Gesandten vor; und THEOPHYLACTUS macht abweichende Angaben über die äußeren Umstände der Weihegeschenke.

[264] Zu THEOPHYLACTUS, *Historiae* 3,9–12 (127–135 DE BOOR), vgl. JOHANNES VON EPIPHANIA, *fr.* 2–5 (273–276 MÜLLER).

[265] Vgl. *h. e.* 3,40f, unten 424–437.

d) Unbekannte Quellen

An vielen Stellen ist erkenntlich, daß Evagrius neben den genannten Autoren, von denen auffallend viele aus dem syrisch-palästinischen Raum stammen, auch Material unbekannter Herkunft verwendet hat. Mehrmals stellt er unterschiedliche Versionen oder Begründungen desselben Geschehens, ohne einer den Vorzug zu geben, mit der Bemerkung nebeneinander: „denn beides wird gesagt".[266] Das spricht für sein Bemühen um eine sachliche und ausgewogene Darstellung. Seine den Quellen gegenüber kritische Haltung kommt auch in den Worten „ob es sich so verhält, kann ich nicht sagen"[267] zum Ausdruck.

Evagrius hat außer schriftlichen zweifellos auch mündliche und volkstümliche Überlieferungen für seine Kirchengeschichte ausgewertet. Das gilt vor allem für die Wundergeschichten und Mönchslegenden, an denen sein Werk reich ist. So können die über Prokop hinausgehenden Wundererzählungen über Edessa und Sergiupolis auf mündlicher Tradierung beruhen. Auch viele Heiligenlegenden waren im Umlauf. Ein Beispiel für eine Sammlung von Heiligengeschichten, die wahrscheinlich auf mündliche Quellen zurückgeht, ist das *Pratum spirituale* des Johannes Moschus, der mit Bischof Gregor bekannt war; einige der Legenden decken sich mit denen bei Evagrius, andere weisen die gleichen Wunder anderen Personen zu. Die Geschichte des jüdischen Kindes, das nach dem Verzehr eucharistischen Brotes durch die Gottesmutter vor dem Verbrennen im Glasbläserofen errettet wurde, kann Evagrius ebenfalls aus einer Sammlung von Wunderlegenden erfahren haben.[268]

---

[266] Zum Beispiel *h. e.* 5, 10, unten 578 f.
[267] Vgl. *h. e.* 5, 3, unten 554 f.
[268] Vgl. *h. e.* 4, 36, unten 526–529.

Auf andere mündliche Quellen verweist er selbst an mehreren Stellen: „jemand" hat geagt, wie Nestorius gestorben ist[269], Mönche der syrischen Wüste haben ihm Einzelheiten über den älteren Simeon mitgeteilt[270], sehr alte Männer haben erlebt, wie das Volk Antiochiens in der Regierungszeit des Anastasius unter monophysitischen Mönchen ein Blutbad angerichtet hat[271], seine Eltern haben erzählt, auf welche Weise der Diakon seiner Heimatstadt dem Severus ein Absetzungsschreiben der dortigen Bischöfe aushändigte[272] und haben wohl auch überliefert, wie sich Bischof Thomas von Apamea gegenüber dem Perserkönig verhielt[273], und die Eltern des Kaisers Mauricius konnten von wunderbaren Vorzeichen berichten[274]. Selbst für seine Beurteilung der Kaiser wird man in Betracht ziehen müssen, daß Evagrius auch von dem Bild beeinflußt war, das sich in der Bevölkerung von ihnen erhalten hatte: So hatte Anastasius aufgrund seiner steuerpolitischen Maßnahmen beim Volk ein gutes Ansehen hinterlassen. Justinian wurde negativ betrachtet, da ihm die Eroberung Antiochiens durch die Perser angelastet wurde. — Nicht zuletzt konnte Evagrius eigene Erlebnisse und Erfahrungen für seine Kirchengeschichte verwerten.

---

[269] Vgl. *h. e.* 1,7, unten 136–147.

[270] Vgl. *h. e.* 1,13, unten 158–165.

[271] Vgl. *h. e.* 3,32, unten 404–407.

[272] Vgl. *h. e.* 3,34, unten 412f.

[273] Vgl. *h. e.* 4,25, unten 496f.

[274] Vgl. *h. e.* 5,21, unten 602f.

4. Die Historia ecclesiastica des Evagrius als geschichtliche Quelle

a) Bedeutung der Profangeschichte

Evagrius erklärt am Anfang seiner *Historia ecclesiastica* nicht nur, daß er die Kirchengeschichtsschreibung fortzusetzen beabsichtigt, sondern daß er ebenfalls andere „geschichtswürdige" Ereignisse in seine Geschichte „mithineinverweben" will, damit der Leser wisse, „was wann, wo und wie und durch wen" geschehen ist. Daher werden auch politische Geschichte und Naturphänomene von ihm behandelt. Evagrius verläßt damit die Wege seiner Vorgänger, die den Rahmen einer Kirchengeschichte enger gefaßt und weltliches Geschehen nur selten berücksichtigt oder aber einen Zusammenhang zwischen politischen und kirchlichen Ereignissen gesehen hatten, markiert aber gleichzeitig den Beginn einer Epoche, in der Staatsgeschichte und Kirchengeschichte so sehr ineinander verflochten waren, daß sie nicht mehr getrennt dargestellt werden konnten. Im oströmischen Reich wurde für Jahrhunderte keine Kirchengeschichte mehr verfaßt, andererseits nahmen profane Chroniken und Historien Bezug auf kirchliche und religiöse Ereignisse. Evagrius ist bis zum Beginn des 14. Jahrhunderts der letzte griechisch schreibende Kirchenhistoriker; Kirchengeschichtsschreibung wurde nur durch Nicephorus Callistus Xanthopulus (der Evagrius ausschreibt) noch einmal aufgenommen. Die Profangeschichte nimmt bei Evagrius allerdings immer eine untergeordnete Stelle ein, meist werden nur reine Fakten ohne exakte Datierung und ohne Erklärung der Ursachen angeführt — das „warum" fehlt daher auch im Proöm in der Aufzählung der Gesichtspunkte, die Evagrius berücksichtigen will. Auch das sechste Buch seiner Kirchengeschichte hat nicht nur weltliches Geschehen zum Inhalt, wie oft gesagt wird, denn in den Augen des Evagrius sind Aktionen, in die der Bischof verwickelt war, und Ereignisse, die die Kraft und Bedeutung des christlichen Glaubens für einen heidnischen König sichtbar machen, kirchengeschichtlich relevant.

Naturkatastrophen werden dagegen oft ausführlich geschildert, nicht nur, weil ihre Auswirkungen unmittelbar spürbar waren, sondern auch, weil sie als Zeichen für das Eingreifen Gottes verstanden wurden; sie nehmen so eine Zwischenstellung zwischen weltlichem und religiösem Geschehen ein.

Welchen Wert Evagrius dennoch der profanen Geschichtsschreibung beimaß, läßt sich daran ablesen, daß er in seinem Werk zweimal eine Liste von Historikern einfügt: Im ersten Buch gibt er eine Aufzählung derer, die über die Gründung Antiochiens geschrieben haben[275], und am Ende des fünften Buches bietet er einen umfangreichen Überblick über Historiker bis in seine Zeit, der die Kontinuität der Geschichtsdarstellungen, die *historia perpetua,* sichtbar machen soll[276]. Daß er sich selbst sowohl in der Tradition der Kirchenhistoriker als auch in der Tradition der Säkularhistorie sieht, erkennt man auch daran, daß er sich in diesem „Historikerkatalog" zweimal einreiht: einmal hinter den Kirchenhistorikern, dann hinter Agathias und Johannes von Epiphania, den Historikern seiner eigenen Zeit.

Für die Geschichte seiner ersten vier Bücher war Evagrius gänzlich auf Material angewiesen, das er bei anderen Autoren fand, und da einige dieser Quellen nicht mehr oder nur unvollständig erhalten sind, sind seine Mitteilungen, wie gesagt, durchaus von Wert. Fehler kommen dennoch vor und seine Berichte sind nicht immer zuverlässig. Dadurch daß er weltliches Geschehen meist en bloc behandelt, sind seine Zeitangaben unpräzise (ἐν τούτοις τοῖς χρόνοις), oft auch unrichtig, was zum Teil darauf zurückzuführen ist, daß auch die Quellen, zum Beispiel Malalas, ungenau waren, zum Teil darauf, daß Evagrius auf eine exakte Datie-

---

[275] Vgl. *h. e.* 1,20, unten 178–181.
[276] Vgl. *h. e.* 5,24, unten 604–611.

rung weniger Wert legt als auf die Darstellung selbst.[277] Auffallend sind Datierungsfehler oder -ungenauigkeien auch in
den Büchern fünf und sechs, die die Zeit von Justin II. bis
Mauricius behandeln, die Zeit also, die Evagrius selbst bewußt erlebt hat[278]. Dennoch ist sein Werk für die Ereignisse
im Osten zu dieser Zeit eine wichtige Quelle, für die ersten
Regierungsjahre des Mauricius vielleicht sogar die wichtigste, denn es ist anzunehmen, daß Evagrius direkte Informationen besaß, da Antiochien Sitz des Heermeisters des
Ostens war und die Vorbereitungen für die Ostfeldzüge im
allgemeinen dort getroffen wurden. Über den Perserkrieg
war er vermutlich durch Schilderungen seines Bischofs, der
zusammen mit dem Bischof von Melitene Begleiter des Perserkönigs gewesen war, unterrichtet. Das erklärt manche
Ungenauigkeit, denn da Johannes von Epiphania sein Buch
über den Perserkrieg noch nicht ediert hatte, verfügte Evagrius kaum über schriftliche Aufzeichnungen. Auch von
Parteilichkeit gegenüber bestimmten Personen war Evagrius nicht frei.

   Evagrius datiert im allgemeinen nach der Ära Antiochiens, in den letzten Büchern entsprechend der Anordnung Justinians auch nach Regierungsjahren; für die wichtigsten kirchlichen Vorgänge benutzt er Bischofslisten.

   In den ersten drei Büchern sind noch bedeutende Ereignisse des Westreichs in seine Geschichte einbezogen, so die
Eroberung Roms durch Geiserich 455, die auch von anderen byzantinischen Autoren behandelt wird, oder das Ende
des weströmischen Kaisertums durch Odoaker 476, im
vierten Buch aber nur noch das, was Evagrius bei Prokop
fand, und in den letzten zwei Büchern fehlen Nachrichten
aus dem Westen völlig, nicht einmal der Einfall der Lango-

---

[277] Die Fehler werden in den Anmerkungen zu den betreffenden Stellen
korrigiert. Die wichtigsten Verstöße gegen die Chronologie stellt
ALLEN, *Evagrius Scholasticus* 15 f, zusammen.
[278] Siehe ALLEN, *Evagrius Scholasticus* 209.263–265.

barden in Italien scheint ihm bekannt gewesen zu sein. Sein Interesse gilt nur noch dem Ostreich, und auch im Osten nur dem Perserkrieg. Was sich in weiter entfernt liegenden Gegenden abspielt, bleibt außer acht. Über die Awaren kann er in einem Exkurs verläßliche ethnographische Informationen bieten, auch die „Türken" werden genannt, die Slawen, die im byzantinischen Reich eine so große Rolle spielen sollten, jedoch nicht. Das ist ihm zum Vorwurf gemacht worden[279], nicht ganz zu Recht, denn es ging ihm um eine Geschichte der Kirche, nicht des byzantinischen Reiches; deshalb verzichtet er auf eine Darstellung der militärischen Taten des Mauricius mit der Begründung, daß sein Buch anderes zum Inhalt hat[280], und auch die Eroberung Antiochiens durch die Perser behandelt er nicht *in extenso*.

Doch trotz der Einschränkung auf das Ostreich und trotz der Trennung des Ostens vom Westen steht es für Evagrius außer Frage, daß Ost-Rom und West-Rom ein Reich bilden, daher sind in seinen Überblick über die Geschichtsschreibung selbstverständlich griechische und römische Historiker aufgenommen, und die oströmischen Soldaten werden in der Rede Gregors vor dem Heer als Nachfahren des Manlius Torquatus bezeichnet. Schließlich bezeichnen sich auch die Bewohner des oströmischen Reiches selbst als Ῥωμαῖοι: „Römer".

b) Beurteilung der Kaiser

Die Bedeutung der oströmischen Kaiser für Evagrius ergibt sich schon daraus, daß er seine Bucheinteilung nach deren Regierungszeiten vorgenommen hat. Obwohl weltliches Geschehen von Evagrius nur am Rande behandelt wird, erfahren die Kaiser eine eingehende Beurteilung, weniger durch die geschichtliche Darstellung, als vielmehr durch die Charakterbilder, mit denen sie — außer Leo und Basilis-

---

[279] So ALLEN, *Evagrius Scholasticus* 209.
[280] Vgl. *h. e.* 5, 20, unten 598–601.

cus, der als Usurpator jedoch nicht als Kaiser zählt — eingeführt werden. Ihre Charakteristiken enthalten zwar stereo-
type Elemente der Kaiserkritik und des Fürstenlobs:
„Schlechte" Kaiser wie Zeno oder Justin II. sind unbe-
herrscht, habgierig und feige, „gute" Kaiser wie Marcian
und Mauricius beherrschen sich selbst, sind gerecht, fromm
und vermeiden Blutvergießen, und wunderbare Vorzeichen, die als „Wink Gottes" gedeutet werden, weisen auf
herausragende Herrscher hin. Aber selbst die enkomiasti-
schen Porträts der Kaiser Tiberius und Mauricius (auch die
der Bischöfe Anastasius und Gregor), der Zeitgenossen des
Autors, geben ein individuelles Charakterbild wieder, sowohl durch das, was gesagt, als auch durch das, was nicht
gesagt wird, und im Fall von Mauricius und Gregor werden
die Aussagen über ihre Eigenschaften durch die geschichtli-
chen Geschehnisse bestätigt.[281]

Der Kaiser, der das Konzil von Chalcedon einberufen
und für die Durchsetzung der Zweinaturenlehre gesorgt
hat, Marcian, gilt bei allen chalcedonischen Autoren als
guter Herrscher. Auch im Urteil des Evagrius war er gut,
fromm und gerecht und erhielt die Kaiserkrone als Lohn
für seine Tugend. Das Urteil der orthodoxen Historiker
scheint den Tatsachen entsprochen zu haben, denn noch
beim Regierungsantritt von Anastasius (491) rief das Volk:
„Herrsche wie Marcian!"

Marcians Nachfolger Leo wird nicht charakterisiert; sein
Bemühen um kirchlichen Frieden, das im *Codex encyclius*
zum Ausdruck kam, wird anerkannt, aber Evagrius vermerkt, daß er Aspar, dem er die Krone verdankte, umbringen ließ.

---

[281] Das weist WHITBY, *On Patriarchs*, nach.

Zeno ist bei Evagrius ein Lüstling, der seine Lüste öffentlich auslebte und seine Untertanen ausbeutete, so daß sogar
die Usurpation des mit ihm verwandten Monophysiten
Basiliscus verständlich erscheint. In einem stilisierten
„Fürstenspiegel" wird Zeno das Gegenbild eines wahren
Herrschers vorgehalten, der zuallererst über sich selbst
herrschen können muß. — Nach der Usurpation des Basiliscus gewann Zeno, wie Evagrius sagt, seinen Thron dank
der Hilfe der heiligen Thekla wieder, er bemühte sich um
die Herstellung der kirchlichen Einheit, und im Acacian-
schen Streit mit Rom weigerte er sich standhaft, das Konzil
von Chalcedon zu anathematisieren. Doch die kirchliche
Haltung Zenos ändert Evagrius' Meinung über seine politischen Handlungen nicht; noch in dem Bericht über Anastasius erinnert er daran, daß die Byzantiner unter Zeno und
den Isauriern zu leiden hatten.[282] Dieses äußerst negative
Urteil über den Isaurier, der sich als magister militum per
Orientem längere Zeit in Antiochien aufgehalten hatte,
kann Evagrius von Eustathius[283] übernommen haben, es
entspricht in jedem Fall der Meinung des Volkes; Antiochien war auch das Zentrum der Rebellion von Illus und
Leontius gegen Zeno. Von Zacharias, der als Monophysit
Zeno positiv sah, hat Evagrius sich nicht beeinflussen lassen.
    Das Bild des Anastasius ist ebenfalls uneinheitlich. Eva-
grius führt ihn als friedliebenden Kaiser ein, dem im Bereich der Kirche nichts wichtiger war als der Erhalt des
Friedens und der daher verlangte, daß die ortsüblichen
kirchlichen Gewohnheiten nicht geändert werden sollten.
Dennoch setzte er die Chalcedonier Euphemius und Macedonius von Konstantinopel sowie Flavian von Antiochien
ab, obwohl sie keine Neuerungen eingeführt hatten; Evagrius scheint darin keinen Widerspruch zu seiner Behaup-

---

[282] Vgl. *h. e.* 3,35, unten 414f.
[283] Vgl. *h. e.* 3,26, unten 386–389.

tung zu sehen. Er zitiert auch lange Teile aus dem Brief der
chalcedonischen Mönche Palästinas an Alcison von Nicopolis, in dem der Monophysit Philoxenus, der ebenso wie
Severus am Kaiserhof einflußreich war, für die Absetzung
von Macedonius und Flavian verantwortlich gemacht wird.
In einem weiteren Kapitel nennt er dann andere Gründe für
deren Vertreibung und gibt zu, daß Anastasius im Verdacht
des Manichäismus stand, daß er gegen Macedonius zu un-
lauteren Mitteln griff und daß er als Chalcedon-Gegner
galt, der noch zu Lebzeiten in Jerusalem anathematisiert
wurde. Das zeigt, daß der Historiker seine unterschied-
lichen Quellen nicht in Einklang zu bringen wußte und daß
auch gegenüber Anastasius feindselige Quellen das positive
Bild, das er von dem Kaiser hatte und das für die ersten Regierungsjahre möglicherweise auch zutreffend war, nicht
beeinflussen konnten. Dieses positive Bild kann er von Malalas übernommen haben, aber auch von seinen Eltern, die
ihm erzählt hatten, daß Anastasius darauf verzichtete, die
Bischöfe seiner Heimatstadt Epiphania und von Arethusa
abzusetzen, als er erfuhr, daß das nicht ohne Blutvergießen
geschehen könne. Evagrius preist den Kaiser auch über Ge-
bühr für die Aufhebung des *Chrysargyron*. Die Steuerpoli-
tik und die Friedenszeit, die einsetzte, nachdem Anastasius
die Kämpfe mit Isauriern und Persern beendet hatte, haben
anscheinend das Urteil bestimmt, das sich in Antiochien
über Anastasius' Regierung erhalten hatte und das auch
durch die Aufstände, die sich in Konstantinopel unter seiner Regierung abspielten, nicht getrübt worden war. In
dem Aufstand des Vitalian, der für die chalcedonische Orthodoxie kämpfte, sieht Evagrius (wie Malalas) nur Unbot-
mäßigkeit gegenüber dem Staat.

Mit Justin I. gelangte ein erklärter Chalcedonier auf den
Kaiserthron. Evagrius äußert sich nicht über seinen Charakter, berichtet aber, daß er Vitalian hinterhältig umbringen ließ, und hebt dann anerkennend hervor, daß er den
monophysitischen Severus von Antiochien absetzte.

Justinian I. wird bei seiner Einführung als Chalcedonier vorgestellt, wobei Evagrius es offen läßt, ob er wirklich ein Chalcedonier war. Daß Justinian im ganzen Reich für die Durchsetzung des Chalcedonense sorgte, wird von Evagrius begrüßt, er bemerkt aber, daß Widerstrebende „auf vielfältige Weise auf den Weg der Zustimmung gebracht wurden"[284]. Die außenpolitischen Erfolge Justinians spielen für den Kirchenhistoriker keine Rolle, auch seine Bautätigkeit erfährt keine uneingeschränkte Anerkennung, nicht einmal die Gesetzessammlung wird erwähnt, und in den Kapiteln über die Innenpolitik zeichnet er ein Bild von ihm, das ganz dem der *Anekdota* Prokops entspricht. Am Ende des vierten Buches verurteilt er scharf Justinians Wendung zum Aphthartodoketismus[285] und ist an einer anderen Stelle der Überzeugung, daß der Kaiser zum Lohn für seine Missetaten in der Hölle landet[286]. — Daß der Chalcedonier Justinian von Evagrius so gering geachtet wird, mag erstaunen, aber Prokop und vermutlich auch die Mehrheit des Volkes urteilten ähnlich, und Syrien und besonders die Antiochener hatten unter der Regierung Justinians großes Unglück erfahren, da er die Verteidigung gegen die Perser vernachlässigt und die bedeutendste Stadt des Ostens persischen Angriffen schutzlos ausgeliefert hatte; außerdem hatte er das Land mit hohen Steuern belastet. Die häretische Theologie, die er am Ende seines Lebens vertrat, und seine Gegnerschaft zu Anastasius von Antiochien werden das negative Urteil noch gefördert haben.

Justin II. ist wie Zeno ein „schlechter" Kaiser, nur auf Vergnügungen bedacht und auf das Gut anderer aus. Zwar hob er die häretischen Anordnungen Justinians auf und erließ ein Einigungsedikt, aber er setzte auch Anastasius, den antiochenischen Patriarchen, ab und kümmerte sich trotz

---

[284] *H. e.* 4,11, unten 472f.
[285] Vgl. *h. e.* 4,39, unten 538–541.
[286] Vgl. *h. e.* 5,1, unten 550f.

der Mahnung des Patriarchen Gregor nicht genügend um
das Kriegsgeschehen. Möglicherweise sind das die Gründe
für die Feindseligkeit des Evagrius gegen ihn. Die Rede allerdings, die er bei der Proklamation des Tiberius hielt, war
ihm, wie Evagrius meint, von Gott eingegeben.

Von Tiberius war Evagrius zum Quästor ernannt worden, so ist es nicht verwunderlich, daß er sich nur lobend
über ihn äußert: Er rühmt sein gutes Aussehen, seine
Freundlichkeit und Milde gegen jedermann sowie seine außerordentliche Freigebigkeit.[287] Dieses Urteil scheint aber
der Wirklichkeit entsprochen zu haben, denn dieselben Eigenschaften werden Tiberius auch von anderen Historikern
bescheinigt.[288] Herausragende intellektuelle Fähigkeiten
werden ihm (im Unterschied zu Mauricius) von Evagrius
nicht zugeschrieben.

Mauricius war der Kaiser, in dessen Regierungszeit Evagrius seine Kirchengeschichte schrieb, von dem er die Aus-
zeichnung eines Ehrenpräfekten erhielt und zu dem er
durch seinen Bischof Gregor vermutlich auch ein persön-
liches Verhältnis gehabt hat. Er verherrlicht ihn mehr als
alle anderen Kaiser und läßt seine Kirchengeschichte in seiner Person gipfeln. Mauricius erhält schon bei seiner Ernennung zum Heeresbefehlshaber eine Charakteristik, die
ihn als klug und scharfsinnig, beständig und maßvoll, nicht
zu verschlossen und nicht zu vertrauensselig und als wohl-
überlegt beschreibt[289], die offenbar auch, wie sein Verhalten
gegenüber dem persischen König Chosroes erkennen läßt,
zutreffend war und von anderen byzantinischen Historikern bestätigt wird[290]. Er ist auch der einzige Kaiser, dessen
Klugheit hervorgehoben wird. Daß es ihm darum ging,
Blutvergießen zu vermeiden, zeigt seine Behandlung des

---

[287] Vgl. *h. e.* 5,13, unten 582–585.
[288] Vgl. *h. e.* 5,13, unten 585 Anm. 669.
[289] Vgl. *h. e.* 5,19, unten 596–599.
[290] Vgl. *h. e.* 5,19, unten 597 Anm. 687.

Arabers Al-Mundhir. Die Tugend allerdings, die Evagrius
an Tiberius so sehr gelobt hatte, Freigebigkeit, spricht er
Mauricius nicht zu; in der Tat mußte er sparsam sein, da die
Staatskasse leer war. Bei seiner Thronbesteigung bedenkt
Evagrius den Kaiser mit einem Enkomium[291], in dem er die
höchsten rhetorischen Mittel einsetzt und Mauricius als das
Vorbild eines wahren und frommen Herrschers hinstellt,
der als einziger ein wahrer Selbstherrscher ist und in sich
alle die Tugenden vereint, die er von Zeno eingefordert hatte.[292] — Seine Behauptung, das habe er nicht gesagt, um zu
schmeicheln, erscheint dennoch nicht ganz glaubwürdig.
Er vermeidet es auch, ihn dafür zu kritisieren, daß er seinen
General im Perserkrieg nicht mit den notwendigen Belage-
rungsmaschinen ausgerüstet hatte.

Selbst eine Kaiserin, die außerordentliche Eudocia, erfährt am Ende des ersten Buches eine positive Würdigung,
einerseits wegen der Wohltaten, die sie der Stadt Antiochien erwiesen hatte, andererseits wegen ihrer Klostergründungen. Was zu ihren Ungunsten spricht, läßt Evagrius, wie seine Worte zeigen, bewußt außer acht.[293] — Auch in
seiner Beurteilung des Philippicus, des Schwagers von Kaiser Mauricius, läßt er wohlweislich negative Aspekte beiseite.[294] Das zeigt, daß Evagrius in seinem Urteil durchaus von
subjektiven Stellungnahmen geleitet ist.

Im Fall von Marcian, der äußerst positiv gesehen wird,
da er das Konzil von Chalcedon durchgesetzt hatte, und
im Fall von Tiberius und Mauricius, von denen der Autor
Auszeichnungen erhalten hatte, sind die Beurteilungskrite-
rien des Evagrius eindeutig. Die Charakteristiken anderer
Kaiser scheinen abhängig zu sein von den nicht immer

---

[291] Vgl. *h. e.* 6,1, unten 616–619.
[292] Eine syrische Legende bezeichnet ihn als Heiligen: *Vita Mauricii*
(773–778 LEROY/NAU), aber auch OSTROGORSKY, *Geschichte* 67, hält ihn
für einen der „bedeutendsten byzantinischen Herrscher".
[293] Vgl. *h. e.* 1,21, unten 180–187.
[294] Vgl. *h. e.* 6,3, unten 620f.

übereinstimmenden Quellen, aber auch von dem Bild, das sich im Volk erhalten hatte. Ausschlaggebend für eine günstige Beurteilung scheint die moralische Haltung der Herrscher zu sein, auch Frömmigkeit ist eine wesentliche kaiserliche Tugend. Evagrius ist aber offensichtlich nicht wie Sozomenus[295] der Ansicht, daß nur die Frömmigkeit der Kaiser Macht und Erfolg möglich machen, und die kirchliche Einstellung der jeweiligen Herrscher spielt für ihre charakterliche Beurteilung kaum eine Rolle. Er beurteilt sie kritisch nach rein menschlichen Maßstäben und ist weit davon entfernt, sie generell zu überhöhen.

Dem Kaisertum als Institution steht Evagrius grundsätzlich positiv gegenüber. Er bezeichnet die Monarchie als σέβας, Ehrwürdigkeit, und sieht in Caesar, der der erste Alleinherrscher war, den Wegbereiter für die Alleinherrschaft Christi.[296]

c) Aussagen über die Stellung der Bischöfe

Die Nachrichten des Evagrius über die Bischöfe seiner Zeit, besonders über Bischof Gregor, veranschaulichen die Bedeutung, die der Bischof für das Leben der Menschen in der Spätantike hatte, und machen seine Funktion und Stellung deutlich. Der Bischof gehörte zur städtischen Oberschicht und war für die Lebensmittelversorgung der Stadt mitverantwortlich. So beklagt Evagrius den Tod des Bischofs Euphrasius, weil dadurch nach dem Erdbeben von 526 niemand mehr da war, der für das Lebensnotwendige Vorsorge traf. Auch Gregor war für die Versorgung der Stadt verantworlich, ihm warf man vor, daß er sie vernachlässigt hatte. Der Bischof war also nicht nur geistlicher Führer, sondern hatte auch Aufgaben weltlicher Beamter zu erfüllen. Es ist bezeichnend, daß Gregor mit dem Comes Orientis in Streit geriet, dem gegenüber der Bischof seit Justinian eine Kon-

---

[295] SOZOMENUS, *h. e.* 9, 1, 2 (FC 73/4, 1054 f).
[296] Vgl. *h. e.* 3, 41, unten 430 f.

trollfunktion hatte. Möglicherweise ging es dabei um Kompetenzfragen. — Als Abt auf dem Sinai hatte Gregor zwischen feindlichen Arabern und Christen vermittelt und einen Frieden erwirkt, als Bischof von Antiochien übernahm er jedoch keine Vermittlerrolle, als ein persischer Angriff drohte, sondern zog es vor, zu fliehen, um die kirchlichen Geräte in Sicherheit zu bringen. Auf seine persönliche Initiative ging es wohl zurück, daß er sich um die Rekruten kümmerte, als sie, vermutlich auf dem Weg zu ihren Einheiten, durch sein Gebiet kamen; er konnte sie mit allem Lebensnotwendigen versorgen, was zeigt, daß er über beträchtliche Mittel verfügte. Das Wohlwollen, das er sich beim Heer erworben hatte, machte ihn in den Augen des Kaisers geeignet, bei den meuternden Soldaten zu vermitteln. — Zu den Kaisern muß er guten Kontakt gehabt haben, denn er konnte Justin II. über das Kriegsgeschehen im Osten unterrichten, weil der Bischof des fernen Nisibis, mit dem er freundschaftlich verbunden war, ihm Nachrichten zukommen ließ. Kaiser Mauricius erkor ihn und den Bischof von Melitene als Gesellschafter und Begleiter für den Perserkönig, den er mit seinem klugen Rat in Erstaunen versetzte; die Bischöfe nahmen damit eine politische Funktion wahr. In seiner Funktion als Bischof von Antiochien brachte Gregor die Weihegeschenke des Perserkönigs nach Sergiupolis, das in seiner Diözese lag. — Evagrius hat wahrscheinlich durch Gregor Zugang zu den Eltern des Kaisers erhalten und ist auch in persönlichen Kontakt mit General Philippicus, dem Schwager des Kaisers, gekommen, wie aus seinem Bemühen, ihn gegen Anfeindungen in Schutz zu nehmen, ersichtlich wird. Vielleicht waren es die Beziehungen des Bischofs zu den hochgestellten Persönlichkeiten, die ihn zum Ziel von Anfeindungen des Volkes werden ließen.

d) Hinweise auf Heidentum

Der Kirchengeschichte des Evagrius sind auch Hinweise
auf die Situation des Heidentums am Ende des sechsten
Jahrhunderts zu verdanken. Heidnische Religionsaus-
übung war seit Theodosius I. verboten, doch die Kaiser von
Theodosius II. bis Justinian[297] erließen immer schärfer wer-
dende Gesetze gegen Heiden (und Juden), die bezeugen,
daß das Heidentum nicht ausgerottet war. Wie verbreitet
Magie und Dämonenglaube in Phönizien und Ägypten
noch um 500 waren, wird durch die *Vita Severi* des Zacharias Rhetor bezeugt. Evagrius berichtet von einem Aufstand
gegen Heiden in Antiochien im Jahr 579, der sich zunächst
gegen den Vizepräfekten Anatolius, einen „Zauberer",
richtete, dann aber den Verdacht heidnischer Praktiken
auch auf Patriarch Gregor lenkte und zu großen Unruhen
führte.[298] Als daraufhin Kaiser Tiberius die Untersuchung
nach Konstantinopel verlegte und dort der Anschein entstand, daß die Urteile der Prozesse zu milde ausfielen, kam
es zu noch größeren Tumulten, die aufgebrachte Menge
griff zu Lynchjustiz und verdächtigte selbst den Kaiser und
den Patriarchen Eutychius sowie den Stadtpräfekten und
die Richter der Begünstigung des Heidentums. Der monophysitische Kirchenhistoriker Johannes von Ephesus, neben Evagrius die Hauptquelle für Heidentum im späten
6. Jahrhundert, der in Kleinasien als Heidenmissionar ge-
wirkt hatte, schildert die Vorgänge ausführlicher und genauer, aber in Übereinstimmung mit Evagrius. Er weiß zu
berichten, daß die Heidenverfolgung in Baalbek und Edessa ihren Anfang genommen hatte, wo das Heidentum in der
Tat noch stark vertreten war, und daß im Verlauf der Prozesse, die sich bis in die Regierungszeit von Mauricius hin-
zogen, viele Todesurteile vollstreckt wurden.

---

[297] Siehe *Cod. Iust.* 1,11,10 (63f KRÜGER).
[298] Vgl. *h. e.* 5,18, unten 592–595.

Der Bericht über die Heidenverfolgung bei Evagrius erweckt den Anschein, als habe es sich um einen Einzelfall von Heidentum gehandelt. Tatsächlich scheinen noch etliche Heiden unter der Mehrheit der Christen gelebt zu haben. Das geht aus dem Kapitel über Simeon den Jüngeren hervor (4, 23), in dem Evagrius Gott Vorwürfe macht, weil er selbst durch die Pest viele Kinder verloren hatte, Heiden[299] aber, die ohnehin viele Kinder hatten, verschont geblieben waren. — Die anonyme *Vita* Simeons des Jüngeren, in der mehrfach Heiden vorkommen, ist eine weitere wichtige Quelle für die Situation des Heidentums im 6. Jahrhundert.

Aus dieser Perspektive wird die antiheidnische Polemik im ersten Buch[300] verständlich, sie ist nicht nur als literarischer Topos und verpflichtender Bestandteil orthodoxer Kirchengeschichtsschreibung zu werten. Evagrius reagiert damit offensichtlich auf Vorwürfe, die den Christen von heidnischer Seite gemacht wurden. Er rechtfertigt Irrtümer in der Kirche, sicher nicht, um Heiden zu überzeugen, sondern um seinen christlichen Lesern Argumente gegen sie an die Hand zu geben, und greift seinerseits den antiken heidnischen Götterglauben an, wie er sich in der Ilias findet, die von den gebildeten Heiden gelesen wurde.

Vor diesem Hintergrund ist auch seine Auseinandersetzung mit dem heidnischen Historiker Zosimus zu sehen.[301]

e) Kulturgeschichtliche Hinweise

Die Kirchengeschichte des Evagrius enthält einige für Kunsthistoriker interessante Angaben. Aus der Beschreibung der Kirche von Qalaat Seman[302], die der Historiker etwa 100 Jahre nach ihrer Erbauung besucht hat (man kennt

---

[299] Die Heiden werden bei Evagrius generell als „Hellenen" bezeichnet, selbst der Araber NAAMANES (*h. e.* 6, 22, unten 654f).
[300] Vgl. *h. e.* 1, 11, unten 152–157.
[301] Vgl. *h. e.* 3, 41, unten 426–437.
[302] Vgl. *h. e.* 1, 14, unten 164f.

weder das genaue Erbauungsjahr der Kirche, noch weiß
man, wann Evagrius sie aufgesucht hat), geht hervor, daß
ihr Innenhof, das Oktogon mit der Säule des Heiligen, zu
seiner Zeit nicht überdacht war. Das schließt zwar nicht
aus, daß sie eine hölzerne Überdachung gehabt hat, die bei
dem Erdbeben 526/528 zerstört worden sein kann, läßt es
aber unwahrscheinlich erscheinen. — Daß die Beschreibung der Euphemia-Kirche von Chalcedon[303] die einzige
ist, anhand derer sich Lage und Aussehen der Kirche rekonstruieren lassen, ist schon gesagt worden; Beachtung ver-
dient auch die Erwähnung ihres zweigeschossigen Martyriums. — Für den Bau der Hagia Sophia, der heute noch
derselbe ist wie zu Evagrius' Zeit, wartet er mit exakten
Maßangaben auf[304], die sich aber nicht in allen Fällen verifi-
zieren lassen. Schließlich erwähnt er noch die Errichtung
eines Thekla-Heiligtums durch Zeno im isaurischen Seleukia.[305]

Evagrius ist zudem wichtig für die Geschichte der Bil-
derverehrung. Er ist der erste, der das berühmte *Mandylion*
von Edessa, die ἀχειροποίητος, erwähnt, und der Abschnitt seiner Kirchengeschichte, der davon handelt[306],
wurde auf dem Konzil von 787 verlesen. Prokop wußte bei
seinem Bericht über Edessa 544 noch nichts von einem
wundertätigen Bild, aber die Art und Weise, wie Evagrius
von dem Bild spricht, setzt voraus, daß es bereits allgemein
bekannt war. Die Frage nach dem Zeitpunkt seiner Entstehung ist jedoch ungeklärt. — Evagrius spricht außerdem
von einem „Bild", das nach der wunderbaren Verschonung
Apameas unter dem Dach der Kirche angebracht war[307],
und weiß von einer Marien-Ikone, die sich voll Abscheu

---

[303] Vgl. *h. e.* 2,3, unten 202–205.
[304] Vgl. *h. e.* 4,31, unten 514–517.
[305] Vgl. *h. e.* 3,8, unten 352f.
[306] Vgl. *h. e.* 4,27, unten 502–505.
[307] Vgl. *h. e.* 4,26, unten 498–501.

vor dem Verbrecher Anatolius abwandte, als dieser sich ihr nahte[308].

Neben Prokop und Johannes von Ephesus[309] ist es Evagrius, der eine anschauliche und umfassende Beschreibung der Pestepidemie gibt[310], die zur Zeit Justinians „die ganze Welt", wie es heißt, heimsuchte und bis in das siebte Jahrhundert hinein andauerte. Er scheint einige Einzelheiten von Prokop übernommen zu haben, kann aber aufgrund eigener Erfahrungen und Beobachtungen ergänzend zu Prokop verschiedene Krankheitsbilder schildern und auch über die Art und Weise des Auftretens der Krankheit einige andere Angaben machen. Im Unterschied zu Prokop scheint er nicht erlebt zu haben, daß die Erkrankten an Wahnvorstellungen litten; das bestätigt jedoch auch Johannes von Ephesus. Evagrius beschreibt die verschiedenen Erscheinungsformen der Epidemie, er betont vor allem ihre Unberechenbarkeit, die Undurchschaubarkeit der Übertragung und die Unerklärbarkeit der Immunität bestimmter Personen, er glaubt jedoch eine periodische Wiederkehr des Ausbrechens der Pest (jeweils im ersten oder zweiten Jahr der Indiktion) zu erkennen. Da zu seiner Zeit das Wissen um die Ursachen der Krankheit fehlte, erschienen die Geschehnisse unbegreiflich. Nach heutigen Kenntnissen scheint es sich um die Bubonenpest gehandelt zu haben, die nicht ansteckend war und nur in der Hälfte der Fälle tödlich verlief, die aber die Pestsepsis im Gefolge hatte, die innerhalb kürzester Zeit zum Tode führte, obwohl es vorher keine Krankheitszeichen gegeben hatte, sowie die Lungenpest, die immer tödlich verlief. Vorherrschend war wohl die Bubonenpest, an der auch der Verfasser der Kirchengeschichte als Kind erkrankte.

---

[308] Vgl. *h. e.* 5,18, unten 592–595.
[309] Den Bericht des JOHANNES VON EPHESUS über die Pest gibt MICHAEL DER SYRER wieder (*Chronica* 9,28 [235–240 CHABOT]).
[310] Vgl. *h. e.* 4,29, unten 508–513.

Sozialgeschichtlich interessant ist eine Randbemerkung, aus der hervorgeht, daß Sklavenhaltung zu seiner Zeit eine Selbstverständlichkeit war.[311]

Von einem Autor, der einen Großteil seines Lebens in Antiochien zugebracht hat, erwartet man Aufschlüsse über die Topographie der Stadt, aber die Angaben des Evagrius über Bauten in Antiochien sind wenig präzise; er setzt offenbar eine Leserschaft voraus, der die Stadt gut bekannt war. Dennoch sind sie zusammen mit anderen literarischen Quellen für den Archäologen, der ein Bild und eine Vorstellung von der antiken Stadt gewinnen will, sehr hilfreich.

5. Die Darstellung der kirchlichen Geschichte durch Evagrius

Evagrius war kein Theologe und beweist wenig Verständnis für dogmatische Probleme; daher überrascht es nicht, daß er Ursachen und Hintergründe der theologischen Entwicklungen nicht aufzeigt. Die Religionspolitik der Kaiser stellt er nur umrißhaft dar und äußert sich auch nicht über die Theologie der antiochenischen Bischöfe Anastasius und Gregor, obwohl er sie persönlich so gut kannte, daß er ein individuelles Charakterbild von ihnen zeichnen konnte. Er berichtet aber sachlich über die wichtigsten Ereignisse der kirchlichen Geschichte, indem er die einschlägigen Dokumente anführt, und auch über Personen und Wunder, die für die christliche Religion von Bedeutung waren.

a) Kirchengeschichte

Die Konzilien stellt Evagrius anhand der offiziellen, ihm im Patriarchat Antiochiens zugänglichen Konzilsakten dar, aus denen er die wichtigsten Dokumente und Protokolle auswählt und auszugsweise wörtlich wiedergibt. Er hat

---

[311] Vgl. *h. e.* 5,19, unten 598 f.

dabei die Punkte erfaßt, die theologisch oder kirchenpolitisch entscheidend waren.

Die Tatsache, daß er Dokumente sprechen läßt, bietet eine gewisse Gewähr für die Richtigkeit der Darstellung, doch auch durch die Auswahl werden Akzente gesetzt. Das gilt besonders für das Konzil von Ephesus 431, das Evagrius einseitig aus orthodoxer Sicht darstellt, da er nur die offiziellen Cyrillischen Akten benutzt hat, obwohl er um den Vorwurf wußte, daß die Akten von Cyrill gefälscht waren.[312] Er zitiert daraus lediglich das Absetzungsurteil, darüber hinaus aber nur lange Passagen aus den Unionsbriefen, die die Friedensliebe und Frömmigkeit Cyrills, der in jeder Hinsicht gerechtfertigt wird, sichtbar machen. Auch die Wortwahl macht deutlich, welcher Seite Evagrius den Vorzug gibt: Cyrill ist „berühmt" und „göttlich"[313], Nestorius der „Vater der Blasphemie", „die wider Gott streitende Zunge", „das zweite Synedrion des Kaiphas"[314]; kein anderer Häretiker wird mit solchen Schmähungen überhäuft wie Nestorius, nicht einmal Eutyches, der in der christologischen Auseinandersetzung das monophysitische Extrem vertritt. Das ist verständlich, denn Nestorius war von einem ökumenischen Konzil anathematisiert worden, und Nestorianismus war auf dem Konzil von Konstantinopel 553 noch einmal verurteilt worden. Nestorius galt also (und gilt bis heute) für orthodoxe Gläubige als Häretiker, Cyrill als Heiliger, obwohl Nestorius seine Lehre durch das Konzil von Chalcedon bestätigt fand und Cyrills Theologie die Grundlage des Monophysitismus bildet. Evagrius vertritt somit die offizielle kirchliche Linie und erweist sich als guter Orthodoxer.[315] An dieser Einstellung ändern auch die Bücher und Briefe des Nestorius nichts, die Evagrius selbst

[312] Vgl. *h. e.* 1,7, unten 136–147.

[313] Vgl. *h. e.* 1,3f, unten 124–131.

[314] Vgl. *h. e.* 1,1, unten 118–121.

[315] PHOTIUS, *cod.* 29 (17 HENRY), bezeichnet ihn als „rechtgläubiger als die anderen Historiker".

entdeckt hat und zitiert. Diese Schriften zeigen, daß Nestorius um Ausgleich in der christologischen Debatte bemüht
war, und die Briefe aus der Verbannung sind nicht nur
Zeugnis für sein erschütterndes Schicksal, sondern auch
für die Demut, mit der er den Statthalter um Milde bittet.
Aber Evagrius sieht in den Briefen nur eine Lästerung von
Kaiser und Beamten und betrachtet das Schicksal des Nestorius als Gottesurteil.

Den Bericht über die sogenannte „Räubersynode", deren Entscheidungen durch das Konzil von Chalcedon für
unrechtmäßig erklärt wurden, hat Evagrius sehr kurz
gehalten, da er grundsätzlich dazu neigt, über für Kirche
oder Staat Nachteiliges schnell hinwegzugehen. Ihm standen dafür offenbar auch nur die Auszüge zur Verfügung,
die für die erste Sitzung in den Akten von Chalcedon enthalten sind, er besaß aber auch Kenntnis über die zweite
Sitzung, deren Akten in einer syrischen Übersetzung des
6. Jahrhunderts erhalten sind. Er nimmt die Synode zum
Anlaß, Irrtümer in der Kirche gegenüber den Heiden, den
„Götzendienern", zu rechtfertigen: Keiner der Christen,
der auf der Suche nach der richtigen Verehrung Gottes eine
Häresie erfindet, will Gott lästern, sondern glaubt, etwas
besser als sein Vorgänger sagen zu können, denn Gott hat
den Menschen den freien Willen gegeben und läßt Irrtümer
zu, damit die richtigen Lehren umso besser erfaßt werden.
Mit dieser vernünftigen und lobenswerten Erklärung, die
nach einer Rechtfertigung aller Häresien aussieht, ent-
schuldigt Evagrius aber nur die „Räubersynode"; in der Tat
führte sie dazu, daß der Glaube in Chalcedon neu und um-
fassender definiert wurde. Aber diese Apologie ist gewiß
nicht Ausdruck für eine generell tolerante Haltung des Historikers gegenüber Häresien[316], sondern eine Rechtfertigung gegenüber Vorwürfen, die von heidnischer Seite

---

[316] Diese Meinung („conciliatory attitude") vertritt WHITBY, *The Ecclesiastical History* XXXVIII.

erhoben wurden. Diese Überlegungen brachten Evagrius auch nicht dazu, die „Häresie" des Nestorius in einem anderen Licht zu sehen.

Das Konzil von Chalcedon, das die durch Nestorius hervorgerufenen christologischen Probleme lösen sollte, ist für Evagrius Maßstab und Grundlage der Rechtgläubigkeit, die er nicht in Frage stellt, wohl aber gegenüber Andersdenkenden, den Monophysiten, rechtfertigt. Es ist der Höhepunkt der von ihm behandelten kirchlichen Geschichte, gleichzeitig aber auch Ausgangspunkt der Kontroversen, daher gewährt er seiner Darstellung im zweiten Buch breiten Raum. Er gibt die wichtigsten, gegen Dioskur gerichteten Beschlüsse und die gesamte Glaubenserklärung im Wortlaut wieder und zitiert in einem Anhang lange Passagen aus den Konzilsverhandlungen, aus denen er die Teile ausgewählt hat, die die Rechtmäßigkeit der Entscheidungen und die Zustimmung aller bei der Lösung der strittigen Fragen deutlich machen. So führt er das ungesetzliche Verhalten Dioskurs durch wörtliche Wiedergabe aus den Akten im einzelnen vor Augen, um die von den Monophysiten bestrittene Rechtmäßigkeit seiner Absetzung zu beweisen, und gibt die Bedenken der Bischöfe Palästinas und Illyriens gegenüber drei Formulierungen aus dem Brief Leos wörtlich wieder, um zu zeigen, daß sie durch Verlesung von Aussagen Cyrills zerstreut wurden. Er verschweigt nicht, welche Widerstände es auf Seiten der ägyptischen Bischöfe und der Mönche gegen die Absetzung Dioskurs und den *Tomus Leonis* gab, welche Widerstände gegen eine neue Definition des Glaubens zu überwinden waren und daß die Einigung nur auf Druck des Kaisers zustande kam, weist aber nur andeutungsweise auf die turbulenten und dramatischen Szenen hin, die sich auf dem Konzil abspielten, an dessen Ende jedoch alle Teilnehmer Einigkeit demonstrierten.

Aus heutiger westlicher Sicht scheint das Konzil von Chalcedon die christologische Frage grundsätzlich gelöst zu haben, doch im Osten hatte das Konzil die christologi-

schen und kirchenpolitischen Probleme nicht zu einem
Abschluß gebracht, sondern die Gegensätze noch ver-
schärft. Evagrius hat die Auseinandersetzungen nach dem
Konzil, die vor ihm Zacharias Rhetor unter monophysiti-
schem Blickwinkel geschildert hatte, aus chalcedonischer
Sicht dargestellt und damit eine wichtige Ergänzung und
Korrektur von Zacharias geschaffen. Aber über die theologischen Ursachen der Glaubenskämpfe äußert er sich
nicht und erwähnt auch nicht, daß das erste Konzil von
Ephesus die Einführung neuer Glaubensbekenntnisse, die
über die von Nicaea (und Konstantinopel) hinausgingen,
ausgeschlossen hatte.[317] Die Glaubenserklärung von Chalcedon, deren wichtigster Bestandteil die „Zweinaturenlehre" ist, wurde von vielen als „Neuerung" empfunden oder
als Lehre von zwei Personen mißverstanden; auf dem Konzil waren die Bischöfe auch nur widerstrebend zu einer
neuen Definition des Glaubens bereit gewesen. Daher ist es
verständlich, daß das Konzil und der *Tomus Leonis* zu er-
bittertem Streit um das richtige Verständnis führten. Wie
blutig die Auseinandersetzungen waren, beweisen die Er-
mordungen der chalcedonischen Bischöfe Proterius von
Alexandrien (von Evagrius ausführlich dargestellt) und
Stephanus von Antiochien, die kein Einzelfall waren, und
es ist mehrmals die Rede von „unzähligen Morden und
Blutvergießen", die auf beiden Seiten verübt wurden.[318]
Evagrius, der seine Kirchengeschichte etwa 140 Jahre nach
dem Konzil schrieb, lebte in einer Zeit, in der die Theologie
des sogenannten „Neuchalcedonismus", die die Christologie von Chalcedon mit der Cyrills in Einklang zu bringen
suchte, die vorherrschende war. Das Konzil von 553 hatte
die (schon im *Henotikon* Zenos anerkannten) zwölf „Kapitel" Cyrills akzeptiert, und seine μία-φύσις-Formel war

---

[317] *C Eph.* Collectio Atheniensis 77 (1/1, 7, 105 f SCHWARTZ).
[318] Vgl. *h. e.* 1, 1, unten 122 f; 3, 5.14, unten 346 f. 360 f.

in das Edikt Justins II. vom Jahr 571 aufgenommen worden.[319] Evagrius ist zwar orthodoxer Chalcedonier, teilt aber die Ansichten der Neuchalcedonier und ihr Bemühen um Frieden und Verständigung; das kommt in seinen Äußerungen im fünften Kapitel des zweiten Buches[320] zum Ausdruck, dem einzigen Mal, daß er sich zur Theologie äußert: Er ist der Ansicht, daß der Streit um die entscheidenden Formeln ἐν δύο φύσεσιν (in zwei Naturen) und ἐκ δύο φύσεων (aus zwei Naturen) nur auf eine „Vertauschung von Buchstaben" zurückgeht, die der Teufel verursacht hat, und überdies unnötig ist, da beide Formeln inhaltlich auf dasselbe hinauslaufen, der Streit also nur ein Streit um Worte ist[321]. Von tieferem theologischem Verständnis für die christologischen Differenzen zeugt diese Ansicht zwar nicht, Evagrius bringt damit aber seinen persönlichen, um Ausgleich bemühten religiösen Standpunkt zum Ausdruck.

Die Kaiser waren in der Folgezeit bemüht, die durch Chalcedon entstandenen Uneinigkeit zu beseitigen, um die Glaubenseinheit wiederherzustellen. Kaiser Leo erließ ein Rundschreiben, um die Meinung der Bischöfe zu Chalcedon zu erfahren, dessen Inhalt Evagrius in ganzer Länge wiedergibt, er verschweigt aber, was er bei Zacharias gelesen hatte, daß nämlich der Kaiser eine Befragung der Bischöfe deshalb durchführte, weil der Konstantinopler Patriarch aus Furcht um seine Vorrechte sich gegen eine Synode ausgesprochen hatte. Aus den Antwortschreiben zitiert er nur Partien aus dem Brief des Styliten Simeon an

---

[319] Vgl. *h. e.* 5, 4, unten 562 f.

[320] *H. e.* 2, 5, unten 226–233, vgl. *h. e.* 1, 1, unten 118–121.

[321] Gegen Wortstreitereien (λογομαχεῖν) hatte sich auch Patriarch GREGOR gewandt (*bapt.* 2 [PG 88, 1881]). Im Unionsedikt von JUSTIN II. heißt es, niemand solle „Personen oder Silben" als Anlaß zum Streit nehmen (vgl. *h. e.* 5, 4, unten 562 f).

den antiochenischen Patriarchen, die den Heiligen als frommen Chalcedonier ausweisen[322].

Enzyklion und *Antenzyklion* des monophysitischen Basiliscus führt Evagrius ebenfalls an; daß er aus den unwahrhaftigen Briefen der kleinasiatischen Bischöfe zitiert, die in der Kirchengeschichte des Zacharias enthalten waren, spricht für seine Unparteilichkeit (oder für seine Schadenfreude). Er versucht aber, den Triumph des Monophysitismus zu verringern, indem er die bei Zacharias angegebene Zahl derer, die dem *Enzyklion* zustimmten, von 700 auf 500 reduziert.

Evagrius hat das *Henotikon* Zenos, das weder für noch gegen Chalcedon eine eindeutige Stellung bezog, aber den Monophysiten weit entgegenkam, wahrscheinlich im antichalcedonischen Sinn verstanden. Er beschreibt den alexandrinischen Patriarchen Petrus Mongus, an den das *Henotikon* ursprünglich gerichtet war und welches die Einigung der Alexandriner mit der „katholischen" Kirche bewirkte, als unzuverlässigen Parteigänger, der sich später offen gegen Chalcedon aussprach. Petrus Mongus ist damit letzlich der Anlaß für die Entstehung des Acacianischen Schismas, das Evagrius aufgrund seiner Kenntnis der Synodalakten und Briefe schildern kann. Interessanterweise zitiert er nicht das Absetzungsurteil, die Exkommunikation des Acacius, und auch das Ende des Schismas, das Justin I. herbeiführte, erwähnt er nicht. Evagrius ist zwar Chalcedonier und die chalcedonische Kirche ist die „katholische", aber als Bürger des oströmischen Reiches kann er die Absetzung des oströmischen Bischofs von Konstantinopel durch den weströmischen Bischof von Rom nicht anerkennen. Das Acacianische Schisma hat allerdings im Osten auch nicht die Bedeutung wie im Westen gehabt.

---

[322] Der Chalcedonismus SIMEONS war in Zweifel gezogen worden.

Außergewöhnlich treffend ist Evagrius' Kennzeichnung der durch das *Henotikon* hervorgerufenen kirchlichen Situation beim Regierungsantritt des Anastasius[323]: Es gab strenge Chalcedonier, erklärte Antichalcedonier und eine dritte Gruppe von sowohl Monophysiten wie Dyophysiten, die sich an das *Henotikon* hielten, entweder aus Friedensliebe oder weil sie sich von seinem Wortlaut hatten täuschen lassen; unter den Bischöfen bestand keinerlei Gemeinschaft und die Spaltungen waren zahlreich. Wie es in dem von Evagrius zitierten Brief der palästinischen Mönche an Alcison von Nicopolis heißt, waren die eigentlichen Monophysiten der Zahl nach nur noch wenige, doch dann erlangten sie unter der Führung des Philoxenus von Mabbug und des Severus von Antiochien unter Anastasius großen Einfluß. Der Brief an Alcison gibt Auskunft über die Vorgehensweise und Wirksamkeit der Monophysiten aus chalcedonischer Sicht.[324] Doch werden andere wichtige Verhandlungen über das Konzil von Chalcedon und die Zweinaturenlehre wie die Synoden von Konstantinopel 507, Antiochien 509 und Sidon 511 und der eindeutig monophysitische Typos des Kaisers Anastasius von Evagrius nicht behandelt[325].

Die Beendigung des Acacianischen Schismas durch Justin I. teilt Evagrius, wie gesagt, nicht mit, wohl aber die Amtsenthebung von Severus. Auch die Absetzung und Verurteilung weiterer Monophysiten durch Justinian auf der Synode von 536 und die Durchsetzung des Chalcedonense werden genannt, nicht aber die Kontroverse um die theopaschitische Formel, die 533 propagiert wurde. Über weitere religionspolitische Maßnahmen Justinians ist Evagrius bemerkenswert schlecht informiert. Zwar zitiert er

---

[323] Vgl. *h. e.* 3,30, unten 394–397.
[324] Schon in diesem Brief heißt es, daß die Monophysiten viele Texte gefälscht und Schriften des APOLLINARIS den Vätern untergeschoben haben (vgl. *h. e.* 3,31, unten 400–403).
[325] Ausführlich dazu GRILLMEIER, *Jesus der Christus 2/1*, 302–322.

aus den Akten des fünften ökumenischen Konzils von 553,
gibt aber die Probleme, um die es ging — Origenistenfrage
und Drei-Kapitel-Streit —, und den Ablauf der verwi-
ckelten Ereignisse ungenau wieder.

Der Streit um die Lehren des Origenes, schon Jahre vorher in Palästina entstanden, war durch den Origenisten
Theodor Ascidas und andere palästinische Mönche nach
Konstantinopel getragen worden, wie Evagrius richtig bemerkt. Justinian hatte — trotz seiner guten Beziehungen zu
Theodor Ascidas — den Origenismus durch ein Edikt 543
verurteilt, endgültig aber erst 553 unmittelbar vor dem
Konzil erledigt. Evagrius ist allerdings des Glaubens, daß
die Origenistenfrage erst nach dem Konzil endgültig entschieden wurde. Dennoch sind seine Ausführungen wichtig, da der Origenisten-Streit außer von ihm nur noch von
Cyrill von Scythopolis und Liberatus behandelt wird.

Er hat wohl auch richtig gesehen, daß durch Theodor Ascidas die Aufmerksamkeit vom Origenisten-Streit auf die
„Drei Kapitel" gelenkt wurde und der Drei-Kapitel-Streit
im Anschluß an die Origenistenfrage behandelt wurde,
kennt aber nicht den Gesamtverlauf der Kontroverse. Die
„Drei Kapitel", das heißt die Verurteilungen von Werk und
Person des Theodor von Mopsuestia, der Schriften Theodorets gegen Cyrill und des Briefes von Ibas von Edessa an Maris den Perser, hatten zwar schon während des Religionsge-
sprächs mit den Severianern 532 eine Rolle gespielt und sind
vermutlich als Bemühen um eine Übereinkunft mit den
Monophysiten zu sehen, die Verurteilungen erfolgten jedoch 544/545 durch ein Edikt Justinians, das alle Patriarchen unterschreiben sollten. Papst Vigilius und die westlichen Bischöfe sahen in den Verurteilungen einen Angriff
auf Chalcedon und verweigerten die Unterschrift. Der Kaiser ließ den Papst nach Konstantinopel kommen und brachte ihn dazu, in einem *Iudicatum* seine Zustimmung zu geben, die Vigilius aber bald zurückzog. Doch 550 wurde
Vigilius gezwungen, seinen Widerstand gegen die „Drei

Kapitel" aufzugeben; die Entscheidung darüber sollte einem Konzil überlassen werden. Als aber Justinian 551 eine
„Glaubenserklärung" veröffentlichte, in der die „Drei Kapitel" verurteilt wurden, kam es zu Feindseligkeiten zwischen Kaiser und Papst; der Kaiser ließ Vigilius inhaftieren,
der jedoch nach Chalcedon entkommen konnte, sich
schließlich aber mit der Einberufung des Konzils einver-
standen erklärte, ohne daran teilzunehmen. Auf dem Konzil, das vom 5. Mai bis 2. Juni 553 stattfand, erfolgte dann
die endgültige Verurteilung der „Drei Kapitel", die der
Papst aber erst Ende 553 / Anfang 554 bestätigte. — Evagrius weiß, daß Vigilius nicht am Konzil teilgenommen hat,
und kennt dessen Ergebnis, die Vorgeschichte aber offensichtlich nicht.

Über den Aphthartodoketismus, den Justinian in seinen
letzten Lebensjahren vertrat, war Evagrius besser unterrichtet, vermutlich deshalb, weil der antiochenische Patriarch Anastasius sich damit auseinandergesetzt hatte.

Evagrius ist schließlich noch der griechische Text des
Unionsediktes zu verdanken, das von Justin II. in neuchal-
cedonischem Sinn verfaßt war, der damit wieder einen Versuch unternahm, Chalcedonier und Monophysiten miteinander auszusöhnen — ohne Erfolg, wie Evagrius sagt,
denn was sich abgespalten hatte, wurde nicht wieder vereint.[326] Über Verhandlungen und ein anderes Edikt, die diesem vorausgingen, besaß Evagrius offenbar keine Kenntnis.
— Die Nachrichten aus der Zeit Justins II. sind die letzten,
die Kirchenpolitik im eigentlichen Sinn betreffen; lediglich
die Missionsreisen Gregors von Antiochien finden noch
eine knappe Erwähnung.

Es fällt auf, daß Evagrius sich nicht über Monophysiten-
verfolgungen äußert, die es unter Justin I. und Justinian
(in Syrien durch die Patriarchen Paulus, Euphrasius und
Ephraem), Justin II. und auch unter Tiberius und Mauricius

---

[326] Vgl. *h. e.* 5, 4, unten 556–565.

gab. Er hat sie wohl nicht gebilligt und deshalb verschwiegen, da er generell bestrebt ist, über die orthodoxe Kirche
und den byzantinischen Staat nichts Unrühmliches zu
sagen. Auch über die Etablierung einer monophysitischen
Kirche und die Auseinandersetzungen unter den Monophysiten seiner Zeit berichtet er nichts, aus dem einfachen
Grunde vermutlich, weil er die Monophysiten als nicht zu
seiner, das heißt, der orthodoxen Chalcedonischen Kirche
gehörig ansah. Ebensowenig werden Juden und Judenver-
folgungen berücksichtigt. Seine Einstellung gegenüber den
Juden wird aber an der unverhohlenen Anerkennung deutlich, mit der er Simeon den Älteren dafür lobt, daß er den
Kaiser daran hinderte, den Juden ihre Synagogen, die ihnen
die Christen genommen hatten, zurückzugeben.[327]

b) Mönchsgeschichte und Frömmigkeitsgeschichte

Evagrius gibt im ersten Buch für die Zeit von Theodosius II.
einen Überblick über verschiedene Formen syrisch-palästinischen Mönchtums, wie man ihn in dieser Weise bei keinem anderen Autor findet[328]; darin beschreibt er neben der
Lebensweise der Koinobiten vier Arten extremen Anacho-
retentums: Eremiten, die in Hütten wohnen, in denen sie
sich nicht ausstrecken können; andere, die in Erdlöchern
hausen; die „Grasesser", die auch Sozomenus kennt, die
wie die Tiere leben und vor Menschen fliehen; und solche,
die sich als Narren ausgeben. Dieser Bericht hat historischen Wert ebenso wie die Lebensbeschreibungen der Styliten Simeons des Älteren[329] und Simeons des Jüngeren[330].
Das Leben der zwei berühmten Säulenheiligen ist zwar
auch von anderen Autoren beschrieben worden, aber Eva-

---

[327] Vgl. *h. e.* 1, 13, unten 158–165.
[328] Vgl. *h. e.* 1, 21, unten 180–187. Die Kirchengeschichte des Sozomenus enthält ein schönes Kapitel über das Mönchtum allgemein (*h. e.* 1, 12
[FC 73/1, 142–149]).
[329] Vgl. *h. e.* 1, 13, unten 158–165.
[330] Vgl. *h. e.* 6, 23, unten 654–659.

grius kann Einzelheiten hinzufügen, die bei ihnen nicht vorkommen. Auch die verschiedenen im Werk verstreuten Bemerkungen über fanatische Mönche geben die geschichtliche Realität wieder. Die Mönche allerdings, deren Leben Cyrill von Scythopolis beschreibt, spielen bei Evagrius keine Rolle.

Wundererzählungen von Mönchen enthält das vierte Buch: von den palästinischen Mönchen Zosimas und Johannes dem Chouzibiten, die dank göttlicher Gnade sagen konnten, was sich an weit entfernt liegenden Orten abspielte[331], und von Barsanuphius, aus dessen Zelle, die er seit 50 Jahren nicht verlassen hatte, ein Feuer sprang, als ein ungläubiger Bischof sie öffnen wollte[332], von dem wunderlichen Syrer Simeon Salos, der ein Erdbeben voraussagen konnte, ohne Rücksicht auf das Gerede der Leute mildtätig war und sogar Verleumdungen auf sich nahm[333], und von Thomas aus Emesa, dessen Leichnam sich im Massengrab immer wieder über die anderen schob[334]. Diese Mönchslegenden sind Wanderlegenden, die ähnlich auch von anderen Autoren oder aber über andere Mönche überliefert werden. Bei Johannes Moschus[335] ist es Gerasimus, dem ein Löwe als Lastenträger diente, bei Evagrius ist es Zosimas, dem der Löwe, der seinen Esel aufgefressen hatte, das Gepäck trug, weil er selbst zu alt und zu dick war: Der Löwe gehorchte und „bewies die Macht Gottes und daß alles dem Menschen dienstbar und gehorsam ist, wenn wir für ihn leben"[336].

Über ein „Blutwunder" am Sarkophag der heiligen Euphemia berichtet Evagrius in einem ausführlichen Kapitel[337]. Das ist vielleicht der früheste Bericht überhaupt, der

---

[331] Vgl. *h. e.* 4,7, unten 462–467.

[332] Vgl. *h. e.* 4,33, unten 520 f.

[333] Vgl. *h. e.* 4,34, unten 520–525.

[334] Vgl. *h. e.* 4,35, unten 524–527.

[335] JOHANNES MOSCHUS, *Pratum spirituale* 107 (PG 87/3, 2965–2970).

[336] Vgl. *h. e.* 4,7, unten 466 f.

[337] Vgl. *h. e.* 2,3, unten 202–209.

von einem Blutwunder handelt und Details enthält, die
kein anderer erwähnt. Theophylactus, der den Unglauben
des Kaisers Mauricius im Jahr 593/594 zum Anlaß für die
Schilderung des Wunders nimmt, unterscheidet sich auffäl-
lig davon. Bei Evagrius ist es die Heilige selbst, die dem
Bischof im Traum erscheint und befiehlt, „Weinlese zu
halten" (das heißt Blutstropfen aus den Sarkophag zu ho-
len), jedoch nur, wenn der Lebenswandel des Bischofs ein-
wandfrei ist. — Ein „Eucharistiewunder" weiß Evagrius
von einem jüdischen Kind zu erzählen, das konsekriertes
Brot gegessen hatte und deswegen von seinem Vater, einem
Glasbläser, in den Ofen geworfen worden war: Es wurde
von der Gottesmutter vor dem Verbrennen bewahrt.[338]

Evagrius weiß noch von vielen anderen Wundern: Die
Gottesmutter gibt dem frommen Feldherrn Narses im
Krieg das Zeichen zum Kampf[339], sie entlarvt den Verbrecher Anatolius durch ein Ikonenwunder und durch eine
Erscheinung[340]. — Die Städte, die im Perserkrieg zur Zeit
Justinians verschont wurden, verdanken ihre Rettung
ebenfalls Wundern, die von einer Reliquie bzw. einer Ikone
ausgehen.[341] Prokop, der nur wenige Jahrzehnte vor Evagrius über dasselbe Geschehen schrieb, kennt die Wundergeschichten von Edessa und Sergiupolis noch nicht; offenbar hatten sich die Legenden in der Zwischenzeit gebildet.
Sie bezeugen jedenfalls den für die Spätantike typischen
Wunderglauben, den allem Anschein nach auch der Jurist
und Kirchenhistoriker Evagrius geteilt hat.

---

[338] Vgl. *h. e.* 4, 36, unten 526–529.
[339] Vgl. *h. e.* 4, 24, unten 492–495.
[340] Vgl. *h. e.* 5, 18, unten 592–595.
[341] Apamea: vgl. *h. e.* 4, 26, unten 496–501; Edessa: vgl. *h. e.* 4, 27, unten
500–505; Sergiupolis: vgl. *h. e.* 4, 28, unten 504–507.

6. Geschichtsauffassung

Es läßt sich nicht erkennen, daß Evagrius wie zum Beispiel Eusebius eine eigene Theorie über Sinn und Ziel der Geschichte gehabt hätte. Eusebius war der Auffassung, daß Gott den Lauf der Geschichte auf ein Ziel hin lenkte, den Sieg des Christentums, und daß für Störungen der Entwicklung als Gegenspieler Gottes der Satan verantwortlich war. Auch bei Evagrius wie bei manchen anderen Historikern ist es der μισόκαλος δαίμων, der die Häresien verursacht und sowohl den Streit um Nestorius als auch den Krieg zwischen Monophysiten und Dyophysiten hervorgerufen hat, indem er „einen Buchstaben vertauschte". Diese Ansicht vertritt Evagrius aber nur in seinem an Metaphern reichen ersten Kapitel, sie ist wohl nicht wörtlich zu nehmen, denn im weiteren Verlauf seiner Darstellung spielt der Teufel keine den Lauf der Geschichte beeinflussende Rolle, vielmehr sind die Menschen für ihr Tun selbst verantwortlich.

Die Geschichte hatte zu Evagrius' Zeit das von Eusebius gesehene Ziel längst erreicht, und es läßt sich nicht feststellen, daß Evagrius der Auffassung war, Gott „lenke" im eigentlichen Sinn den Gang der Ereignisse, denn die Menschen sind in ihren Entscheidungen frei.[342] Es finden sich in seinem Werk auch keine Hinweise darauf, daß in der Entwicklung der Geschichte ein göttlicher Plan sichtbar wird oder ein Kausalzusammenhang erkennbar ist. Evagrius forscht nicht nach den Ursachen des Geschehens, sondern nimmt es hin, ohne nach tieferen Gründen zu fragen. Er ist aber der Überzeugung, daß dem Geschehen ein Sinn zugrunde liegt, auch wenn er den Menschen verborgen ist, denn Gott verfolgt eigene Ziele, denen die Menschen nur auf unzulängliche Weise nachspüren können[343], und Gott

---

[342] Vgl. *h. e.* 1,11, unten 152–157.
[343] Vgl. *h. e.* 1,11, unten 152–157.

kennt die Ursachen und das Ende, selbst bei einem so un-
verständlichen Ereignis wie der Pest[344]. Ein Theodizee-
Problem (wie für Prokop) gibt es für Evagrius nicht. Evagrius läßt zwar Kaiser Mauricius Betrachtungen über die Unbeständigkeit und Wechselhaftigkeit des menschlichen
Lebens anstellen[345], aber er schreibt die Wechselfälle des
Lebens nicht einem blinden Schicksal zu, sondern vertraut
darauf, daß in Gottes Ratschluß alles Geschehen einen Sinn
hat. Gottes Vorsehung (πρόνοια) wird ab und zu sichtbar,
so, wenn er Tiberius rettet[346] oder Bischof Anastasius vor
Verbannung bewahrt[347], dennoch ist die göttliche Vorsehung bei Evagrius nicht eine geschichtswirksame Macht.
Allerdings überwacht Gott das Geschehen, seinem „allessehenden Auge"[348] bleibt nichts verborgen, und in besonderen Fällen greift er strafend oder belohnend in das Geschehen ein. Seine Macht erweist sich in den Wundern, und
Ausdruck seines Zornes sind Erdbeben[349], die als Strafe
Gottes verstanden werden; seine Güte zeigt sich, wenn ein
Unglück weniger schlimm ist, als es hätte sein können —
„er schärft das Schwert des Zorns mit Milde"[350].
    Trotzdem sind die Menschen aufgerufen, die richtigen
Gelegenheiten wahrzunehmen, sie können nur Erfolg haben, wenn sie den rechten Augenblick, den καιρός ergreifen.[351] In dieser Ansicht kommt wohl die praktische Le-
benserfahrung des Historikers zum Ausdruck — vielleicht
ist sie aber auch nur als Rückgriff auf einen Topos der klassischen Literatur zu werten. Frömmigkeit und Tugend werden belohnt — Marcian gewinnt die Herrschaft als Lohn

---

[344] Vgl. *h. e.* 4,29, unten 508–513.
[345] Vgl. *h. e.* 6,17, unten 644f.
[346] Vgl. *h. e.* 5,11, unten 580f.
[347] Vgl. *h. e.* 4,41, unten 544f.
[348] Vgl. *h. e.* 1,7, unten 136–147.
[349] Vgl. *h. e.* 1,13, unten 158–165.
[350] *H. e.* 4,6, unten 460f.
[351] Vgl. *h. e.* 3,26, unten 386–389.

für seine Tugend —, Verbrecher und Häretiker erhalten ihre
Strafe, selten im Diesseits, meist erst — wie Justinian — im
Jenseits. Aber Erfolge der kaiserlichen Politik stehen in keinem direkten Verhältnis zu deren Rechtgläubigkeit, und anders als Socrates[352] sieht Evagrius keinen Zusammenhang
zwischen dem Zustand der Kirche und der politischen Situation des Reiches.

Evagrius ist aber der Überzeugung, daß die Welt durch
das Christentum besser geworden ist. Das demonstriert er
in der Polemik gegen den heidnischen Historiker Zosimus[353], der in seiner um 500 verfaßten *Historia nova* die Ansicht vertreten hatte, daß das Christentum am Niedergang
des Reiches schuld sei. Evagrius ist der erste und einzige
griechische Historiker, der sich mit Zosimus auseinander-
setzt und ihn zu widerlegen sucht, indem er Behauptungen
aufstellt, die sich auch bei Eusebius und ähnlich bei Sozomenus finden: daß Konstantin der Große ein vollkomme-
ner Herrscher war und das Reich seit dem Beginn des Christentums gewachsen ist. Außerdem legt er im einzelnen dar,
daß die meisten heidnischen Kaiser im Gegensatz zu den
christlichen gewaltsam ums Leben gekommen sind. Tragi-
scherweise war es der von Evagrius so sehr geschätzte und
gerühmte Mauricius, der als erster christlicher Kaiser ermordet wurde. — Mit dieser wenn auch unzutreffenden
Geschichtsauffassung bringt der Autor jedoch seine Überzeugung von der moralischen Überlegenheit des Christentums und des auf ihm ruhenden göttlichen Wohlwollens
zum Ausdruck.

---

[352] Socrates, *h. e.* 5 Praef. (GCS 274 f); vgl. auch Sozomenus, *h. e.* 9, 1, 2
(FC 73/4, 1054 f).
[353] Vgl. *h. e.* 3, 41, unten 426–437.

7. Zeit und Umstände der Abfassung der Kirchengeschichte

Über Abfassungszeit und Abfassungsanlaß der Kirchengeschichte des Evagrius lassen sich nur Vermutungen anstellen.

Die Behauptung, das Werk sei nach dem Tod des Patriarchen Gregor (593) begonnen[354], läßt sich nicht aufrechter-
halten, da Evagrius selbst sagt, daß er das dritte Buch im
Jahr 592 geschrieben hat.[355]

Die herausgehobene Behandlung Gregors am Ende des
Buches und seine Bedeutung für den Kirchenhistoriker haben zu der Annahme geführt[356], die Schwierigkeiten, mit
denen Gregor 588 zu kämpfen hatte, hätten Evagrius veranlaßt, die Komposition einer Kirchengeschichte in Angriff
zu nehmen, um darin den Bischof in ein besseres Licht zu
stellen. Es macht aber für einen Schriftsteller wenig Sinn,
das negative Bild eines Protagonisten korrigieren zu wollen, solange nicht Fakten vorliegen, die geeignet sind, ein
Gegenbild zu schaffen. Im Falle Gregors sind das seine
Befriedung der meuternden Soldaten im Jahr 589 und die
Begleitung des Perserkönigs sowie die Überbringung seiner Geschenke nach Sergiupolis, die in das Jahr 591/592 fal-
len; erst nach diesem Datum hätte Evagrius Material für
eine Gegendarstellung gehabt. Er hätte demnach, da er seine Kirchengeschichte im Jahr 594 beendete, das ganze Werk
in allerkürzester Zeit (2–3 Jahren) schreiben müssen, was
kaum möglich ist. Aber auch andere Überlegungen über die
Dauer der Abfassung sind nicht unbedingt zwingend. Evagrius hat zwar Kapitel 29 des vierten Buches im Jahr
593/594 geschrieben und das letzte Kapitel des sechsten
Buches im selben Jahr, er hat also mehr als zwei Bücher, ein
Viertel der Kirchengeschichte (62 Seiten in der Ausgabe
von Bidez / Parmentier), in etwa einem Jahr fertiggestellt,

---

[354] So MARKSCHIES, *Euagrios Scholastikos* 203.
[355] Vgl. *h. e.* 3,33, unten 406 f.
[356] WHITBY, *The Ecclesiastical History* XXI.

dennoch kann man daraus nicht auf eine sehr kurze Abfassungszeit für das ganze Werk schließen[357]. Denn dagegen spricht das oben schon genannte Datum: Evagrius gibt für die Abfassung von Kapitel 33 des dritten Buches das Jahr 592 an. Da er, wie gesagt, Kapitel 29 des vierten Buches im Jahr 594 geschrieben hat, zeigt sich, daß er für einen früheren, kürzeren Abschnitt, der die letzten Kapitel von Buch drei und den größten Teil von Buch vier umfaßt (48 Seiten in der genannten Ausgabe), etwa zwei Jahre gebraucht hat; damit ist eine insgesamt längere Abfassungszeit wahrscheinlich. Dennoch bleibt festzuhalten, daß Evagrius die zwei letzten Bücher in der sehr kurzen Spanne von etwa einem Jahr zu Papier gebracht hat. Diese zwei Bücher sind aber im Vergleich zu den vorherigen sehr viel weniger umfangreich, ihr Thema ist begrenzter und der Blickwinkel beschränkter. Das macht die rasche Abfassungszeit verständlich. Die ersten Bücher haben offensichtlich mehr Zeit in Anspruch genommen, die ersten drei Bücher vermutlich noch mehr Zeit als das vierte, denn in ihnen sind mehr Quellen verarbeitet und sie umfassen ein breiteres Spektrum an historischen Fakten, während die Hauptquelle für die Säkulargeschichte des vierten Buches Prokop ist und die Darstellung der Kirchengeschichte im vierten Buch unzulänglich erscheint. — Man gewinnt aus den letzten Büchern der Kirchengeschichte den Eindruck, daß den alternden Schriftsteller die Kräfte verlassen haben und er bestrebt war, seine Geschichte rasch zu Ende zu bringen; das Ende des Perserkrieges, der Tod von Simeon dem Jüngeren und von Patriarch Gregor boten sich ihm als Abschluß an.

Daß allein die Person Gregors auch der Grund für die Abfassung der gesamten Kirchengeschichte war, ist wenig wahrscheinlich. Wahrscheinlicher ist, daß die berufliche Beschäftigung mit kirchlichem Aktenmaterial im Patriarchat und das Bewußtsein für das Fehlen einer zusammen-

---

[357] So WHITBY, *The Ecclesiastical History* XXI.

hängenden Kirchengeschichte für die Zeit nach Theodosius
II. in Evagrius die Idee haben entstehen lassen, die Kluft
zwischen den theodosianischen Historikern und seiner eigenen Zeit zu überbrücken und der monophysitischen Kirchengeschichte des Zacharias Rhetor eine orthodoxe ent-
gegenzusetzen, obwohl er kein Theologe war. Er hat dann
die Gelegenheit wahrgenommen, seinen Bischof Gregor in
ein strahlendes Licht zu rücken und auch die Kaiser Tiberius und vor allem Mauricius zu verherrlichen. Er war sich
aber bewußt, daß die Aufgabe seine Fähigkeiten überstieg.
Seine Anstrengung, das disparate Material zu einer klaren
Darstellung zusammenzufügen, ist spürbar, ebenso sein
Bemühen um einen guten Stil. Er hat auch sein Ziel nicht
immer erreicht. So ist es kein Topos, wenn er am Schluß
sagt: „Wenn etwas übersehen oder nicht genau erfaßt worden ist, soll uns niemand tadeln, sondern bedenken, daß wir
eine zerstreute Geschichte zusammengetragen haben."[358]

8. Sprache und Stil

Evagrius hatte eine klassische Schulbildung genossen, und
seine Zitate von Homer, Herodot und Thucydides zeigen,
daß er die antiken Autoren kannte. Auch seine Sprache ist
vom klassischen Griechisch nicht allzu weit entfernt. In der
Grammatik folgt er weitgehend den überlieferten Regeln,
dennoch gibt es auffallende Abweichungen davon, wie sie
in der Spätantike generell üblich waren[359], so zum Beispiel:
ἑαυτοῦ oder ἑαυτόν steht statt des Personalpronomens der
1. und 2. Person; ἴδιος und οἰκεῖος anstelle des Possessiv-
pronomens; nach einem Neutrum Plural steht das Verb
meist auch im Plural; besonders der Gebrauch der Präposi-
tionen weicht stark vom klassischen Griechisch ab (statt

---

[358] Vgl. *h. e.* 6,24, unten 658f.
[359] THURMAYR, *Sprachliche Studien* 4–11, führt Abweichungen im einzelnen auf.

ὑπό beim Passiv wird ἀπό, πρός oder παρά verwendet, εἰς und ἐν werden nicht unterschieden). Stärker als Formenlehre und Syntax weicht der Wortschatz vom attischen Griechisch ab; Evagrius teilt die allgemeine Vorliebe der Spätzeit für Komposita und besitzt einen Hang zu ausgefallenen Wörtern und Neuschöpfungen.

Unverkennbar ist sein Bemühen um einen gewählten Ausdruck, der oftmals gewollt und gekünstelt erscheint und sich auch in langen, verschachtelten Sätzen bemerkbar macht, die das Verständnis des Textes erschweren. Seine Sprache steht damit in einem deutlichen Gegensatz zu dem klaren Griechisch der von ihm zitierten kaiserlichen Edikte. Die Urteile über seinen Stil schwanken denn auch zwischen hohem Lob (Ranke: „geistvollster Gewährsmann seiner Zeit") und völliger Ablehnung (Tycho Mommsen: „Evagrius ist ein erbärmlicher Stilist, entsetzlich breitspurig und salbungsreich").[360] Am zutreffendsten hat wahrscheinlich Photius den Stil des Evagrius gekennzeichnet: ἔστι δὲ τὴν φράσιν οὐκ ἄχαρις, εἰ καί πως περιττεύεσθαι ἐνίοτε δοκεῖ[361], was wohl heißen soll, daß sein Stil ansprechend ist, wenn auch manchmal etwas überladen.

Die Kirchengeschichte ist reich an Bildern und Metaphern.[362] Evagrius verschmäht schlichte Ausdrücke und bevorzugt Wendungen wie „die ihn ans Licht hervorgebracht haben" für „Eltern"[363], „die das asketische und immaterielle Leben durchkämpfen" für „Mönche"[364] und verfügt über eine überaus große Fülle von Ausdrücken für „sterben": „die Herrschaft vertauschen" bei Kaisern, „zu den ewigen Höllenstrafen eingehen" bei einem Häretiker, „auf die allen gemeinsame Reise geschickt werden"[365] und vieles andere.

---

[360] Beide Äußerungen zitiert bei THURMAYR, *Sprachliche Studien* 3.
[361] PHOTIUS, *cod.* 29 (86–89 HENRY).
[362] THURMAYR, *Sprachliche Studien* 11–47.
[363] *H. e.* 5,21, unten 602f.
[364] *H. e.* 2,9, unten 250f.
[365] *H. e.* 1,8, unten 146f.

Möglicherweise äußert sich in dieser Neigung, die man auch bei den anderen östlichen Kirchenhistorikern beobachten kann, der orientalische Einschlag. Viele der Bilder, die Evagrius benutzt, verdanken sich aber auch der Bibel, vorwiegend dem Alten Testament, zum Beispiel „angetan mit einem golddurchwirkten Mantel, bunt geschmückt"[366] oder „er fiel in die Disteln und Dornen"[367].

Daneben setzt Evagrius rhetorische Stilmittel ein, Anaphern, Parallelen und Antithesen sowie Wortspiele.

In seinem Streben nach einem eleganten Stil, den er auch an anderen Autoren (Priscus, Eustathius, Prokop) rühmt[368], unterscheidet sich Evagrius auffallend von anderen christlichen Historikern, die sich bewußt für einen schlichten Stil entschieden hatten, um die Sprache der Evangelien nicht zu überbieten. Ein Bekenntnis zu Klarheit und Einfachheit, wie es Socrates aus Rücksicht auf seine Leser abgelegt hatte[369], findet man bei ihm nicht. Aber schon Sozomenus und Theodoret hatten sich um einen anspruchsvolleren Stil bemüht, und Evagrius zieht alle Register, um ein gebildetes Publikum zu beeindrucken, und zeigt, daß er die klassischen Stilmittel der Rhetorik beherrscht.[370] Er beginnt seine Kirchengeschichte mit einem kunstvoll ausgearbeiteten Proöm und beendet sie mit einer Sphragis. Nestorius läßt er gleichsam vor einem Gerichtshof auftreten und widerlegt ihn nach klassischem Muster. Er verläßt den einfachen Stil der fortlaufenden Erzählung in seiner Verteidigung des Christentums und der Darstellung der verschiedenen asketischen Lebensweisen. Er bedient sich des hohen Stils für die Charakeristiken der Kaiser Zeno, Tiberius und Mauricius und der Bischöfe Anastasius und Gregor. Die Hochzeit

---

[366] *H. e.* 1, 1, unten 118–121.

[367] *H. e.* 4, 39, unten 538f.

[368] Vgl. zu PRISUCUS: *h. e.* 1, 17, unten 172–175; zu EUSTATHIUS: *h. e.* 1, 19, unten 176f; zu PROKOP: *h. e.* 4, 12, unten 474f.

[369] SOCRATES, *h. e.* 1, 1, 3; 6, 1, 2–5 (GCS 1.311).

[370] Hierzu CAIRES, *Evagrius Scholasticus*.

des Mauricius ist ein Panegyricus, mit der Beschreibung von Chalcedon bietet er eine klassische Ekphrasis, selbst eine Schlachtschilderung hat er in sein Werk aufgenommen, und in Nachahmung von Thucydides fügt er eine wörtliche Rede ein. Thucydides ist das stilistische, allerdings unerreichte Vorbild[371] für den Historiker. Alle diese Stilmittel waren in der Antike geschätzt und wurden auch in der Spätantike von einem gebildeten Publikum goutiert; der Exkurs über den καιρός und die Rede Gregors mit den *exempla* aus der antiken Geschichte sind zweifellos für klassisch gebildete Leser geschrieben. Evagrius hat damit Elemente der profanen Historiographie in seine Kirchengeschichte integriert und zeigt, daß unter den Christen seiner Zeit Vorbehalte gegenüber klassisch-heidnischer Bildung nicht mehr bestanden.

Selbstverständlich hat er auch die Methoden christlicher Geschichtsschreiber übernommen; bester Beweis dafür ist die Einfügung dokumentarischen Materials, die für einen antiken Historiker undenkbar gewesen wäre. Ebenso übernimmt er mit der Apologie des Christentums und der Invektive gegen heidnischen Götterglauben sowie der Polemik gegen Zosimus traditionelle Elemente der Kirchengeschichtsschreibung, obwohl zu seiner Zeit die Stellung des Christentums unangefochten war. — Für ein „einfaches" Lesepublikum sind wohl die Mönchslegenden und Wundergeschichten gedacht, die dem Genus entsprechend in einem schlichteren Stil gehalten sind.

Evagrius hatte unterschiedliches Material zusammenzutragen, auszuwerten und in Übereinstimmung zu bringen. Dieser Aufgabe ist er im großen und ganzen gerecht geworden, und abgesehen davon, daß er kirchliche und weltliche Geschichte gesondert behandelt, folgt der Gang seiner Darstellung dem Gang der Ereignisse, und seine Geschichte ist sehr viel kohärenter als beispielsweise die des Johannes von

---

[371] Vgl. *h. e.* 3,39, unten 418–421.

Ephesus oder des Theophylactus. Durch die Verwendung
verschiedener darstellerischer Mittel, durch die Abwechslung
von Erzählung und Dokumentation, fortlaufender Darstellung und Abschweifung, niedrigem und hohem Stil hat Evagrius bewirkt, daß sich die Kirchengeschichte nicht eintönig
liest. Reflexionen und Hinweise auf wunderbare Vorkommnisse unterbrechen den Gang der Handlung und dienen dazu,
Gedanken über den Sinn der Geschichte anzuregen.

Als Jurist konnte Evagrius Latein, und er stellt seine La-
teinkenntnisse unter Beweis, indem er die Monatsnamen
mit ihrer lateinischen Bezeichnung anführt und auch einige
andere lateinische Ausdrücke wiedergibt, aber auffälliger-
weise benutzt er für die Ämterbezeichnungen nicht die
offiziellen lateinischen Titel und zitiert und übersetzt nicht
aus dem lateinischen *Tomus Leonis*. Ob er die Akten der römischen Synode von 484 lateinisch oder griechisch gelesen
hat, ist ungewiß. Er konnte aber mit Sicherheit Syrisch, vermeidet es jedoch, syrische Autoren namentlich zu nennen,
da er für ein griechisches Publikum geschrieben hat. Es ist
durchaus möglich, daß er syrischer Abstammung war.

9. Testimonien und Editionen

Das Werk des Evagrius ist relativ selten zitiert worden. Sein
Text über die ἀχειροποίητος war Gegenstand der Diskussion auf dem Konzil über den Bilderstreit von 787. Im 9.
Jahrhundert las ihn Photius[372], Simeon Metaphrastes kannte
die Geschichte über den Stern von Qalaat Seman[373], und im
14. Jahrhundert wertete Nicephorus Callistus Xanthopulus
ihn aus[374]. Auch in der Chronik von Monemuasia ist er ver-
wertet worden.[375]

---

[372] PHOTIUS, *cod.* 29 (86–89 HENRY).
[373] SIMEON METAPHRASTES, *Vita S. Symeonis Stylitae* 15 (PG 114,392).
[374] NICEPHORUS CALLISTUS XANTHOPULUS, *Historia ecclesiastica* 15 –
18,26 (PG 147,9–380).
[375] Siehe KARAYANNOPULOS/WEISS, *Quellenkunde 2,* 373 Nr. 271.

Zwischen 650 und 850 sind, wie J. Bidez und L. Parmentier sagen, keine Abschriften der Kirchengeschichte erstellt worden. Die früheste Handschrift L (*Laurentianus* 69), die Evagrius zusammen mit Socrates enthält, datiert aus dem 11. Jahrhundert. Aus dem 12. Jahrhundert stammt die auf den Archetypus zurückgehende, lange nicht zur Kenntnis genommene beste Handschrift A (*Laurentianus* 70), die Evagrius noch separat überliefert. Die auf der schlechtesten Handschrift basierende *Editio princeps* erfolgte 1544 durch Stephanus in Paris, Henry de Valois (Valesius) besorgte 1673 eine verbesserte Ausgabe mit lateinischer Übersetzung, die von Reading (Cambridge 1713) nachgedruckt wurde und die Grundlage für den Text der Patrologia Graeca von Migne[376] abgab, der die Übersetzung von Valois übernahm und auch frühere lateinische Übersetzungen (von Musculus und Christophorson) berücksichtigte. J. Bidez und L. Parmentier erstellten 1898 die maßgebende kritische Edition, die hier zugrunde gelegt ist.

---

[376] *H. e.* (PG 86/2, 2405–2906).

TEXT UND ÜBERSETZUNG

ΚΕΦΑΛΑΙΑ ΤΟΥ ΠΡΩΤΟΥ ΤΟΜΟΥ
ΤΗΣ ΕΚΚΛΗΣΙΑΣΤΙΚΗΣ ΙΣΤΟΡΙΑΣ
ΕΥΑΓΡΙΟΥ ΣΧΟΛΑΣΤΙΚΟΥ ΚΑΙ ΑΠΟ ΕΠΑΡΧΩΝ
ΤΟΥ ΕΠΙΦΑΝΕΩΣ

α΄. Προοίμιον τοῦ συγγραφέως, πῶς ἐπὶ τὸ γράφειν τὴν 5
παροῦσαν πραγματείαν ἐλήλυθεν. Εἶτα πρῶτον κεφάλαιον, ὅτι μετὰ τὴν κατάλυσιν τοῦ ἀσεβοῦς Ἰουλιανοῦ
τῶν αἱρέσεων μικρὸν παυθεισῶν, ὕστερον ὁ πονηρὸς
διάβολος τὴν πίστιν πάλιν ἐτάραττεν.
β΄. Ὅπως ἐφωράθη Νεστόριος δι᾿ Ἀναστασίου τοῦ 10
μαθητοῦ διδάσκοντος μὴ θεοτόκον ἀλλὰ χριστοτόκον
τὴν ἁγίαν καλῶν θεομήτορα, δι᾿ ἣν αἰτίαν καὶ αἱρετικὸς
ὡμολόγηται.
γ΄. Οἷα ὁ μέγας Κύριλλος τῷ Νεστορίῳ ἔγραψε, καὶ
ὅπως ἡ τρίτη σύνοδος ἐν Ἐφέσῳ ἠθροίσθη, ὑστερή- 15
σαντος Ἰωάννου τοῦ Ἀντιοχείας καὶ Θεοδωρήτου.
δ΄. Ὅπως παρὰ τῆς συνόδου καθῃρέθη Νεστόριος, τοῦ
Ἀντιοχείας μὴ ἐνδημήσαντος.
ε΄. Ὡς μετὰ πέντε ἡμέρας ἐλθὼν ὁ Ἀντιοχείας Ἰωάννης
καθαιρεῖ Κύριλλον τὸν Ἀλεξανδρείας καὶ Μέμνονα τὸν 20
Ἐφέσου· οὓς ἡ σύνοδος πάλιν ἠθῴωσεν καθελοῦσα Ἰωάννην καὶ τοὺς μετ᾿ αὐτοῦ. Καὶ ὅπως διὰ Θεοδοσίου τοῦ
βασιλέως συμβαίνουσι Κύριλλος καὶ Ἰωάννης, κυρώ-
σαντες ἔτι καὶ τὴν Νεστορίου καθαίρεσιν.
ϛ΄. Περὶ Παύλου τοῦ Ἐμέσης εἰς Ἀλεξάνδρειαν ἐλθόν- 25
τος, καὶ ἔπαινος Κυρίλλου διὰ τὴν ἐπιστολήν.
ζ΄. Οἷα ὁ δυσσεβὴς Νεστόριος πεπονθέναι περὶ αὐτοῦ
γράφει, καὶ ὡς σκώληξι τὴν γλῶτταν τὸ τελευταῖον
βρωθεὶς εἰς Ὄασιν ἀπέρρηξε τὴν ψυχήν.

---

[1] Die Hs B (*Baroccianus*) enthält für alle Bücher der Kirchengeschichte
ein Inhaltsverzeichnis, das mit der vorliegenden Kapiteleinteilung übereinstimmt; Hs A (*Laurentianus LXX*), die den ältesten Text repräsen-

---

tiert, hat andere, prägnantere Inhaltsangaben, jedoch nur für das 1., 3.
und 4. Buch.

η΄. Ὡς μετὰ Νεστόριον Μαξιμιανός, καὶ μετὰ τοῦτον 2
Πρόκλος, εἶτα Φλαβιανὸς γίνεται.

θ΄. Περὶ τοῦ δυστυχοῦς Εὐτυχοῦς, καὶ ὅπως παρὰ τοῦ
Κωνσταντινουπόλεως καθῃρέθη Φλαβιανοῦ, καὶ περὶ
τῆς ἐν Ἐφέσῳ δευτέρας λῃστρικῆς συνόδου.   5

ι΄. Ὅσα παρὰ τοῦ Διοσκόρου καὶ Χρυσαφίου τὸ παρά-
λογον ἐν Ἐφέσῳ συνέδριον διεπράξατο.

ια΄. Ἀπολογία τοῦ συγγραφέως ὑπὲρ τῶν ἐν ἡμῖν δια-
φορῶν, καὶ κατάγελως τῶν Ἑλληνικῶν ὕθλων.

ιβ΄. Ὅπως ὁ βασιλεὺς Θεοδόσιος τὴν Νεστορίου αἵρε- 10
σιν ἀπελαύνει.

ιγ΄. Περὶ τοῦ ἁγίου Συμεὼν τοῦ Στυλίτου.

ιδ΄. Περὶ τοῦ πολλάκις φαινομένου ἀστέρος ἐν τῇ περὶ
τὸν κίονα στοᾷ τοῦ ὁσίου Συμεών, ὃν ἑωράκει ὁ συγγρα-
φεὺς καὶ ἄλλοι, καὶ αὐτῆς τῆς κεφαλῆς τοῦ ἁγίου.   15

ιε΄. Περὶ τοῦ ἁγίου Ἰσιδώρου τοῦ Πηλουσιώτου, καὶ
Συνεσίου τοῦ Κυρήνης ἐπισκόπου.

ιϛ΄. Ὅπως ὁ θεοφόρος Ἰγνάτιος ἐκ Ῥώμης ἀνακομι-
σθεὶς παρὰ Θεοδοσίου ἐν Ἀντιοχείᾳ κατετέθη.

ιζ΄. Περὶ Ἀττίλα τοῦ Σκυθῶν βασιλέως, καὶ ὅπως τὰ ἑῷα 20
καὶ ἑσπέρια κατέστρεψε· καὶ περὶ τοῦ γενομένου ξένου
σεισμοῦ καὶ τῶν ἄλλων ἐν κόσμῳ φοβερῶν σημείων.

ιη΄. Περὶ τῶν οἰκοδομῶν τῶν ἐν Ἀντιοχείᾳ, καὶ τίνες οἱ
ἐργασάμενοι ταύτας.

ιθ΄. Περὶ πολέμων διαφόρων Ἰταλικῶν καὶ Περσικῶν οἳ 25
ἐπὶ Θεοδοσίου γεγόνασι.

κ΄. Περὶ τῆς βασιλίσσης Εὐδοκίας καὶ Εὐδοξίας τῆς
θυγατρός, καὶ ὅπως εἰς Ἀντιόχειαν καὶ Ἱεροσόλυμα
ἀφίκετο.

κα΄. Ὅτι καλῶς τὰ περὶ τὰ Ἱεροσόλυμα ἡ Εὐδοκία 30
διέθηκε· καὶ περὶ διαφόρου βιοτῆς καὶ διαίτης τῶν ἐν
Παλαιστίνῃ μοναχῶν.

κβ΄. Ὅσα ἐδείματο ἡ βασιλὶς Εὐδοκία κατὰ Παλαιστίνην, καὶ περὶ τοῦ ναοῦ τοῦ πρωτομάρτυρος Στεφάνου,
ἔνθα καὶ ὁσίως ἐτάφη. Ἔτι δὲ καὶ περὶ τῆς τελευτῆς τοῦ 35
βασιλέως Θεοδοσίου.

8. Wie nach Nestorius Maximian (Bischof von Konstantinopel) wurde, nach diesem Proclus, dann Flavian.

9. Über den unseligen Eutyches und wie er durch Flavian
von Konstantinopel abgesetzt wurde und über die zweite
Synode in Ephesus, die Räubersynode.

10. Was die unsinnige Synode in Ephesus auf Veranlassung von Dioskur und Chrysaphius durchgeführt hat.

11. Rechtfertigung der Streitigkeiten unter uns durch den
Verfasser und Verspottung der heidnischen Torheiten.

12. Wie der Kaiser Theodosius die Häresie des Nestorius
austrieb.

13. Über den heiligen Simeon den Styliten.

14. Über den Stern, der häufig in der Säulenhalle, die die
Säule des heiligen Simeon umgibt, erschien, den der Autor
und andere gesehen haben, und über den Kopf des Heiligen.

15. Über den heiligen Isidor von Pelusium und den Bischof Synesius von Cyrene.

16. Wie der gotterfüllte Ignatius unter Theodosius von
Rom nach Antiochien gebracht und dort beigesetzt wurde.

17. Über Attila, den König der Skythen (*sc.* Hunnen), wie
er den Osten und Westen unterwarf; und über das außergewöhnliche Erdbeben und die anderen furchterregenden
Zeichen in der Welt.

18. Über die Bauten in Antiochien und wer sie errichtet hat.

19. Über verschiedene Kriege der Italiker und Perser zur
Zeit des Theodosius.

20. Über die Kaiserin Eudocia und ihre Tochter Eudoxia
und wie sie nach Antiochien und Jerusalem kam.

21. Daß Eudocia in Jerusalem gute Einrichtungen schuf
und über die außergewöhnliche Lebensführung und Lebensweise der Mönche in Palästina.

22. Welche Gebäude die Kaiserin Eudocia in Palästina errichtete und über die Kirche des Protomärtyrers Stephanus, in der sie auch fromm bestattet wurde. Ferner über
den Tod des Kaisers Theodosius.

---

[2] Zu der Bezeichnung vgl. *h. e.* 1,14, unten 164f Anm. 98.

ιϛ′. Περὶ Μεμνονίου, Ζωΐλου, καὶ Καλλίστου, καὶ Ἀνατολίου.

ιζ′. Περὶ ἐπαναστάσεων ἀνά τε Εὐρώπην καὶ τὴν Ἑῴαν, καὶ περὶ Κλαυδιανοῦ καὶ Κύρου τῶν ποιητῶν.

ιη′. Περὶ Εὐδοκίας καὶ Εὐδοξίας.   5   4

ιθ′. Περὶ ὧν ἐδείματο μοναστηρίων ἡ Εὐδοκία ἐν Ἱεροσολύμοις, καὶ διαφόρου ἀσκήσεως μοναχῶν.

κ′. Περὶ τοῦ ναοῦ τοῦ ἁγίου Στεφάνου ἐν ᾧ ἐτέθη, καὶ τῆς μετ’ αὐτὴν τελευτῆς Θεοδοσίου.

Εὐσεβίῳ τῷ Παμφίλου — ἀνὴρ δὲ ἐς τὰ μάλιστα λόγιος ὁ
Παμφίλου τά τε ἄλλα καὶ ὥστε πείθειν οἷός τε εἶναι τοὺς 5
ἐντυγχάνοντας θρησκεύειν τὰ ἡμέτερα, εἰ καὶ μὴ λίαν
ἀκριβεῖς οἷδε ποιεῖν — Εὐσεβίῳ τε οὖν τῷ Παμφίλου,
Σωζομενῷ τε καὶ Θεοδωρήτῳ καὶ Σωκράτει ἄριστα
πάντων πεπόνηται ἥ τε εἰς ἡμᾶς ἄφιξις τοῦ φιλανθρώ-
που θεοῦ, ἥ τε εἰς οὐρανοὺς ἀνάβασις, ὅσα τε τοῖς 10
θεσπεσίοις ἀποστόλοις ἀτὰρ καὶ μάρτυσι διαθλεύουσι
κατώρθωτο, ἢ εἴ τι καὶ τοῖς ἄλλοις, ἀξιόλογον ἡμῖν ἢ καὶ
τηνάλλως ἔχον, πέπρακται, μέχρι τινὸς τῆς Θεοδοσίου
βασιλείας. Ἐπειδὴ δὲ τὰ ἑξῆς οὐ πολὺ τούτων ἀπο-
δέοντα οὐδενός που καθ᾽ εἱρμὸν τετύχηκε λόγου, ἔδοξέ 15
μοι, εἰ καὶ μὴ δεινὸς ἐγὼ τὰ τοιαῦτα, τὸν ὑπὲρ τούτων
ἀνελέσθαι πόνον συγγραφήν τε ταῦτα ποιήσασθαι, εὖ
μάλα πιστεύσαντι τῷ καὶ ἁλιέας σοφίσαντι καὶ γλῶσσαν
ἄλογον εἰς ἔναρθρον εὐφωνίαν κινήσαντι, ἀναστῆσαί τε
τὰς ἤδη τῇ λήθῃ τεθνηκυίας πράξεις, ψυχῶσαί τε τῷ 20
λόγῳ καὶ ἀπαθανατίσαι τῇ μνήμῃ, ὡς ἂν ἔχοιεν τῶν
ἐντυγχανόντων ἕκαστος μέχρις ἡμῶν εἰδέναι τί τε καὶ
ὅτε, καὶ ὅποι καὶ ὅπως, | καὶ πρὸς οὓς καὶ παρ᾽ ὧν | 6

---

³ EUSEBIUS VON CAESAREA (circa 265–340) wird von Evagrius und anderen Kirchenhistorikern durchgängig als ὁ Παμφίλου bezeichnet; diesen
Beinamen hatte EUSEBIUS sich selbst gegeben, um so seine Verbundenheit
mit seinem Lehrer PAMPHILUS, der ihn in die Schriften des ORIGENES und
in die Bibelwissenschaft eingeführt hatte, zum Ausdruck zu bringen; es
ist auch nicht auszuschließen, daß er von PAMPHILUS adoptiert worden
ist (so BARNES, Constantine 94).— Seine Kirchengeschichte reicht von
den Anfängen bis zur Alleinherrschaft KONSTANTINS (324).
⁴ Hinweis darauf, daß EUSEBIUS als Origenist dem Arianismus zuneigte.

Eusebius, der Sohn des Pamphilus,[3] — ein Mann, dieser
Sohn des Pamphilus, der äußerst gelehrt und unter anderem
besonders fähig war, seine Leser dazu zu bringen, daß sie
unseren Glauben annahmen, auch wenn er sie nicht allzu
rechtgläubig machen konnte[4] — Eusebius also, der Sohn
des Pamphilus, Sozomenus, Theodoret und Socrates[5]
haben am besten von allen die Ankunft des menschenfreundlichen Gottes bei uns und seinen Aufstieg in die
Himmel, die Taten der heiligen Apostel und besonders der
Martyrer, die sie in ihrem Lebenskampf vollbracht haben,
oder auch die Taten anderer, seien sie uns bewunderns-
oder tadelnswert, bis zu einem bestimmten Zeitpunkt der
Regierung des Theodosius[6] dargestellt. Da die darauffol-
genden Ereignisse, die diesen nicht viel nachstehen, keine
zusammenhängende Darstellung erfahren haben, schien es
mir angebracht, auch wenn ich für dergleichen nicht begabt
bin, ihretwegen die Mühe auf mich zu nehmen und sie
schriftlich aufzuzeichnen, ganz im Vertrauen auf den, der Fi-
schern Weisheit gegeben und unverständige Sprache zu
wohlartikulierter Rede gemacht hat, um bereits dem Vergessen anheimgefallene Taten wieder aufzuerwecken, sie durch
das Wort zu beleben und durch die Erinnerung unsterblich
zu machen, damit ein jeder Leser bis in unsere Zeit wissen
könne, was wann, wo und wie, gegen wen und durch wen

---

[5] Die Kirchengeschichte des SOZOMENUS (gestorben wohl um 450) umfaßt die Zeit von 324–422, die des THEODORET VON CYRRHUS (393–466)
die Jahre 325–428, die des SOCRATES (geboren nach 381, gestorben nach
439) die Jahre 305–439.
[6] THEODOSIUS II. war Kaiser des oströmischen Reiches von 408–450.

ἐγένοντο, καὶ μηδὲν τῶν μνήμης ἀξίων διαλάθοι ὑπὸ τῇ
ἀνειμένῃ καὶ ἐκλύτῳ ῥαθυμίᾳ καὶ τῇ ταύτης ἀγχιθύρῳ
λήθῃ κρυπτόμενον.

Ἄρξομαι δέ, τῆς θείας ἡγουμένης ῥοπῆς, ὅθεν οἱ
λελεγμένοι μοι τὴν ἱστορίαν ἀπέλιπον.   5

1." Ἄρτι τῆς Ἰουλιανοῦ δυσσεβείας τοῖς τῶν μαρτύρων αἵμασι κατακλυσθείσης καὶ τῆς Ἀρείου μανίας
συνδεθείσης ταῖς ἐν Νικαίᾳ χαλκευθείσαις πέδαις, Εὐνομίου τε αὖ καὶ Μακεδονίου ὑπὸ τοῦ παναγίου πνεύματος κατὰ τὸν Βόσπορον ἐκβρασθέντων καὶ πρὸς τῇ   10
Κωνσταντίνου ἱερᾷ θραυσθέντων πόλει, ἤδη τε τῆς
ἁγίας ἐκκλησίας τὸν πρόσφατον ἀποθεμένης ῥύπον καὶ
πρὸς τὴν ἀρχαίαν ἐπαναγομένης εὐπρέπειαν, ἐν ἱματι-
σμῷ διαχρύσῳ περιβεβλημένης καὶ πεποικιλμένης τῷ τε
ἐραστῇ νυμφίῳ συναρμοζομένης, οὐκ ἐνεγκὼν ὁ μισό-   15
καλος δαίμων ξένον τινὰ καὶ ἀλλόκοτον ἡμῖν ἐπανίστησι
πόλεμον, τήν τε πεπατημένην εἰδωλολατρίαν περι-
φρονήσας καὶ τὴν δουλικὴν Ἀρείου μανίαν παραγκωνι-
σάμενος. Καὶ προσβαλεῖν μὲν ὡς ἐχθρὸς τῇ πίστει
δέδοικεν ὑπὸ τοσούτων ἁγίων πατέρων πυργωθείσῃ καὶ   20
τὰ πολλὰ τῆς δυνάμεως ἐν τῇ ταύτης πολιορκίᾳ παρρη-
μένος, λῃστρικῶς δὲ τὸ πρᾶγμα μέτεισι πεύσεις τινὰς
ἀποκρίσεις τε αὖ μηχανώμενος, πρὸς Ἰουδαϊσμὸν και-
νοπρεπῶς ἐπανάγων τὸν πλανώμενον, οὐ συνιεὶς καὶ

---

⁷ JULIAN war römischer Kaiser von 361–363; wegen seiner Hinwendung
zum Heidentum erhielt er den Beinamen APOSTATA (der Abtrünnige).
Unter seiner Regierung gab es keine allgemeine Christenverfolgung,
wohl aber lokale Pogrome, die von den Kirchenhistorikern oft erwähnt
werden (siehe zum Beispiel THEODORET VON CYRRHUS, h. e. 3,7; 3,11
[GCS 182–185.187f]; SOCRATES, h. e. 3,2 [GCS 193f]; 3,12 [GCS 206f];
3,15 [GCS 209f]; SOZOMENUS, h. e. 5,7–11 [FC 73/2,590–613]; vgl.
BRENNECKE, Studien 114f).
⁸ ARIUS, der den Logos für ein Geschöpf Gottes hielt, war 325 auf dem
Konzil von Nicaea verurteilt worden.
⁹ Evagrius spielt hier wahrscheinlich auf die Verurteilung der Pneumatomachen (= Geistbekämpfer) auf dem Konzil von Konstantinopel 381
an. Zu ihren führenden Vertretern rechnet er den radikalen Anhomöer
(„Arianer") EUNOMIUS, 360 – circa 362 Bischof von Cyzicus, und den

geschehen ist, und damit nichts, was der Erinnerung wert
ist, unter dem Einfluß der nachlässigen und leichtfertigen
Sorglosigkeit und der ihr benachbarten Vergeßlichkeit
unbemerkt und verborgen bleibe.

Beginnen werde ich mit göttlicher Hilfe und Führung
dort, wo die von mir Genannten die Darstellung verlassen
haben.

1. Die Gottlosigkeit des Julian war soeben im Blut der
Martyrer[7] ertränkt und die Raserei des Arius durch in Nicaea[8] geschmiedete Ketten gefesselt worden, Eunomius
und Macedonius waren vom allheiligen Geist am Bosporus an Land geworfen und bei der heiligen Stadt des Konstantin zerschmettert worden[9], die heilige Kirche hatte
sich schon von dem jüngsten Schmutz gereinigt und war
zu ihrer alten Schönheit zurückgekehrt, angetan mit einem golddurchwirkten Mantel, bunt geschmückt (vgl. Ps
45,10: Ps 44,10 LXX) und mit dem geliebten Bräutigam
verbunden, da entfachte uns der Teufel, der Feind des Guten, der das nicht ertragen konnte, einen fremden und an-
dersartigen Krieg; die mit Füßen getretene Idololatrie be-
achtete er nicht und die sklavische Raserei des Arius schob
er beiseite. Doch er fürchtete sich, dem Glauben, der von
so vielen heiligen Vätern verteidigt wurde, sich (offen) als
Feind entgegenzuwerfen, und da er den größten Teil seiner
Kraft in seiner Belagerung verbraucht hatte, ging er wie
ein Räuber an die Sache heran, ersann bestimmte Fragen
und Antworten und führte den Irrenden auf eine neuartige
Weise zum Judaismus[10] hin; er hatte nicht erkannt, der

Homöusianer MACEDONIUS, 342–360 Bischof von Konstantinopel, der
später als Pneumatomache galt und seit 383 der Partei den Namen gab.
[10] Der Vorwurf des Judaismus, das heißt der Leugnung der Gottheit
Christi, richtet sich gegen NESTORIUS; EUSEBIUS VON DORYLAEUM war
der erste, der im Jahre 428 diesen Vorwurf gegen NESTORIUS erhob, indem er ihn der Häresie des als Judaist geltenden, circa 268 in Antiochien
verurteilten PAULUS VON SAMOSATA beschuldigte (vgl. *h. e.* 1,9, unten
146–149).

τὴν ἐντεῦθεν ἧτταν ὁ δείλαιος — ὃ γὰρ πρότερον μόνον
ἀντίπαλον εἶχε, νῦν τέθηπέ τε καὶ περιπτύσσεται —, καὶ
οὐκ εἰ τοῦ παντὸς ἐξώσει γε φρυαττόμενος, ἀλλ᾽ εἰ καὶ
λέξιν τινὰ παραχαράττειν οἷός τε γένοιτο· πολλάκις δὲ
τῇ ἑαυτοῦ ἰλυσπώ μενος κακίᾳ, καὶ γράμματος ἐναλ- 5
λαγὴν ἐτέχνασε πρὸς μὲν τὴν αὐτὴν ἕλκοντος διάνοιαν,
ὅπως δὲ τὴν γνώμην τῆς γλώσσης ἀπομερίσῃ, ἵνα μὴ τὴν
αὐτὴν ὁμολογίαν τε καὶ δοξολογίαν ὁμοφώνως ἄμφω τῷ
θεῷ προσάγοιεν. Ὅπως δὲ τούτων ἕκαστον ἐπράχθη
καὶ ὅποι τετελεύτηκεν, ἐν τοῖς ἰδίοις παραθήσομαι 10
καιροῖς, παρυφαίνων εἴ τι καὶ ἄλλο πάρεργον μὲν ἱστορίας δὲ ἄξιον ἐξευρεῖν δυνηθείην, τὴν ἱστορίαν ἀποτι-
θέμενος ἔνθα τῷ φιλανθρώπῳ παρασταίη θεῷ.

[11] „Passage extraordinairement difficile", wie FESTUGIÈRE, Histoire ecclésiastique 201 Anm. 5, sagt. — Ich versuche die sprachliche Schwierig-
keit zu lösen, indem ich λέξιν auch als Akkusativobjekt von ἐξώσει auf-
fasse. — Das fragliche „Wort", das eine andere Bedeutung (wörtlich:
„Prägung") erhält, ist, wie auch FESTUGIÈRE annimmt, der Begriff
ὁμοούσιος: daß Christus ὁμοούσιος τῷ πατρί (wesensgleich mit dem
Vater) ist, war auf dem Konzil von Nicaea formuliert worden; gegen diese Auffassung hatte ARIUS und mit ihm der Teufel (der der Urheber der
Häresien ist) gekämpft. Nun aber befürwortet („umarmt") der Teufel die
Aussage, daß Christus dem Vater wesensgleich ist, insofern damit die
Aussage ὁμοούσιος ἡμῖν (wesensgleich mit uns) ausgeschlossen ist. Damit vertritt der Teufel die Sache des EUTYCHES, der leugnet, daß Christus
uns wesensgleich ist (siehe h. e. 1,9, unten 148f: ὃς οὐδὲ τὸ σῶμα τοῦ
Κυρίου ὁμοούσιον ἡμῖν ἔλεγεν εἶναι). — Ich sehe also in dem Satz, anders als FESTUGIÈRE und WHITBY (The Ecclesiatical History 7 Anm. 12),
der FESTUGIÈRE folgt, keine Anspielung auf NESTORIUS und Chalcedon,
sondern auf die Häresie des EUTYCHES. Evagrius gibt damit einen Aus-
blick auf den Gang der Geschichte bzw. der Häresien, wie er sie in seinem
Buch darstellen will: Nachdem ARIUS, EUNOMIUS und MACEDONIUS be-

Elende, daß ihm auch von dort eine Niederlage bevor-
stand. Denn was er vorher allein als feindlich angesehen
hatte, das bewunderte und umarmte er jetzt und war stolz,
wenn er ein bestimmtes Wort zwar nicht gänzlich beseitig-
te, er ihm aber eine andere Bedeutung geben konnte[11]; in
der ihm eigenen Bosheit wand er sich oftmals hin und her
und bewerkstelligte auch die Vertauschung eines Buchstabens[12], die doch zu demselben Verständnis führte, um den
Sinn von der Sprache abzusondern, damit nicht beide
Seiten dasselbe Glaubensbekenntnis und denselben Lobpreis Gott übereinstimmend darbrächten. Wie dies alles
geschah und welches Ende es nahm, werde ich zum geeigneten Zeitpunkt darlegen und werde in die Geschichte
mithineinverweben, wenn ich etwas finden kann, das zwar
nebensächlich, aber der Darstellung wert ist, und werde
sie dort beenden, wo es dem menschenfreundlichen Gott
gefällt.

---

siegt sind, verführt der Teufel die Menschen zuerst zum „Judaismus" (=
NESTORIUS, der auf dem Konzil von Ephesus verurteilt wird), dann zur
Häresie des EUTYCHES (der 448 in Konstantinopel verurteilt wird) und
entfacht dann die durch das Konzil von Chalcedon verursachte Kontroverse zwischen sogenannten Monophysiten (den Vertretern der Formel
„aus zwei Naturen", den Anti-Chalcedoniern) und Dyophysiten (den
Anhängern von Chalcedon, die „in zwei Naturen" vertreten — siehe
nächste Anm.).
[12] Es geht um die Buchstaben κ und ν bei der Frage, ob Christus ἐκ δύο
φύσεων (aus zwei Naturen) oder ἐν δύο φύσεσι (in zwei Naturen) ist
(Evagrius erörtert die Frage auch *h. e.* 2,5, unten 230–233). Nach Ansicht des Evagrius berufen sich beide Seiten, Chalcedonier und Antichalcedonier, nur auf unterschiedliche Worte, ohne zu sehen, daß den Worten
dieselbe Bedeutung zugrundeliegt.

2. Ἐπειδή γε Νεστόριος, ἡ θεομάχος γλῶσσα, τὸ Καϊ- 7
άφα δεύτερον συνέδριον, τὸ τῆς βλασφημίας ἐργαστή-
ριον, ἐν ᾧ πάλιν Χριστὸς συμφωνεῖταί τε καὶ πιπράσκε-
ται, τὰς φύσεις διαιρούμενός τε καὶ σπαραττόμενος, ὁ
μηδὲ ἐν αὐτῷ τῷ σταυρῷ ὀστοῦν ὅλως συντριβεὶς κατὰ 5
τὸ γεγραμμένον, ἢ τὸν ὑφαντὸν διόλου χιτῶνα παρὰ τῶν
θεοκτόνων περιρραγείς, τὴν μὲν „θεοτόκος" φωνὴν ὑπὸ
τοῦ παναγίου πνεύματος ἤδη χαλκευθεῖσαν διὰ πολλῶν
ἐγκρίτων πατέρων ἐξώθησέ τε καὶ ἀπεβάλετο, τὴν δὲ
„χριστοτόκος" παραχαράξας ἀντεχάλκευσέ τε καὶ ἀνε- 10
τύπωσε, μυρίων τε αὖ πολέμων τὴν ἐκκλησίαν ἐνέπλη-
σεν αἵμασιν ἐμφυλίοις ταύτην ἐπικλύσας, δοκῶ μὴ ἀπο-
ρήσειν πρὸς εὔλογον διασκευὴν τῆς ἱστορίας καὶ τῆς
ταύτης τελευτῆς καταντήσειν, εἴ γε προοιμιασθείη,
Χριστοῦ τοῦ ἐπὶ πάντων συνεργοῦντος θεοῦ, ἐκ τῆς 15
Νεστορίου τοῦ δυσσεβοῦς βλασφημίας. Ἤρξατο δὲ ὁ
τῶν ἐκκλησιῶν πόλεμος ἐνθένδε.

Ἀναστάσιός τις πρεσβύτερος τὴν γνώμην κακόδοξος
Νεστορίου καὶ τῶν Νεστορίου Ἰουδαϊκῶν δογμάτων
διάπυρος ἐραστής, ὃς καὶ συνέκδημός οἱ γέγονε πρὸς 20
τὴν ἐπισκοπὴν ἀπαίροντι, ὅτε καὶ Θεοδώρῳ κατὰ τὴν

---

[13] NESTORIUS, der nach 381 geboren ist und dessen Familie SOCRATES,
h. e. 7,29 (GCS 377f), zufolge aus Germanikeia stammte, hatte seine
theologische Ausbildung in Antiochien unter dem Einfluß der Lehren
des DIODOR VON TARSUS und des THEODOR VON MOPSUESTIA, den führenden Theologen der antiochenischen Schule, erhalten. Er lebte im Euprepius-Kloster in der Nähe Antiochiens und stand in hohem Ansehen
wegen seiner Redegabe. 428 berief ihn THEODOSIUS II. auf den Bischofsstuhl von Konstantinopel, den er bis zu seiner Verurteilung 431 innehatte.
[14] Christus wurde vom Synedrion, dem Hohen Rat der Juden, verurteilt;
da Evagrius der Meinung ist, daß NESTORIUS wie die Juden Christus für
einen bloßen Menschen hielt, beschuldigt er ihn, Christus ein zweites
Mal verurteilt zu haben.
[15] Συμφωνεῖται heißt eigentlich: wo man über seinen Preis überein-
kommt.

2. Da Nestorius[13] — diese wider Gott streitende Zunge, dieses zweite Synedrion des Kajafas[14], diese Werkstatt
der Blasphemie, wo Christus wieder verhandelt[15] und ver-
kauft wird und in seine Naturen zerteilt und zerrissen
wird, dem, wie geschrieben ist, selbst am Kreuz kein
Knochen gebrochen wurde (vgl. Joh 19,36) und dessen
Gewand, das in einem Stück gewebt war (vgl. Joh 19,23),
von den Gottesmördern nicht zerrissen wurde — (da also
Nestorius) das Wort „Gottesgebärerin", das schon vom
allheiligen Geist durch viele auserwählte Väter geschmie-
det worden war, verstoßen und verworfen und das Wort
„Christusgebärerin" als Fälschung dagegengeschmiedet
und geprägt hat und die Kirche wieder mit unzähligen
Kriegen angefüllt und sie mit ihrem eigenen Blut überschwemmt hat, glaube ich in Hinsicht auf einen wohl-
begründeten Aufbau der Darstellung nicht falsch zu gehen
und gut zu ihrem Ende zu gelangen, wenn ich, sofern mir
Christus, der Gott über alles, helfend beisteht, mit der
Blasphemie des gottlosen Nestorius[16] als Einleitung be-
ginne. Der Krieg der Kirchen nahm da seinen Anfang.[17]

Ein Presbyter namens Anastasius[18], der den falschen
Glauben hatte und ein glühender Verehrer des Nestorius
und seiner judaisierenden Lehren war, wurde auch sein
Gefährte auf dessen Weg zum Bischofsamt, als Nestorius

---

[16] NESTORIUS sah in der Verwendung des Begriffs θεοτόκος die Gefahr
eines Rückfalls in die Lehre des APOLLINARIS VON LAODICEA und lehnte
ihn deshalb ab (BARHADBESCHABBA VON BET ARBAIA, *Historia* 21 [532
NAU; 23 GRILL]).

[17] Anspielung auf THUCYDIDES, *Historiae* 2,1 (1, o. S. JONES).

[18] Der Presbyter ANASTASIUS ist auch bei SOCRATES, *h. e.* 7,32,1–4 (GCS
380), den Evagrius hier als Quelle benutzt, der Auslöser der nestoriani-
schen Streitigkeiten. Evagrius teilt jedoch nicht das ausgewogene Urteil
des SOCRATES (*h. e.* 7,32,8–10 [GCS 380f]) über NESTORIUS.

Μοψουεστίαν συντυχὼν ὁ Νεστόριος τῆς εὐσεβείας
παρετράπη τῶν ἐκείνου διδαγμάτων ἀκροασάμενος, ὡς
Θεοδούλῳ περὶ τούτων ἐπιστολικῶς γέγραπται, τὰς
διαλέξεις τῷ φιλοχρίστῳ λεῷ ποιούμενος ἀνὰ τὴν ἐκκλησίαν Κωνσταντινουπόλεως ἀναφανδὸν ἐτόλμησεν 5
εἰπεῖν· „Θεοτόκον τὴν Μαρίαν καλείτω μηδείς. Μαρία
γὰρ ἄνθρωπος ἦν· ὑπὸ ἀνθρώπου δὲ θεὸν τεχθῆναι
ἀδύνατον.“ Πρὸς τούτοις τοῦ φιλοχρίστου λεῷ δυσχε-
ράναντος καὶ βλασφημίαν εἰκότως ἡγουμένου τὴν διάλεξιν, Νεστόριος ὁ τῆς βλασφημίας καθηγητὴς οὐ μόνον 10
οὐ διεκώλυεν οὐδὲ τοῖς ὀρθοῖς προσετίθετο δόγμασιν,
ἀλλὰ καὶ μάλα ἀτεχνῶς τοῖς εἰρημένοις Ἀναστασίῳ τὴν
ῥοπὴν ἐδίδου φιλονεικότερον ἐν τοῖς περὶ τούτων ἐνι-
στάμενος. Καί που καὶ ἰδίας | παρεντιθείς τε καὶ παρεγ- | 8
γράφων δόξας καὶ τὸν τῆς ψυχῆς ἰὸν ἀπερευγόμενος, 15
βλασφημότερα διδάσκειν ἐπειρᾶτο, ὥστε κατὰ τῆς ἰδίας
κεφαλῆς ἐπιφθέγγεσθαι· „Τὸν γενόμενον διμηναῖον ἢ
τριμηναῖον οὐκ ἂν θεὸν ὀνομάσαιμι,“ ὡς τὰ περὶ τούτου
Σωκράτει τε καὶ τῇ ἐν Ἐφέσῳ προτέρᾳ συνόδῳ σαφῶς
ἱστόρηται.   20
    3. Ὧν ἐπειδὴ Κύριλλος, ὁ τῆς ἀοιδίμου μνήμης
ἐπίσκοπος τῆς Ἀλεξανδρέων, δι' οἰκείων ἐπελαμβάνετο

---

[19] THEODOR, um 350 in Antiochien geboren, war von 392 bis zu seinem
Tod 428 Bischof von Mopsuestia in Kilikien; als angeblicher Lehrer des
NESTORIUS wurde er von CYRILL der Häresie verdächtigt und schließlich
auf dem Konzil von Konstantinopel 553 verurteilt. — Daß NESTORIUS
auf dem Weg nach Konstantinopel bei THEODOR in Mopsuestia Station
gemacht hat, wird nur noch in der gegen Ende des 6. Jahrhunderts verfaßten syrischen „Geschichte" des BARHADBESCHABBA VON BET ARBAIA
(Historia 20 [519 NAU; 17 GRILL]) überliefert.

[20] THEODULUS war Presbyter in Coelesyrien und wahrscheinlich ein
Schüler des THEODOR VON MOPSUESTIA. Sein hier erwähnter Brief ist
nicht mehr erhalten.

in Mopsuestia mit Theodor[19] zusammentraf und sich,
nachdem er dessen Lehren gehört hatte, vom rechten
Glauben abwandte, wie Theodulus[20] in einem Brief darüber geschrieben hat. Er hielt dem christlichen Volk in der
Kirche von Konstantinopel Predigten und wagte öffentlich zu sagen: „Niemand soll Maria Gottesgebärerin nennen. Denn Maria war ein Mensch; daß Gott von einem
Menschen geboren wird, ist unmöglich." Als das christliche Volk diese Äußerungen mißbilligte und die Predigt
verständlicherweise für eine Blasphemie hielt, hinderte
Nestorius, der Urheber der Blasphemie, ihn nicht nur
nicht und hielt sich nicht an die wahren Lehren, sondern
gab vielmehr den Worten des Anastasius geradezu noch
mehr Gewicht, indem er noch streitsüchtiger in dieser
Sache auftrat.[21] Und er fügte auch eigene Meinungen in
Wort und Schrift hinzu, er spie das Gift seiner Seele aus
und versuchte, noch größere Blasphemien zu lehren, so
daß er schließlich zu seinem eigenen Verderben äußerte:
„Den zwei oder drei Monate alt Gewordenen würde ich
nicht Gott nennen", wie Socrates[22] und die erste Synode
von Ephesus[23] eindeutig von ihm berichten.

3. Als Cyrill, der Bischof berühmten Angedenkens von
Alexandrien[24], durch private Briefe diese Äußerungen ta-

---

[21] Vgl. *C Eph.* Sermo Nestorii (1/4,6 SCHWARTZ).
[22] SOCRATES, *h. e.* 7,34,5 (GCS 382f).
[23] *C Eph.* Collectio Vaticana 53 (1/1,2, 38 SCHWARTZ).
[24] CYRILL wurde 412 Nachfolger seines Onkels THEOPHILUS; er war
einer der bedeutendsten Patriarchen Alexandriens; er starb 444. Die
erwähnten Briefe und die Antworten des NESTORIUS sind in den
Konzilsakten enthalten (*C Eph.* Collectio Vaticana 2–6 [1/1,1,23–42
SCHWARTZ]); der dritte Brief CYRILLS an NESTORIUS enthält die später
wichtig gewordenen 12 Anathematismen (*C Eph.* Collectio Vaticana 6
[1/1,1, 33–42 SCHWARTZ]).

συλλαβῶν, Νεστόριός τε αὖ τούτοις ἀντέπιπτε, καὶ οὐδὲ
τοῖς Κυρίλλῳ οὐδὲ τοῖς Κελεστίνῳ τῷ τῆς πρεσβυτέρας
Ῥώμης ἐπισκόπῳ γραφεῖσιν ἐπείθετο, τὸν δὲ ἴδιον
ἔμετον κατὰ πάσης ἐξέχεε τῆς ἐκκλησίας μηδὲν εὐλαβούμενος, εἰκότως ἐδέησε νεύμασι τοῦ νέου Θεοδοσίου 5
τὰ σκῆπτρα τῆς ἑῴας διέποντος τὴν ἐν Ἐφέσῳ πρώτην
σύνοδον ἁλισθῆναι, γραμμάτων βασιλικῶν γενομένων
πρός τε Κύριλλον καὶ τοὺς ἁπανταχῆ τῶν ἁγίων ἐκκλησιῶν προεστηκότας· ὃς κυρίαν τῆς συνελεύσεως
ἀπέφηνε τὴν ἁγίαν Πεντηκοστὴν ἡμέραν, ἐν ᾗ τὸ 10
ζωοποιὸν ἡμῖν ἐπεφοίτησε πνεῦμα.

Καὶ Νεστόριος μὲν οὐ μακρὰν τῆς Ἐφέσου διεστώσης
τῆς Κωνσταντίνου φθάνει πάντας. Καὶ Κύριλλος δὲ καὶ
οἱ ἀμφ᾽ αὐτὸν πρὸ τῆς ἐπαγγελθείσης ἡμέρας ἀπην-
τήκασιν. Ἰωάννης δὲ ὁ τῆς Ἀντιοχέων πρόεδρος σὺν 15
τοῖς ἀμφ᾽ αὐτὸν ἀπελείφθη τῆς ὁρισθείσης ἡμέρας, οὔτι
ἑκών, ὡς πολλοῖς ἀπολογουμένοις δοκεῖ, ἀλλ᾽ ὅτι μὴ
ἀγεῖραι τάχιστα τοὺς ἀμφ᾽ αὐτὸν ἠδυνήθη, διϊσταμένων
τῶν αὐτῶν πόλεων τῆς πάλαι μὲν Ἀντιόχου, νυνὶ δὲ θεοῦ
προσαγορευομένης πόλεως, ὁδὸν ἀνδρὶ εὐζώνῳ ἡμερῶν 20
δυοκαίδεκα, τισὶ δὲ καὶ πλέον, διεστώσης δὲ καὶ τῆς
Ἐφεσίων ἐκ τῆς Ἀντιόχου ὁδὸν ἡμερῶν μάλιστα τριάκοντα, ἐνισχυριζόμενος μή ποτε ἂν αὐτὸν φθῆναι τὴν
κυρίαν, εἰ τὴν καλουμένην νέαν κυριακὴν οἱ ἀμφ᾽ αὐτὸν
ἀνὰ τοὺς οἰκείους ἐπετέλεσαν θρόνους.   25

---

25 COELESTIN I., 422–432 Bischof von Rom. — Evagrius bezeichnet den
Papst immer als „Bischof von Rom", das Wort *papa* kommt nur im Zitat
vor. COELESTINS Brief an NESTORIUS findet sich *C Eph.* Collectio Vaticana 10 (1/1, 1, 77–83 SCHWARTZ).
26 Wörtlich: das Ausgespieene.
27 Tatsächlich hatte NESTORIUS die Einberufung eines Konzils verlangt,
was auch aus Evagrius, *h. e.* 1, 7, unten 136f, hervorgeht.
28 *C Eph.* Collectio Vaticana 25 (1/1, 1, 114–116 SCHWARTZ).
29 JOHANNES war Bischof von Antiochien von 428–441/442; er hatte seine theologische Ausbildung im Euprepius-Kloster bei Antiochien erhalten zusammen mit THEODOR VON MOPSUESTIA und NESTORIUS, dem er
lange die Freundschaft hielt.

delte, Nestorius ihnen aber widerstand und sich weder
durch Schreiben Cyrills noch durch Schreiben Coelestins[25], des Bischofs des Alten Rom, beeinflussen ließ, sondern seinen Auswurf[26] rücksichtslos über die ganze Kirche
verbreitete, da war es in der Tat erforderlich, daß auf
Befehl von Theodosius dem Jüngeren, der über das östliche Reich herrschte, die erste Synode von Ephesus einberufen wurde[27], nachdem kaiserliche Schreiben[28] an Cyrill
und an die Vorsteher der heiligen Kirchen allerorts ergan-
gen waren; der Kaiser setzte als Termin für die Zusammenkunft den Tag des heiligen Pfingstfestes fest, an dem der
lebenspendende Geist zu uns gekommen ist.

   Da Ephesus von Konstantinopel nicht weit entfernt ist,
kam Nestorius als erster von allen an. Auch Cyrill und seine (Bischöfe) kamen vor dem angesagten Tag an. Aber
Johannes[29], der vorsitzende Bischof[30] von Antiochien, und
seine (Bischöfe) verfehlten den festgesetzten Tag, nicht absichtlich, wie es vielen, die ihn entschuldigen, erscheint,
sondern weil er seine Gefolgschaft nicht so schnell zusam-
menbringen konnte, da ihre Städte von der Stadt, die früher Antiochien hieß, jetzt aber Gottesstadt — Theupolis
— genannt wird, zwölf Tagereisen entfernt sind für einen
Mann, der gut zu Fuß ist, für manche auch mehr, und
Ephesus von Antiochien eine Strecke von etwa dreißig
Tagesreisen entfernt ist. Er versicherte, daß er in keinem
Fall zu dem Termin hätte dasein können, weil seine Bischöfe den sogenannten neuen Sonntag (*sc.* den ersten
Sonntag nach Ostern) an ihren Bischofssitzen feierlich
begangen hätten.

---

[30] Mit πρόεδρος — Vorsitzender, Präses — bezeichnet Evagrius vor allem die Patriarchen und Metropoliten (zum Beispiel *h. e.* 1,10, unten
148–151, oder *h. e.* 1,4, unten 128f); zur Unterscheidung von πατρι-
άρχης, das Evagrius auch verwendet (zum Beispiel *h. e.* 2,18, unten 290f,
oder *h. e.* 6,7, unten 626f), übersetze ich πρόεδρος mit „vorsitzender Bischof".

4. Ὡς οὖν ἡ κυρία παρῴχηκεν ἡμέρας πεντεκαίδεκα,
| οἱ ἐπὶ τούτῳ συναθροισθέντες, ὡς οὐ φθησομένων τῶν | 9
ἀνατολικῶν, ἢ εἰ καὶ φθαῖεν, μετὰ πολλοῦ χρόνου τρι-
βήν, συναλίζονται, Κυρίλλου τοῦ θεσπεσίου διέποντος
καὶ τὸν Κελεστίνου τόπον τὴν ἐπισκοπήν, ὡς εἴρηται, 5
τῆς πρεσβυτέρας Ῥώμης πρυτανεύοντος. Καλοῦσι δ᾽
οὖν τὸν Νεστόριον, προτρέποντες τοῖς ἐπαγομένοις
ἀπολογήσασθαι. Καὶ δῆτα κατὰ τὴν προτεραίαν ὑπο-
σχόμενος ἀφικνεῖσθαι εἴπερ δεήσοι, καὶ τῶν ὑποσχε-
θέντων κατολιγωρήσας, καὶ τρὶς κληθεὶς ἐπειδὴ μὴ 10
ἀπήντηκε, τῆς ζητήσεως οἱ συνελθόντες ἀντελαμβά-
νοντο. Καὶ Μέμνονος τοῦ τῆς Ἐφεσίων προέδρου τὴν
διέλευσιν τῶν ἡμερῶν τῶν μετὰ τὴν κυρίαν διελθόντος
— ἐτύγχανον δὲ ἑξκαίδεκα τὸν ἀριθμὸν οὖσαι — καὶ τῶν
ἐπιστολῶν ἀνεγνωσμένων Κυρίλλου τοῦ θεσπεσίου τῶν 15
πρὸς Νεστόριον εἰργασμένων αὐτῷ, καὶ πρός γε τῶν
Νεστορίου πρὸς αὐτὸν Κύριλλον, ἐγγραφείσης δὲ καὶ
τῆς ἱερᾶς ἐκείνης ἐπιστολῆς Κελεστίνου τοῦ πάνυ, τῆς
πρὸς αὐτὸν Νεστόριον γενομένης, εἰπόντων τε αὖ
Θεοδότου ἐπισκόπου Ἀγκύρας Ἀκακίου τε τὸν Μελι- 20
τινῆς θρόνον διέποντος καὶ ἅπερ κατὰ τὴν Ἐφεσίων
ἀναφανδὸν βλασφημίας ἀπηρεύξατο ῥήματα ὁ Νεστόριος, συνυφανθεισῶν δὲ καὶ πολλῶν ῥήσεων ἁγίων καὶ
ἐγκρίτων πατέρων τὴν ὀρθὴν καὶ ἀμώμητον ἐκθεμένων
πίστιν, ἐνταγέντων γε μὴν καὶ διαφόρων ἐκφρόνως 25
βλασφημηθέντων παρὰ τοῦ δυσσεβοῦς Νεστορίου, ἡ
ἁγία σύνοδος πρὸς λέξιν ἀπεφήνατο ταῦτα·

---

[31] Das für den 7. Juni einberufene Konzil wurde am 22. Juni 431 gegen
den Willen des kaiserlichen Vertreters durch CYRILL eröffnet. JOHANNES
VON ANTIOCHIEN traf am 25. oder 26. Juni ein. Zum zeitlichen Ablauf
siehe SCHWARTZ, C. Eph. Praefatio 1/1, 4, XXf.

[32] Damit ist die staatliche Verwaltungseinheit Diözese Oriens gemeint,
deren Gebiet weitgehend identisch war mit dem Patriarchat, das damals
auch Palästina umfaßte; zivile Hauptstadt und Patriarchatssitz war Antiochien. Die Diözese war eingeteilt in (vorwiegend syrische) Provinzen
(ἐπαρχίαι) mit einer Metropole als Hauptstadt.

[33] MEMNON war Bischof von Ephesus circa 428–440; er unterstützte

4. Als nun 15 Tage seit dem festgesetzten Termin verstrichen waren, versammelten sich die zu diesem Zweck
zusammengekommenen Bischöfe[31], da sie annahmen, daß
die Bischöfe der Diözese Oriens[32] nicht mehr eintreffen
würden oder, wenn sie kämen, erst mit großer Verspätung
kommen würden; der göttliche Cyrill nahm dabei auch
den Platz Coelestins ein, der, wie gesagt, das Bischofsamt
im Alten Rom verwaltete. Sie luden Nestorius vor und for-
derten ihn auf, sich gegen die Beschuldigungen zu verteidigen. Obwohl dieser am Tag zuvor versprochen hatte zu
kommen, wenn es nötig wäre, hielt er sein Versprechen
nicht und erschien selbst nach dreimaliger Vorladung
nicht; daraufhin nahmen die versammelten Bischöfe die
Untersuchung in Angriff. Memnon, der vorsitzende Bischof von Ephesus[33], legte dar, wieviel Tage seit dem Termin verstrichen waren — es waren der Zahl nach 16 —,
dann wurden die Briefe verlesen, die der göttliche Cyrill
an Nestorius gerichtet hatte, und dazu die Briefe des Nestorius an Cyrill; auch jener heilige Brief, den der berühmte Coelestin an Nestorius geschrieben hatte, wurde in die
Akten eingefügt. Theodot wiederum, der Bischof von Ancyra, und Acacius, der den Bischofsthron von Melitene
innehatte, sagten, welche blasphemischen Äußerungen
Nestorius in Ephesus öffentlich von sich gegeben hatte.
Es wurden auch viele Sprüche der heiligen und erwählten
Väter, die den richtigen und untadeligen Glauben darlegen, mitaufgenommen und verschiedene unsinnige Blasphemien des gottlosen Nestorius dagegengestellt; dann
verkündete die heilige Synode wörtlich folgendes[34]:

CYRILL, dessen Banden die Stadt beherrschten (BARHADBESCHABBA VON
BET ARBAIA, *Historia* 23 [543 NAU; 27 GRILL]). Beiden lag daran, NESTO-
RIUS noch vor der Ankunft des JOHANNES zu verurteilen.
[34] Das Absetzungsurteil findet sich C *Eph.* Collectio Vaticana 62 (1/1, 2,
54 SCHWARTZ; vgl. auch Collectio Vaticana 63 [1/1, 2, 64 SCHWARTZ]), die
Verhandlungen, die Väterzitate und die Zitate aus NESTORIUS C *Eph.*
Collectio Vaticana 34–60 (1/1, 2, 7–52 SCHWARTZ).

„Πρὸς τοῖς ἄλλοις μήτε ὑπακοῦσαι βουληθέντος τοῦ
τιμιωτάτου Νεστορίου τῇ ἡμῶν κλήσει, μήτε μὴν τοὺς
παρ' ἡμῶν ἀποσταλέντας ἁγιωτάτους καὶ θεοσεβε-
στάτους ἐπισκόπους προσδεξαμένου, ἀναγκαίως ἐχωρήσαμεν ἐπὶ τὴν ἐξέτασιν τῶν δυσσεβηθέντων αὐτῷ· καὶ 5
φωράσαντες αὐτὸν ἔκ τε τῶν ἐπιστολῶν αὐτοῦ καὶ τῶν
συγγραμμάτων τῶν καὶ ἀναγνωσθέντων, καὶ ἐκ τῶν
ἀρτίως παρ' | αὐτοῦ ῥηθέντων κατὰ τήνδε τὴν μητρό- | 10
πολιν καὶ προσμαρτυρηθέντων, δυσσεβῶς φρονοῦντα
καὶ κηρύττοντα, ἀναγκαίως κατεπειχθέντες ἀπό τε τῶν 10
κανόνων καὶ ἐκ τῆς ἐπιστολῆς τοῦ ἁγιωτάτου πατρὸς
ἡμῶν καὶ συλλειτουργοῦ Κελεστίνου τοῦ ἐπισκόπου τῆς
Ῥωμαίων ἐκκλησίας, δακρύσαντες πολλάκις, ἐπὶ ταύτην τὴν σκυθρωπὸν ἐχωρήσαμεν ἀπόφασιν. Ὁ βλα-
σφημηθεὶς τοίνυν παρ' αὐτοῦ κύριος ἡμῶν Ἰησοῦς 15
Χριστὸς ὥρισε διὰ τῆς παρούσης ἁγίας συνόδου, ἀλλότριον εἶναι τὸν αὐτὸν Νεστόριον τοῦ τε ἐπισκοπικοῦ ἀξιώματος καὶ παντὸς συλλόγου ἱερατικοῦ."

5. Μετὰ γοῦν τὴν ἐννομωτάτην καὶ δικαίαν ταύτην
ἀπόφασιν ἐφίσταται τῇ Ἐφεσίων Ἰωάννης ὁ τῆς Ἀντιό- 20
χου μετὰ τῶν ἀμφ' αὐτὸν ἱερέων, ἡμέρας πέντε τῆς καθαιρέσεως ὑστερήσας· καὶ συναλίσας πάντας τοὺς ἀμφ'
αὐτὸν καθαιρεῖ Κύριλλον καὶ Μέμνονα. Ἐκ δὲ λιβέλλων
ἐπιδεδομένων παρὰ Κυρίλλου καὶ Μέμνονος τῇ ἅμα
σφίσι συναθροισθείσῃ συνόδῳ, εἰ καὶ Σωκράτης ἀγνο- 25
ήσας ἑτέρως ἱστόρησε, μετακαλεῖται Ἰωάννης ἐφ' ᾗ
πεποίηκεν ἀπολογησόμενος καθαιρέσει. Οὗ μὴ συν-
εληλυθότος μετὰ τρεῖς τὰς γενομένας κλήσεις, ἀπολύ-
ονται μὲν τῆς καθαιρέσεως Κύριλλος καὶ Μέμνων, ἀπο-
κρίνονται δὲ τῆς ἁγίας κοινωνίας καὶ πάσης αὐθεντίας 30

„Da zu allem anderen der ehrwürdigste Nestorius weder unserer Vorladung Folge leisten wollte noch die von
uns gesandten heiligsten und gottesfürchtigsten Bischöfe
empfangen hat, sind wir notgedrungen zur Untersuchung
seiner Gottlosigkeiten geschritten; und da wir ihn anhand
seiner Briefe und Schriften, die auch verlesen worden sind,
und anhand seiner Äußerungen, die er vor kurzem hier in
dieser Metropole gemacht hat und die auch bezeugt worden sind, als einen, der gottlos denkt und lehrt, entlarvt
haben, sind wir notgedrungen, gedrängt durch die Kanones und durch den Brief unseres heiligsten Vaters und Mit-
bruders Coelestin, des Bischofs der römischen Kirche,
unter vielen Tränen zu diesem finsteren Urteil gekommen:
Unser Herr Jesus Christus, der von ihm gelästerte, hat
durch die anwesende heilige Synode bestimmt, daß Nestorius von der bischöflichen Würde und von jeder priesterlichen Versammlung ausgeschlossen ist."

5. Nach diesem also höchst gesetzmäßigen und gerechten Urteil kam Johannes von Antiochien zusammen mit
seinen Bischöfen in Ephesus an, fünf Tage nach der Absetzung des Nestorius; er versammelte alle seine Bischöfe
und setzte Cyrill und Memnon ab. Auf Grund von Anklageschriften, die Cyrill und Memnon der gleichzeitig
von ihnen einberufenen Synode übergeben hatten — auch
wenn Socrates das aus Unwissenheit anders dargestellt
hat[35] —, wurde Johannes vorgeladen, damit er sich wegen
der von ihm vorgenommenen Absetzung verteidige. Als
er aber nach dreimaliger Vorladung nicht erschienen war,
wurden Cyrill und Memnon von der Amtsenthebung freigesprochen, dagegen Johannes und seine Bischöfe aus
der heiligen Gemeinschaft ausgeschlossen und jeglicher

---

[35] SOCRATES, *h. e.* 7,34 (GCS 382–384).

ἱερατικῆς Ἰωάννης καὶ οἱ ἀμφ᾽ αὐτὸν ἱερεῖς. Καὶ πρῶτα
μὲν Θεοδοσίου οὐ προσιεμένου τὴν Νεστορίου καθαίρεσιν, ὕστερον δὲ τὴν ἐκείνου βλασφημίαν ἐγνωκότος
εὐσεβέσι τε αὖ γράμμασι χρησαμένου πρός τε Κύριλλον
καὶ Ἰωάννην τοὺς ἐπισκόπους, συμβαίνουσι πρὸς ἀλλή- 5
λους, τὴν Νεστορίου καθαίρεσιν ἐπικυρώσαντες,
    6. Παύλου τε τοῦ Ἐμεσηνῶν ἐπισκόπου πρὸς τὴν
Ἀλεξάνδρου πόλιν γενομένου, ἐπί τε τῆς ἐκκλησίας τὸν
περὶ τούτου φερόμενον λόγον ὁμιλήσαντος, ὁπηνίκα καὶ
Κύριλλος τὴν ἐπιστολὴν Ἰωάννου εὖ μάλα ἐπαινέσας 10
ἐπὶ ῥήματος γέγραφε ταῦτα·
    „Εὐφραινέσθωσαν οἱ οὐρανοὶ καὶ ἀγαλλιάσθω ἡ γῆ'· 11
λέλυται γὰρ τὸ μεσότοιχον τοῦ φραγμοῦ, καὶ πέπαυται
τὸ λυποῦν, καὶ διχονοίας ἁπάσης ἀνῄρηται τρόπος, τοῦ
πάντων ἡμῶν σωτῆρος Χριστοῦ ταῖς αὐτοῦ ἐκκλησίαις 15
τὴν εἰρήνην βραβεύσαντος, κεκληκότων δὲ πρὸς τοῦτο
ἡμᾶς καὶ τῶν εὐσεβεστάτων καὶ θεοφιλεστάτων βασιλέων, οἳ προγονικῆς εὐσεβείας ἄριστοι ζηλωταὶ γεγο-
νότες ἀσφαλῆ μὲν καὶ ἀκατάσειστον ἐν ἰδίαις ψυχαῖς τὴν
ὀρθὴν φυλάττουσι πίστιν, ἐξαίρετον δὲ ποιοῦνται 20
φροντίδα τὴν ὑπὲρ τῶν ἁγίων ἐκκλησιῶν, ἵνα καὶ δια-

---

[36] JOHANNES VON ANTIOCHIEN hatte als vom Kaiser bestimmter Vorsitzender das eigentliche Konzil eröffnet (C Eph. Collectio Vaticana 151
[1/1, 5, 119–124 SCHWARTZ]); er wurde von der cyrillischen Synode abgesetzt (C Eph. Collectio Vaticana 89, 13–90 [1/1, 3, 21–26 SCHWARTZ]), die
der Kaiser zunächst nicht anerkannte (C Eph. Collectio Vaticana 83
[1/1, 3, 9f SCHWARTZ]). Im August bestätigte der Kaiser schließlich die Absetzung von NESTORIUS, CYRILL und MEMNON (C Eph. Collectio Vaticana
93 [1/1, 3, 31f SCHWARTZ]), die der Comes JOHANNES festnahm (C Eph.
Iohannis comitis epistula ad Imperatorem [1/1, 7, 67f SCHWARTZ]);
NESTORIUS wurde gestattet, in sein Kloster bei Antiochien zurückzukehren, CYRILL gelang es, nach Alexandrien zu entkommen und seinen
Bischofsstuhl wieder einzunehmen.
[37] Εὐσεβὲς γράμμα entspricht der sacra (epistula). Der Brief des THEO-
DOSIUS an JOHANNES ist erhalten (C Eph. Collectio Vaticana 120 [1/1, 4,
3–5 SCHWARTZ]), der an CYRILL ist verloren.
[38] Der Bruch zwischen Alexandrinern und Antiochenern wird von Evagrius nicht zum Ausdruck gebracht; ihre Verständigung kam erst auf

priesterlicher Vollmacht enthoben[36]. Theodosius wollte
zunächst die Absetzung des Nestorius nicht zulassen, aber
später erkannte er dessen Blasphemie, und nachdem er
kaiserliche Briefe[37] an die Bischöfe Cyrill und Johannes
geschrieben hatte, verständigten sie sich miteinander[38]
und bestätigten die Absetzung des Nestorius.

6. Und als Paulus, der Bischof von Emesa[39], nach Alexandrien gekommen war und in der Kirche eine Predigt
hierüber gehalten hatte, schrieb auch Cyrill, nachdem er
den Brief des Johannes sehr gelobt hatte, wörtlich folgendes[40]:

„Die Himmel sollen frohlocken und die Erde soll ju-
beln‘ (Ps 96,11: Ps 95,11 LXX); denn zerstört ist die tren-
nende Mauer (vgl. Eph 2,14), beendet ist die Betrübnis,
aller Zwietracht Form ist beseitigt, da unser aller Erlöser
Christus seinen Kirchen den Frieden beschieden hat und
auch die frömmsten und gottgeliebtesten Kaiser uns dazu
aufgerufen haben, die als die besten Eiferer für die Frömmigkeit ihrer Vorfahren den richtigen Glauben sicher und
unerschüttert in ihren Seelen bewahren und für die heiligen Kirchen vorzügliche Sorge tragen, auf daß sie sich für

---

Druck des Kaisers im Jahre 433 zustande, dadurch daß CYRILL in seinem
(im folgenden zitierten) Brief *Laetentur caeli* (*C Eph.* Collectio Vaticana
127 [1/1,4, 15–20 SCHWARTZ]) das von den Antiochenern im Brief des
JOHANNES an CYRILL (*C Eph.* Collectio Vaticana 123 [1/1,4, 7–9
SCHWARTZ]) vorgelegte Glaubensbekenntnis, die sogenannte Unionsformel (*C Eph.* Collectio Vaticana 123,3 [1/1,4, 8f SCHWARTZ]), anerkannte und JOHANNES auf die Verurteilung der (von Evagrius nicht
erwähnten) zwölf Anathematismen im dritten Brief CYRILLS an NESTO-
RIUS (*C Eph.* Collectio Vaticana 6,12 [1/1,1, 40–42 SCHWARTZ]) verzichtete und NESTORIUS schließlich verurteilte. — Die Ereignisse werden
von Evagrius verkürzt dargestellt.
[39] PAULUS, Bischof von Emesa (heute Homs) am Orontes, war von
JOHANNES VON ANTIOCHIEN als Friedensvermittler im Dezember 432 zu
CYRILL geschickt worden. Er hielt drei Predigten in Alexandrien.
[40] CYRILLS Brief *Laetentur caeli* (*C Eph.* Collectio Vaticana 127
[1/1,4,15–20 SCHWARTZ]) wird als *ep.* 39 gezählt; er enthält die Unionsformel (*C Eph.* Collectio Vaticana 127,5 [1/1,4, 17 SCHWARTZ]).

βόητον ἔχωσιν εἰς αἰῶνα τὴν δόξαν καὶ εὐκλεεστάτην
ἀποφήνωσι τὴν ἑαυτῶν βασιλείαν· οἷς καὶ αὐτὸς ὁ τῶν
δυνάμεων Κύριος πλουσίᾳ χειρὶ διανέμει τὰ ἀγαθά, καὶ
δίδωσι μὲν κατακρατεῖν τῶν ἀνθεστηκότων, χαρίζεται
δὲ τὸ νικᾶν. Οὐ γὰρ ἂν διαψεύσαιτο ὁ λέγων· ,Ζῶ ἐγώ, 5
λέγει Κύριος, ὅτι τοὺς δοξάζοντάς με δοξάσω.' Ἀφικο-
μένου τοίνυν εἰς τὴν Ἀλεξάνδρειαν τοῦ κυρίου μου τοῦ
θεοσεβεστάτου ἀδελφοῦ καὶ συλλειτουργοῦ Παύλου,
θυμηδίας ἐμπεπλήσμεθα, καὶ σφόδρα εἰκότως, ὡς ἀνδρὸς τοιούτου μεσιτεύοντος καὶ τοῖς ὑπὲρ δύναμιν 10
πόνοις ἑλομένου προσομιλεῖν, ἵνα τὸν τοῦ διαβόλου
νικήσῃ φθόνον καὶ συνάψῃ τὰ διῃρημένα, καὶ τὰ μεταξὺ
σκάνδαλα περιελὼν ὁμονοίᾳ καὶ εἰρήνῃ στεφανώσῃ τάς
τε παρ᾽ ἡμῖν καὶ παρ᾽ ὑμῖν ἐκκλησίας."
   Καὶ μεθ᾽ ἕτερα· „Ὅτι δὲ περιττὴ παντελῶς καὶ οὐκ 15
εὐάφορμος τῆς ἐκκλησίας ἡ διχοστασία γέγονε, νυνὶ
μάλιστα πεπληροφορήμεθα, τοῦ κυρίου μου τοῦ θεοσεβεστάτου Παύλου τοῦ ἐπισκόπου χάρτην προκομί-
σαντος ἀδιάβλητον ἔχοντα τῆς πίστεως τὴν ὁμολογίαν,
καὶ ταύτην συντετάχθαι δια|βεβαιωσαμένου παρά τε 20
τῆς σῆς ὁσιότητος καὶ τῶν αὐτόθι θεοσεβεστάτων
ἐπισκόπων. Ἔχει δὲ οὕτως ἡ συγγραφή, καὶ αὐταῖς
λέξεσιν ἐντέθειται τῇδε τῇ ἐπιστολῇ· ,Περὶ δὲ τῆς θεοτόκου', καὶ τὰ ἑξῆς. Ταύταις ὑμῶν ἐντυχόντες ταῖς ἱεραῖς φωναῖς οὕτω τε καὶ ἑαυτοὺς φρονοῦντας εὑρί- 25
σκοντες — εἷς γὰρ Κύριος, μία πίστις, ἓν βάπτισμα —,
ἐδοξάσαμεν τὸν τῶν ὅλων δεσπότην θεόν, ἀλλήλοις συγχαίροντες, ὅτι ταῖς θεοπνεύστοις γραφαῖς καὶ παραδόσει τῶν ἁγίων ἡμῶν πατέρων συμβαίνουσαν ἔχουσι
πίστιν αἵ τε παρ᾽ ὑμῖν καὶ αἱ παρ᾽ ἡμῖν ἐκκλησίαι." 30
   Ταῦτα μὲν οὖν ἔστιν ἑλεῖν τὸν φιλοπόνως τοῖς τὸ
τηνικαῦτα γεγονόσιν ἐπιστῆσαι βουλόμενον.

alle Zeit großen Ruhm verschaffen und ihr Reich hoch-
berühmt machen; ihnen teilt der Herr der Mächte selbst
mit reicher Hand die Güter zu, er gibt ihnen Gewalt über
die Widersacher und schenkt ihnen den Sieg. Denn nicht
wird lügen der, der sagt: ,Ich lebe, spricht der Herr, damit
ich die ehre, die mich ehren.' (vgl. 1 Sam 2,30). Da nun
mein Herr, der gottesfürchtigste Bruder und Mitbruder
im Amt Paulus, in Alexandrien angekommen ist, sind wir
von Freude erfüllt, und das mit vollem Recht, weil ein solcher Mann es ist, der vermittelt und der bereit war, über-
menschliche Mühen auf sich zu nehmen, um den Neid des
Teufels zu besiegen und das, was getrennt war, zusammenzufügen; der die dazwischen aufgetretenen Ärgernisse beseitigt hat, um unsere und euere Kirchen mit Frieden
und Eintracht zu schmücken."

Und weiter: „Wir sind nun vollkommen überzeugt, daß
der Zwiespalt der Kirche gänzlich überflüssig und un-
begründet geworden ist, da mein Herr, der gottesfürchtigste Bischof Paulus, ein Schriftstück mitgebracht hat, welches das Glaubensbekenntnis unverfälscht enthält und
von dem er versichert hat, daß es von deiner Heiligkeit und
den dortigen gottesfürchtigsten Bischöfen verfaßt worden
ist. Die Schrift lautet folgendermaßen und ist in ihrem
Wortlaut diesem Brief beigefügt: ,Über die Gottesgebärerin', und so weiter. Wir haben diese heiligen Worte von
euch gelesen und stellen fest, daß wir selbst ebenso denken
— ein Herr, ein Glaube, eine Taufe (vgl. Eph 4, 5) —; daher
haben wir Gott, den Herrscher des Alls, gepriesen und uns
miteinander gefreut, daß die Kirchen bei euch und bei uns
denselben Glauben haben, der mit den von Gott inspirierten Schriften und mit der Überlieferung unserer heiligen
Väter übereinstimmt."

Wer sich genaue Kenntnis von den damaligen Ereignissen verschaffen will, kann das den Akten[41] entnehmen.

---

[41] C Eph. Collectio Vaticana 120–127 (1/1, 4, 3–20 SCHWARTZ).

7. Ὅπως δὲ ὁ Νεστόριος ἐξηλάθη, ἢ τί μετὰ ταῦτα
γέγονεν ἐπ' αὐτῷ, ἢ ὅπως τὸν τῇδε κατέστρεψε βίον, καὶ
ὧν ἔτυχεν ἀμοιβῶν τῆς βλασφημίας ἕνεκα, οὐ δεδήλωται
τοῖς ἱστορήσασιν· ἃ καὶ διέπεσεν ἄν, καὶ τέλεον διερρύη
τε καὶ κατεπόθη τῷ χρόνῳ μηδὲ ψιλῶς ἀκουόμενα, εἰ μὴ 5
Νεστορίου βίβλῳ περιέτυχον τὴν περὶ τού των ἱστορίαν
παρεχομένῃ.

Αὐτὸς τοίνυν ὁ τῆς βλασφημίας πατὴρ Νεστόριος, ὁ
μὴ κατὰ τοῦ τεθέντος θεμελίου τὴν οἰκοδομίαν ποιησάμενος ἀλλ' ἐπὶ τῆς ψάμμου κτίσας, ᾖ καὶ ταχέως 10
διελύθη κατὰ τὴν τοῦ Κυρίου παραβολήν, πρὸς τοὺς
ἐγκαλέσαντάς οἱ μὴ κατὰ τὸ δέον τι καινουργῆσαι, μηδὲ
μὴν καλῶς αἰτῆσαι τὴν ἐν Ἐφέσῳ σύνοδον ἁλισθῆναι,
γράφει, πρὸς ἄλλοις οἷς ἐβουλήθη, ὑπὲρ τῆς ἰδίας βλασφημίας ἀπολογούμενος, ὡς ἐκ πάσης ἀνάγκης εἰς 15
τοῦτο τάξεως ἐλήλυθεν ἀποκριθείσης τῆς ἁγίας ἐκκλησίας, καὶ τῶν μὲν λεγόντων ἀνθρωποτόκον δεῖν τὴν
Μαρίαν ὀνομάζεσθαι, τῶν δὲ θεοτόκον· ἵνα γέ φησι μὴ
δυοῖν θάτερον ἁμαρτάνοιτο, ἢ ἀθάνατα συμπλεκο-
μένων, ἢ προσχω|ροῦντος αὐτῷ θἀτέρου τῶν μερῶν τοῦ 20
ἑτέρου στερηθείη, τὴν χριστοτόκος ἐπενόησε φωνήν.

Ἐπισημαίνεταί τε ὡς τὰ μὲν πρῶτα Θεοδόσιος τῇ πρὸς
αὐτὸν προσπαθείᾳ τὴν ἐπ' αὐτῷ γενομένην ἀποβολὴν οὐκ
ἐκύρωσεν· εἶτα ὅτι τινῶν ἐπισκόπων ἔνθεν τε κἀκεῖθεν
πεμφθέντων πρὸς Θεοδόσιον ἐκ τῆς Ἐφεσίων πόλεως, 25
αὐτοῦ τε αὖ δεηθέντος, ἐπετράπη κατὰ τὸ οἰκεῖον
ἐπαναζεῦξαι μοναστήριον, ὃ πρὸ τῶν πυλῶν τῆς νῦν

---

[42] THEODOSIUS II. sprach 435 die Verbannung gegen NESTORIUS aus und
ordnete die Vernichtung seiner Bücher an (Cod. Theod. 16,5,66 [879f
KRÜGER/MOMMSEN] = Cod. Iust. 1,5,6 [51 KRÜGER]; vgl. C Eph. Collectio Vaticana 110f [1/1,3, 67f SCHWARTZ]).
[43] Aufgrund der Verurteilung ist von den Schriften des NESTORIUS nur
wenig erhalten; Evagrius sind in der Tat wichtige Kenntnisse darüber zu
verdanken. Das Buch, das Evagrius vielleicht in Konstantinopel
entdeckt hat (so L. ABRAMOWSKI), vielleicht aber auch in Syrien, da
NESTORIUS dort auch nach seiner Absetzung noch viele Anhänger hatte,
enthielt mehrere Schriften des NESTORIUS: die Tragoedia, den Liber He-

7. Wie aber Nestorius verbannt wurde[42], was danach
mit ihm geschah oder wie er sein Leben hier beendete und
welche Bestrafungen er wegen seiner Blasphemie erhielt,
das ist von den Geschichtsschreibern nicht berichtet worden; das wäre auch in Vergessenheit geraten und endgültig
von der Zeit aufgelöst und aufgesogen worden, ohne daß
man auch nur etwas davon gehört hätte, wenn ich nicht
zufällig auf ein Buch des Nestorius gestoßen wäre, das die
Geschichte darüber enthält[43].

Denn Nestorius, der Vater der Blasphemie, der sein
Haus nicht auf festem Grund, sondern auf Sand gebaut
hatte, das dann auch schnell einstürzte gemäß dem Gleich-
nis des Herrn (vgl. Mt 7,26), (hat denen geschrieben,) die
ihm vorwarfen, daß er zu Unrecht Neuerungen eingeführt
und nicht mit guten Gründen die Einberufung der Synode
von Ephesus gefordert habe. Neben anderem, was er sagen
wollte, schreibt er zur Verteidigung seiner Blasphemie,
daß er ganz notgedrungen zu dieser Stellungnahme gekommen sei, weil die heilige Kirche gespalten war und die
einen sagten, man müsse Maria Menschengebärerin, die
anderen Gottesgebärerin nennen; damit nun nicht, sagt er,
einer von zwei Fehlern begangen würde, nämlich daß es
entweder endlosen Streit gäbe oder aber, wenn sich die
eine Partei ihm annähere, sich die andere von ihm abwen-
de, habe er das Wort Christusgebärerin erdacht.[44]

Er erwähnt auch, daß Theodosius aus Sympathie für ihn
die gegen ihn ausgesprochene Vertreibung zunächst nicht
bestätigte, daß ihm dann aber, da von beiden Seiten Bischöfe aus Ephesus zu Theodosius geschickt wurden und
weil er selbst darum gebeten hatte, gestattet wurde, in sein
Heimatkloster zurückzukehren, das vor den Toren des

---

raclidis und Briefe; die „Geschichte" (ἱστορία) ist identisch mit der *Tragoedia* oder der ersten Apologie; siehe ABRAMOWSKI, *Untersuchungen*
13f.
[44] Vgl. BARHADBESCHABBA, *Historia* 21 (532f NAU; 22f GRILL).

Θεουπολιτῶν διάκειται καὶ Νεστορίῳ μὲν ἐπὶ λέξεως
οὐκ ὠνόμασται· φασὶ δὲ νῦν τὸ Εὐπρεπίου προσαγο-
ρεύεσθαι, ὅπερ ἴσμεν ταῖς ἀληθείαις πρὸ τῆς Θεουπολιτῶν διακείμενον, σταδίοις διεστηκὸς οὐ πλείοσι δύο.
Φησὶ γοῦν αὐτὸς ὁ Νεστόριος ὡς τετραετῆ χρόνον 5
αὐτόθι διατρίψας παντοίας ἔτυχε τιμῆς καὶ παντοίων
γερῶν ἀπέλαυσε, καὶ ὡς αὖθις Θεοδοσίου θεσπίσαντος
ἀνὰ τὴν καλουμένην Ὄασιν φυγαδεύεται. Τὸ δέ γε
καίριον ἀπεκρύψατο. Οὐδὲ γὰρ ἐνθαδὶ ὢν τῆς οἰκείας
βλασφημίας ἠρέμησεν, ὡς καὶ Ἰωάννην τὸν τῆς Ἀντι- 10
όχου πρόεδρον ταῦτα μηνύσαι, ἀειφυγίᾳ τε τὸν Νεστόριον καταδικασθῆναι.

Γράφει δὲ καὶ διαλεκτικῶς ἕτερον λόγον πρός τινα
δῆθεν Αἰγύπτιον συγκείμενον περὶ τῆς αὐτοῦ εἰς Ὄασιν
ἐξορίας, ἔνθα τὰ περὶ τούτων πλατύτερον λέγει. Ὧν δὲ 15
τετύχηκε διὰ τὰς παρ' αὐτοῦ κυηθείσας βλασφημίας τὸν
πανόπτην μὴ λαθὼν ὀφθαλμόν, ἐξ ἑτέρων γραμμάτων
ἔστιν ἑλεῖν, γενομένων αὐτῷ πρὸς τὸν τῆς Θηβαίων
ἡγούμενον. Ἐν ἐκείνοις γὰρ ἔστιν εὑρεῖν ὡς ἐπειδὴ μὴ
τῆς δεούσης ἔτυχεν ἐπεξελεύσεως, ἡ τοῦ θεοῦ κρίσις 20
αὐτὸν ἐκδεξαμένη αἰχμαλωσίᾳ τῇ πάντων ἐλεεινοτάτῃ
συμφορᾷ περιβάλλει. Ἐπειδὴ γοῦν μειζόνων ἐδεῖτο
ποινῶν, ἀφείθη μὲν ἐκ τῶν Βλεμμύων, παρ' ὧν καὶ
δορυάλωτος ἔτυχε γεγονώς, θεσπίσμασι δὲ Θεοδοσίου
τὴν ἐπάνοδον ἐγνωκότος, τόπους ἐκ τόπων πρὸς ταῖς 25
ἐσχατιαῖς τῆς | Θηβαίων ἀμείβων, τῇ τε γῇ προσρηγνύ- | 14
μενος ἀξίως τῆς οἰκείας βιοτῆς τὸν τῇδε βίον ἀπέθετο·

---

[45] Ein Stadion maß etwa 200 m.
[46] Die sogenannte Oasis ist die Große Oase el Charge in der libyschen
Wüste westlich des Nils mit dem Hauptort Hibis; sie diente häufig als
Verbannungsort. — Von den Bischöfen der Diözese Oriens, die auch
nach der Verurteilung noch zu NESTORIUS hielten, war THEODORET VON
CYRRHUS der bedeutendste.
[47] Der ἕτερος λόγος ist der *Liber Heraclidis* (oder zweite Apologie,
fälschlich auch „Basar" des HERACLIDES genannt), der eine Einleitung

heutigen Theupolis liegt und von Nestorius namentlich nicht genannt wird; man sagt aber, daß es heute Eupre- pius-Kloster heißt, von dem wir mit Sicherheit wissen, daß es vor Theupolis liegt, nicht mehr als zwei Stadien[45] ent- fernt. Nestorius sagt ferner, daß er vier Jahre dort weilte, vielfältige Ehrungen erhielt und vielfältige Vorrechte genoß und daß er dann durch einen anderen Erlaß von Theodosius nach der sogenannten Oasis[46] verbannt wur- de. Doch den Hauptgrund hat er verschwiegen. Denn auch dort ließ er nicht von seiner Blasphemie ab, so daß Johan- nes, der vorsitzende Bischof von Antiochien, Anzeige er- stattete und Nestorius zu lebenslänglicher Verbannung verurteilt wurde.

Nestorius hat auch einen anderen Bericht in Dialog- form[47] über seine Verbannung in der Oasis geschrieben, der offenbar an einen Ägypter gerichtet ist, wo er ausführ- licher darüber berichtet. Was ihm, der dem allessehenden Auge nicht verborgen blieb, wegen der Blasphemien, die er zur Welt gebracht hat, alles widerfahren ist, ist in ande- ren Briefen enthalten, die er an den Statthalter der Thebais geschrieben hat. Darin ist nämlich zu finden, daß das Ur- teil Gottes ihn erfaßte, weil er noch nicht die nötige Be- strafung erhalten hatte, und ihn mit Gefangenschaft, dem beklagenswertesten aller Schicksale, bestrafte. Da er also noch größerer Strafen bedurfte, wurde er von den Blem- myern[48], deren Gefangener er geworden war, entlassen und zog auf Befehl des Theodosius, der seine Rückkehr (sc. nach Oasis) angeordnet hatte, von Ort zu Ort bis ans äußerste Ende der Thebais und beendete sein irdisches Leben auf die Erde hingestreckt, wie es seiner Lebensweise wert war: ein

---

in Dialogform enthält, die wahrscheinlich gegen Ende des 5. Jahrhun- derts interpoliert worden ist.

[48] Die Blemmyer sind ein äthiopisches Nomadenvolk, das zeitweise Nu- bien bewohnte.

δεύτερος Ἄρειος, διὰ τῆς καταστροφῆς διηγούμενός τε
καὶ νομοθετῶν ποῖα τὰ ἐπίχειρα καθεστᾶσι τῆς εἰς
Χριστὸν βλασφημίας. Ἄμφω γὰρ παραπλησίως εἰς αὐτὸν ἐβλασφημησάτην, ὁ μὲν κτίσμα καλῶν, ὁ δὲ ἄνθρωπον δοξάζων. Πρὸς ὃν ἥδιστα ἂν εἴποιμι, μεμφόμενον   5
μὴ κατὰ τὸ δέον τὰ ἐν Ἐφέσῳ συντεθῆναι ὑπομνήματα,
πανουργίᾳ δὲ καί τινι ἀθέσμῳ καινοτομίᾳ Κυρίλλου τεχ-
νάζοντος, τί δή ποτε καὶ παρὰ Θεοδοσίου προσπά-
σχοντός οἱ ἐξηλάθη, καὶ οὐδεμιᾶς φειδοῦς τετυχηκὼς
τοσούτοις ἐξοστρακισμοῖς κατεκρίθη, καὶ οὕτω τὸν   10
τῇδε κατέλυσε βίον· ἢ τί δή ποτε, εἰ μὴ θεία κρίσις
ἐγεγόνει ἡ διὰ Κυρίλλου καὶ τῶν ἀμφ' αὐτὸν ἱερέων,
ἀμφοτέρων αὐτῶν τοῖς ἀπελθοῦσι συναριθμηθέντων,
ἡνίκα, ὥς τινι τῶν θύραθε σοφῶν εἴρηται, „τὸ μὴ ἐμ-
ποδὼν ἀνανταγωνίστῳ εὐνοίᾳ τετίμηται,“ ὁ μὲν ὡς βλά-   15
σφημος καὶ θεομάχος κατακέκριται, ὁ δὲ ὡς μεγαλό-
φωνος κῆρυξ καὶ μέγας τῶν ὀρθῶν δογμάτων πρόμαχος
ᾄδεταί τε καὶ κηρύσσεται; Ὡς ἂν τοίνυν μὴ ψεύδους
γραφὴν ἀπενεγκώμεθα, φέρε, Νεστόριον αὐτὸν εἰς μέσον παραγάγωμεν τὰ περὶ τούτων διδάσκοντα. Καί μοι   20
τῆς σῆς ἐπιστολῆς ἀνάγνωθι αὐτοῖς ἔνια τοῖς ὀνόμασιν, ἥ
σοι συντέθειται πρὸς τὸν τῆς Θηβαίων ἡγούμενον·

---

[49] CYRILL hatte sich selbst zum Vorsitzenden des Konzils gemacht und
war so zugleich Ankläger und Richter; kaiserliche Anordnungen hatte er
nicht befolgt und hatte sich die Gunst einflußreicher Persönlichkeiten
durch Geschenke erkauft.
[50] THUCYDIDES, *Historiae* 2,45 (1, o. S. JONES).

zweiter Arius, der durch seinen Untergang ein Beispiel
und eine Lehre dafür gab, welchen Lohn die zu erwarten
haben, die Christus lästern. Denn beide haben ihn auf ähnliche Weise gelästert, der eine, indem er ihn Geschöpf
nannte, der andere, indem er ihn für einen Menschen hielt.
Wenn Nestorius den Vorwurf erhebt, daß die Protokolle
von Ephesus nicht ordnungsgemäß verfaßt worden seien,
weil Cyrill mit Schurkerei und einer ungesetzlichen Neuerung[49] ans Werk gegangen sei, würde ich ihm gern entge-
genhalten: Warum denn wurde er auch von Theodosius,
der doch Sympathie für ihn empfand, verbannt, warum erhielt er keinerlei Schonung und wurde zu so vielen Verbannungen verurteilt und beendete auf solche Weise sein
irdisches Leben; oder warum, wenn es nicht ein Gottesurteil war, das durch Cyrill und seine Bischöfe ausgesprochen wurde, da doch beide zu den Verstorbenen gerechnet
werden und, wie einer der außerhalb des Christentums
stehenden Weisen sagt, „das, was nicht mehr ist, mit un-
umstrittenem Wohlwollen geehrt wird"[50], wird der eine
als Frevler und Widersacher Gottes verurteilt, der andere
als lauttönender Herold und großer Vorkämpfer für die
richtigen Lehren besungen und gepriesen? Damit wir nun
aber nicht eine Anklage wegen Lüge erhalten, nun, so wollen wir Nestorius selbst auftreten lassen, damit er uns hierüber unterrichtet. Lies mir wörtlich einige Stellen aus dei-
nem Brief vor, den du an den Statthalter der Thebais
geschrieben hast[51]:

---

[51] JOHANNES RUFUS nennt in seinem Bericht über das Exil des NESTORI-
US (*Plerophoriae* 36 [84 NAU]) als Comes Thebaidis ANDREAS. — Die fol-
genden Zitate aus den Briefen sind nur bei Evagrius überliefert (LOOFS,
Nestoriana 198–201).

„Ἐκ τῶν πρώην περὶ τῆς ἁγιωτάτης θρησκείας ἐν
Ἐφέσῳ κεκινημένων, Ὄασιν τὴν καὶ Ἴβιν ἐκ θεσπίσ-
ματος βασιλικοῦ κατοικοῦμεν."

Καί τινων ἐν μέσῳ λελεγμένων ἐπάγει· „Ἐπειδὴ δὲ ἐκ
βάθρων μὲν ἡ προειρημένη καὶ † βαρβαρικῆς αἰχμαλω- 5
σίας καὶ πυρὶ καὶ σφαγαῖς ἐκλελίκμηται, ἡμεῖς δὲ παρὰ
τῶν βαρβάρων οἶκτον οὐκ οἶδ᾽ ὅπως ἐξαίφνης ἐφ᾽ ἡμῖν
ἀναλαβόντων ἀπολελύμεθα, μετὰ τοῦ καὶ διαμαρτυρί-
αις ἡμᾶς ἀπειλητικαῖς καταπλῆξαι διὰ τάχους τὴν χώραν ἐκδραμεῖν, ὡς Μαζίκων αὐτὴν μετ᾽ αὐτοὺς ἀμελλη- 10
τὶ παραληψομένων, ἥκομεν ἐς τὴν Θηβαίων | μετὰ τῶν | 15
αἰχμαλώτων λειψάνων, οὓς ἡμῖν οἱ βάρβαροι κατ᾽ οἶκτον προσήγαγον, τί βουλόμενοι, λέγειν οὐκ ἔχω. Οἱ μὲν
οὖν πρὸς τὰς καταθυμίους ἑκάστῳ διαγωγὰς ἀπολέλυν-
ται. Ἡμεῖς δὲ φανεροὺς ἑαυτοὺς ἐγκαθιστῶμεν τῇ Πα- 15
νὸς ἐπιστάντες. Δεδοίκαμεν γὰρ μή τις ἡμῶν πραγματείαν τὴν αἰχμαλωσίαν ποιούμενος ἢ φυγάδων καθ᾽
ἡμῶν ἀναπλάσῃ διαβολὴν ἤ τινος ἄλλης μηχάνημα
μέμψεως· εὔπορος γὰρ διαβολῶν παντοδαπῶν ἡ κακία.
Διὸ δὴ ἀξιοῦμεν τὸ ὑμέτερον μέγεθος τῆς ἡμετέρας 20
αἰχμαλωσίας φροντίσαι κατὰ τὸ τοῖς νόμοις δοκοῦν, καὶ
μὴ ἐπιδοῦναι κακοτεχνίαις ἀνθρώπων αἰχμάλωτον εἰς
κακίαν ἔκδοτον, ἵνα μὴ πάσαις ἐκ τούτου γενεαῖς
τραγῳδῆται κρεῖττον εἶναι βαρβάρων αἰχμάλωτον ἢ
πρόσφυγα βασιλείας ῥωμαϊκῆς." 25

Καὶ ὅρκους ἐπαγαγὼν ᾔτησεν οὕτως· „Ἀνενεγκεῖν
τὴν ἡμετέραν ἐξ Ὀάσεως ἐνταῦθα διαγωγὴν ἐκ βαρβαρικῆς γενομένην ἀφέσεως, ὥστε τὴν τῷ θεῷ δοκοῦσαν
καὶ νῦν ἐξενεχθῆναι περὶ ἡμῶν διατύπωσιν."

---

[52] Zum Text: Ich folge der Lesart von BIDEZ/PARMENTIER, *Evagrius
Scholasticus* 14, kritischer Apparat: βαρβαρικῇ αἰχμαλωσίᾳ.
[53] Libyscher Volksstamm.
[54] Panopolis (Chemmis) lag nördlich von der Großen Oase am Nil.
NESTORIUS mußte wohl die ihm feindlich gesonnenen Anhänger
CYRILLS, vor allem die Mönche, fürchten.

„Infolge der Verhandlungen, die vor kurzem in Ephesus
über die heiligste Religion stattgefunden haben, wohnen
wir auf kaiserliche Anordnung in Oasis, das auch Hibis
heißt."

Und nach einigen Zwischenbemerkungen fährt er fort:
„Die von mir zuvor genannte Oasis ist von Grund auf
durch barbarische Gefangennahme[52], durch Feuer und
Mord verwüstet worden, wir aber sind von den Barbaren,
die uns — ich weiß nicht warum — plötzlich Mitleid ent-
gegenbrachten, freigelassen worden; gleichzeitig haben sie
uns durch drohende Beteuerungen Angst gemacht, damit
wir die Gegend so schnell wie möglich verlassen, da nach
ihnen die Maziken[53] die Stadt unverzüglich einnehmen
würden. Daher sind wir in die Thebais gekommen mit dem
Rest der Gefangenen, die uns die Barbaren — in welcher
Absicht, kann ich nicht sagen — aus Mitleid zugeführt haben. Diese nun sind entlassen worden und können gehen,
wohin sie wollen. Wir aber sind in Panopolis[54] geblieben
und zeigen uns öffentlich. Denn wir fürchten, daß jemand
unsere Gefangenschaft zum Vorwand nimmt und uns entweder der Flucht verdächtigt oder eine Anschuldigung anderer Art ersinnt; denn die Bosheit erfindet leicht Ver-
dächtigungen aller Art. Deshalb bitten wir Eure Hoheit,
für unsere Gefangenschaft gemäß den gesetzlichen Bestimmungen Sorge zu tragen und nicht den üblen Machen-
schaften der Menschen einen Gefangenen zu überlassen,
der der Bosheit ausgeliefert ist, damit nicht von nun an von
allen Geschlechtern verkündet wird, daß es besser ist, Gefangener der Barbaren zu sein, als beim römischen Kaiser
Schutz zu suchen."

Er beschwor ihn und bat: „Man möge dem Kaiser mel-
den, daß wir Oasis verlassen haben und uns hier aufhalten,
weil die Barbaren uns freigelassen haben, damit auch jetzt
unseretwegen der Beschluß ausgeführt wird, der Gott gefällt."

Τοῦ αὐτοῦ πρὸς τὸν αὐτὸν ἐπιστολῆς δευτέρας· „Εἴτε
ὡς φιλικὸν παρ᾽ ἡμῶν πρὸς τὴν σὴν μεγαλοπρέπειαν
γράμμα, εἴτε ὡς ὑπόμνησιν παρὰ πατρὸς πρὸς υἱὸν τὸ
παρὸν τοῦτο λογισάμενος ἀνάσχου, παρακαλῶ, τῆς ἐν
αὐτῷ διηγήσεως, περὶ πολλῶν, καθ᾽ ὅσον ἐνῆν, γεγραμ- 5
μένης παρ᾽ ἡμῶν βραχυλόγου οὔσης. Ὀάσεως τῆς Ἴβε-
ως ἐκ πολλῶν πρώην ἀφανισθείσης, τοῦ τῶν Νουβα-
δῶν πλήθους ἐπ᾽ αὐτὴν ἀναδραμόντος ...“.

Καὶ μεθ᾽ ἕτερα· „Τούτων δὲ οὕτως συμβάντων, οὐκ
οἶδ᾽ ἐκ ποίας ὁρμῆς ἢ ποίαν ἀφορμὴν τῆς σῆς λαβούσης 10
μεγαλοπρεπείας, πρὸς Ἐλεφαντίνην τινὰ τῆς Θηβαίων
ἐπαρχίας πέρας οὖσαν βαρβαρικῶν διὰ στρατιωτῶν ἐκ
τῆς Πανὸς ἐπεμπόμεθα, συρόμενοι πρὸς αὐτὴν διὰ τῆς
προρρηθείσης στρατιωτικῆς βοηθείας. Καὶ τῷ πλείονι
τῆς ὁδοῦ συντριβέντες πάλιν ἄγραφον τῆς σῆς ἀνδρείας 15
καταλαμβάνομεν κέλευσμα εἰς τὴν Πανὸς ὑποστρέψειν.
Συγκοπέντες δὲ τοῖς τῆς ὁδοιπο|ρίας συμπτώμασιν ἐν | 16
νοσοῦντι καὶ γηράσαντι σώματι, καὶ τὴν χεῖρα καὶ τὴν
πλευρὰν συντριβέντες ἀφικόμεθα πάλιν εἰς τὴν Πανός,
τρόπον τινὰ ψυχορραγοῦντες καὶ τοῖς συμπτώμασιν ἔτι 20
τοῖς τῶν ἀλγηδόνων μαστιγούμενοι κακοῖς. Μετῆγε δὲ
πάλιν ἡμᾶς ἐκ τῆς Πανὸς πρὸς τὴν ὑπ᾽ αὐτὴν ἐνορίαν
ἕτερον τῆς σῆς ἀνδρείας ἔγγραφον ἱπτάμενον πρόσταγ-
μα. Ταῦτα στήσεσθαι καθ᾽ ἡμῶν λογιζομένων καὶ τὸ τοῖς
καλλινίκοις βασιλεῦσι δοκοῦν περὶ ἡμῶν ἀναμενόντων, 25
ἐξαίφνης πρὸς ἄλλην ἐξορίαν καθ᾽ ἡμῶν τετάρτην πάλιν
ἀφειδῶς ἄλλο συνετίθετο.“

Καὶ μετ᾽ ὀλίγα· „Ἀλλ᾽ ἀρκέσθητι τοῖς πεπραγμένοις,
παρακαλῶ, καὶ τῷ τοσαύτας καθ᾽ ἑνὸς σώματος ἐξορίας

---

[55] Der griechischen Anredeform μεγαλοπρέπεια für weltliche Würdenträger entspricht im Lateinischen *magnificentia,* im Deutschen am ehe-
sten Exzellenz; vgl. ZILLIACUS, *Anredeformen* 487.
[56] Die nomadischen Nubaden (oder Nobaten) wohnten ursprünglich in
der Nähe der Großen Oase.

Aus einem zweiten Brief desselben Verfassers an denselben Empfänger: „Betrachte diesen vorliegenden Brief
von uns an Deine Exzellenz[55] entweder als Brief eines
Freundes an einen Freund oder als Ermahnung eines Vaters
an seinen Sohn und lies, ich bitte Dich, den in ihm enthaltenen Bericht, der, obwohl er so vieles behandelt, von uns so
kurz wie möglich gehalten wurde, mit Geduld. Oasis oder
Hibis ist vor kurzem von vielen vernichtet worden, weil die
Horde der Nubaden[56] dagegen angerannt ist …“.

Und weiter: „Nach diesen Ereignissen sind wir, ich
weiß nicht, aus welcher Absicht oder aus welchem Beweg-
grund Deiner Exzellenz heraus, durch barbarische Soldaten von Panopolis nach Elephantine, einen Ort am äußer-
sten Ende der Provinz Thebais[57], geschickt worden,
dorthin geschleift durch die genannten soldatischen Hilfs-
truppen. Und als wir schon den größten Teil des Weges
zurückgelegt hatten und erschöpft waren, erhielten wir
wieder einen mündlichen Befehl Deiner Tapferkeit, nach
Panopolis zurückzukehren. Von den Unfällen der Reise
zerschlagen, mit einem kranken und alten Körper und mit
zerschundener Hand und Seite kamen wir wieder in Panopolis an, in gewisser Weise dem Tode nahe und außer
durch die Unfälle noch durch die Übel der Schmerzen ge-
peinigt. Wieder schickte uns eine andere, schriftliche Eil-
anordnung Deiner Tapferkeit von Panopolis in das daran
angrenzende Gebiet. Als wir dachten, daß diese Maßnahmen gegen uns aufhören würden, und auf Beschlüsse der
siegreichen Kaiser unserethalben warteten, erging plötzlich wieder erbarmungslos ein anderer Befehl zu einer
weiteren, der vierten Verbannung gegen uns.“

Und etwas weiter: „Aber gib Dich zufrieden, ich bitte
Dich, mit dem, was bisher geschehen ist, und damit,
daß ein Leib zu so vielen Verbannungen verurteilt wurde;

---

[57] Elephantine lag am Nil an der südlichen Grenze der Provinz Thebais.

ὁρίζειν· καὶ τῆς ἐπὶ τοῖς ἀνενεχθεῖσι παρὰ τῆς σῆς μεγαλοπρεπείας καὶ παρ' ἡμῶν δὲ δι' ὧν ἐχρῆν γνωρισθῆναι
τοῖς καλλινίκοις ἡμῶν βασιλεῦσι δοκιμασίας ἐπιεικῶς,
παρακαλῶ, παραχώρησον. Ταῦτα παρ' ἡμῶν ὡς πρὸς
υἱὸν παρὰ πατρὸς συμβουλεύματα. Εἰ δὲ ἀγανακτή-   5
σειας καὶ νῦν ὡς τὸ πρότερον, πρᾶττε τὸ δοκοῦν, εἴ γε
τοῦ δοκοῦντος λόγος οὐδεὶς δυνατώτερος."

Καὶ ὅδε μὲν οὕτω κἂν τοῖς γράμμασι, πύξ, λάξ, παίει,
βαίνει, καὶ τὴν βασιλείαν καὶ τὴν ἀρχὴν βλασφημῶν, ὁ
μηδὲ ἐξ ὧν πέπονθε σωφρονήσας. Ἐγὼ δὲ καί τινος   10
γεγραφότος τὴν τελευταίαν ἐκείνου ῥοπὴν ἀκήκοα λέ-
γοντος ὡς τὴν γλῶσσαν σκώληξι διαβρωθεὶς ἐπὶ τὰ μείζω
τε καὶ ἀθάνατα κατ' αὐτοῦ δικαιωτήρια μετεχώρει.

8. Μετὰ δ' οὖν αὐτὸν Νεστόριον τὸν ἀλάστορα τῆς
Κωνσταντίνου τοῦ ἀοιδίμου πόλεως τὴν ἐπισκοπὴν   15
ἐπιτρέπεται Μαξιμιανός, ὑφ' οὗ πάσης εἰρήνης ἡ τοῦ
Χριστοῦ τετύχηκεν ἐκκλησία. Τούτου δὲ αὖ ἐξ ἀνθρώπων γεγενημένου, Πρόκλος τοὺς οἴακας τῆς καθέδρας
ἐγχειρίζεται, ὃς πάλαι Κυζίκου ἐπίσκοπος ἐκεχειρο-
τόνητο. Καὶ τοῦδε τὴν | κοινὴν τῶν ἀνθρώπων στειλαμέ-   20
νου πορείαν, Φλαβιανὸς τὸν θρόνον διαδέχεται.

9. Ὑφ' οὗ τὰ κατὰ Εὐτυχῆ τὸν δυσσεβῆ κινεῖται, με-
ρικῆς κατὰ τὴν Κωνσταντίνου ἁλισθείσης συνόδου,
λιβέλλους τε αὖ ἐπιδεδωκότος Εὐσεβίου τὴν ἐπισκοπὴν

---

[58] Ich verstehe die Konstruktion des mit καὶ τῆς beginnenden Satzes so:
Überlasse (παραχώρησον) die Prüfung (τῆς δοκιμασίας) nach Erstat-
tung der Berichte (ἐπὶ τοῖς ἀνενεχθεῖσι) (die von Euch und von uns,
durch die sie bekanntgemacht werden mußten, verfaßt worden sind,) den
siegreichen Kaisern (τοῖς καλλινίκοις ἡμῶν βασιλεῦσι). — Offenbar
hatte NESTORIUS einen Bericht über sein Schicksal an den Kaiser verfaßt
und bittet den Statthalter um Weiterleitung des Briefes (Anders WHITBY,
The Ecclesiatical History 24 Anm. 76).
[59] MAXIMIAN wurde im Oktober 431 eingesetzt, PROCLUS 434. — FLAVI-
AN wurde 446 (oder 447) Bischof von Konstantinopel; er starb kurz nach
seiner Absetzung im August 449 auf dem Weg ins Exil, wahrscheinlich
infolge von Mißhandlungen. Er wurde auf dem Konzil von Chalcedon
451 rehabilitiert, siehe h. e. 2, 4, unten 214f.
[60] EUTYCHES, geboren um 370, war Archimandrit eines Klosters in Kon-

und überlasse bitte wohlwollend unseren siegreichen Kaisern die Prüfung der Berichte, die von Deiner Exzellenz und von uns, denen es zukam, sie bekannt zu machen, verfaßt worden sind.[58] Dies sind Ratschläge von uns wie von einem Vater an seinen Sohn. Wenn Du aber auch jetzt so wie früher unwillig sein solltest, so tue, was du meinst, wenn denn kein Argument stärker ist als Deine Meinung."

Und so schlägt und tritt dieser Mensch mit Faust und Fuß auch in seinen Briefen und lästert Kaiser und Beamte, ohne aus dem, was er erlitten hatte, klug geworden zu sein. Ich habe auch jemandem, der über das Ende seines Lebens geschrieben hat, sagen hören, daß ihm die Zunge von Würmern zerfressen wurde und er so zu seiner größeren und ewigen Richtstätte hinübergegangen ist.

8. Nach dem Frevler Nestorius wurde Maximian mit dem Bischofsamt in der Stadt des berühmten Konstantin betraut, unter dem die Kirche Christi völligen Frieden genoß. Als dieser wiederum die Erde verlassen hatte, erhielt Proclus, der vorher zum Bischof von Cyzicus gewählt worden war, die Leitung des Bischofsstuhles. Und als dieser den allen Menschen gemeinsamen Weg gegangen war, übernahm Flavian den Thron[59].

9. Unter ihm fanden die Verhandlungen gegen den gottlosen Eutyches[60] statt. In Konstantinopel hatte sich eine Partikularsynode[61] versammelt, und Eusebius[62], der

---

stantinopel; er stand in Verbindung mit DIOSKUR VON ALEXANDRIEN und war extremer Monophysit. Die Akten seines Prozesses wurden auf der zweiten Synode von Ephesus 449 verlesen und sind in den Akten von Chalcedon enthalten (*C. Chalc.* Gesta Constantinopoli [2/1, 1, 100–147 SCHWARTZ]), aber nicht im Zusammenhang, sondern unterbrochen von Äußerungen, die auf den späteren Synoden gemacht wurden.

[61] Die endemische oder ständige Synode (die Synode der in Konstantinopel gerade anwesenden Bischöfe, deren Vorsitz der Patriarch hatte) vom November 448, die in mehreren Sitzungen tagte.

[62] EUSEBIUS, der als Laie die Anklage gegen NESTORIUS erhoben hatte (vgl. *h. e.* 1,1, oben 118f Anm. 10), war inzwischen Bischof von Dorylaeum (heute Eskisehir) in Phrygien geworden.

τοῦ Δορυλαίου διέποντος, ὃς καὶ ῥήτωρ ἔτι τυγχάνων
πρῶτος τὴν Νεστορίου βλασφημίαν διήλεγξεν. Ὡς δ᾽ οὖν
κληθεὶς Εὐτυχὴς οὐκ ἐλήλυθε, τάδε καὶ παραγενόμενος
ἑάλω· εἰρήκει γάρ· „Ὁμολογῶ ἐκ δύο φύσεων γεγενῆσθαι
τὸν Κύριον ἡμῶν πρὸ τῆς ἑνώσεως, μετὰ δὲ τὴν ἕνωσιν 5
μίαν φύσιν ὁμολογῶ·“ ὃς οὐδὲ τὸ σῶμα τοῦ Κυρίου
ὁμοούσιον ἡμῖν ἔλεγεν εἶναι· καθαιρεῖται μέν, ἐκδεήσεων
δὲ αὐτοῦ πρὸς Θεοδόσιον γενομένων, οἷα τῶν συστάντων
ὑπομνημάτων παρὰ Φλαβιανῷ πλαστουργηθέντων, πρῶτα μὲν ἀνὰ τὴν Κωνσταντίνου ἡ ἐκ γειτόνων σύνοδος 10
ἁλίζεται, καὶ ὑπ᾽ αὐτῇ καί τισι τῶν ἀρχόντων Φλαβιανὸς
κρίνεται· καὶ βεβαιωθέντων ὡς ἀληθῶν τῶν ὑπομνημάτων, ἡ ἐν Ἐφέσῳ δευτέρα σύνοδος ἀθροίζεται.

10. Ἧς ἔξαρχος καθειστήκει Διόσκορος, ὁ μετὰ Κύριλλον τῆς Ἀλεξανδρέων ἐπίσκοπος, πρὸς ἔχθρας Φλα- 15
βιανοῦ τοῦτο τεχνάσαντος Χρυσαφίου τῶν βασιλείων
τηνικαῦτα κρατοῦντος, συνδραμόντων ἐν Ἐφέσῳ Ἰουβεναλίου τοῦ Ἱεροσολύμων ἐπισκόπου, τοῦ καὶ πρότερον ἐν Ἐφέσῳ γενομένου, μετὰ πολλῶν τῶν ἀμφ᾽ αὐτὸν
ἱερέων. Συνῆν δὲ τούτοις καὶ Δόμνος ὁ μετὰ Ἰωάννην 20
Ἀντιοχείας πρόεδρος, καὶ μὴν καὶ Ἰούλιος ἐπίσκοπος,
τόπον πληρῶν Λέοντος τοῦ τῆς πρεσβυτέρας Ῥώμης

63 C Chalc. Gesta actionis primae 527 (2/1, 1, 143 SCHWARTZ).
64 Zum Text: lies ἐκ δεήσεων statt ἐκδεήσεων (THURMAYR, Sprachliche Studien 48).
65 Die endemische Synode tagte noch zweimal im April 449. — Das Gesuch des EUTYCHES findet sich C Chalc. Gesta actionis primae 572 (2/1, 1, 152f SCHWARTZ), die Überprüfung der Akten C Chalc. Gesta actionis primae 555–849 (2/1, 1, 148–179 SCHWARTZ).
66 Die zweite Synode von Ephesus ist die von LEO DEM GROSSEN (in einem Brief an Kaiserin PULCHERIA aus dem Jahre 451 (C Chalc. Epistula 51 [2/4, 51 SCHWARTZ]) als Räubersynode (latrocinium) bezeichnete Synode vom 8. August 449. — Evagrius erwähnt nicht, daß Papst LEO sein Lehrschreiben an FLAVIAN, den sogenannten Tomus Leonis ad Flavianum, anläßlich der Auseinandersetzungen um EUTYCHES geschrieben hat.
67 DIOSKUR, Diakon des CYRILL, war 444–451 Patriarch von Alexandrien.

das Bischofsamt von Dorylaeum verwaltete und der noch
als Rhetor als erster die Blasphemie des Nestorius aufge-
deckt hatte, hatte wieder die Anklageschrift eingereicht.
Wie nun Eutyches, obwohl er gerufen war, nicht erschien,
wurde er, als er dann gekommen war, folgender (Häresien)
überführt. Er hatte nämlich gesagt: „Ich bekenne, daß unser Herr aus zwei Naturen vor der Einigung geworden ist,
nach der Einigung bekenne ich eine Natur."[63] Er sagte
auch, daß der Leib des Herrn uns nicht wesensgleich sei.
Er wurde abgesetzt, doch aufgrund der Gesuche[64], die er
an an Theodosius gerichtet hatte mit der Behauptung, daß
die bei Flavian erstellten Protokolle gefälscht worden
seien, wurde zunächst in Konstantinopel die Nachbar-
schaftssynode[65] versammelt, und von ihr und von einigen
hohen Beamten wurde über Flavian geurteilt. Dann, da
die Protokolle als richtig befunden worden waren, wurde
die zweite Synode von Ephesus[66] einberufen.

10. Deren Vorsitzender war Dioskur[67] geworden, der
Nachfolger von Cyrill als Bischof von Alexandrien; aus
Feindschaft gegen Flavian hatte dies Chrysaphius[68], der zu
der Zeit den Kaiserhof beherrschte, bewerkstelligt. Nach
Ephesus waren Juvenal[69], der Bischof von Jerusalem, der
auch an der vorherigen Synode von Ephesus teilgenom-
men hatte, und viele seiner Bischöfe gekommen. Auch
Domnus war dabei, der nach Johannes vorsitzender Bi-
schof von Antiochien[70] geworden war, und auch Bischof
Julius[71], der den Platz Leos, des Bischofs des Alten Rom,

---

[68] Der Eunuch CHRYSAPHIUS war spatharius und cubicularius des THEO-
DOSIUS und Patenkind des EUTYCHES.
[69] JUVENAL war 422 Bischof von Jerusalem geworden; er starb 458.
THEODOSIUS hatte ihm und THALASSIUS VON CAESAREA neben DIOSKUR
den Vorsitz auf der Synode übertragen (C Chalc. Gesta actionis primae
52 [2/1,1, 74 SCHWARTZ]).
[70] DOMNUS, Neffe und Nachfolger des JOHANNES, war 442–449 Bischof
von Antiochien.
[71] JULIUS VON PUTEOLI (Pozzuoli).

ἐπισκόπου. Παρῆν δὲ αὐτοῖς καὶ Φλαβιανὸς μετὰ τῶν
ἀμφ᾽ αὐτὸν ἐπισκόπων, Θεοδοσίου θεσπίσαντος πρὸς
Ἐλπίδιον ἐπὶ ῥήματος ταῦτα·
„Τῶν πρὶν δικασάντων Εὐτυχεῖ τῷ εὐλαβεστάτῳ
ἀρχιμανδρίτῃ παρόντων μὲν καὶ ἡσυχαζόντων, τάξιν δὲ   5
δικαστῶν μὴ ἐπεχόντων, ἀλλὰ τὴν κοινὴν πάντων τῶν
| ἁγιωτάτων πατέρων περιμενόντων ψῆφον, ἐπειδὴ τὰ | 18
παρ᾽ αὐτῶν κεκριμένα νῦν δοκιμάζεται ...".
Ἐν τούτῳ τῷ συνεδρίῳ ἀνακαλεῖται μὲν τῆς καθαιρέσεως Εὐτυχὴς παρὰ Διοσκόρου καὶ τῶν ἀμφ᾽ αὐτόν,   10
ὅπως δὴ τοῖς πεπραγμένοις ἀνείληπται· κατακρίνεται δὲ
καθαιρέσεως Φλαβιανὸς καὶ Εὐσέβιος ὁ τοῦ Δορυλαίου
πρόεδρος. Κατὰ ταύτην καὶ Ἴβας τῶν Ἐδεσηνῶν ἐπισκοπήσας ἀποκηρύσσεται· καθαιρεῖται δὲ καὶ Δανιὴλ
ἐπίσκοπος Καρρῶν, Εἰρηναῖός τε αὖ Τύρου, καὶ πρός γε   15
Ἀκυλίνιος Βύβλου. Ἐπράχθη δὲ καί τινα Σωφρονίου
χάριν τὴν Κωνσταντιναίων ἐπισκοπήσαντος. Καθαιρεῖται δὲ παρ᾽ αὐτῶν καὶ ὁ τῆς Κυρεστῶν ἐπισκοπήσας Θεοδώρητος, καὶ μὴν καὶ Δόμνος ὁ τῆς Ἀντιοχέων. Ἐφ᾽ ᾧ τί

---

[72] C Chalc. Gesta actionis primae 49 (2/1, 1, 72 SCHWARTZ). Der comes
ELPIDIUS war (neben dem Tribun EULOGIUS) für die Ordnung auf dem
Konzil verantwortlich. — Der Kaiser stand auf der Seite von DIOSKUR
und EUTYCHES.

[73] Die Protokolle der zweiten Synode von Ephesus finden sich innerhalb
der Akten von Chalcedon C Chalc. Gesta Ephesi (2/1,1, 68–195
SCHWARTZ; die Rehabilitation des EUTYCHES 182–186, die Absetzung
von FLAVIAN und EUSEBIUS 191).

[74] Auf einer zweiten, nur noch in den syrischen Akten überlieferten Sitzung am 22. August wurden die im folgenden aufgezählten Absetzungen
vorgenommen (FLEMMING, Akten 13–151).

[75] IBAS war 435–449 und nach seiner Rehabilitierung durch das Konzil
von Chalcedon 451–457 Bischof von Edessa; er war Anhänger der antiochenischen Lehre. Seinen gegen die Anathematismen CYRILLS gerichteten Brief an MARIS DEN PERSER schrieb er 433; der Brief wurde auf dem
Konzil von Konstantinopel 553 unter den „Drei Kapiteln" verdammt. —
DANIEL VON CARRHAE war Neffe des IBAS.

einnahm. Anwesend war auch Flavian mit seinen Bischöfen, da Theodosius an Elpidius[72] wörtlich folgenden Befehl gegeben hatte:

„Diejenigen, die zuvor über den frömmsten Archiman-
driten Eutyches Recht gesprochen haben, sollen anwesend sein und sich ruhig verhalten, aber sie sollen nicht den
Rang von Richtern haben, sondern das gemeinsame Votum aller hochheiligen Väter abwarten, da das Urteil, das
sie gefällt haben, nun geprüft wird …".

Auf dieser Versammlung wurde die Absetzung des Eutyches von Dioskur und seinen Bischöfen widerrufen, wie
den Akten[73] zu entnehmen ist; dagegen wurden Flavian
und Eusebius, der vorsitzende Bischof von Dorylaeum,
verurteilt und abgesetzt. Auf derselben Synode[74] wurde
auch Ibas[75], der Bischof von Edessa, verstoßen. Abgesetzt
wurden ebenfalls Daniel, der Bischof von Carrhae, Irenae-
us von Tyrus und außerdem Aquilinius von Byblus. Es gab
auch einige Verhandlungen wegen Sophronius, des Bischofs von Constantina[76]. Abgesetzt wurde von ihnen
auch der Bischof Theodoret von Cyrrhus[77] und schließlich
auch Domnus[78] von Antiochien. Was mit diesem weiter

---

[76] Constantina oder Tela in der Osrhoene.
[77] THEODORET, bedeutender Theologe und fruchtbarer Schriftsteller, seit
423 Bischof von Cyrrhus (nordöstlich von Antiochien), Freund des NESTO-
RIUS und Mitverfasser der „Unionsformel" von 433, war Gegner des CYRILL
gewesen und schärfster Kritiker des EUTYCHES; der Kaiser hatte ihm verboten, Cyrrhus zu verlassen, er durfte erst auf Beschluß der Synode teilnehmen; nachdem er NESTORIUS verurteilt hatte, wurde er durch das Konzil
von Chalcedon 451 rehabilitiert, doch wurden einige seiner Schriften 553
erneut verurteilt. — Alle abgesetzten Bischöfe galten als Nestorianer.
[78] Der Antiochener DOMNUS wurde abgesetzt, obwohl er schließlich
DIOSKUR seine Zustimmung zu den Verurteilungen gegeben hatte (FLEM-
MING, Akten 113). — Was mit ihm weiter geschehen ist, hat E. SCHWARTZ
herausgefunden: Er wurde auf dem Konzil von Chalcedon nicht rehabilitiert, erhielt aber eine Abfindung (SCHWARTZ, Aus den Akten von Chalcedon 41 f.45 f).

λοιπὸν γέγονεν οὐκ ἔστιν εὑρεῖν. Καὶ οὕτω μὲν τὸ ἐν
Ἐφέσῳ δεύτερον διελύθη συνέδριον.

11. Μή μοι δέ τις τῶν εἰδωλομανούντων ἐπιγελάσῃ,
ὡς τῶν δευτέρων τοὺς προτέρους καθαιρούντων, καὶ
προσεφευρισκόντων ἀεί τι τῇ πίστει καινότερον. Ἡμεῖς 5
μὲν γὰρ τὴν ἄφραστον καὶ ἀνεξιχνίαστον τοῦ θεοῦ φι-
λανθρωπίαν ἐρευνῶντες καὶ ἐς τὰ μάλιστα σεμνύνειν
καὶ ἐξαίρειν βουλόμενοι ἢ τῇδε ἢ ἐκεῖσε τρεπόμεθα. Καὶ
οὐδεὶς [ἀδύνατον] τῶν αἱρέσεις παρὰ Χριστιανοῖς ἐξ-
ευρηκότων πρωτοτύπως βλασφημεῖν ἠθέλησεν, ἢ ἀτι- 10
μάσαι τὸ θεῖον βουλόμενος ἐξωλίσθησεν, ἀλλὰ μᾶλλον
ὑπολαμβά νων κρεῖσσον τοῦ φθάσαντος λέγειν εἰ τόδε
πρεσβεύσειε. Καὶ τὰ μὲν συνεκτικὰ καὶ καίρια πᾶσι
κοινῶς ὡμολό γηται. Τριὰς γὰρ ἡμῖν τὸ προσκυνούμενον,
καὶ μονὰς τὰ δοξολογούμενα, ὅ τε πρὸ αἰώνων γεννηθεὶς 15
θεὸς Λόγος σαρκούμενος δευτέρᾳ γεννήσει φειδοῖ τοῦ
πλάσματος. Εἰ δὲ περὶ ἕτερά τινα ἄττα κεκαινούργηται,
γεγόνασι καὶ ταῦτα τοῦ σωτῆρος ἐνδόντος θεοῦ τῷ | 19
αὐτεξουσίῳ καὶ περὶ τούτων, ἵνα μᾶλλον ἡ ἁγία καθο-
λικὴ καὶ ἀποστολικὴ | ἐκκλησία ἐνθένδε κἀκεῖθεν πρὸς 20
τὸ δέον τε καὶ εὐσεβὲς αἰχμαλωτίσῃ τὰ λεγόμενα, καὶ
πρὸς μίαν ἀπεξεσμένην καὶ εὐθεῖαν ὁδὸν ὑπαντήσῃ. Διὸ
καὶ τῷ ἀποστόλῳ εὖ μάλα σαφῶς εἴρηται· „Δεῖ δὲ καὶ
αἱρέσεις ἐν ὑμῖν εἶναι, ἵνα οἱ δόκιμοι φανεροὶ γένωνται."
Καὶ θαυμάσαι κἂν τούτῳ ἔστι τὴν ἄρρητον τοῦ θεοῦ 25
σοφίαν, τοῦ καὶ πρὸς τὸν θεσπέσιον Παῦλον εἰρηκότος·
„Ἡ γὰρ δύναμίς μου ἐν ἀσθενείᾳ τελειοῦται." Ἐξ ὧν
γὰρ τῆς ἐκκλησίας ἀπερράγη τὰ μέλη, ἐκ τούτων τὰ ὀρθὰ
καὶ ἀμώμητα πλέον ἀπεξέσθη τε καὶ ἀπετέθη δόγματα,
καὶ πρὸς αὔξησιν καὶ τὴν εἰς οὐρανοὺς ἀνάβασιν ἡ 30
καθολικὴ καὶ ἀποστολικὴ τοῦ θεοῦ ἐλήλυθεν ἐκκλησία.

geschehen ist, läßt sich nicht herausfinden. So löste sich
die zweite Versammlung von Ephesus auf.

11. Daß mir aber keiner der Götzendiener darüber
lache, daß die Späteren die Beschlüsse der Früheren auf-
heben und immer etwas Neues für den Glauben dazuerfin-
den. Denn wir, die wir der unaussprechlichen und un-
ergründlichen Menschenliebe Gottes nachforschen und
ihn in besonderem Maße verehren und preisen wollen,
wenden uns bald hierhin, bald dorthin. Und keiner von
denen, die bei den Christen Häresien erfunden haben,
wollte ursprünglich Blasphemien verbreiten oder ist aus-
geglitten, weil er die Gottheit entehren wollte, vielmehr
glaubte er, besser als sein Vorgänger etwas zu sagen, wenn
er etwas Bestimmtes behauptete. Und die Grundlagen und
Hauptsachen werden von allen gemeinsam anerkannt.
Denn was wir anbeten, ist die Dreiheit, was wir verherrlichen, ist die Einheit und der vor aller Zeit gezeugte Gott
Logos, der in einer zweiten Zeugung aus Mitleid mit der
Kreatur Fleisch geworden ist. Wenn aber über andere Dinge etwas Neues erdacht worden ist, so ist auch das geschehen, weil der Erlöser-Gott uns auch darin den freien Willen läßt, damit die heilige katholische und apostolische
Kirche das Gesagte noch mehr von allen Seiten zum Richtigen und Frommen hin einengt und auf den einen gebahn-
ten und geraden Weg gelangt. Daher hat auch der Apostel
sehr klar gesagt: „Es muß Parteiungen unter euch geben,
damit die Bewährten offenbar werden" (1 Kor 11,19).
Auch darin muß man die unaussprechliche Weisheit Gottes bewundern, der zu dem göttlichen Paulus gesprochen
hat: „Denn meine Stärke wird in Schwachheit vollendet"
(2 Kor 12,9). Denn dieselben Gründe, die dazu führten,
daß die Glieder von der Kirche abfielen, haben dazu geführt, daß die richtigen und untadeligen Dogmen noch
mehr geschliffen und herausgestellt wurden und die katholische und apostolische Kirche Gottes sich vermehrte
und zum Himmel aufstieg.

Οἱ δέ γε τῆς Ἑλληνικῆς πλάνης τρόφιμοι, οὐ θεὸν
εὑρεῖν βουλόμενοι ἢ τὴν αὐτοῦ περὶ τοὺς ἀνθρώπους
κηδεμονίαν, τά τε τῶν φθασάντων τά τε ἀλλήλων
καταλύουσιν, ἀλλὰ θεοὺς ἐπὶ θεοῖς ἐπινοοῦντες καὶ τῶν
οἰκείων παθῶν χειροτονοῦντές τε καὶ ὀνομάζοντες, ἵνα 5
συγγνώμην ταῖς οἰκείαις ἀκολασίαις πορίζοιντο θεοὺς
τοιούτους ἐπιγραφόμενοι. ⁷Ὥστε ἀμέλει ὁ παρ᾽ αὐτοῖς
ὕπατος πατὴρ ἀνδρῶν τε θεῶν τε τὸν Φρύγα τὸ μει-
ράκιον εἰς ὄρνεον μετασχηματισθεὶς ἀσελγῶς διήρπα-
σεν, μισθόν τε τῆς αἰσχρουργίας τὴν κύλικα παρέσχετο, 10
τὴν φιλοτησίαν προπίνειν ἐπιτρέψας, ὡς ἂν μετὰ τοῦ
νέκταρος καὶ τὰ ὀνείδη κοινῶς πίνοιεν. Ὃς καὶ μυρίοις
ἄλλοις ἀτοπήμασι καὶ παρὰ τοῖς οὐδέσι τῶν ἀνθρώπων
ἀπηγορευμένοις καὶ πᾶσαν ἀλόγων ἰδέαν ὁ πάντων
ἀλογώτατος μεταβληθείς, ἀνδρόγυνος γίνεται, εἰ καὶ μὴ 15
τὴν γαστέρα, ἀλλὰ γοῦν τὸν μηρὸν κυοφορῶν, ἵνα καὶ
ταῦτα παρὰ φύσιν αὐτῷ πράττοιτο. Οὗ καὶ τὸ διθύραμ-
βον κύημα ἀνδρόγυνον γενόμενον ἑκατέραν ἐνύβρισε
φύσιν, μέθης ἔξαρχον οἰνοφλυγίας τε αὖ καὶ κραιπάλης
καί γε ἑωλοκρασίας, καὶ | τῶν ἐντεῦθεν δεινῶν. Τούτῳ 20
τῷ Αἰγιόχῳ τῷ ὑψιβρεμέτῃ καί τι σεμνὸν ἐκεῖνο περι-
τιθέασι, πατραλοίαν ἀποκα λοῦντες, τὴν ἐσχάτην παρὰ
πᾶσι ποινήν, οἷα τὸν Κρόνον τὸν κακῶς αὐτὸν φύσαντα
τῆς βασιλείας ἐξωθήσαντα. Τί δὲ ἂν φαίην καὶ περὶ τῆς
θεουργηθείσης αὐτοῖς πορνείας, ᾗ τὴν Ἀφροδίτην τὴν κο- 25
χλογεννήτην Κυπρίαν ἐπέστησαν, τὴν μὲν σωφροσύνην

---

[79] Ἕλλην, ἑλληνικός ist bei Evagrius, wie bei anderen christlichen Autoren, zum Synonym für „Heide, heidnisch", geworden und hat seine
ethnische Bedeutung (außer zur Bezeichnung von Sprache oder ähnli-
chem) völlig verloren; Evagrius bezeichnet damit generell die Heiden im
Unterschied zu Christen und Juden; den Ausdruck ἔθνη benutzt er
nicht. Dieser Sprachgebrauch hatte sich in Israel entwickelt, wo als Reak-
tion auf Hellenisierungsmaßnahmen unter ANTIOCHUS IV. EPIPHANES
der religiös verstandene Ἰουδαισμός dem heidnischen Ἑλληνισμός entgegengesetzt wurde. So COLPE, Ausbreitung 61–87.
[80] Beiname des ZEUS bei HOMER (zum Beispiel Il. 1,544 [1,35 WEST]).

Die Anhänger der heidnischen Irrlehre[79] aber, die Gott
nicht finden wollen oder seine Sorge für die Menschen
(nicht wahrnehmen wollen), zerstören den Glauben der
Früheren und ihren eigenen, indem sie sich Götter über
Götter ausdenken und sie nach ihren eigenen Leidenschaften auswählen und benennen, um sich Nachsicht für ihre
eigenen Ausschweifungen zu verschaffen, wenn sie ihnen
solche Götter zuordnen. So hat zum Beispiel der, der bei
ihnen der höchste Vater der Menschen und Götter ist[80],
sich in einen Vogel verwandelt und den phrygischen Jüng-
ling[81] frech geraubt; als Belohnung für die Schandtat hat
er ihm den Becher gereicht und ihm gestattet, auf sein
Wohl zu trinken, damit sie mit dem Nektar auch die
Schande gemeinsam tränken. Dieser, der Unvernünftigste
von allen, der sich auch durch tausendfache andere Ver-
rücktheiten, die selbst bei den Niedrigsten der Menschen
verboten sind, in Tiere aller Art verwandelt hat, wird
Mann-Weib und wird schwanger, wenn auch nicht im
Bauch, so doch im Schenkel, damit auch das von ihm gegen
die Natur getan würde. Auch sein dithyrambischer, mann-
weiblicher Abkömmling[82] hat gegen beide Naturen gefre-
velt als Anführer von Zecherei, Trunkenheit, Rausch und
Übelkeit und all des Schlimmen, das davon herkommt.
Diesem hochdonnernden Aigishalter[83] verleihen sie auch
wie etwas Erhabenes jenen Beinamen Vatermörder, die
schlimmste Strafe bei allen, da er Kronos, der ihn zum Unglück gezeugt hat, aus der Herrschaft verstoßen hat. Was
soll ich sagen über die von ihnen vergöttlichte Unzucht,
der sie die aus der Muschel geborene zyprische Aphrodite
als Göttin beigegeben haben, die die Mäßigung wie etwas

---

[81] GANYMED wurde von ZEUS in Gestalt eines Adlers geraubt und dann
Mundschenk der Götter.
[82] DIONYSOS wurde von ZEUS im Schenkel ausgetragen; er wird häufig
mit weiblichen Zügen dargestellt.
[83] Beinamen des ZEUS bei HOMER, zum Beispiel *Il.* 1, 354; 2, 375 (1, 25.60
WEST). ZEUS brachte seinen Vater KRONOS um.

ὡς ἐναγές τι χρῆμα καί τι τῶν ἄλλως ἐκτόπων μυσατ-
τομένην, πορνείαις δὲ καὶ πάσαις αἰσχρουργίαις ἡδο-
μένην, καὶ τούτοις ἱλάσκεσθαι βουλομένην; Μεθ' ἧς
Ἄρης ἀσχημονεῖ τοῖς Ἡφαίστου τεχνάσμασιν ὑπὸ τοῖς
θεοῖς θεατριζόμενός τε καὶ γελώμενος. Γελάσοι δὲ ἄν τις 5
δικαίως καὶ Φαλλοὺς αὐτῶν καὶ Ἰθυφάλλους καὶ Φαλ-
λαγώγια καὶ Πρίαπον ὑπερμεγέθη καὶ Πᾶνα ἀσχήμονι
μορίῳ τιμώμενον καὶ τὰ ἐν Ἐλευσῖνι μυστήρια, καθ' ἓν
μόνον ἐπαινετὰ ὅτι γε ἥλιος οὐχ ὁρᾷ, ἀλλὰ τῷ σκότῳ
συνοικεῖν κατεκρίθησαν. Τούτων τοῖς αἰσχρῶς τιμῶσί τε 10
καὶ τιμωμένοις καταλιμπανομένων, ἐπὶ τὴν νύσσαν τὸν
πῶλον ἐκκεντήσωμεν, καὶ τὰ λειπόμενα τῆς Θεοδοσίου
βασιλείας εὐσυνόπτως ἀποθώμεθα.

12. Γέγραπται δ' οὖν αὐτῷ πανευσεβὴς διάταξις ἀνὰ
τὸ πρῶτον βιβλίον κειμένη — Ἰουστινιανοῦ κῶδιξ ὠνό- 15
μασται — τρίτη τὸν ἀριθμὸν τοῦ πρώτου τίτλου τυγχά-
νουσα· ἐν ᾗ τὸν „πάλαι ποθούμενον παρ' αὐτοῦ", ὡς
αὐτῷ Νεστορίῳ γέγραπται, θεόθεν κινηθείς, ἁπάσαις τὸ
δὴ λεγόμενον ψήφοις κατέκρινεν ἀναθέματι περιβαλών,
καὶ γέγραφεν ἐπὶ λέξεως ὧδε· 20

„Ἔτι θεσπίζομεν τοὺς ζηλοῦντας τὴν ἀσεβῆ Νεστορίου πίστιν ἢ τῇ ἀθεμίτῳ αὐτοῦ διδασκαλίᾳ ἀκολου-
θοῦντας, εἰ μὲν ἐπίσκοποι εἶεν ἢ κληρικοί, τῶν ἁγίων ἐκκλησιῶν ἐκβάλλεσθαι, εἰ δὲ λαϊκοί, ἀναθεματίζεσθαι."

Τέθεινται δὲ αὐτῷ καὶ ἕτερα νομοθεσίαι τῆς ἡμε- 25
τέρας ἕνεκα θρησκείας, τὸν διάπυρον αὐτοῦ ζῆλον δεικ-
νῦσαι.

---

84 HOMER, Od. 8,266–366 (104–106 VAN THIEL).
85 Der Kult der Eleusinischen Mysterien war offiziell durch Kaiser
THEODOSIUS I. beendet worden, mag aber weitergelebt haben.

Fluchbeladenes und völlig Abwegiges verabscheut, an Unzucht und allen Ausschweifungen Gefallen hat und durch diese versöhnlich gestimmt werden will? Mit ihr kommt Ares in eine unschickliche Lage und wird dank der Kunstfertigkeit des Hephaistos unter den Göttern zur Schau gestellt und verlacht.[84] Man kann mit Recht ihre Phalli verlachen, ihre Ithyphalli und Phallagogien, den übergroßen Priap und den Pan, der wegen eines unanständigen Körperteils verehrt wird, sowie die Eleusinischen Mysterien[85], die nur in dem einem Punkt zu loben sind, daß nämlich die Sonne sie nicht sieht, sondern sie verurteilt sind, sich im Dunkeln zu vollziehen. — Aber diese Dinge wollen wir denen überlassen, die mit Schande verehren und verehrt werden, wir wollen unser Pferd zum Wendepunkt treiben und die übrigen Ereignisse aus der Regierungszeit des Theodosius anschaulich darstellen.

12. Theodosius hat eine überaus fromme Verordnung erlassen, die im ersten Buch des *Codex Iustinianus* enthalten ist; sie ist die Nummer drei des ersten Titels[86]. Darin hat er den „einst von ihm Geliebten", wie Nestorius selbst schreibt, dank göttlicher Eingebung sozusagen mit allen Stimmen verurteilt und mit dem Anathem belegt; wörtlich hat er folgendes geschrieben:

„Ferner bestimmen wir, daß die, die dem gottlosen Glauben des Nestorius nacheifern oder seiner ungesetzlichen Lehre folgen, wenn sie Bischöfe oder Kleriker sind, aus den heiligen Kirchen ausgestoßen werden, wenn sie Laien sind, daß sie mit dem Anathem belegt werden."

Von ihm sind auch noch andere Gesetze betreffs unserer Religion erlassen worden, die seinen glühenden Eifer zeigen.

---

[86] *Cod. Iust.* 1,1,3 (5f KRÜGER); die Verordnung wurde im Jahr 448 erlassen (vgl. *C Eph.* Collectio Vaticana 138 [1/1,4, 66 SCHWARTZ]).

158   EVAGRIUS SCHOLASTICUS

13. Ἐν τούτοις τοῖς χρόνοις ἤκμασέ τε καὶ διεφάνη
| καὶ Συμεώνης, ὁ τῆς ὁσίας καὶ πάντα ἀοιδίμου μνήμης, | 21
πρῶτος τὴν ἐπὶ κίονος στάσιν ἐπιτηδεύσας, δίπηχυ μόλις
ἐνδιαίτημα τὸ περίμετρον, Δόμνου τηνικάδε τὴν Ἀντιοχέων ἐπισκοποῦντος. Ὃς ἐπειδὴ παρ' αὐτὸν γέγονεν, 5
ἐκπλαγεὶς τὴν στάσιν καὶ τὴν δίαιταν, τῶν μυστικω-
τέρων ἐγλίχετο· ἄμφω δ' οὖν συνηλθέτην, καὶ τὸ ἄχραν-
τον ἱερουργήσαντες σῶμα τῆς ζωοποιοῦ κοινωνίας
ἀλλήλοις μετέδοσαν. Οὗτος ἐν σαρκὶ τὴν τῶν οὐρανίων
δυνάμεων πολιτείαν ζηλώσας, ἐξαίρει μὲν ἑαυτὸν τῶν 10
ἐπὶ γῆς πραγμάτων, καὶ τὴν φύσιν βιασάμενος τὴν τέως
κάτω βρίθουσαν τὰ μετέωρα διώκει· καὶ μέσον οὐρανοῦ
καὶ τῶν ἐπὶ γῆς γενόμενος ἐντυγχάνει τε τῷ θεῷ καὶ μετὰ
τῶν ἀγγέλων δοξολογεῖ, ἐκ μὲν τῆς γῆς τὰς ὑπὲρ τῶν
ἀνθρώπων πρεσβείας τῷ θεῷ προσάγων, ἐξ οὐρανοῦ δὲ 15
τοῖς ἀνθρώποις τὴν ἄνωθεν εὐμένειαν καταπραττό-
μενος. Τούτου τὰς θεοσημείας γέγραφε μὲν καί τις τῶν
αὐτοπτῶν γενομένων· γέγραφε δὲ καὶ λογίως ἀπέθετο
καὶ Θεοδώρητος, ὁ τὴν Κυρεστῶν ἐπισκοπήσας, ἐν ᾧ τὰ
μάλιστα παραλελοιπότες, ὃ μέχρι νῦν σωζόμενον παρὰ 20
τοῖς τῆς ἁγίας ἐρήμου κατειλήφαμεν, καὶ παρ' αὐτῶν
παρειλήφαμεν.

Ὅτε δ' οὖν Συμεώνης οὗτος ὁ ἐπὶ γῆς ἄγγελος, ὁ ἐν
σαρκὶ τῆς ἄνω Ἱερουσαλὴμ πολίτης, τὴν ξένην ταύτην
καὶ τοῖς ἀνθρώποις ἀγνῶτα τρίβον ἐπετήδευσε, στέλ- 25
λουσί τινα παρ' αὐτὸν οἱ τῆς ἁγίας ἐρήμου, ἐντειλάμενοι

---

[87] SIMEON DER ÄLTERE lebte von circa 390–459; er trat zunächst in das
Kloster Teleda bei Antiochien ein, das er aber wegen zu rigoroser Askese
verlassen mußte, und zog dann in die Nähe von Telanissos, das heutige
Qalaat Seman, wo er eine Säule bestieg, die er mehrmals erhöhte. Der Ort
seiner Mandra befindet sich etwa 55 km nordöstlich von Antiochien.
DOMNUS war 442–449 Bischof von Antiochien.
[88] SIMEON war nicht Priester; er ist in der syrischen *Vita Simeonis* (49
[104 LIETZMANN/HILGENFELD], siehe nächste Anm.) nur Empfänger der
Hostie.

13. In diesen Zeiten war auch Simeon, der Mann heiligen und ganz berühmten Angedenkens, auf dem Höhepunkt seines Wirkens und seines Ruhmes[87]. Er war der
erste, der das Stehen auf einer Säule geübt hat, auf einer
Säule von kaum zwei Ellen Umfang. Damals war Domnus
Bischof von Antiochien. Als dieser einmal zu ihm gekommen war, war er erstaunt über das Stehen und die Lebensweise und verlangte nach der Eucharistie; beide kamen
also zusammen, konsekrierten den unbefleckten Leib und
gaben einander die lebendigmachende Kommunion[88].
Dieser Simeon, der im Fleisch dem Lebenswandel der
himmlischen Mächte nacheiferte, erhob sich selbst über
die Angelegenheiten der Erde, bezwang die Natur, die mit
ihrem Gewicht sonst nach unten zieht, und verfolgte das
Höhere. Mitten zwischen Himmel und Erde traf er auf
Gott und verherrlichte ihn mit den Engeln. Von der Erde
brachte er Gott die Botschaften um der Menschen willen,
vom Himmel verschaffte er den Menschen das Wohlwollen von oben. Seine Wunder hat ein Augenzeuge aufgeschrieben[89]; aufgeschrieben und eloquent wiedergegeben
hat sie auch Theodoret, der Bischof von Cyrrhus[90]; davon
übergehen wir das meiste bis auf das, was wir von den Vätern der heiligen Wüste, die es bis heute bewahrt haben, erfahren haben und von denen wir es übernommen haben.
　　Als also Simeon, dieser Engel auf Erden, dieser Bürger
des himmlischen Jerusalem im Fleische, diesen fremden
und den Menschen unbekannten Weg einschlug, schickten
die Väter der heiligen Wüste jemanden zu ihm, der sagen

---

[89] Damit ist der anonyme Verfasser der syrischen *Vita Simeonis* (79–180
LIETZMANN/HILGENFELD) gemeint, die bald nach dem Tod SIMEONS geschrieben ist und mit der Evagrius in vielen Einzelheiten übereinstimmt
(siehe *Vita Simeonis* 130–136 [174–179 LIETZMANN/HILGENFELD]); daneben gibt es auch eine spätere Lebensbeschreibung seines angeblichen
Schülers ANTONIUS (*v. Sym. Styl.* [19–78 LIETZMANN]).
[90] THEODORET VON CYRRHUS, *h. rel.* 26 (SCh 257, 158–215).

φάναι· τίς ἡ ξενοπρεπὴς αὕτη πολιτεία, τί τὴν τετριμ-
μένην καὶ τοῖς ἁγίοις πεπατημένην ὁδὸν ἀφείς, ἄλλην
τινὰ ξένην καὶ τοῖς ἀνθρώποις καθάπαξ ἀγνοουμένην
ὁδεύει· καὶ ὡς ἐπιτετράφασιν αὐτῷ καταβῆναι καὶ τὴν
τῶν ἐκλεκτῶν πατέρων ὁδὸν ἀνύειν. Οἴπερ, εἰ μὲν ἐκθύ- 5
μως ἑαυτὸν πρὸς τὴν κατάβασιν δοίη, συγχωρεῖν ἐκέ-
λευσαν αὐτῷ τὴν ἰδίαν ἐκτρέχειν· ἐκ γὰρ τῆς ὑπα|κοῆς | 22
δῆλον εἶναι ὡς ἐκ θεοῦ ποδηγηθεὶς ὧδε διαθλεύει· εἰ δέ
γε ἀντισταίη, ἢ καὶ τοῦ ἰδίου θελήματος δοῦλος γένοιτο
καὶ μὴ πρὸς τὴν ἐπιτροπὴν ἰθυδρομήσοι, καὶ πρὸς βίας 10
αὐτὸν καθέλκειν. Ὃς ἐπειδή περ παρ᾽ αὐτὸν ἐγένετο καὶ
τὴν τῶν πατέρων ἀπήγγειλεν ἐντολήν, εὐθέως τε θάτερον τοῖν ποδοῖν προέπεμψε τῶν πατέρων τὴν ἐπιτροπὴν
ἐκπληρῶσαι βουλόμενος, ἀφίει αὐτὸν τὴν ἰδίαν ὁδὸν
ἐκπληροῦν, ἐπιφθεγξάμενος· „Ἴσχυε καὶ ἀνδρίζου· ἡ 15
στάσις σου παρὰ θεοῦ ἐστιν." Ὅ μοι ἀξιόλογον ὂν
ἐξετέθη, τοῖς περὶ αὐτοῦ γραφεῖσι παρειμένον.

Τούτῳ τοσοῦτον ἡ τῆς θείας χάριτος ἐνέσκηψε δύναμις, ὡς καὶ Θεοδοσίου τοῦ αὐτοκράτορος τεθεσπικότος
τοῖς κατὰ τὴν Ἀντιόχου Ἰουδαίοις ἀποδοθῆναι τὰς 20
σφῶν συναγωγάς, ἅσπερ ἔφθησαν παρὰ Χριστιανῶν
ἀφῃρημένοι, οὕτω παρρησίᾳ γέγραφεν, οὕτω σφοδρῶς
ἐπετίμησε μόνον τὸν ἴδιον βασιλέα εὐλαβούμενος, ὡς
καὶ τὸν βασιλέα Θεοδόσιον τὰς ἰδίας ἀνακαλεσάμενον
κελεύσεις πάντα πρὸς χάριν Χριστιανῶν ἐκπληρῶσαι, 25
παραλῦσαι δὲ καὶ τὸν ὕπαρχον τὸν ταῦτα διδάξαντα τῆς
ἀρχῆς δεηθῆναί τε τοῦ παναγίου καὶ ἀερίου μάρτυρος
ἐπὶ ῥήματος ἱκετεύειν τε καὶ εὔχεσθαι ὑπὲρ αὐτοῦ, καὶ
τῆς οἰκείας εὐλογίας μεταδιδόναι. Διέτριψε τοίνυν ἐν

---

⁹¹ Dasselbe berichtet die syrische Lebensbeschreibung (*Vita Simeonis*
130f [174f LIETZMANN/HILGENFELD]). THEODOSIUS II. hatte Gesetze
zum Schutz der Juden erlassen, gerichtet an den Prätorianerpräfekten
des Ostens ASCLEPIODOTUS: *Cod. Theod.* 16,8,25–27 (893f KRÜGER/
MOMMSEN); vgl. THEODORET VON CYRRHUS, *h. rel.* 26,27 (SCh
257,210–213).

sollte: was das für ein neuartiger Lebenswandel sei, warum
er den üblichen und von den Heiligen begangenen Weg
verlassen habe und einen anderen, fremden und den Menschen gänzlich unbekannten Weg gehe; und daß sie ihm
aufgetragen hätten, herabzusteigen und den Weg der aus-
erwählten Väter zu gehen. Sie hatten befohlen, sollte er
sich mutig an das Heruntersteigen begeben, ihm zu gestat-
ten, daß er seinen eigenen Weg weitergehe; denn der Gehorsam mache deutlich, daß er mit Gottes Führung diesen
Kampf führe. Wenn er sich aber widersetze oder Sklave
seines eigenen Willens geworden sei und nicht geradewegs
den Auftrag befolge, so solle man ihn mit Gewalt herun-
terziehen. Als der Mann zu ihm kam und den Auftrag der
Väter verkündete, streckte er sofort einen Fuß aus, um den
Befehl der Väter auszuführen; da ließ er ihn seinen eigenen
Weg zu Ende gehen mit den Worten: „Sei stark und mutig
(Jos 1,6); dein Stehen kommt von Gott." — Ich habe das
berichtet, weil es bemerkenswert ist und in den Schriften
über ihn beiseite gelassen worden ist.

Diesen Simeon hatte so sehr die Gewalt der göttlichen
Gnade erfaßt, daß er, als der Kaiser Theodosius verfügt
hatte, den Juden in Antiochien die Synagogen zurückzugeben[91], die ihnen die Christen zuvor genommen hatten,
ihm mit so großem Freimut schrieb und ihm so schwere
Vorwürfe machte, da er nur den eigenen König[92] fürchtete,
daß sogar der Kaiser Theodosius seine eigenen Befehle widerrief, alles zugunsten der Christen ausführte, den Beamten, der das geraten hatte, aus seinem Amt entfernen ließ
und den heiligen und in der Luft stehenden Martyrer bat,
ausdrücklich für ihn zu bitten und zu beten und ihm seinen Segen zu geben. — Er verweilte im Fleische in diesem

---

[92] Das griechische Wort βασιλεύς bedeutet in dieser Zeit sowohl „Kaiser" als auch „König".

σαρκὶ τόνδε τὸν βίον διαθλεύων ἔτη ἓξ καὶ πεντήκοντα·
ἐν μὲν τῷ πρώτῳ φροντιστηρίῳ ἔνθα τὰ θεῖα κατηχήθη,
ἔτη ἐννέα, ἐν δὲ αὖ τῇ καλουμένῃ μάνδρᾳ ἑπτὰ καὶ τεσ-
σαράκοντα· ἔν τινι μὲν στενῷ τόπῳ ἔτεσι δέκα τὸν
ἀγῶνα διανύσας, ἐν δὲ κίοσι βραχυτέροις ἑπτά, καὶ ἐπὶ 5
τεσσαρακοντάπηχυν ἔτη τριάκοντα.

Τούτου τὸ πανάγιον σῶμα μετὰ τὴν ἐνθένδε ἐκδημίαν
κατὰ τὴν Ἀντιοχέων ὕστερον εἰσήχθη, Λέοντος τὰ
σκῆπτρα διέποντος, Μαρτυρίου τηνικαῦτα τῆς Ἀντιόχου προεδρεύοντος, Ἀρταβουρίου δὲ αὖ τῶν ἑῴων 10
στρατηγοῦντος ταγμάτων μετὰ τῶν ἀμφ᾽ αὐτὸν στρατιωτικῶν τελῶν τε καὶ λοιπῶν, κατὰ τὴν αὐτοῦ μάνδραν
γενομένων, | καὶ τὸν πάνσεπτον διασωσάντων νεκρὸν | 23
Συμεώνου τοῦ μακαρίου, ὡς ἂν μὴ αἱ γειτνιῶσαι πόλεις
συνελθοῦσαι τοῦτον διαρπάζοιεν. Θαυμάτων τοίνυν 15
μεγίστων καὶ κατὰ τὴν ὁδοιπορίαν γενομένων, κομί-
ζεται κατὰ τὴν Ἀντιόχου τὸ αὐτοῦ πανάγιον σῶμα· ὃ καὶ
Λέων ὁ αὐτοκράτωρ ἐξῃτήσατο παρὰ τῶν Ἀντιοχέων
λαβεῖν. Καὶ δεήσεις οἱ τῆς Ἀντιόχου πρὸς αὐτὸν
ἀνατεινάμενοι γεγράφασιν οὕτως· „Διὰ τὸ μὴ ὑπάρχειν 20
τεῖχος τῇ πόλει, πέπτωκε γὰρ ἐν ὀργῇ, ἠγάγομεν τὸ πανάγιον σῶμα, ὅπως ἡμῖν γένηται τεῖχος καὶ ὀχύρωμα.“
Οἷς καὶ πεισθεὶς ἐνδούς τε ταῖς δεήσεσι τὸ σεπτὸν αὐτοῖς
εἴασε σῶμα.

Τούτου τὰ πολλὰ μέχρις ἡμῶν ἐφυλάχθη, οὗ καὶ τὴν 25
ἁγίαν κορυφὴν μετὰ πολλῶν ἱερέων τεθέαμαι, ἐπισκοποῦντος τήνδε Γρηγορίου τοῦ παναοιδίμου, Φιλιππικοῦ
δεηθέντος παραφυλακῆς ἕνεκα τῶν ἑῴων ἐκστρατευμά-
των τίμια λείψανά οἱ ἐκπεμφθῆναι. Καὶ τὸ παράδοξον, αἱ

---

93 Die Überführung erfolgte noch im Jahr 459, dadurch sollte Reliquien-
raub verhindert werden. MARTYRIUS war 459–470 Bischof von Antiochien. ARDABUR, magister militum per Orientem seit 453, gab das Geleit
mit 600 Soldaten, 21 Offizieren, 6 Bischöfen und dem Patriarchen
(ANTONIUS, v. Sym. Styl. 29 [66–68 LIETZMANN], und Vita Simeonis 133
[177 LIETZMANN/HILGENFELD]). Die v. Dan. 34 (130 DELEHAYE), berichtet, der Leichnam sei nach Konstantinopel verbracht worden, doch

Lebenskampf 56 Jahre. In dem ersten Kloster, wo er in die göttlichen Lehren eingeführt wurde, war er neun Jahre, dann in der sogenannten Mandra 47 Jahre; (von diesen 47 Jahren) führte er seinen Kampf zehn Jahre lang auf einem engen Platz, sieben Jahre auf kürzeren Säulen und 30 Jahre auf einer Säule von 40 Ellen.

Sein hochheiliger Leib wurde nach seinem Hinscheiden später nach Antiochien überführt[93], als Leo das Szepter führte und als Martyrius, der damals vorsitzender Bischof von Antiochien war, und Ardabur, der die Streitkräfte des Ostens befehligte, mit den Spitzen seines Heeres und den übrigen Soldaten zu seiner Mandra gekommen waren, um den geheiligten Leichnam des seligen Simeon in Sicherheit zu bringen, damit nicht die Nachbarstädte dorthin gingen und ihn raubten. Nachdem sich schon auf dem Weg größte Wunder ereignet hatten, wurde also sein hochheiliger Leib nach Antiochien gebracht; den hatte auch der Kaiser Leo von den Antiochenern zu erhalten verlangt. Die Antiochener richteten Bittschriften an ihn und haben geschrieben: „Da die Stadt keine Stadtmauer besitzt, denn sie ist durch den Zorn (Gottes)[94] eingestürzt, haben wir den heiligen Leib hierher gebracht, damit er uns Mauer und Festung sei." Dadurch ließ er sich überzeugen, gab den Bitten nach und ließ ihnen den geheiligten Leib.

Das meiste davon ist bis heute bewahrt worden, ich habe auch gemeinsam mit vielen Bischöfen seinen heiligen Kopf gesehen, als der hochberühmte Gregor dort Bischof war und Philippicus ihn gebeten hatte, ihm zum Schutz für die östlichen Expeditionstruppen wertvolle Reliquien zu schicken.[95] Und das Erstaunliche war: Das

---

zumindest der Kopf muß in Antiochien geblieben sein.

[94] Der „Zorn Gottes" war das Erdbeben des Jahres 458, ein Jahr vor dem Tod SIMEONS; vgl. *Vita Simeonis* 136 (179 LIETZMANN/HILGENFELD).

[95] GREGOR war 570–593 Patriarch von Antiochien, PHILIPPICUS wurde 584 magister militum per Orientem; demnach wird der Sarkophag im Jahr 584 geöffnet worden sein.

κατὰ τῆς κεφαλῆς ἐπικείμεναι τρίχες οὐ διεφθάρησαν,
ὡς δ᾿ αὖ ζῶντος καὶ τοῖς ἀνθρώποις συναλιζομένου
διασώζονται. Καὶ τὸ κατὰ τοῦ μετώπου δέρμα ἐρρυτί-
δωτο μὲν καὶ ἀπέσκληκε, σώζεται δ᾿ οὖν ὅμως, καὶ τῶν
ὀδόντων δ᾿ οἱ πλείους, εἰ μή γε ὅσοι χερσὶν ἀνθρώπων 5
πιστῶν βιαίως ἀφῃρέθησαν, διὰ τοῦ σχήματος κηρύσ-
σοντες οἷός τε καὶ ὁπόσος καὶ πηλίκος ὁ ἄνθρωπος τοῦ
θεοῦ γέγονε Συμεώνης. Ταύτῃ καὶ ὁ ἐκ σιδήρου πεποιη-
μένος κλοιὸς παράκειται, μεθ᾿ οὗ τὸ πολυύμνητον δια-
θλεῦσαν σῶμα τῶν ἐκ θεοῦ γερῶν μεταδέδωκεν· οὐδὲ 10
γὰρ ἀποθανόντα τὸν Συμεώνην ὁ ἐραστὴς ἀπέλιπε σίδη-
ρος. Οὕτω τὸ καθ᾿ ἕκαστον ἂν διεξεληλύθειν ἐμοί τε τῆς
διηγήσεως ὠφέλειαν παρέξον καὶ τοῖς ἐντυγχάνουσιν, εἰ
μὴ πλατύτερον ταῦτα Θεοδωρήτῳ, ὡς ἔφθην εἰπών,
ἐπεπόνητο. 15

14. Φέρε δὲ καὶ ἕτερον ὃ τεθέαμαι, τῇ ἱστορίᾳ παρα-
δῶ. Ἐπόθουν τὸ τέμενος τούτου δὴ τοῦ ἁγίου θεάσα-
σθαι. | Διέστηκε δὲ Θεουπόλεως σταδίους μάλιστα τρια- | 24
κοσίους κείμενον πρὸς αὐτὴν τοῦ ὄρους τὴν κορυφήν.
Μάνδραν οἱ ἐπιχώριοι καλοῦσι, τῆς ἀσκήσεως οἶμαι τοῦ 20
παναγίου Συμεώνου τὴν προσηγορίαν τῷ χώρῳ καταλι-
πούσης. Διήκει δὲ τὸ πρόσαντες τοῦ ὄρους σταδίους εἴκο-
σιν. Ἡ δὲ τοῦ νεὼ οἰκοδομία σύγκειται μὲν σταυροῦ δίκην
ἐκ τῶν τεσσάρων πλευρῶν στοαῖς κοσμουμένη· παρατε-
τάχαται δὲ ταῖς στοαῖς κίονες ἐκ λίθου ξεστοῦ πεποιημένοι 25
εὐπρεπῶς, εὖ μάλα τὴν ὀροφὴν εἰς ὕψος ἐπαίροντες. Τὸ
δέ γε μέσον αὐλὴ ὑπαίθριός ἐστιν, μετὰ πλείστης ἐξει-

---

[96] Dazu vgl. Theodoret von Cyrrhus, h. rel. 26,10 (SCh 257, 178–181).

[97] Das heutige Qalaat Seman. Die große, auch heute noch eindrucksvolle Anlage, die viele Pilger anzog und das bedeutendste Werk der frühchrist-lichen syrischen Architektur darstellt, wurde zwischen 476 und 490 unter Kaiser Zeno errichtet. Wesentliche Teile sind erhalten. Für die Behauptung von Festugière, Histoire ecclésiastique 221 Anm. 58, Eva-grius habe Qalaat Seman im Jahr 560 besucht, gibt es keine Begründung.

Kopfhaar war nicht zerfallen, sondern war erhalten wie
bei einem, der lebt und mit Menschen zusammen ist. Die
Haut auf der Stirn war zwar runzelig geworden und zu-
sammengeschrumpft, war aber doch erhalten, auch die
meisten Zähne außer denen, die von den Händen gläubiger
Menschen gewaltsam herausgerissen worden waren;
durch ihre Gestalt taten sie kund, was für einer, wie groß
und wie bedeutend Simeon, der Mann Gottes, gewesen
war. Daneben lag auch noch die eiserne Kette[96], mit der der
vielgepriesene Leib, der sein Leben lang gekämpft hat, Anteil an den Gaben Gottes gegeben hat; denn selbst im Tod
hat den Simeon sein geliebtes Eisen nicht verlassen. So
würde ich gern jede Einzelheit erzählen und mir und den
Lesern Nutzen durch die Erzählung verschaffen, wenn
nicht Theodoret, wie schon gesagt, das ausführlicher dargestellt hätte.

14. Doch etwas anderes, was ich gesehen habe, will ich
der Geschichte anvertrauen. Ich verlangte danach, den
heiligen Bezirk dieses Heiligen zu sehen. Er ist von Theupolis etwa 300 Stadien entfernt und liegt genau auf der
Höhe des Berges.[97] Die Bewohner der Gegend nennen
ihn Mandra; wie ich meine, hat die Askese des hochheiligen Simeon dem Ort den Namen gegeben.[98] Die Anhöhe
des Berges erstreckt sich über 20 Stadien. Das Kirchenge-
bäude besteht nach Art eines Kreuzes aus vier Armen und
ist mit Hallen ausgestattet; in den Hallen stehen Reihen
von Säulen, die sehr schön aus poliertem Stein gearbeitet
sind und das Dach hoch in die Höhe heben. Die Mitte
nimmt ein offener Hof ein, der mit höchster Kunst aus-

---

[98] Μάνδρα bedeutet ursprünglich „Pferch, Einfriedung"; nach THEO-
DORET VON CYRRHUS, *h. rel.* 26, 10 (SCh 257, 178–181), hatte SIMEON seinen Platz zunächst mit einer kreisförmigen Mauer umgeben.

166   EVAGRIUS SCHOLASTICUS

ργασμένη τῆς τέχνης· ἔνθα ὁ τεσσαρακοντάπηχυς
ἵσταται κίων, ἐν ᾧ τὸν οὐράνιον διήνυσε βίον ὁ ἐπὶ γῆς
ἔνσαρκος ἄγγελος. Πρὸς τῇ ὀροφῇ τοίνυν τῶν λελεγμένων στοῶν κλειθρίδια καθεστᾶσι — θυρίδας ἔνιοι καλοῦσι — πρός τε τὸ λελεγμένον ὑπαίθριον πρός τε τὰς   5
στοὰς ἀποκρινόμενα.
     Κατὰ τὸ λαιὸν τοίνυν μέρος τοῦ κίονος ἐν αὐτῷ τῷ
κλειθριδίῳ τεθέαμαι μετὰ παντὸς τοῦ ἁλισθέντος αὐτόθι λεώ, τῶν ἀγροίκων περὶ τὸν κίονα χορευόντων,
ἀστέρα ὑπερμεγέθη κατὰ πᾶν τὸ κλειθρίδιον διαθέοντά 10
τε καὶ σελαγίζοντα, οὐχ ἅπαξ, οὐ δίς, οὐ τρίς, ἀλλὰ καὶ
πολλάκις, παυόμενόν τε αὖ συχνῶς καὶ πάλιν ἐξαπίνης
φαινόμενον· ὃ δὴ γίνεται μόνον ἐν τοῖς τοῦ παναγίου
μνημείοις. Εἰσὶ δὲ οἳ λέγουσι, καὶ οὐκ ἀπιστητέον τῷ
θαύματι ἔκ τε τῆς τῶν λεγόντων εὐπιστίας καὶ τῶν   15
ἄλλων ὧνπερ τεθεάμεθα, ὅτι καὶ αὐτὸ δὴ τὸ προσωπεῖον
αὐτοῦ τεθέανται ὧδέ τε κἀκεῖσε περιϊπτάμενον, τὴν
ὑπήνην καθειμένον, τὴν κεφαλὴν τιάρᾳ κεκαλυμμένον
ὥσπερ εἰώθει. Ὧδε τοῦ χώρου γινόμενοι ἄνδρες ἀφυ-
λάκτως εἰσίασι, μετὰ τῶν σφῶν νωτοφόρων τὸν κίονα 20
πολλάκις περινοστοῦντες. Φυλακὴ δέ τις εἰς τὸ ἀκρι-
βέστατον, οὐκ ἔχω ἀνθ᾽ ὅτου λέγειν, ὡς ἂν γυνὴ μὴ φοι-
τῴη τῶν ἀνακτόρων εἴσω. Ἔξω δὲ περὶ | τὰς φλιὰς | 25
ἑστῶσαι τεθήπασι τὸ θαῦμα· ἀντικρὺ γὰρ τοῦ σελαγί-
ζοντος ἀστέρος ἡ μία τῶν θυρῶν ἐστιν.   25
     15. Ἐπὶ τῆς αὐτῆς διέπρεπε βασιλείας καὶ Ἰσί-
δωρος, οὗ „κλέος εὐρὺ" κατὰ τὴν ποίησιν, ἔργῳ τε καὶ

---

⁹⁹ Das Zentrum, das eigentliche *Martyrion,* ist ein Oktogon, das von vier
dreischiffigen Basiliken in Kreuzesform eingefaßt wird; es war wahrscheinlich nicht überdacht.
¹⁰⁰ Κλειθρίδιον ist ein ἅπαξ λεγόμενον, daher läßt sich nicht sicher sagen, was darunter zu verstehen ist (kleines Schloß? / Schlüsselloch? —
von Evagrius auch in *h. e.* 2, 3, unten 206 f, verwendet); es sind wohl Öffnungen (nach RESTLE, *Kalaat Seman* 875, kleinere Bogenfenster), die
sich im Obergeschoß der Verbindung zwischen Oktogon und Basilika
befanden.

gestaltet ist. Dort steht die 40 Ellen hohe Säule, auf der der fleischgewordene Engel auf Erden sein himmlisches Leben vollendet hat.[99] Nahe dem Dach der genannten Säulenhallen befinden sich Öffnungen[100] — einige nennen sie Fenster —, die sowohl zu dem genannten offenen Hof als auch zu den Säulenhallen hinausgehen.

Auf der linken Seite von der Säule aus habe ich genau in der Öffnung zusammen mit dem gesamten dort versammelten Volk, als die Landbewohner um die Säule herumzogen[101], einen überaus großen Stern gesehen, der über die ganze Öffnung hin lief und leuchtete, nicht nur einmal, nicht zweimal und nicht dreimal, sondern oft, der immer mal wieder aufhörte zu leuchten und plötzlich wieder erschien. Das geschieht aber nur an den Gedenktagen des Heiligen. Es gibt auch Leute, die sagen — und man darf dem Wunder Glauben schenken aufgrund der Zuverlässigkeit derer, die es berichten, und aufgrund dessen, was wir gesehen haben —, daß sie sein Gesicht selbst gesehen haben, wie es hier und dort herumschwebte, mit herunterhängendem Bart und den Kopf nach seiner Gewohnheit mit einer Kapuze bedeckt. Männer, die sich an diesem Ort aufhalten, dürfen ohne weiteres hereinkommen und mit ihren Lasttieren die Säule mehrmals umkreisen. Aber man wacht auf das Schärfste darüber — ich kann nicht sagen, warum —, daß keine Frau in das Innere des Heiligtums geht. Die Frauen stehen draußen bei den Türpfosten, um das Wunder zu bestaunen, denn eine der Türen ist genau dem leuchtenden Stern gegenüber.

15.   In derselben Regierungszeit (*sc.* von Theodosius II.) tat sich auch Isidor[102] hervor, dessen „Ruhm weit reichte",

---

[101] Χορεύειν bezeichnet dasselbe wie περινοστεῖν in Zeile 21, also „herumgehen", nicht „tanzen".

[102] Es handelt sich um ISIDOR VON PELUSIUM, geboren in der Mitte des vierten Jahrhunderts, gestorben um 435, der als Mönch im östlichen Nildelta lebte. Er war philosophisch und theologisch gebildet und verfaßte zahlreiche Briefe exegetischen, dogmatischen und kirchenpolitischen Inhalts.

λόγῳ παρὰ πᾶσι διαβόητος· ὃς οὕτω μὲν τὴν σάρκα τοῖς
πόνοις ἐξέτηξεν, οὕτω δὲ τὴν ψυχὴν τοῖς ἀναγωγικοῖς
ἐπίανε λόγοις, ὡς ἀγγελικὸν ἐπὶ γῆς μετελθεῖν βίον,
στήλην τε ζῶσαν διὰ παντὸς εἶναι βίου τε μοναδικοῦ καὶ
τῆς εἰς θεὸν θεωρίας. Γέγραπται δ᾽ οὖν αὐτῷ πολλὰ μὲν 5
καὶ ἕτερα πάσης ὠφελείας ἔμπλεα· γέγραπται δὲ καὶ
πρὸς Κύριλλον τὸν ἀοίδιμον, ἐξ ὧν μάλιστα δείκνυται
τοῦ θεσπεσίου συνακμάσαι τοῖς χρόνοις.
    Ταῦτά μοι κομψῶς ὡς δυνατὸν πονουμένῳ, φέρε καὶ
Συνέσιος ὁ Κυρηναῖος εἰς μέσον ἡκέτω τῇ οἰκείᾳ μνήμῃ 10
κοσμήσων τὴν διάλεξιν. Οὗτος ὁ Συνέσιος ἦν μὲν καὶ τὰ
ἄλλα πάντα λόγιος, φιλοσοφίαν δὲ οὕτως ἐς τὸ ἀκρό-
τατον ἐξήσκησεν ὡς καὶ παρὰ Χριστιανῶν θαυμασθῆναι
τῶν μὴ προσπαθείᾳ ἢ ἀντιπαθείᾳ κρινόντων τὰ ὁρώ-
μενα. Πείθουσι δ᾽ οὖν αὐτὸν τῆς σωτηριώδους παλιγ- 15
γενεσίας ἀξιωθῆναι καὶ τὸν ζυγὸν τῆς ἱερωσύνης ὑπελ-
θεῖν, οὔπω τὸν λόγον τῆς ἀναστάσεως παραδεχόμενον
οὐδὲ δοξάζειν ἐθέλοντα, εὐθυβόλως εὖ μάλα στοχα-
σάμενοι ὡς ταῖς ἄλλαις τἀνδρὸς ἀρεταῖς ἕψεται καὶ ταῦτα, τῆς θείας χάριτος μηδὲν ἐλλειπὲς ἔχειν ἀνεχομένης· 20
καὶ οὐκ ἐψεύσθησαν τῆς ἐλπίδος. Οἷος γὰρ καὶ ὅσος
γέγονε, τεκμηριοῦσι μὲν αἱ κομψῶς αὐτῷ καὶ λογίως
μετὰ τὴν ἱερωσύνην πεποιημέναι ἐπιστολαί, ὅ τε πρὸς
αὐτὸν Θεοδόσιον προσφωνητικὸς λόγος, καὶ ὅσα τῶν
ἐκείνου χρηστῶν φέρεται πόνων. 25

103 Vgl. zum Beispiel HOMER, Od. 1,344 (10 VAN THIEL).
104 SYNESIUS VON CYRENE, geboren um 370, gestorben um 413, war
Schüler der Neuplatonikerin HYPATIA, die unter dem Patriarchat
CYRILLS vom christlichen Pöbel ermordet wurde; obwohl verheiratet,
wurde SYNESIUS 410/411 Bischof seiner Vaterstadt Ptolemais, die er in
den Jahren zuvor in einer Gesandtschaft am Kaiserhof vertreten hatte.
Seine Vorbehalte gegen die Auferstehungslehre bringt er in ep. 105
(184–190 GARZYA) zum Ausdruck.

wie es in der Dichtung heißt[103], und der durch Wort und
Tat bei allen bekannt war. Er hatte sein Fleisch durch asketische Übungen so sehr ausgezehrt und seine Seele durch
geistliche Lektüre so sehr genährt, daß er auf Erden ein en-
gelgleiches Leben führte und ganz und gar eine lebende
Säule mönchischen Lebens und der Betrachtung Gottes
war. Er hat viele verschiedene Werke geschrieben, die von
großem Nutzen sind, und hat auch an den berühmten
Cyrill (Briefe) geschrieben, aus denen sich vor allem erweisen läßt, daß er zu derselben Zeit wie dieser göttliche
Mann gelebt hat.

Da ich dabei bin, dies so kunstvoll wie möglich darzustellen, so soll auch Synesius von Cyrene[104] auftreten,
damit die Erinnerung an ihn meine Darstellung schmücke.
Dieser Synesius war auf allen Gebieten gebildet, doch die
Philosophie hatte er bis zu einem so hohen Grad ausgeübt,
daß er auch von den Christen bewundert wurde, die ja das,
was sie sehen, unparteiisch beurteilen. Sie überredeten
ihn, die heilbringende Taufe zu empfangen und das Joch
des Bischofsamtes auf sich zu nehmen, obwohl er die Lehre von der Auferstehung noch nicht angenommen hatte
und sie auch nicht als Vermutung vertreten wollte, da sie
ganz zutreffend damit rechneten, daß den anderen Tugenden des Mannes auch der Glaube daran folgen werde, weil
die göttliche Gnade nichts Unvollständiges zulasse. Und
sie wurden in ihrer Hoffnung nicht getrogen. Wie bedeutend und wie groß er war, bezeugen die Briefe, die er
kunstvoll und gelehrt nach seiner Ernennung zum Bischof
geschrieben hat, ebenso wie die Ansprache an Theodosius[105] und was sonst noch von seinen nützlichen Werken
im Umlauf ist.

---

[105] Hierbei handelt es sich um die „Rede über das Königtum" (*regn.*), die
Synesius vor Kaiser Arcadius gehalten hat.

16. Τότε καὶ Ἰγνάτιος ὁ θεσπέσιος, ὡς Ἰωάννῃ τῷ
ῥήτορι σὺν ἑτέροις ἱστόρηται, ἐπειδή γε ὡς ἐβούλετο
τάφον τὰς τῶν θηρίων ἐσχηκὼς γαστέρας ἐν τῷ τῆς Ῥώμης ἀμφιθεάτρῳ, καὶ διὰ τῶν ὑπολειφθέντων ἁδροτέ-
ρων ὀστῶν, ἃ πρὸς τὴν Ἀντιόχου ἀπεκομίσθη, ἐν τῷ 5
καλουμένῳ κοιμητηρίῳ, μετατίθεται πολλοῖς ὕστερον
χρόνοις, ὑποθεμένου τοῦ παναγάθου θεοῦ Θεοδοσίῳ
τὸν Θεοφόρον | μείζοσι τιμῆσαι τιμαῖς, ἱερόν τε πάλαι | 26
τοῖς δαίμοσιν ἀνειμένον — Τυχαῖον τοῖς ἐπιχωρίοις ὠνό-
μαστο — τῷ ἀθλοφόρῳ μάρτυρι ἀναθεῖναι· καὶ σηκὸς 10
εὐαγὴς καὶ τέμενος ἅγιον τῷ Ἰγνατίῳ τὸ πάλαι Τυχαῖον
γέγονε, τῶν ἱερῶν αὐτοῦ λειψάνων μετὰ πομπῆς ἱερᾶς
ἀνὰ τὴν πόλιν ἐπ᾽ ὀχήματος ἐνεχθέντων καὶ κατὰ τὸ
τέμενος τεθέντων. Ὅθεν καὶ δημοτελὴς ἑορτὴ καὶ πάν-
δημος εὐφροσύνη μέχρις ἡμῶν τελεῖται, πρὸς τὸ μεγα- 15
λοπρεπέστερον τοῦ ἱεράρχου Γρηγορίου ταύτην ἐξ-
άραντος. Γέγονε δὲ ταῦτα ἐκεῖθεν ἔνθεν, τοῦ θεοῦ τὰς
ὁσίας τῶν ἁγίων αὐτοῦ τιμῶντος μνήμας.

Ἰουλιανὸς μὲν γὰρ ὁ ἀλιτήριος, ἡ θεοστυγὴς τυραν-
νίς, ἄκων καὶ μαστιζόμενος, ἐπειδὴ μὴ ὁ Δαφναῖος 20

---

[106] Als JOHANNES RHETOR bezeichnet Evagrius üblicherweise den Syrer
JOHANNES MALALAS (syrisch = Rhetor) aus Antiochien, dessen griechische Weltchronik außer in einer kirchenslawischen Version nur in einer
leicht überarbeiteten Fassung vorliegt; darin findet sich zwar eine Erwähnung des Martyriums des IGNATIUS (chron. 11 [276 DINDORF]), nicht
aber seiner Translation.
[107] Dieser Satz stimmt teilweise wörtlich mit einer Stelle im sogenannten
Martyrium Ignatii Antiochenum überein, das wahrscheinlich in der ersten Hälfte des 5. Jahrhunderts verfaßt wurde; siehe m. Ign. Ant. (42
HILGENFELD; 386–389 LIGHTFOOT). Das Coemeterium, der christliche
Friedhof, lag im Süden vor den Stadtmauern.
[108] THEOPHORUS, „Gottesträger", war Beiname des IGNATIUS VON
ANTIOCHIEN. Angeblich hat IGNATIUS zur Zeit TRAJANS in Rom das
Martyrium erlitten, doch sind die Briefe, aus denen das gefolgert wird,
höchstwahrscheinlich pseudepigraphische Texte des späten zweiten
Jahrhunderts; siehe HÜBNER, Thesen zur Echtheit und Datierung 44–72.
[109] Tempel der TYCHE, der Stadtgöttin von Antiochien; ihr Standbild

16. Damals wurde auch wie der Rhetor Johannes[106] und
andere berichten, der göttliche Ignatius umgebettet, viele
Jahre nach der Zeit, als er gemäß seinem Willen im Magen
wilder Tiere im Amphitheater von Rom sein Grab gefunden hatte und nachdem seine erhalten gebliebenen festeren
Knochen, die nach Antiochien gebracht worden waren, im
sogenannten *Coemeterium*[107] (ein Grab erhalten hatten);
denn der allgütige Gott hatte dem Theodosius eingegeben,
den Theophorus[108] mit größeren Ehren zu würdigen und
dem gekrönten Martyrer ein Heiligtum zu errichten, das
vormals den Dämonen geweiht war — von den dortigen
Bewohnern wurde es *Tychaion*[109] genannt. Das ehemalige
Tychaion wurde ein unbefleckter Begräbnisort und heiliger Bezirk für Ignatius, nachdem seine heiligen Reliquien
auf einem Wagen in einem heiligen Festzug durch die Stadt
gefahren und im Heiligtum beigesetzt worden waren. Seitdem wird bis in unsere Tage ein Fest auf Staatskosten mit
einem öffentlichen Festessen gefeiert, das der Hierarch
Gregor noch prächtiger ausgestattet hat. Das geschah von
da an, als Gott die frommen Erinnerungen an seine Heiligen ehrte.[110]
     Denn der frevlerische Julian, dieser gottverhaßte Tyrann,
ehrte wider Willen und wie unter Peitschenhieben den heiligen Babylas durch eine Überführung[111], da der Apoll von

---

war berühmt.
[110] Die Stelle ist schwierig; ich folge dem Text von FESTUGIÈRE, *Histoire
ecclésistique* 225 Anm. 70, und verstehe den folgenden Abschnitt als Er-
läuterung dieses Satzes.
[111] Bischof BABYLAS VON ANTIOCHIEN soll in der Decischen Verfolgung
ums Leben gekommen sein (EUSEBIUS VON CAESAREA, *h. e.* 6,39,4 [253
SCHWARTZ]); seine Gebeine wurden aus dem *Coemeterium* nach Daphne
überführt (das ist die erste bekannte Reliquienüberführung) und von
JULIAN APOSTATA, der den APOLLO-Kult wiederbeleben wollte, wieder
in das *Coemeterium* verbracht (vgl. THEODORET VON CYRRHUS, *h. e.*
3,10f [GCS 186–188]; SOZOMENUS, *h. e.* 5,19f [FC 73/2,642–655];
SOCRATES, *h. e.* 3,18 [GCS 213f]).

Ἀπόλλων, ὁ φωνὴν καὶ προφητείαν τὴν Κασταλίαν
ἔχων, ἀνελεῖν τι ἠδύνατο τῷ βασιλεῖ χρηστηριαζομένῳ,
Βαβύλα τοῦ ἁγίου παντοίως ἐκ γειτόνων ἐπιστομίζον-
τος, τιμᾷ μεταθέσει τὸν ἅγιον, ὅτε καὶ νεὼς αὐτῷ πρὸ τῆς
πόλεως παμμεγέθης ἀνίστατο, ὁ καὶ μέχρις ἡμῶν σωζό- 5
μενος, ἵνα λοιπὸν οἱ δαίμονες ἐπ᾽ ἀδείας τὰ οἰκεῖα
δρῷεν, ὥς φασιν Ἰουλιανῷ φθῆναι τούτους ἐπαγγείλα-
σθαι. Τοῦτο δ᾽ ἄρα ἦν τὸ οἰκονομούμενον παρὰ τοῦ σωτῆρος θεοῦ, ὡς ἂν καὶ τῶν μεμαρτυρηκότων ἡ δύναμις
ἔκδηλος ᾖ, καὶ τοῦ ἁγίου μάρτυρος τὰ εὐαγῆ λείψανα ἐν 10
εὐαγεῖ μετενεχθεῖεν χώρῳ, καλλίστῳ τεμένει τιμώμενα.

17. Ἐν τούτοις τοῖς χρόνοις ὁ πολὺς τῷ λόγῳ πόλεμος
ἐκεκίνητο Ἀττίλα τοῦ τῶν Σκυθῶν βασιλέως· ὃν περιέργως καὶ ἐς τὰ μάλιστα λογίως Πρίσκος ὁ ῥήτωρ
γράφει, μετὰ πολλῆς τῆς κομψείας διηγούμενος ὅπως τε 15
κατὰ τῶν ἑῴων καὶ ἑσπερίων ἐπεστράτευσε μερῶν, οἵας
τε καὶ ὅσας πόλεις ἑλὼν κατήγαγε, καὶ ὅσα πεπραχὼς
τῶν ἐντεῦθεν μετέστη.

Τοῦ αὐτοῦ τοίνυν Θεοδοσίου τὰ σκῆπτρα διέποντος,
μέγιστος καὶ ἐξαίσιος καὶ τοὺς προλαβόντας νικῶν 20
| γέγονε σεισμὸς ἀνὰ πᾶσαν, ὡς εἰπεῖν, τὴν οἰκουμένην, | 27
ὥστε καὶ πολλοὺς τῶν πύργων τῶν ἀνὰ τὴν βασιλίδα
πρηνεῖς ἐνεχθῆναι, συμπεσεῖν τε καὶ τὸ Χερρονήσου
καλούμενον μακρὸν τεῖχος· διαχῆναι δὲ τὴν γῆν καὶ
πολλὰς κώμας ἐν αὐτῇ καταδῦναι· πολλά τε αὖ καὶ ἀνα- 25
ρίθμητα γενέσθαι πάθη ἀνά τε γῆν καὶ κατὰ θάλασσαν·

---

[112] *Daphne* (= Lorbeer), die wegen ihrer Schönheit gepriesene Vorstadt
Antiochiens (siehe SOZOMENUS, *h. e.* 5,19,5 f [FC 73/2,644–647]), war
berühmt wegen des APOLLO-Heiligtums, das 362 in Flammen aufging.
JOHANNES CHRYSOSTOMUS befaßte sich damit in seiner Schrift *Panegyri-
cum in Babylam martyrem et contra Iulianum et gentes.*
[113] Im Jahr 380/381 wurde BABYLAS am rechten Orontesufer eine Basilika erbaut, die wahrscheinlich mit der in Kaoussie ausgegrabenen Kreuz-
schiffbasilika identisch ist.
[114] Die Hunnen unter ATTILA verwüsteten 441–449 den Balkan; 451 war
die Schlacht auf den Katalaunischen Feldern; 453 starb ATTILA.

Daphne[112], der die kastalische Stimme und Prophetie hat,
ihm kein Orakel geben konnte, als der Kaiser das Orakel
befragte, weil der heilige Babylas in der Nachbarschaft
ihm auf alle Art und Weise den Mund verschloß — damals
wurde ihm auch eine sehr große Kirche vor der Stadt[113] errichtet, die bis in unsere Zeit erhalten ist —, damit die
Dämonen fortan nach Belieben ihre Aufgaben erfüllen
könnten, die, wie man sagt, dem Julian das vorher verkündet hatten. Dies war also von Gott, unserem Erlöser, so
eingerichtet worden, damit die Macht der Martyrer offenbar sei und die unbefleckten Reliquien des heiligen Martyrers an einen unbefleckten Ort überführt und durch das
schönste Heiligtum geehrt würden.

17. In dieser Zeit war von Attila, dem König der Skythen (*sc.* Hunnen), der weithin bekannte Krieg entfacht
worden[114], den der Rhetor Priscus[115] mit großer Sorgfalt
und größter Kenntnis darstellt. Er beschreibt mit großer
Eleganz, wie Attila gegen die östlichen und westlichen
Reichsteile zu Felde zog, welche und wieviele Städte er
eingenommen und niedergeworfen hat und was er alles tat,
bis er aus dem Leben schied.

Als derselbe Theodosius das Szepter führte, ereignete
sich — sozusagen in der ganzen *Oikumene* — ein gewaltiges und außergewöhnliches Erdbeben[116], das alle vorher-
gegangenen übertraf: In der Hauptstadt fielen viele Türme
der Stadtmauer um und auch die sogenannte Lange Mauer
auf der Chersones[117] stürzte ein; die Erde klaffte auseinan-
der und viele Dörfer versanken darin; viele weitere unge-
zählte Unglücke ereigneten sich zu Wasser und zu Lande;

---

[115] Der Historiker und Rhetor PRISCUS (circa 420–472) hatte 449 an einer
Gesandtschaft an ATTILA teilgenommen; von seiner „Byzantinischen
Geschichte" sind größere Teile erhalten; hierzu siehe PRISCUS, *Historia
Byzantina fr.* 3–19 (73–100 MÜLLER).
[116] Im Jahre 447.
[117] Die Mauer, die die Gallipoli-Halbinsel schützte.

174 EVAGRIUS SCHOLASTICUS

καὶ ἐνίας μὲν τῶν πηγῶν ξηρὰς ἀναδειχθῆναι, ἑτέρωθι
δὲ ὑδάτων πλῆθος ἀναδοθῆναι μὴ πρότερον ὄν, δένδρα
τε αὐτόπρεμνα σὺν ταῖς σφίσι ῥίζαις ἀναβρασθῆναι καὶ
χώματα πλεῖστα εἰς ὄρη σχεδιασθῆναι· τὴν δὲ θάλασσαν
ἰχθῦς νεκροὺς ἀποσφενδονήσασθαι, καὶ πολλὰς τῶν ἐν 5
αὐτῇ νήσων ἐπικλυσθῆναι· πλοῖά τε αὖ θαλάττια ἐπὶ τῆς
ξηρᾶς ὀφθῆναι τῶν ὑδάτων ἐς τοὐπίσω νοστησάντων·
παθεῖν τε καὶ τὰ πολλὰ Βιθυνίας τε καὶ Ἑλλησπόντου,
Φρυγίας τε ἑκατέρας. Ὁ δὴ πάθος καὶ ἐπὶ χρόνον τῆς
γῆς ἐπεκράτησεν, οὐχ ὥσπερ ἤρξατο οὕτω σφοδρῶς 10
διαμένον, ἀλλὰ κατὰ μικρὸν λῆγον, μέχρις οὗ καθάπαξ
ἐπέπαυστο.

18. Κατὰ τούτους τοὺς χρόνους Μεμνόνιος καὶ Ζωΐλος καὶ Κάλλιστος παρὰ Θεοδοσίου κατὰ τὴν Ἀντιοχέων ἄρξοντες ἐξεπέμφθησαν, τὴν ἡμετέραν θρησκείαν 15
δια πρέποντες. Καὶ Μεμνόνιος μὲν εὐπρεπῶς τε καὶ
περιέργως τὸ καὶ πρὸς ἡμῶν Ψηφίον ὀνομαζόμενον ἐξ
ἐδάφους ἀνοικοδομεῖ, ὑπαίθριον αὐλὴν κατὰ τὸ μέσον
ἐάσας· Ζωΐλος δὲ τὴν βασίλειον στοὰν τὴν πρὸς τὸ νότι-
ον τῆς Ρουφίνου πλευρόν, μέχρις ἡμῶν τὴν τούτου 20
προσηγορίαν διαδεξα μένην, εἰ καὶ τὰς οἰκοδομίας ἐκ
τῶν ποικίλων παθημάτων ἐνήλλαξεν. Ἀτὰρ καὶ Κάλλιστος μεγαλοπρεπῆ τε καὶ περιφανῆ οἰκοδομίαν ἀνίστη,
ἣν Καλλίστου στοὰν οἵ τε παλαιοὶ οἵ τε νῦν ὀνομάζομεν,
πρὸ τῶν ἑδῶν ἃ τῇ δίκῃ ἱδρύεται, εὐθὺ τοῦ φόρου οὗ ἡ 25
περικαλλὴς οἰκία, τῶν στρατηγῶν τὰ καταγώγια. Μετὰ
τούτους Ἀνατόλιος αὖ στρατηγὸς τῶν ἑῴων ταγμάτων
πεμφθείς, τὴν καλου|μένην Ἀνατολίου στοὰν οἰκοδομεῖ | 28

---

[118] Welches Amt die genannten ἄρχοντες ausübten, ist nicht bekannt.
[119] FESTUGIÈRE, Histoire ecclésistique 227 Anm. 73, vermutet, das Psephion sei ein mit Mosaiken (von ψηφίς = Steinchen, Mosaik) geschmück-
tes Gebäude gewesen, wahrscheinlich war es aber das Ratsgebäude (von
ψῆφος = Stimmstein, Beschluß), βουλευτήριον, das einen offenen Hof
hatte (so DOWNEY, History 453f Anm. 16). — Die Lage der genannten
Gebäude ist unbekannt.

einige Quellen trockneten aus, an anderen Stellen trat eine
Menge Wasser heraus, das vorher nicht dagewesen war;
Bäume wurden mitsamt ihren Wurzeln ausgerissen, und
zahlreiche Hügel wurden plötzlich zu Bergen; das Meer
schleuderte tote Fische hervor, und viele Inseln im Meer
wurden überschwemmt; dann wieder sah man Seeschiffe
auf dem Trockenen, weil das Wasser zurückgewichen war;
große Teile Bithyniens und des Hellespont und die beiden
Phrygien hatten darunter zu leiden. Das Unglück beherrschte eine Zeitlang die Erde, es blieb nicht so heftig,
wie es angefangen hatte, sondern ließ allmählich nach, bis
es schließlich ganz aufhörte.

18. In dieser Zeit schickte Theodosius Memnonius,
Zoïlus und Callistus, die sich in unserer Religion hervortaten, als Statthalter[118] nach Antiochien. Memnonius baute das auch von uns so genannte *Psephion*[119] stattlich und
sorgfältig von Grund auf wieder auf mit einem offenen
Hof in der Mitte; Zoïlus die basilikale Säulenhalle an der
südlichen Seite der Stoa des Rufinus[120], die bis heute nach
ihm benannt wird, auch wenn die Gebäude ihr Aussehen
aufgrund der mannigfachen Unglücksfälle verändert haben. Aber auch Callistus erstellte ein prächtiges und herr-
liches Gebäude, das die Früheren und wir Heutigen Stoa
des Callistus nennen, vor den Sitzen der Dike[121], gegenüber dem Forum, wo das wunderschöne Haus steht, in
dem die Befehlshaber des Heeres residieren. Nach ihnen
wurde Anatolius[122] Befehlshaber der Truppen des Ostens.
Er baute die sogenannte Stoa des Anatolius, die er mit

---

[120] Die Stoa (Säulenhalle, Kolonnade) des Prätorianerpräfekten FLAVIUS
RUFINUS ist 395 errichtet worden, nicht, wie JOHANNES MALALAS
(*chron.* 13 [318 DINDORF]) meint, unter KONSTANTIN DEM GROSSEN; siehe DOWNEY, *History* 650–653).
[121] Vor einem Gerichtshof (so DOWNEY, *Ancient Antioch* 218).
[122] ANATOLIUS wurde 438 magister militum per Orientem und nahm
auch am Konzil von Chalcedon teil. Seine Stoa wird auch von MALALAS
(*chron.* 14 [360 DINDORF]) beschrieben.

παντοδαπαῖς ὕλαις ταύτην διακοσμήσας. Ταῦτα, εἰ καὶ
πάρεργα, τοῖς φιλομαθέσιν οὐκ ἄκομψα.

19. Ἐν τοῖς αὐτοῖς χρόνοις Θεοδοσίου ἐπαναστάσεις
συχναὶ κατὰ τὴν Εὐρώπην γεγόνασιν, Οὐαλεντινιανοῦ
Ῥώμης βασιλεύοντος· ἃς καὶ καθεῖλε Θεοδόσιος μεγά- 5
λας δυνάμεις ἐκπέμψας κατὰ γῆν τε καὶ θάλασσαν πεζι-
κῷ τε καὶ νηΐτῃ στρατῷ. Οὕτω δὲ καὶ Περσῶν παροι-
νησάντων κεκράτηκε, βασιλεύοντος αὐτῶν Ἰσδιγέρδου
<πατρὸς> τοῦ Βαραράνου, ἢ ὡς Σωκράτει δοκεῖ, αὐτοῦ
Βαραράνου βασιλεύοντος, ὡς καὶ πρεσβευσαμένοις 10
αὐτοῖς εἰρήνην χαρίσασθαι, ἢ καὶ διήρκεσε μέχρι δύο καὶ
δέκα ἐτῶν τῆς Ἀναστασίου βασιλείας· ἅπερ ἱστόρηται
μὲν καὶ ἄλλοις, ἐπιτέτμηται δὲ εὖ μάλα κομψῶς καὶ
Εὐσταθίῳ τῷ ἐξ Ἐπιφανείας τῷ Σύρῳ, ὃς καὶ τὴν ἅλωσιν
Ἀμίδης συνεγράψατο.   15

Τότε φασὶ καὶ Κλαυδιανὸν καὶ Κῦρον τοὺς ποιητὰς
ἀναδειχθῆναι, Κῦρον δὲ καὶ πρὸς τὸν μέγιστον τῶν ὑπ-
άρχων ἀναβῆναι θρόνον, ὃν ὕπαρχον τῆς αὐλῆς οἱ πρὸ
ἡμῶν κεκλήκασι, καὶ τῶν ἑσπερίων ἐξηγήσασθαι δυνάμεων, Καρχηδόνος ὑπὸ Βανδίλων κρατηθείσης Γιζερί- 20
χου τε τῶν βαρβάρων ἡγουμένου.

---

[123] VALENTINIAN III. war 425–455 Kaiser des Westens.
[124] THEODOSIUS II. unterstützte West-Rom erfolgreich im Jahre 425 mit
einem Heer unter ARDABUR und ASPAR gegen den Usurpator JOHANNES,
aber gegen die Vandalen konnte das oströmische Heer 431 unter ASPAR
wenig ausrichten.
[125] Der Krieg mit den Persern fand 421/422 unter VARANES (BAHRAM) V.
statt, der 420 Nachfolger von ISDIGERD I. wurde; er schloß 422 den sogenannte „hundertjährigen Frieden" mit Ost-Rom (siehe SOCRATES, h. e.
7,18 [GCS 363–365]).
[126] Von der Chronik des EUSTATHIUS, der wie Evagrius aus Epiphania
stammte und im 5. Jahrhundert lebte, ist nichts erhalten; Evagrius hat sie
ausgiebig benutzt. Die in Fragmenta Historicorum Graecorum gesam-
melten Fragmente stammen fast alle aus Evagrius (EUSTATHIUS VON EPI-
PHANIA, Fragmenta [138–142 MÜLLER]). — Amida wurde 502/503 erobert, im selben Jahr scheint EUSTATHIUS gestorben zu sein.

mannigfaltigen Materialien ausgeschmückt hat. — Dies ist, auch wenn es nebensächlich ist, für Wißbegierige nicht uninteressant.

19. Während derselben Regierungsjahre des Theodosius brachen zahlreiche Aufstände in Europa aus, als Valentinian Kaiser in Rom[123] war. Theodosius entsandte große Streitkräfte zu Wasser und zu Lande und schlug sie mit seinem Landheer und mit der Seemacht nieder.[124] Ebenso besiegte er die übermütig gewordenen Perser[125], als Isdigerd, der Vater des Varanes, ihr König war, oder, wie Socrates meint, als Varanes selbst herrschte, und schloß mit ihnen, als sie durch Gesandte darum gebeten hatten, einen Frieden, der bis zum zwölften Jahr der Regierung des Anastasius anhielt. All das wird auch von anderen berichtet, wird aber ganz besonders kunstvoll zusammengefaßt von dem Syrer Eustathius aus Epiphania, der auch die Eroberung von Amida beschrieben hat.[126]

Es heißt, daß damals auch die Dichter Claudian und Cyrrhus[127] verherrlicht wurden und daß Cyrrhus zum höchsten Rang der Präfekten aufgestiegen ist, den unsere Vorfahren Prätorianerpräfekt nannten, und daß er die westlichen Streitkräfte befehligt hat, als Karthago von den Vandalen[128] erobert wurde und Geiserich Anführer der Barbaren war.

---

[127] Die Erwähnung der beiden Poeten zeigt, daß Evagrius mit westlicher Geschichte wenig vertraut war. — CLAUDIAN AUS ALEXANDRIEN, der hauptsächlich lateinisch schrieb, ist schon bald nach 404 gestorben. CYRRHUS VON PANOPOLIS, circa 400–470, praefectus urbis von Konstantinopel und praefectus praetorio Orientis, verlor auf Grund einer Intrige 441 seine Ämter (siehe unten *h. e.* 1,21, unten 180f Anm. 135) und war 443–450 Bischof von Cotyaeum. Die westlichen Streitkräfte hat er nicht befehligt.

[128] Im Jahre 439.

20. Οὗτος τοίνυν ὁ Θεοδόσιος τὴν Εὐδοκίαν εἰσοικίζεται τοῦ σωτηριώδους μεταλαβοῦσαν βαπτίσματος,
γένει μὲν Ἀθηναίαν, καλλιεπῆ δὲ καὶ τὴν ὥραν εὐπρεπῆ,
μέσης οἱ γενομένης Πουλχερίας τῆς βασιλίδος τῆς αὐτοῦ
ἀδελφῆς. Ἐκ ταύτης αὐτῷ γίνεται παῖς ἡ Εὐδοξία, ἣν 5
ὕστερον, ἐπειδὴ καιρὸν ἦγε γάμου, Οὐαλεντινιανὸς ὁ
αὐτοκράτωρ ἄγεται, ἀπάρας μὲν ἐκ τῆς πρεσβυτέρας
Ῥώμης, κατάρας δὲ πρὸς τὴν Κωνσταντίνου. Ἡ χρόνοις
ὕστερον ἐπὶ τὴν ἁγίαν ἐπειγομένη Χριστοῦ τοῦ θεοῦ
ἡμῶν πόλιν, ἐνταῦθά τε γίνεται καὶ δημηγορήσασα πρὸς 10
τὸν ἐνταῦθα λεὼν ἐπιτελεύτιον ἔπος ἐφθέγξατο· | „Ὑμε- | 29
τέρης γενεῆς τε καὶ αἵματος εὔχομαι εἶναι,“ τάς ἐκ τῆς
Ἑλλάδος ἐνταῦθα σταλείσας ἀποικίας αἰνιττομένη. Εἴ
τῳ περισπούδαστον ταύτας εἰδέναι, ἱστόρηται περιέργως Στράβωνι τῷ γεωγράφῳ, Φλέγοντί τε καὶ Διοδώρῳ 15
τῷ ἐκ Σικελίας, Ἀρριανῷ τε αὖ καὶ Πεισάνδρῳ τῷ
ποιητῇ, καὶ πρός γε Οὐλπιανῷ Λιβανίῳ τε καὶ Ἰουλιανῷ
τοῖς παναρίστοις σοφισταῖς. Καὶ εἰκόνι ἐκ χαλκοῦ τεχνικῶς ἠσκημένη παῖδες Ἀντιοχέων αὐτὴν τετιμήκασιν, ἣ
καὶ μέχρις ἡμῶν σώζεται. Ἐξ ἧς προτραπεὶς Θεοδόσιος 20

---

[129] EUDOCIA, die vor ihrer Taufe ATHENAIS hieß, war die Tochter des
Rhetors und Philosophen LEONTIUS, selbst hochgebildet und Verfasse-
rin von Gedichten; ihre Heirat mit THEODOSIUS, über die MALALAS
chron. 14 (352–355 DINDORF) berichtet, fand 421 statt. Nach der Geburt
ihrer Tochter EUDOXIA wurde sie 423 zur Augusta erhoben.
[130] VALENTINIAN III. heiratete LICINIA EUDOXIA 437.
[131] EUDOCIA unternahm circa 438/439 in Erfüllung eines Gelübdes eine
erste Reise nach Jerusalem; auf dem Weg dorthin machte sie in Antiochien Station.
[132] Zitat aus HOMER, Il. 6,211; 20,241 (1,189; 2,228 WEST).
[133] Der Geograph STRABO (64/63 v. Chr. – 23 n. Chr.) berichtet in seinen
Geographica (16,750 [4,310f RADT]) über Antiochien und seine Gründung. Die Werke von PHLEGON, der zur Zeit HADRIANS schrieb, von
DIODOR VON SIZILIEN, der 60–30 v. Chr. eine Weltgeschichte („Bibliothek") herausgab, von ARRIAN (gestorben circa 170 n. Chr.), der durch
seine Geschichte ALEXANDERS berühmt war, von PISANDER AUS LARANDA,

20. Dieser Theodosius heiratete Eudocia[129], nachdem
sie die heilbringende Taufe empfangen hatte, eine Athene-
rin, die redegewandt und von schönem Aussehen war; vermittelt hatte die Heirat Kaiserin Pulcheria, seine Schwester. Von ihr hatte er die Tochter Eudoxia, die später, als sie
das Heiratsalter erreicht hatte, der Kaiser Valentinian zur
Frau nahm[130], der deshalb das Alte Rom verlassen und sich
nach Konstantinopel begeben hatte. Eudocia kam einige
Jahre später, als sie zur heiligen Stadt Christi, unseres Gottes, reiste, hierher (sc. nach Antiochien)[131] und hielt eine
Rede vor dem Volk der Stadt; abschließend sagte sie: „Ich
rühme mich, eures Geschlechtes und Blutes zu sein"[132],
womit sie auf die Kolonien anspielte, die von Griechenland aus hier gegründet worden waren. Wenn jemandem
sehr daran gelegen ist, darüber etwas zu erfahren — der
Geograph Strabo hat sehr genau darüber berichtet, ebenso
Phlegon und Diodor aus Sizilien, Arrian und der Dichter
Pisander, außerdem Ulpian, Libanius und Julian, die aus-
gezeichneten Sophisten.[133] Die Antiochener haben Eudocia mit einem kunstvoll gearbeiteten Standbild aus Bronze
geehrt, das bis heute erhalten ist. Durch ihre Bitten be-

---

der die mythische Geschichte behandelte, und ULPIAN VON EMESA, der
zur Zeit KONSTANTINS DES GROSSEN in Antiochien Rhetorik unterrich-
tete, sind nur in Bruchstücken erhalten, die nichts über Antiochien aussagen. Erhalten dagegen ist die Rede des Rhetors LIBANIUS (314–394),
des berühmtesten Sohnes Antiochiens und Lehrers von JOHANNES
CHRYSOSTOMUS, BASILIUS VON CAESAREA und GREGOR VON NAZIANZ,
auf seine Vaterstadt, der *Antiochikos* (*or.* 11); den Gründungsmythos gibt
er *or.* 11,44–51 (1/2,451–453 FÖRSTER) wieder, die Abstammung von
Athenern erwähnt er *or.* 11,58.92 (1/2,455.466 FÖRSTER). Ob der als
Sophist (= Rhetor) bezeichnete JULIAN der Kaiser JULIAN APOSTATA ist,
den Evagrius kurz zuvor (*h. e.* 1,16, oben 170f) als verbrecherisch ge-
brandmarkt hatte, ist ungewiß, vielleicht ist der Kappadokier JULIAN
gemeint, der im 4. Jahrhundert in Athen ein angesehener Rhetoriklehrer
war. Allerdings nimmt auch der Kaiser JULIAN, der sich im Jahre 362 zur
Vorbereitung seines Perserfeldzugs in Antiochien aufhielt, in seinem
Antiochikos oder μισοπώγων („Barthasser") auf die Gründungsge-
schichte der Stadt Bezug.

μεγίστην μοῖραν τῇ πόλει προστίθησι, τὸ τεῖχος εὐρύνας
μέχρι τῆς πύλης τῆς ἐπὶ Δάφνην ἀγούσης τὸ προάστειον —
ὁρᾶν τοῖς ἐθέλουσι πάρεστι· μέχρι γὰρ ἡμῶν τὸ παλαιὸν
ἰχνηλατεῖται τεῖχος, τῶν λειψάνων ξεναγούντων τὰς ὄψεις
—, εἰσὶ δὲ οἵ φασι τὸν πρεσβύτερον Θεοδόσιον τὸ τεῖχος 5
εὐρῦναι. Καὶ χρυσίον δὲ διακοσίας ἕλκον λίτρας τῷ Βά-
λεντος ἐδωρήσατο λουτρῷ κατά τι μέρος ἐμπρησθέντι.
    21. Ἔνθεν τοίνυν ἡ Εὐδοκία ἐν Ἱεροσολύμοις δὶς
ἀφικνεῖται. Καὶ ὅτου μὲν χάριν ἢ τί πρωτοτύπως ὥς φασι
βουλομένη, τοῖς ἱστορήσασι καταλειπτέον, εἰ καὶ μὴ 10
ἀληθίζεσθαί μοι δοκοῦσιν. Ὅμως δ᾽ οὖν ἀνὰ τὴν ἁγίαν
Χριστοῦ πόλιν γενομένη πολλὰ πρὸς τιμῆς τοῦ σωτῆρος
πέπραχε θεοῦ, ὥστε καὶ εὐαγῆ δείμασθαι φροντιστήρια
καὶ τὰς καλουμένας λαύρας· ἐν οἷς ἡ μὲν δίαιτα διά-
φορος, ἡ δέ γε πολιτεία εἰς ἕνα τελευτᾷ θεοφιλῆ σκοπόν. 15
    Οἱ μὲν γὰρ ἀγεληδὸν ζῶντες οὐδενὶ τῶν ἐς γῆν βρι-
θόντων κρατοῦνται· οὐ χρυσὸς γὰρ αὐτοῖς ἐστι, τί δ᾽ ἂν
φαίην χρυσός, ὅτε οὔτε ἰδική τις ἐσθὴς οὐδέ τι τῶν ἐδω-
δίμων. Ὁ γὰρ νῦν τις ἀμπέχεται τριβώνιον ἢ ἐξωμίδα,
τοῦτο μετὰ σμικρὸν ἕτερος ἀμφιέννυται, ὡς καὶ τὴν 20
πάντων ἐσθῆτα ἑνὸς εἶναι δοκεῖν καὶ τὴν ἑνὸς ἁπάντων.
Καὶ κοινὴ τράπεζα παρατίθεται οὐκ ὄψοις κεκαρυκευ-
μένη οὐδέ τινι τῶν ἄλλων | ἡδυσμάτων, λαχάνοις δὲ καὶ | 30

---

[134] So JOHANNES MALALAS, chron. 13 (346 DINDORF).
[135] Nach ihrem ersten Aufenthalt 438/439 kehrte EUDOCIA vermutlich
443 nach Jerusalem zurück und lebte dort bis zu ihrem Tod im Jahre 460
in hohem Ansehen. Sie war wegen ihrer Beziehungen zu dem magister officiorum PAULINUS und dem Dichter CYRRHUS verdächtigt worden und
unterstützte die Monophysiten, bis sie von SIMEON STYLITES DEM ÄLTEREN
„bekehrt" wurde; sie soll auch einen Mord veranlaßt haben; offensichtlich
kennt Evagrius diese Beschuldigungen, will sie aber nicht wahrhaben.
[136] Das Wort für „Kloster", in dem Mönche unter einer festen Regel in
Gemeinschaft leben (Koinobiten), ist bei Evagrius stets φροντιστήριον
(Ort der Meditation); die Lauren (λαύρα = Gasse) waren durch Pfade
miteinander verbundene Hütten und Höhlen, in denen Einsiedler (Eremiten, Anachoreten) lebten, die aber auch gemeinschaftliche Einrichtungen hatten. ANTONIUS gilt als Begründer der eremitischen und
PACHOMIUS als Begründer der koinobitischen Lebensweise in Ägypten.

wogen fügte Theodosius der Stadt ein sehr großes Gebiet
hinzu, indem er die Stadtmauer bis zu dem Tor erweiterte,
das zur Vorstadt Daphne führt — wer will, kann sie noch
sehen; denn bis heute sind die Spuren der alten Mauer zu
erkennen, da die Überreste den Blick lenken. Es gibt aber
einige, die sagen[134], es sei Theodosius der Ältere gewesen,
der die Mauer erweitert hat. Theodosius machte auch ein
Geschenk von 200 Pfund Gold für das Bad des Valens, das
zu einem Teil durch Feuer zerstört worden war.

  21. Von dort kam Eudocia zweimal nach Jerusalem.[135]
Weshalb sie das tat und was sie eigentlich beabsichtigte,
wie man sagt, (das zu berichten) soll den Geschichtsschreibern überlassen sein, obgleich sie mir nicht die
Wahrheit zu sagen scheinen. Doch sie hat, als sie in der heiligen Stadt Christi war, vieles zur Ehre Gottes, unseres Erlösers, getan und hat heilige Klöster und die sogenannten
Lauren[136] eingerichtet, in denen die Lebensweise zwar
unterschiedlich ist, der Lebenswandel aber auf das eine
gottgefällige Ziel hin ausgerichtet ist.

  Denn die, die in Gemeinschaft leben, werden durch
nichts von dem, was zur Erde niederzieht, beherrscht; sie
haben kein Gold — was sage ich Gold, da sie nicht einmal
ein eigenes Gewand haben und nichts Eßbares. Denn den
schäbigen Mantel, den einer jetzt trägt, oder den Arbeits-
kittel zieht kurz darauf ein anderer an, so daß die Kleidung
von allen einem zu gehören scheint und die von einem allen. Ihnen wird ein gemeinschaftliches Mahl vorgesetzt,
das nicht mit Fleisch noch mit anderen Leckereien ver-
feinert ist, sondern eines, das nur Gemüse und Hülsen-

Von Ägypten breitete sich das Mönchtum nach Palästina und Syrien aus.
In Palästina gab es bedeutende Klostergründungen, daneben aber auch
eremitisches Mönchtum; in Syrien überwogen die Eremiten. Die Beschreibung des Evagrius ist die beste antike Zusammenfassung verschiedener Formen asketischen Lebens in Palästina und Syrien. Eine Darstellung ägyptischen Mönchtums seiner Zeit gibt SOZOMENUS, *h. e.* 1,12
(FC 73/1, 142–149); 6,28–34 (FC 73/3, 770–809).

ὀσπρίοις μόνοις δεξιουμένη εἰς τοσοῦτον χορηγουμέ-
νοις ὅσον ἀποζῆν καὶ μόνον. Κοινὰς δὲ τὰς πρὸς θεὸν
λιτὰς διημερεύουσί τε καὶ διανυκτερεύουσιν, οὕτω σφᾶς
ἐκθλίβοντες, οὕτω τοῖς πόνοις πιέζοντες ὡς τάφων ἄνευ
νεκροὺς αὐτοὺς δοκεῖν ὑπὲρ γῆν ὁρᾶν. Οἳ πολλάκις μὲν 5
καὶ τὰς καλουμένας „ὑπερθεσίμους" πράττουσι διήμε-
ροι καὶ τριήμεροι τὰς νηστείας ἐκτελοῦντες, εἰσὶ δὲ οἳ καὶ
πεμπταῖοι ἢ καὶ πρός, καὶ μόλις τῆς ἀναγκαίας μεταλαμ-
βάνουσι τροφῆς.

Ἕτεροι δὲ αὖ πάλιν ἀπ᾽ ἐναντίας ἰόντες μόνους ἑαυ- 10
τοὺς καθειργνύουσιν ἐν οἰκίσκοις τοσοῦτον εὖρος, τοσοῦτον ὕψος ἔχουσιν ὡς μηδὲ τὰ σώματα ἀνορθοῦν,
μηδὲ μὴν ἐπ᾽ ἀδείας τὰς κλίσεις ποιεῖσθαι, σπηλαίοις
προσκαρτεροῦντες καὶ ταῖς ὀπαῖς τῆς γῆς, κατὰ τὴν τοῦ
ἀποστόλου φωνήν. Ἄλλοι σύνοικοι θηρίοις γινόμενοι 15
καί τισι τῆς γῆς ἀτεκμάρτοις ἐνδομυχοῖς τὰς πρὸς τὸν
θεὸν ἐντεύξεις ποιοῦνται. Ἀτὰρ καὶ ἕτερον εἶδος αὐτοῖς
ἐπενοήθη, πάσης ἀνδρείας τε καὶ καρτερίας δύναμιν
ἐκβαῖνον. Ἐς ἔρημον γὰρ κεκαυμένην σφᾶς αὐτοὺς
ἀφέντες καὶ μόνα τὰ τῆς φύσεως ἀναγκαῖα περιστεί- 20
λαντες, ἄνδρες τε καὶ γύναια, τὸ λοιπὸν σῶμα γυμνὸν
κρυμνοῖς τε ἐξαισίοις ἀέρων τε πυρακτώσεσιν ἐπιτρέ-
πουσιν, ἐπ᾽ ἴσης θάλπους τε καὶ ψύχους περιορῶντες.
Καὶ τὰς μὲν τῶν ἀνθρώπων τροφὰς τέλεον ἀποσείονται,
νέμονται δὲ τὴν γῆν —„ βοσκοὺς" καλοῦσι — μόνον τὸ 25
ζῆν ἐντεῦθεν ποριζόμενοι, ὥστε χρόνῳ καὶ θηρίοις συν-
αφομοιοῦσθαι, τῆς τε ἰδέας αὐτοῖς παρατραπείσης, τῆς
τε γνώμης λοιπὸν οὐ συμβαινούσης ἀνθρώποις· οὓς καὶ
διδράσκουσιν ἰδόντες, καὶ διωκόμενοι ἢ τῇ ὠκύτητι τῶν
ποδῶν, ἤ τινι τῶν ἐπὶ γῆς δυσόδων χωρίων τὸ λαθεῖν 30
ἑαυτοῖς πορίζονται.

früchte bietet, und zwar nur soviel, daß es gerade zum
Leben reicht. Gemeinschaftlich richten sie ihre Gebete
an Gott bei Tag und bei Nacht, sie kasteien sich und peini-
gen sich so sehr durch die Mühen der Askese, daß man Tote
außerhalb von Gräbern auf der Erde zu sehen meint. Sie
verrichten auch oft die sogenannten „überlangen Fasten",
indem sie zwei und drei Tage lang fasten, einige sogar fünf
Tage lang und mehr, und nehmen kaum die lebensnotwendige Nahrung zu sich.

Andere wiederum, die von der entgegengesetzten Lebensweise herkommen, zwängen sich einzeln in Hütten
von so geringer Breite und so geringer Höhe, daß sie den
Körper nicht aufrichten und sich nicht einmal bequem nie-
derlegen können; sie harren in „Höhlen und Erdlöchern"
(Hebr 11,38) aus, gemäß dem Wort des Apostels. Andere
wohnen mit Tieren zusammen und richten ihre Gebete an
Gott verborgen im Innersten der Erde. Aber sie haben sich
noch eine andere Art ausgedacht, die jede Form von Tapferkeit und Standhaftigkeit übersteigt. Sie begeben sich
nämlich, Männer und Frauen, in die versengte Wüste und
verhüllen nur das von Natur Notwendige, den übrigen
Körper setzen sie nackt extremen Frösten und glühend-
heißen Winden aus, in gleicher Weise Hitze und Kälte
mißachtend. Die Nahrung der Menschen weisen sie gänzlich von sich, sie weiden die Erde ab — man nennt sie
„Grasesser"[137] —, wodurch sie nur eben erreichen, daß sie
am Leben bleiben. So werden sie mit der Zeit auch den
Tieren ähnlich, da ihr Aussehen sich verändert hat und
schließlich auch ihre Denkweise nicht mehr zu Menschen
paßt. Vor ihnen laufen sie auch davon, wenn sie sie sehen,
und wenn sie verfolgt werden, gelingt es ihnen entweder
dank der Schnelligkeit ihrer Füße oder dank einer Unweg-
samkeit des Geländes, sich zu verbergen.

---

[137] Siehe SOZOMENUS, *h. e.* 6,33,1 (FC73/3, 802f); vgl. auch CYRILL VON
SCYTHOPOLIS, *v. Sab.* 16 (99 SCHWARTZ).

Λέξω δὲ καὶ ἕτερον, ὃ μικροῦ με διέλαθε, καίτοι τὰ ₃₁
πρεσβεῖα κατὰ πάντων ἔχον. Εἰσὶ μὲν ἐλάχιστοι, εἰσὶ δ᾽
οὖν ὅμως, οἳ ἐπὰν διὰ τῆς ἀρετῆς τοῦ ἀπαθεῖς εἶναι τύ-
χωσιν, εἰς κόσμον ἐπανίασιν ἐν μέσοις τοῖς θορύβοις· καὶ
παραφόρους σφᾶς ἀπαγγέλλοντες, οὕτω τὴν κενοδο- 5
ξίαν καταπατοῦσιν, ὃν τελευταῖον χιτῶνα κατὰ Πλά-
τωνα τὸν σοφὸν ἡ ψυχὴ πέφυκεν ἀποτίθεσθαι, οὕτω τὸ
ἀπαθῶς ἐσθίειν φιλοσοφοῦσι, κἂν παρὰ καπήλοις ἢ
παλιγκαπήλοις δεήσοι, οὐ τόπον, οὐ πρόσωπον, οὐδέ τι
τῶν πάντων ἐγκαλυπτόμενοι· καὶ βαλανείοις δὲ συχνοῖς 10
ὁμιλοῦσι, τὰ πολλὰ γυναιξὶ συναλιζόμενοι καὶ συλλου-
όμενοι, οὕτω τῶν παθῶν περιγενόμενοι ὡς καὶ τῆς φύσεως τυραννῆσαι, καὶ μηδὲ τῇ ὄψει, μηδὲ τῇ ἁφῇ, μηδὲ μὴν
αὐτῇ τῇ περιπλοκῇ τοῦ θήλεος πρὸς τὴν ἰδίαν ἀποκρι-
θῆναι φύσιν· μετὰ ἀνδρῶν δὲ ἄνδρας εἶναι, μετὰ γυναι- 15
κῶν τ᾽ αὖ γυναῖκας, ἑκατέρας τε μετέχειν ἐθέλειν φύσεως καὶ μὴ μιᾶς εἶναι. Συνελόντι τοίνυν εἰπεῖν, ἐν τούτῳ
τῷ παναρίστῳ καὶ θεοφόρῳ βίῳ ἡ ἀρετὴ τῇ φύσει ἀντινο-
μοθετεῖ οἰκείους πηξαμένη νόμους, ὥστε μηδενὸς αὐτῶν
τῶν ἀναγκαίων μεταδιδόναι ὅσα γε κορεσθῆναι· πεινῆν 20
δὲ αὐτοῖς καὶ διψῆν ὀσφῶν ἐγκελεύεται νόμος, περιστέλ-
λειν τε τὸ σῶμα τοσοῦτο μόνον ὅσον ἡ ἀνάγκη βιάζε-
ται. Οὕτως τε αὐτοῖς ἡ δίαιτα ἀκριβέσιν ἀντιταλαντεύ-
εται ζυγοῖς ὡς ἐκ διαμέτρου χωροῦσιν αὐτοῖς τὴν ῥοπὴν
ἀνεπαίσθητον εἶναι, καὶ ταῦτά γε πολὺ διεστῶσαν. Το- 25
σοῦτον γὰρ αὐτοῖς τὰ ἐναντία κέκραται, τῆς θείας τὰ
ἄμικτα συναγούσης καὶ αὖ πάλιν διαιρούσης χάριτος,
ὥστε ζωὴν ἐν αὐτοῖς καὶ νέκρωσιν συνοικεῖν, τἀναντία
καὶ τῇ φύσει καὶ τοῖς πράγμασιν. Ἔνθα μὲν γὰρ πάθος,

---

[138] „Narren um Christi willen" oder σαλοί; zu ihnen gehört auch der von
Evagrius, *h. e.* 4, 34, unten 520–525, beschriebene SIMEON VON EMESA.
[139] Nach ATHENAEUS, *Deipnosophistae* 11, 507 d (278–281 GULICK).

Ich will auch noch etwas anderes berichten, das mir fast
entgangen wäre und das doch gegenüber allem anderen
den Vorrang hat. Es gibt sehr wenige, es gibt sie jedoch, die
sich wieder in die Welt begeben mitten ins Getümmel,
wenn sie durch ihre Tugend frei von Leidenschaften geworden sind. Indem sie sich als Verrückte[138] ausgeben, verachten sie so die eitle Ruhmsucht, die die Seele nach Plato,
dem Weisen[139], als letzte Hülle abzuwerfen pflegt, und
üben sich so darin, ohne Gemütsregung zu essen, selbst
wenn es bei Schankwirten und Straßenhändlern sein muß,
und schämen sich weder vor dem Ort noch vor den Menschen, überhaupt vor nichts. Sie begeben sich oft in die Bäder, wo sie die meiste Zeit mit Frauen zusammen sind und
mit ihnen zusammen baden und so sehr ihrer Triebe Herr
geworden sind, daß sie sogar die Natur beherrschen und
weder durch den Anblick, noch durch die Berührung,
ja nicht einmal selbst durch die Umarmung der Frau
sich ihrer Natur gemäß verhalten. Mit Männern sind sie
Männer, mit Frauen sind sie Frauen, sie wollen an beiden
Naturanlagen Anteil haben und nicht nur an einer. Zusam-
menfassend ist zu sagen, daß in diesem ganz ausge-
zeichneten und von Gott erfüllten Leben die Tugend eigene Gesetze aufgestellt hat, die den Gesetzen der Natur
widerstreiten, so daß sie ihnen selbst vom Notwendigen
nur soviel gibt, daß sie satt werden. Ihr Gesetz befiehlt
ihnen, Hunger und Durst zu ertragen und den Körper
nur soweit zu verhüllen, wie es die Notwendigkeit verlangt. Ihre Lebensweise wird durch genaue Gegengewich-
te derartig im Gleichgewicht gehalten, daß sie, wenn
sie von einem Extrem ins andere verfallen, den Umschlag
nicht einmal bemerken, selbst wenn der Unterschied sehr
groß ist. Denn die Gegensätze sind bei ihnen in dem Maße
vermischt, da die göttliche Gnade das Unvermischte
zusammenfügt und wieder trennt, daß Leben und Tod in
ihnen zusammenwohnen, die doch der Natur und der Sache nach Gegensätze sind. Denn wo es Leidenschaft gibt,

νεκροὺς εἶναι δεῖ καὶ τῶν τάφων εἴσω· ἔνθα δὲ πρὸς θεὸν
ἱκετεία, ῥωμαλέους τὸ σῶμα, σφριγῶντας τὴν ἀκμήν,
κἂν ἔξωροι τὴν ἡλικίαν ὦσι. Καὶ οὕτως αὐτοῖς ἑκάτερος
συμπλέκεται βίος, ὥστε | ἀμέλει καὶ τὴν σάρκα τέλεον | 32
ἀποθέμενοι ζῶσιν ἀεὶ καὶ τοῖς ζῶσι συναλίζονται, 5
σώμασί τε ἄκη προσφέροντες καὶ τὰς τῶν ἱκετευόντων
φωνὰς τῷ θεῷ προσάγοντες, τά τε ἄλλα ὁμοίως τῇ
προτέρᾳ βιοτῇ διεκτελοῦντες, ὅσα μὴ τῶν ἀναγκαίων
δεῖσθαι ἢ τόπῳ περιορίζεσθαι, πάντων δὲ ἀκούειν καὶ
πᾶσι συγγίνεσθαι. Εἰσὶ δὲ γονάτων αὐτοῖς συχναὶ καὶ 10
ἀδιάκοποι κλίσεις ἐπαναστάσεις τε σύντονοι, μόνης τῆς
ἐφέσεως ἀναζωπυρούσης αὐτοῖς τὴν ἡλικίαν καὶ τὴν
ἑκούσιον ἀσθένειαν· ἄσαρκοί τινες ἀθληταί, ἀναίματοι
παλαισταί, οἵ γε πανδαισίαν τε καὶ τρυφὴν τὴν νηστείαν
ἔχοντες, καὶ τράπεζαν διακορῆ τὸ μηδενὸς ὡς οἷόν τε 15
ἀπογεύεσθαι. Ὁπόταν ξένος παρ᾽ αὐτοὺς ἀφίκηται κἂν
ἐξ ἑωθινοῦ, οὕτω πάλιν ταῖς φιλοφροσύναις καὶ τῇ
φιλοτησίᾳ δεξιοῦνται, ἕτερον εἶδος νηστείας ἐπινοή-
σαντες τὸ αὖ μὴ βουλόμενοι ἐσθίειν, ὡς ἔκπληξιν τὸ
πρᾶγμα καθεστάναι, πόσων εἰς τροφὴν αὐτάρκη δεό- 20
μενοι οὕτω κομιδῇ βραχέσιν ἀρκοῦνται· ἐχθροὶ τῶν
ἰδίων βουλήσεων καὶ τῆς φύσεως, ἔκδοτοι τοῖς τῶν πέ-
λας θελήμασιν, ἵνα διὰ πάντων αὐτοῖς τὸ ἡδὺ τῆς σαρκὸς
ἐξωσθείη, καὶ ψυχὴ διακυβερνώῃ τὰ κάλλιστα καὶ θεὸν
ἀρέσκοντα νουνεχῶς ἐκλεγομένη τε καὶ περισώζουσα· 25
μακάριοι τῆς ἐνταῦθα διαίτης, μακαριώτεροι τῆς ἐντεῦθεν μεταστάσεως, ἐς ἣν διὰ παντὸς χαίνουσι τὸν ποθούμενον αὐτοῖς ἰδεῖν ἐπειγόμενοι.

22. Πολλοῖς τοίνυν τοιούτοις ἐντυχοῦσα ἡ Θεοδοσίου σύμβιος, καὶ πολλά, ὥς μοι λέλεκται, τοιαῦτα φρον- 30
τιστήρια δειμαμένη, καὶ μὴν καὶ τὰ τείχη πρὸς τὸ κρεῖττον Ἱεροσολύμων ἀνανεωσαμένη, καὶ τέμενος μέγιστον

müssen sie wie Tote und wie im Grabe sein, wo es Beten zu
Gott gibt, müssen sie körperlich stark und auf der Höhe
der Kraft sein, auch wenn sie über das Jugendalter hinaus
sind. Und so sehr sind ihnen die beiden Arten zu leben
miteinander verflochten, daß sie selbstverständlich, wenn
sie das Fleisch endgültig abgetötet haben, immer leben
und mit Lebenden zusammenkommen, für die Körper
Heilmittel bringen und die Stimmen der Bittenden Gott
zuführen und im übrigen ähnlich wie in ihrem früheren
Dasein leben, außer daß sie des Lebensnotwendigen nicht
mehr bedürfen und nicht an einem Ort festgehalten werden, aber alles hören und mit allen zusammenkommen. Sie
machen ohne Unterbrechung zahlreiche Kniebeugen und
richten sich eifrig wieder auf, und nur das Verlangen nach
Gott belebt ihr Alter und ihre freiwillige Schwachheit. Sie
sind Athleten ohne Fleisch, Ringkämpfer ohne Blut, die
das Fasten für Üppigkeit und Schwelgerei halten und
möglichst nichts zu essen als sättigende Mahlzeit betrach-
ten. Wenn aber ein Fremder zu ihnen kommt, selbst wenn
es frühmorgens ist, nehmen sie ihn wiederum so freund-
lich und gastlich auf, wobei sie eine andere Art von Fasten
erfinden, nämlich die, zu essen, obwohl sie es nicht wollen,
daß es erstaunlich ist, wie die, denen soviel zu einer ausrei-
chenden Ernährung fehlt, genug (für Gäste) haben, freilich nur Geringes. Sie sind Feinde der eigenen Wünsche
und der Natur, sie liefern sich dem Willen ihrer Nächsten
aus, damit die fleischliche Lust ganz und gar ausgetrieben
wird und die Seele die Herrschaft hat, die das Beste und
Gott Wohlgefällige klug auswählt und bewahrt; selig sind
sie durch ihr hiesiges Leben, seliger durch ihren Weggang
von hier, nach dem sie ständig trachten in ihrer Sehnsucht,
den von ihnen Geliebten zu sehen.

22. Nachdem also die Gemahlin des Theodosius vielen
solchen Mönchen begegnet war und, wie ich schon gesagt
habe, viele solche Klöster erbaut hatte und auch die Mauern Jerusalems verstärkt und erneuert hatte, errichtete sie

188 EVAGRIUS SCHOLASTICUS

ἀνίστη, ἐξοχῇ τε καὶ κάλλει προῦχον, τοῦ πρώτου δια-
κόνων τε καὶ μαρτύρων Στεφάνου, οὔτι στάδιον Ἱεροσολύμων διεστώς· ἐν ᾧ καὶ τίθεται πρὸς τὸν ἀγήρω
μεταχωρήσασα βίον. Ἀμείψαντος δὲ μετὰ ταῦτα, ἢ καὶ
ὥς τισι δοκεῖ πρὸ τῆς Εὐδοκίας, καὶ Θεοδοσίου, τὴν 5
βασιλείαν | ὀκτὼ καὶ τριάκοντα ἔτεσι τούτῳ διακονη- | 33
σαμένης, Μαρκιανὸς ὁ πανάριστος τὴν Ῥωμαίων ἀρχὴν
περιβάλλεται. Ἃ δ᾽ οὖν καὶ ὑπ᾽ αὐτῷ πέπρακται τῶν
ἑῴων ἡγεμονεύοντι, ἡ ἑξῆς εὖ μάλα σαφῶς ἱστορία
παραστήσει, τῆς ἄνωθεν ῥοπῆς τὴν οἰκείαν χορηγούσης 10
εὐμένειαν.
    Τέλος τοῦ α΄ τόμου τῆς ἐκκλησιαστικῆς ἱστορίας
Εὐαγρίου.

---

[140] Vgl. CYRILL VON SCYTHOPOLIS, *v. Euthym.* 35 (53f SCHWARTZ). —
Die Kirche des heiligen STEPHANUS lag nördlich der heutigen Altstadt
von Jerusalem.
[141] JOHANNES MALALAS, *chron.* 14 (358 DINDORF).
[142] THEODOSIUS starb 450, EUDOCIA 460. — Zum Tex: Das von den
meisten Hss überlieferte διακονησαμένην ergibt keinen Sinn. —
FESTUGIÈRE, *Histoire ecclésiastique* 233f Anm. 97, und THURMAYR,
Sprachliche Studien 48f, streichen das Komma hinter Θεοδοσίου und
konjizieren unabhängig voneinander in διακονησάμενος, das auch von
Hs B überliefert wird und sich auf MARCIAN bezieht; zu übersetzen ist

auch eine sehr große Kirche, die an Pracht und Schönheit
alles übertraf, zu Ehren des ersten Diakons und Martyrers
Stephanus, kaum ein Stadion von Jerusalem entfernt[140].
Dort wurde sie auch beigesetzt, als sie in das ewige Leben
hinübergegangen war. Als danach auch Theodosius, oder,
wie einige meinen[141], noch vor Eudocia, die ihm 38 Jahre
gedient hatte, diese Herrschaft (sc. gegen die himmlische)
vertauscht hatte[142], erlangte der ausgezeichnete Marcian
die Herrschaft über die Römer. Was unter ihm während
seiner Regierung über das östliche Reich geschah, soll der
folgende Bericht äußerst klar darstellen, sofern der Bei-
stand von oben mir weiter sein Wohlwollen erweist.

Ende des ersten Buches der Kirchengeschichte des Evagrius.

---

dann: „Als auch Theodosius … die Herrschaft vertauscht hatte, erlangte
… Marcian, der ihm 38 Jahre gedient hatte, die Herrschaft über die Rö-
mer"; von MARCIAN kann man sagen, daß er THEODOSIUS 38 Jahre gedient hat, da er schon in jungen Jahren in den Heeresdienst eintrat. (MAR-
CIAN war 392 geboren und 421 im Krieg gegen die Perser bereits
Truppenführer.) Gegen diese Konjektur spricht aber, daß Evagrius derartige Zeitangaben immer rückblickend macht, wenn er vom Ende einer
Regierungszeit berichtet, nie vor einem Regierungsantritt. Aus diesem
Grunde ziehe ich die Lesart διακονησαμένης von BIDEZ/PARMENTIER
vor, die sich auf EUDOCIA bezieht (von der die letzten Kapitel gehandelt
hatten), auch wenn der Ausdruck „dienen" unpassend erscheint und sie
nur 28/29 Jahre mit THEODOSIUS verheiratet war. Aber Evagrius kennt
die genauen Todesdaten nicht, er kann also angenommen haben, daß
EUDOCIA 38 Jahre dem THEODOSIUS „gedient" hat, da sie etwa 38 Jahre
Augusta war; darauf könnte sich διακονεῖσθαι im Sinne von „ein Amt
ausüben" beziehen. Doch eine eindeutige Präferenz für eine bestimmte
Lesart ist schwer zu gewinnen. — Das Komma hinter Θεοδοσίου ist aber
in jedem Fall zu beseitigen.

INHALTSVERZEICHNIS
DES ZWEITEN BUCHES
DER KIRCHENGESCHICHTE DES EVAGRIUS

ιδ΄. Περὶ καθολικῶν παθημάτων.

ιε΄. Περὶ τοῦ γάμου Ζήνωνος καὶ Ἀρεάδνης.

ις΄. Περὶ Ἀνθεμίου βασιλέως Ῥώμης, καὶ τῶν ἐξ αὐτοῦ βασιλέων.

ιζ΄. Περὶ τῆς τελευτῆς Λέοντος, καὶ βασιλείας τοῦ μι- 5 κροῦ Λέοντος, καὶ αὖθις Ζήνωνος τοῦ πατρὸς αὐτοῦ.

ιη΄. Ἐπιτομὴ τῶν κινηθέντων ἐν τῇ εἰς Καλχηδόνα συνόδῳ, ἐν τῷ τέλει τοῦ δευτέρου τόμου τεθειμένη.

1. Ἃ μὲν ὑπὸ τοῖς Θεοδοσίου γεγένηται χρόνοις, τῇ πρώτῃ διείληπται διαλέξει. Φέρε δὲ Μαρκιανὸν εἰς μέ- 5 σον ἄγοντες τὸν ἀοίδιμον Ῥωμαίων αὐτοκράτορα, πρότερον ἱστορήσωμεν τίς τε ἦν καὶ ὅθεν, καὶ ὅπως τὴν βασιλείαν Ῥωμαίων ἀνεδήσατο· οὕτω τε τὰ ὑπ᾽ αὐτῷ γεγενημένα κατὰ τοὺς ἰδίους ἀποθώμεθα καιρούς.

Μαρκιανὸς τοίνυν, ὡς ἄλλοις τε πολλοῖς καὶ μὴν καὶ 10 Πρίσκῳ ἱστόρηται τῷ ῥήτορι, ἦν μὲν Θρᾷξ γένος, ἀνδρὸς στρατιωτικοῦ παῖς· ὅς γε τῆς τοῦ πατρὸς βιοτῆς μεταλαχεῖν ἐπειγόμενος πρὸς τὴν Φιλιππούπολιν τὰς ὁρμὰς ἔσχεν, ἔνθα καὶ στρατιωτικοῖς ἐδύνατο συντε- τάχθαι τάγμασιν. Ἀνὰ δὲ τὴν ὁδὸν τεθέαται νεοσφαγὲς 15 σῶμα ἐπὶ γῆς ἐρριμμένον· ᾧ παρεστώς, ἦν γὰρ τά τε ἄλλα πανάριστος καὶ ἐς τὰ μάλιστα φιλανθρωπότατος, ᾤκτει- ρε τὸ γεγονός, καὶ ἐπὶ πολὺ τὴν πορείαν ἐπεῖχε τῶν εἰκό- των μεταδοῦναι βουλόμενος. Ἐπειδὴ δέ τινες τοῦτο τεθέ- ανται, ταῖς ἐν τῇ Φιλιππουπόλει προσήγγελλον ἀρχαῖς· 20

---

[143] MARCIAN war Kaiser von Ost-Rom 450–457.
[144] Das ist nicht erhalten. Die folgende Episode ist nur bei Evagrius über- liefert.

1. Was in der Regierungszeit des Theodosius geschehen ist, ist im ersten Buch behandelt worden. Nun wollen wir Marcian auftreten lassen, den berühmten Kaiser der Römer[143], und wollen zuerst berichten, wer er war, woher er kam und wie er die Herrschaft über die Römer erlangt hat; dann wollen wir auch das, was sich unter seiner Regierung ereignet hat, zum geeigneten Zeitpunkt wiedergeben.

Marcian war, wie viele andere und besonders der Rhetor Priscus berichten[144], der Abstammung nach ein Thraker, der Sohn eines Soldaten; da er dasselbe Leben wie sein Vater führen wollte, machte er sich auf den Weg nach Philippopolis[145], wo er in die Armee aufgenommen werden konnte. Auf dem Wege dorthin sah er einen soeben erschlagenen Leichnam auf der Erde liegen; er blieb bei ihm stehen, denn er war überhaupt ein sehr guter Mensch und äußerst mitleidig, beklagte den Vorfall und unterbrach seine Reise für eine lange Zeit, um die üblichen Pflichten gegenüber dem Toten zu erfüllen. Da einige Leute das beobachtet hatten, meldeten sie es den Behörden in Philippopolis.

---

[145] Philippopolis liegt in Thrakien.

αἳ τὸν Μαρκιανὸν παραλαβοῦσαι τὰ περὶ τῆς μιαιφονίας
ἀνηρώτων. Καὶ δὴ τῶν στοχασμῶν καὶ τῶν εἰκότων πλέον
τῆς ἀληθείας καὶ τῆς γλώσσης ἐσχηκότων, τὸν φόνον τε
τἀνδρὸς ἀναινομένου καὶ μιαι|φόνου γε ποινὰς μέλλοντος | 37
ἀποτίσειν, θεία τις ἐξαπίνης ῥοπὴ τὸν μιαιφόνον παραδί- 5
δωσιν· ὃς τὴν κεφαλὴν ἀποθέμενος ποινὴν τοῦ δράματος
τὴν κεφαλὴν τῷ Μαρκιανῷ χαρίζεται. Οὕτω παραδόξως
σωθεὶς ἔν τινι τῶν αὐτόθι στρατιωτικῶν τελῶν ἀφικνεῖται,
ἐν αὐτῷ παραγγέλλειν βουλόμενος. Οἳ τὸν ἄνδρα θαυμά-
σαντες μέγαν τε ἔσεσθαι καὶ ἀξιολογώτατον εἰκότως τεκ- 10
μηράμενοι ἥδιστα προσδέχονται, καὶ σφίσιν αὐτοῖς ἐγκα-
ταλέγουσιν, οὔτι ἔσχατον, ὡς ὁ στρατιωτικὸς ἐθέλει νόμος,
ἐς δέ τινα βαθμὸν ἄρτι τετελευτηκότος ἀνδρός — Αὔγουστος ὄνομα τούτῳ —, „Μαρκιανὸν τὸν καὶ Αὔγουστον"
ἐς τὴν παραγγελίαν ἐγγράψαντες, ὡς φθάσαι τοὔνομα 15
τὴν προσηγορίαν τῶν ἡμετέρων βασιλέων, τὸ καλεῖσθαι
Αὔγουστοι μετὰ τῆς ἁλουργίδος περιβαλλομένων· ὥσπερ
οὐκ ἀνασχομένου τοῦ ὀνόματος ἐπ' αὐτῷ χωρὶς τῆς ἀξίας
μεῖναι, μηδ' αὖ πάλιν τῆς ἀξίας ἕτερον ὄνομα ζητησά-
σης εἰς σεμνολόγημα, ὥστε κύριον καὶ προσηγορικὸν τὸ 20
αὐτὸ καθεστάναι, διὰ μιᾶς κλήσεως τῆς τε ἀξιώσεως τῆς τε
προσηγορίας σημαινομένων.

Καὶ ἕτερον δὲ συνέπεσε τὴν βασιλείαν τῷ Μαρκιανῷ
τεκμηριῶσαι δυνάμενον. Ἐπειδὴ γὰρ Ἄσπαρι συνεστρά-
τευσε κατὰ Βανδίλων δορυάλωτός τε γέγονε σὺν ἑτέροις 25
πλείστοις, παρὰ πολὺ τῶν Βανδίλων ἡττηθέντος τοῦ
Ἄσπαρος, ἀνὰ τὸ πεδίον ἤχθη μετὰ τῶν ἄλλων ἀνδρα-
πόδων, Γιζερίχου τοὺς ζωγρηθέντας ἰδεῖν βουληθέντος·
οἵπερ ἐπειδὴ ἡλίσθησαν, ἔν τινι τῶν ὑπερῴων ὁ Γιζέριχος

---

[146] Es war natürlich OCTAVIAN, der als erster den Beinamen AUGUSTUS
erhielt.
[147] Der Germane ARDABUR ASPAR kämpfte als General im römischen
Heer 431–434 gegen die Vandalen unter GEISERICH in Afrika. Sein Vater
war ARDABUR.
[148] GEISERICH, König der Vandalen und Alanen 428–477, war 429 nach
Afrika übergesetzt und hatte dort ein eigenes Reich gegründet, das 442

Die ließen ihn ergreifen und befragten ihn über die Umstände der Ermordung. Und als die Vermutungen und
Wahrscheinlichkeiten mehr Gewicht hatten als die Wahrheit und die Worte Marcians, der die Ermordung des Mannes leugnete, doch für die Bluttat bestraft werden sollte,
da gab plötzlich ein göttlicher Wink den Mörder preis; der
verlor seinen Kopf als Strafe für seine Tat und schenkte so
Marcian den seinen. Auf diese Weise wider Erwarten gerettet kam er zu einer der dortigen Heeresabteilungen, weil er
eingeschrieben werden wollte. Die bewunderten den Mann
und vermuteten zu Recht, daß er groß und bedeutend werden würde, sie nahmen ihn bereitwilligst auf und schrieben
ihn in ihre Listen ein, nicht in den niedrigsten Rang, wie es
die militärischen Regeln verlangen, sondern in den Rang
eines Mannes, der gerade gestorben war und dessen Name
Augustus war; sie schrieben ihn als „Marcian, der auch
Augustus heißt" in das Heeresbuch ein, so daß der Name
der Benennung unserer Kaiser vorausging, die Augusti
heißen, wenn sie den Purpur angelegt haben[146] — so als hätte der Name es nicht ertragen, ohne die kaiserliche Würde
bei ihm zu bleiben, noch auch wiederum als hätte die kaiserliche Würde für ihre Verehrung einen anderen Namen
gesucht, so daß Eigenname und Anrede dasselbe sind, da
durch ein Wort Rang und Anrede bezeichnet werden.

Noch etwas anderes geschah, das geeignet war, Marcian
die zukünftige Herrschaft anzuzeigen. Als er nämlich zusammen mit Aspar[147] gegen die Vandalen zu Felde zog und
mit vielen anderen gefangengenommen worden war, da
Aspar den Vandalen weit unterlegen war, wurde er mit den
anderen Gefangenen auf einen freien Platz gebracht, weil
Geiserich[148] die Gefangenen sehen wollte; als sie versammelt
waren, setzte sich Geiserich in ein Obergeschoß (*sc.* des Pala-

von Rom anerkannt wurde. — Die Adler-Legende war weit verbreitet;
in gleicher Form findet sie sich bei PROKOP VON CAESAREA, *Vand.* 1,4
(324–331 HAURY/WIRTH).

198   EVAGRIUS SCHOLASTICUS

καθῆστο τῷ πλήθει τῶν σαγηνευθέντων ἡδόμενος. Οἷ τοῦ
καιροῦ τριβομένου, ὡς ἂν ἑκάστοις ἐδόκει, διετέλουν·
ἀνεῖσαν γὰρ οἱ φύλακες τὰ δεσμά, Γιζερίχου προστά-
ξαντος. Ἄλλος μὲν οὖν ἄλλο τι ἐπεπράχει· Μαρκιανὸς
δὲ καθεὶς ἑαυτὸν ἐς τὸ πεδίον ὑπὸ τῷ ἡλίῳ ἐκάθευδε 5
θερμῷ τε ὄντι καὶ διαπύρῳ παρὰ τὴν ὥραν τοῦ ἔτους.
Ἀετὸς δὲ τῶν ὕπερθεν ἐπιστὰς καὶ κατὰ κάθετον τῷ
ἡλίῳ ἀντιμέτωπον τὴν πτῆσιν ποιησάμενος, νεφέλης δί-
κην σκιὰν καὶ τὴν ἐντεῦθεν παραψυχὴν | τῷ Μαρκιανῷ | 38
ἐτεχνάσατο· ὡς θαυμάσαντα Γιζέριχον συμβαλεῖν εὐ- 10
στόχως τὰ ἐσόμενα, μετάπεμπτόν τε τὸν Μαρκιανὸν
ποιησάμενον ἀφεῖναι τῆς αἰχμαλωσίας, ὅρκοις δεινοῖς
κατασφαλισάμενον ἦ μὴν τὰ πιστὰ φυλάξειν Βανδίλοις
ἐς βασιλείαν παριόντα καὶ ὅπλα κατ' αὐτῶν μὴ κινεῖν·
καὶ φυλάξαι τὸν Μαρκιανὸν ἐπὶ τοῖς ἔργοις ὁ Προ- 15
κόπιος ἱστορεῖ. Ἀλλ' ἐπὶ τὸ προκείμενον ἐπανίωμεν, τὴν
ἐκτροπὴν ἐάσαντες.
    Ἦν ὁ Μαρκιανὸς τὰ πρὸς θεὸν εὐσεβής, τὰ πρὸς πολι-
τευομένους δίκαιος· πλοῦτον ἡγούμενος οὐ τὸν ἀπόθε-
τον, οὐδὲ μὴν τὸν ἀπὸ δασμολογιῶν συμφορούμενον, 20
ἕνα δὲ μόνον τὸν τοῖς δεομένοις ἐπαρκεῖν δυνάμενον καὶ
τοῖς πολλὰ κεκτημένοις ἀσφαλῆ παρέχειν τὸν πλοῦτον·
φοβερὸς οὐκ ἐν τῷ τιμωρεῖσθαι, ἀλλ' ἐν τῷ τιμωρήσεσθαι·
δι' ἃ καὶ τὴν ἀρχὴν ἆθλον ἀρετῆς, οὐ κληρονομίαν ἔσχε,
τῆς τε γερουσίας τῶν τε ἄλλων τῶν πᾶσαν πληρούντων 25
τύχην ἁπάσαις ψήφοις τὴν βασιλείαν αὐτῷ παρασχο-
μένων, γνώμη Πουλχερίας· ἣν καὶ ἐσωκίσατο μὲν ὡς
βασιλίδα, οὐ μὴν ἔγνω, ἀείπαιδος ἐκείνης μέχρι γήρως
μεινάσης. Γέγονε δὲ ταῦτα οὔπω Οὐαλεντινιανοῦ τοῦ
τῆς Ῥώμης αὐτοκράτορος τὴν ψῆφον ἐπικυρώσαντος· 30

PROKOP VON CAESAREA, Vand. 1,4,11 (326 HAURY/WIRTH).
150 PULCHERIA war die ältere Schwester von THEODOSIUS II.

stes) und betrachtete erfreut die Menge der Gefangenen.
Da sich die Zeit hinzog, beschäftigte sich ein jeder, wie es
ihm gefiel, denn die Wachen hatten ihnen auf Befehl Gei-
serichs die Fesseln gelöst. Der eine tat dies, der andere das;
Marcian aber hatte sich auf die Erde niedergelassen und
war eingeschlafen unter der Sonne, die entgegen der Jah-
reszeit heiß und glühend war. Da stellte sich ein Adler von
oben her über ihn, schlug in der Senkrechten der Sonne gegenüber mit den Flügeln und verschaffte wie eine Wolke
dem Marcian Schatten und dadurch Erleichterung, so daß
Geiserich staunte und die Zukunft richtig deutete. Er ließ
Marcian kommen und befreite ihn aus der Gefangenschaft, nachdem er mit gewaltigen Schwüren versichert
hatte, daß er den Vandalen die Treue halten und niemals
die Waffen gegen sie erheben werde, wenn er Kaiser geworden sei; und Prokop berichtet, daß Marcian sich in seinen Taten daran gehalten hat.[149] Aber lassen wir die Abschweifung und kehren wir zu unserem Thema zurück.

    Marcian war fromm gegenüber Gott und gerecht gegen-
über den Untertanen; als Reichtum betrachtete er nicht
das, was er zurückgelegt hatte, noch das, was er aus Steuer-
einnahmen erworben hatte, sondern einzig und allein das,
was den Bedürftigen helfen und denen, die viel besaßen,
ihren Reichtum sichern konnte. Er war furchteinflößend,
nicht weil er strafte, sondern weil man annahm, daß er
strafen würde; deshalb erhielt er auch die Herrschaft als
Lohn für seine Tugend, nicht als Erbe, nachdem der Senat
und alle, die einen hohen Rang einnahmen, ihm einstimmig die Kaiserwürde übertragen hatten, auf Vorschlag
von Pulcheria[150], die er auch als Kaiserin zur Frau nahm,
die er aber nicht erkannte[151], denn sie blieb bis ins hohe
Alter jungfräulich. Das geschah, obwohl Valentinian,
der Kaiser von Rom, die Wahl noch nicht bestätigt hatte;

---

[151] Hier im Sinne von Gen 4,1 oder Lk 1,34; PULCHERIA hatte Jungfräu-
lichkeit gelobt.

ὅμως δ᾽ οὖν διὰ τὴν ἀρετὴν ἐπιψηφίσαντος, ἐβούλετο
ὁ Μαρκιανὸς καὶ τῷ θεῷ κοινὸν παρὰ πάντων σέβας
προσάγεσθαι, τῶν διὰ τὴν ἀσέβειαν συγχυθεισῶν γλωσ-
σῶν αὖθις εὐσεβῶς ἑνουμένων, καὶ διὰ μιᾶς καὶ τῆς αὐτῆς δοξολογίας τὸ θεῖον γεραίρεσθαι.   5
2. Προσίασι τοίνυν αὐτῷ ταῦτα βουλευομένῳ οἵ τε
Λέοντος τοῦ τῆς πρεσβυτέρας Ῥώμης ἐπισκόπου διακο-
νούμενοι ταῖς ἀποκρίσεσι, φάσκοντες Διόσκορον ἀνὰ τὸ
δεύτερον ἐν Ἐφέσῳ συνέδριον μὴ δέξασθαι τὸν Λέοντος τόμον, ὀρθοδοξίας ὅρον τυγχάνοντα, οἵ τε παρ᾽   10
αὐτοῦ Διοσκόρου καθυβρισθέντες τὰ κατὰ σφᾶς ἱκετεύ-
οντες | συνοδικῶς κριθῆναι. Παρώτρυνε δὲ μάλιστα Εὐ- | 39
σέβιος ὁ τοῦ Δορυλαίου γεγονὼς πρόεδρος, φάσκων
ἐπιβουλεύμασι Χρυσαφίου τοῦ Θεοδοσίου ὑπασπιστοῦ
αὐτόν τε καὶ Φλαβιανὸν καθαιρεθῆναι, διότι χρυσίον τῷ 15
Χρυσαφίῳ ζητοῦντι ὁ Φλαβιανὸς ἐπὶ τῇ οἰκείᾳ χειροτονίᾳ πρὸς ἐντροπὴν ἱερὰ πέπομφε σκεύη, καὶ ὅτι
παραπλήσιος τὴν κακοδοξίαν Εὐτυχεῖ καθειστήκει ὁ
Χρυσάφιος. Ἔλεγε δὲ τὸν Φλαβιανὸν καὶ δειλαίως
ἀναιρεθῆναι πρὸς Διοσκόρου ὠθούμενόν τε καὶ λακτι- 20
ζόμενον. Ἐξ ὧν ἡ ἐν Καλχηδόνι σύνοδος ἁλίζεται,
ἀγγελιῶν τε καὶ ἀγγελιαφόρων πεμφθέντων καὶ τῶν
ἑκασταχοῦ ἱερέων εὐσεβέσι γράμμασι κληθέντων, πρῶτα μὲν ἐν Νικαίᾳ — ὡς καὶ τὸν Ῥώμης πρόεδρον Λέοντα
τοῖς ἐν Νικαίᾳ συνελθοῦσιν ἐπιγράψαι, πρὸς αὐτοὺς 25
ἐπιστέλλοντα περὶ ὧν ἐς τὸν οἰκεῖον πέπομφε τόπον,

---

[152] Die Legaten Leos am kaiserlichen Hof.
[153] Papst Leo I., der Grosse (440–461), hatte mit einem christologischen Lehrbrief an Flavian über die zwei Naturen Christi vom Juni 449,
dem *Tomus Leonis ad Flavianum* (*ep.* 28 = C *Chalc.* Epistula Leonis ad
Flavianum [lateinisch: 2/2, 1, 24–33 Schwartz; griechisch: 2/1, 1, 10–20
Schwartz), in den Streit um Eutyches eingegriffen.
[154] Die bekanntesten waren Theodoret von Cyrrhus, Ibas von Edessa und Eusebius von Dorylaeum (Evagrius, *h. e.* 1, 10, siehe oben
148–153); Flavian war tot.

als er dann doch wegen der Tugend Marcians seine Zustimmung gegeben hatte, wollte Marcian, daß auch Gott von allen eine gemeinsame Verehrung dargebracht wurde, wenn die durch die Gottlosigkeit verwirrten Stimmen wieder fromm vereinigt wären, und die Gottheit durch ein und denselben Lobpreis geehrt wurde.

2. Während er das erwog, traten sowohl die Apokrisiare[152] Leos, des Bischofs des Alten Rom, an ihn heran, die sagten, daß Dioskur auf der zweiten Versammlung von Ephesus den *Tomus Leonis,* der eine Definition der Orthodoxie darstellt[153], nicht akzeptiert habe, als auch diejenigen, die von Dioskur übel behandelt worden waren[154], die dringend darum baten, daß ihre Angelegenheit von einer Synode beurteilt werde. Am meisten drängte Eusebius, der Bischof von Dorylaeum gewesen war, darauf, indem er sagte, daß er und Flavian aufgrund von Intrigen des Chrysaphius, des Leibwächters von Theodosius, abgesetzt worden seien, weil Flavian dem Chrysaphius, als der Geld haben wollte, unmittelbar nach seiner Wahl zu dessen Beschämung (statt des Geldes) heilige Geräte geschickt hatte, und daß Chrysaphius dem Eutyches gleich sei, was die Häresie angeht. Er sagte auch, daß Flavian elendiglich umgebracht worden sei, von Dioskur gestoßen und getreten. Aus diesen Gründen wurde die Synode von Chalcedon einberufen[155], nachdem Botschaften und Botschafter ausgeschickt und die Bischöfe allerorts durch kaiserliche Briefe geladen worden waren, zuerst nach Nicaea — so daß auch der vorsitzende Bischof von Rom, Leo, seinen Brief an die in Nicaea versammelten Väter gerichtet hat, in dem er Mitteilung macht über seine Stellvertreter

---

[155] Schon nach der „Räubersynode" war von verschiedenen Seiten die Bitte um Einberufung eines allgemeinen Konzils an THEODOSIUS II. herangetragen worden, der sich jedoch ablehnend verhielt.

Πασκασιανοῦ καὶ Λουκενσίου καὶ λοιπῶν —, ὕστερον
δὲ ἐν Καλχηδόνι τῆς Βιθυνῶν χώρας.

Καὶ Ζαχαρίας μὲν ἐμπαθῶς ὁ ῥήτωρ καὶ Νεστόριον ἐκ
τῆς ὑπερορίας μετάπεμπτον γενέσθαι φησί· τὸ δέ γε μὴ
ταῦθ᾽ οὕτως ἔχειν τεκμηριοῖ τὸ πανταχοῦ τῆς συνόδου τὸν 5
Νεστόριον ἀνατεθεματίσθαι. Δηλοῖ δὲ εὖ μάλα καὶ Εὐστάθιος ὁ τῆς Βηρυτῶν ἐπίσκοπος, γράφων πρὸς Ἰωάννην
ἐπίσκοπον καὶ πρὸς Ἰωάννην ἕτερον πρεσβύτερον περὶ
τῶν ἐν τῇ συνόδῳ κινηθέντων ἐπὶ λέξεως ὧδε· „Ὑπαντή-
σαντες δὲ πάλιν οἱ ζητοῦντες Νεστορίου τὰ λείψανα τῆς 10
συνόδου κατεβόων· ‚Οἱ ἅγιοι διὰ τί ἀναθεματίζονται‘; ὡς
ἀγανακτήσαντα τὸν βασιλέα τοῖς δορυφόροις ἐπιτρέψαι
μακρὰν αὐτοὺς ἀπελάσαι.“ Πῶς οὖν ὁ Νεστόριος μετε-
καλεῖτο τῶν ἐντεῦθεν μεταστάς, οὐκ ἔχω λέγειν.

3. Ἁλίζονται τοίνυν ἀνὰ τὸ ἱερὸν τέμενος Εὐφημίας 15
τῆς μάρτυρος, ὅπερ ἵδρυται μὲν ἐπὶ τῆς Καλχηδοναίων
τοῦ Βιθυνῶν ἔθνους, ἀπῴκισται δὲ τοῦ Βοσπόρου σταδίοις οὐ πλείοσι δύο, ἔν τινι τῶν εὐφυῶν χωρίων ἠρέμα
προσάντει· ὥστε τοὺς περιπάτους ἀνεπαισθήτους εἶναι
| τοῖς ἐς τὸν νεὼν ἀπιοῦσι τῆς μάρτυρος, ἐξαπίνης τε μετε- 20
ώρους εἶναι εἴσω τῶν ἀνακτόρων γενομένους· ὥστε τὰς
ὄψεις ἐκχέοντας ἐκ περιωπῆς ἅπαντα θεωρεῖν, ὑπεστρω-
μένα πεδία ὁμαλῆ καὶ ὕπτια, τῇ πόᾳ χλοάζοντα ληΐοις τε
κυμαινόμενα καὶ παντοδαπῶν δένδρων τῇ θέᾳ ὡραϊζό-
μενα, ὄρη τε λάσια ἐς ὕψος εὐπρεπῶς μετεωριζόμενά τε 25
καὶ κυρτούμενα, ἄταρ καὶ πελάγη διάφορα, τὰ μὲν τῇ

---

[156] Brief vom 26. Juni 451 (lateinisch: *C Chalc.* Epistula 52 [2/4,51f
SCHWARTZ], griechisch: *C Chalc.* Epistula 17 [2/1,1.31f SCHWARTZ]). —
PASCHASIANUS bzw. PASCHASINUS, Bischof von Lilybaeum (Marsala), war
Stellvertreter des Papstes auf der Synode; weitere Legaten waren der Priester BONIFATIUS, der Bischof LUCENSIUS und JULIAN, Bischof von Kos, anstelle des nicht erschienenen Priesters BASILIUS.
[157] ZACHARIAS RHETOR, *Historia ecclesiastica* 3,1 (1,101–106 BROOKS).
Seine ursprünglich griechisch geschriebene Kirchengeschichte, die nur
noch in einer gekürzten syrischen Übersetzung innerhalb der Chronik
eines anonymen Mönches aus Amida (= Ps.-ZACHARIAS) erhalten ist, ist
aus monophysitischer Sicht verfaßt.

Paschasianus, Lucensius und andere[156] —, dann nach Chalcedon in Bithynien.

Der Rhetor Zacharias behauptet voreingenommen[157],
daß man auch Nestorius aus dem Exil habe herbeirufen
lassen; daß das nicht richtig sein kann, erweist die Tatsache, daß Nestorius während der ganzen Synode mit dem
Anathem belegt war. Auch Eustathius, der Bischof von
Berytus, macht das ganz deutlich, da er in einem Brief an
den Bischof Johannes und an einen anderen Presbyter Johannes über die Verhandlungen auf der Synode wörtlich
schreibt: „Die, welche die Reliquien des Nestorius such-
ten, traten wieder auf und beschuldigten laut die Synode:
‚Warum werden die Heiligen anathematisiert?', so daß der
Kaiser seinen Leibwächtern verärgert befahl, sie weit weg
zu treiben." Wie man also Nestorius herbeirufen konnte,
obwohl er schon gestorben war, vermag ich nicht zu sagen.[158]

3. Die Bischöfe versammelten sich also im Heiligtum
der Martyrin Euphemia[159], das bei Chalcedon in Bithynien
liegt und vom Bosporus nicht mehr als zwei Stadien
entfernt ist, in einer angenehmen Gegend, die leicht an-
steigt, doch so, daß die, die zur Kirche der Martyrin hin-
aufgehen, den Anstieg kaum wahrnehmen und plötzlich
oben sind, wenn sie in das Innere des Heiligtums gelangt
sind. Wenn sie von der Anhöhe die Blicke schweifen lassen, können sie alles überschauen — ausgedehnte Gefilde,
flach und eben, grün von Gras, von Saaten wogend und
durch den Anblick mannigfaltiger Bäume verschönt, und
bewaldete Berge, die sich anmutig in die Höhe erheben und
sich wölben, aber auch verschiedene Meere, von denen die

---

[158] Das genaue Todesdatum des NESTORIUS ist unbekannt, doch ist er um
451 gestorben. Daß er zum Konzil geladen wurde, ist möglich. Die hier
geschilderte Episode kann sich am Ende des Konzils zugetragen haben.
— Der Brief des EUSTATHIUS ist nicht erhalten.
[159] Die Martyrin EUPHEMIA VON CHALCEDON starb 303 in der Diokle-
tianischen Verfolgung; sie war im Westen und Osten hochverehrt.

γαλήνῃ πορφυρούμενα καὶ ταῖς ἀκταῖς προσπαίζοντα
ἡδύ τι καὶ ἥμερον ἔνθα νήνεμα τὰ χωρία καθεστᾶσι, τὰ
δὲ παφλάζοντά τε καὶ τοῖς κύμασιν ἀγριαίνοντα, κάχλη-
κάς τε καὶ φυκία καὶ τῶν ὀστρακοδέρμων τὰ κουφότερα
μετὰ τῆς ἀντανακλάσεως τῶν κυμάτων αὐτῆς ἀνασει- 5
ράζοντα. Ἀντικρὺ δὲ τῆς Κωνσταντίνου τὸ τέμενος,
ὥστε καὶ τῇ θέᾳ τῆς τοσαύτης πόλεως τὸν νεὼν ὡραΐ-
ζεσθαι. Τρεῖς δ᾽ ὑπερμεγέθεις οἶκοι τὸ τέμενος· εἷς μὲν
ὑπαίθριος, ἐπιμήκει τῇ αὐλῇ καὶ κίοσι πάντοθεν κο-
σμούμενος, ἕτερός τ᾽ αὖ μετὰ τοῦτον τό τε εὖρος τό τε 10
μῆκος τούς τε κίονας μικροῦ παραπλήσιος, μόνῳ δὲ τῷ
ἐπικειμένῳ ὀρόφῳ διαλλάττων· οὗ κατὰ τὴν βόρειον
πλευρὰν πρὸς ἥλιον ἀνίσχοντα, οἶκος περιφερὴς ἐς
θόλον, εὖ μάλα τεχνικῶς ἐξησκημένοις κίοσιν, ἴσοις τὴν
ὕλην, ἴσοις τὰ μεγέθη καθεοτῶσιν ἔνδοθεν κυκλού- 15
μενος. Ὑπὸ τούτοις ὑπερῷόν τι μετεωρίζεται ὑπὸ τὴν
αὐτὴν ὀροφήν, ὡς ἂν κἀντεῦθεν ἐξῇ τοῖς βουλομένοις
ἱκετεύειν τε τὴν μάρτυρα καὶ τοῖς τελουμένοις παρεῖναι.
Εἴσω δὲ τοῦ θόλου πρὸς τὰ ἑῷα εὐπρεπής ἐστι σηκός,
ἔνθα τὰ πανάγια τῆς μάρτυρος ἀπόκειται λείψανα ἔν 20
τινι σορῷ τῶν ἐπιμήκων — μακρὰν ἔνιοι καλοῦσιν — ἐξ
ἀργύρου εὖ μάλα σοφῶς ἠσκημένη.

Καὶ ἃ μὲν ὑπὸ τῆς παναγίας ἐπί τισι χρόνοις θαυ-
ματουργεῖται, πᾶσι Χριστιανοῖς ἔκδηλα. Πολλάκις γὰρ

---

[160] Die EUPHEMIA-Kirche war schon zum Ende des 4. Jahrhunderts ein
Pilgerziel, so zum Beispiel für EGERIA im Jahre 384 (EGERIA, *Itinerarium*
23,7 [FC 20,220f]); Papst VIGILIUS suchte 551 dort Zuflucht. Von der
Kirche ist nichts mehr erhalten, nicht einmal der Ort, an dem sie gestanden hat, ist genau bekannt (vgl. SCHNEIDER, *Sankt Euphemia* 295–299).
Die Beschreibung des Evagrius ist die einzige ausführliche, die erhalten
ist. — Die Reliquien der EUPHEMIA wurden 620 von Kaiser HERACLIUS
angesichts der Persergefahr in einen zur Kirche umgebauten Teil des ehemaligen ANTIOCHUS-Palastes in Konstantinopel überführt.
[161] Zum Text: Statt μακρὰν ist zu lesen μάκραν (aus μάκτραν) = Sarkophag; vgl. SCHNEIDER, *Sankt Euphemia* 298 Anm. 32. — Die Anlage bestand demnach aus einer Basilika mit Atrium, an die sich im Nordosten
eine zweigeschossige Rotunde, das eigentliche *Martyrion*, anschloß.

einen bei ruhiger See sich leicht bewegen und angenehm
und sanft an die Ufer schlagen, wo die Gegend windstill
ist, die anderen aufschäumen und mit den Wellen tosen
und Kieselsteine, Seetang und leichtere Muscheln mit den
sich brechenden Wellen hochschleudern. Das Heiligtum[160] liegt Konstantinopel gegenüber, so daß die Kirche
auch durch die Aussicht auf diese große Stadt verschönt
wird. Das Heiligtum besteht aus drei überaus großen Bauten: Einer liegt unter freiem Himmel, hat einen rechte-
ckigen Innenhof und auf allen Seiten Säulen; der andere
dahinter ist ihm an Breite, Länge und in Bezug auf die Säulen beinahe gleich und unterscheidet sich von ihm nur dadurch, daß er ein Dach hat; an seiner nördlichen Seite steht
im Osten ein zu einem Kuppelraum gerundeter Bau, der
im Innern mit einem Kreis von sehr kunstvoll gearbeiteten
Säulen ausgestattet ist, die an Material und Größe gleich
sind. Von diesen Säulen wird eine Empore unter dasselbe
Dach emporgehoben, so daß es denen, die das wollen, auch
von dort aus möglich ist, sowohl zu der Martyrin zu beten
als auch den heiligen Handlungen beizuwohnen. Im Innern des Rundbaus befindet sich im Osten ein sehr schö-
ner umgrenzter Bezirk, wo die hochheiligen Gebeine der
Martyrin in einem länglichen Schrein ruhen — einige nennen ihn *makra* (*sc.* Sarkophag)[161] —, der sehr kunstreich
aus Silber gefertigt ist.

Die Wunder[162], die die Heilige zu bestimmten Zeiten
vollbringt, sind allen Christen bekannt. Denn oft erscheint

---

[162] Abweichend von Evagrius berichtet THEOPHYLACTUS SIMOCATTA,
Historiae 8,14 (311–313 DE BOOR), das Wunder habe sich alljährlich am
Todestag der Heiligen ereignet und es sei das Blut gewesen, das wohlrie-
chend war; Kaiser MAURICIUS habe dem Wunder keinen Glauben ge-
schenkt und den Sarkophag versiegelt, aber das Blut sei trotzdem an dem
bestimmten Tag geflossen.

ἢ τοῖς κατὰ καιρὸν τὴν αὐτὴν ἐπισκοποῦσι πόλιν ὄναρ
ἐπιστᾶσα διακελεύεται ἢ καί τισι τῶν ἄλλως ἐς βίον
ἐπισήμων, παραγινομένοις αὐτῇ κατὰ τὸ τέμενος „τρυ-
γᾶν". | Ὅπερ ἐπειδὰν τοῖς τε βασιλεῦσι τῷ τε ἀρχιερεῖ | 41
καὶ τῇ πόλει κατάδηλον ᾖ, φοιτῶσι κατὰ τὸν νεὼν οἵ τε 5
τὰ σκῆπτρα οἵ τε τὰ ἱερὰ καὶ τὰς ἀρχὰς διέποντες ἅπας
τε ὁ λοιπὸς ὅμιλος μετασχεῖν τῶν τελουμένων βουλόμενοι. Πάντων τε οὖν ὁρώντων ὁ τῆς Κωνσταντίνου
πρόεδρος μετὰ τῶν ἀμφ' αὐτὸν ἱερέων εἴσω τῶν ἀνακτόρων χωρεῖ, ἔνθα τὸ λελεγμένον μοι πανάγιον 10
ἀπόκειται σῶμα. Ἔστι δέ τι κλειθρίδιον μικρὸν κατὰ τὴν
αὐτὴν σορὸν ἐν τῷ λαιῷ μέρει θύραις μικραῖς κατη-
σφαλισμένον, ὅθεν σίδηρον ἐπιμήκη κατὰ τὰ πανάγια
λείψανα σπόγγον περιαρτήσαντες ἐπαφιᾶσι, καὶ τὸν
σπόγγον περιδονοῦντες ἐς ἑαυτοὺς τὸν σίδηρον ἀνέλ- 15
κουσιν αἱμάτων πλήρη θρόμβων τε πολλῶν. Ὅπερ ἐπὰν
ὁ λεὼς ἴδοι, εὐθέως προσεκύνησε τὸν θεὸν γεραίρων.
Τοσαύτη δέ γε καθέστηκε τῶν ἐκφερομένων ἡ πληθύς,
ὥστε καὶ τοὺς εὐσεβεῖς βασιλεῖς καὶ πάντας τοὺς ἁλι-
ζομένους ἱερέας καὶ μὴν καὶ πάντα τὸν ἀθροιζόμενον 20
λεὼν πλουσίως τῶν ἀναδιδομένων μετα λαμβάνειν, ἐκ-
πέμπεσθαί τε καὶ ἀνὰ τὴν ὑφήλιον πᾶσαν τῶν πιστῶν
τοῖς βουλομένοις, καὶ διὰ παντὸς τούς τε θρόμβους σώζεσθαι τό τε πανάγιον αἷμα, μηδαμῶς ἐς ἑτέραν μετα-
χωροῦν ὄψιν. Ἅπερ θεοπρεπῶς τελεῖται, οὐ κατά τινα 25
διωρισμένην περίοδον, ἀλλ' ὡς ἂν ἡ τοῦ προεδρεύοντος βιοτὴ καὶ ἡ τῶν τρόπων σεμνότης βούλεται. Φασὶ
δ' οὖν ὅτε μὲν τῶν εὐσχημόνων τις κυβερνώῃ καὶ ταῖς
ἀρεταῖς ἐπίσημος, τοῦτο τὸ θαῦμα καὶ μάλα συχνῶς
γίγνεσθαι· ὅτε δὲ τῶν οὐ τοιούτων, σπανίως τὰς τοι- 30
αύτας θεοσημείας προϊέναι. Λέξω δέ τι, ὅπερ οὐ χρόνος,
οὐ καιρὸς διατέμνει, οὐδὲ μὴν πιστοῖς τε καὶ ἀπίστοις

sie im Traum entweder denen, die zu der Zeit in der Stadt
gerade das Bischofsamt innehaben, oder Personen, die sich
auf andere Weise im Leben auszeichnen, und befiehlt
ihnen, zu ihr in das Heiligtum zu kommen und „Weinlese
zu halten". Sobald dies den Kaisern, dem Erzbischof und
der Stadt bekannt gemacht ist, gehen die Herrscher,
die Bischöfe, die hohen Beamten und die ganze übrige
Schar zu der Kirche, um an den Zeremonien teilzunehmen.
Während alle zuschauen, geht der vorsitzende Bischof
von Konstantinopel mit seinen Bischöfen in das Innere des
Heiligtums, wo, wie ich gesagt habe, der hochheilige Leib
ruht. In dem Schrein ist auf der linken Seite eine kleine Öffnung, die mit kleinen Türen gesichert ist, von wo aus sie ein
langes Eisen, an dem sie einen Schwamm angebracht haben,
auf die heiligen Gebeine herablassen; sie drehen den
Schwamm im Kreis herum und ziehen das Eisen voll von
Blut und vielen geronnenen Blutstropfen wieder zu sich
herauf. Sobald das Volk das gesehen hat, wirft es sich augen-
blicklich nieder und preist Gott. So groß ist die Menge dessen, was sie herausziehen, daß die frommen Kaiser und alle
versammelten Priester, ja sogar das gesamte versammelte
Volk in reichem Maße von dem Ausgeteilten etwas bekom-
men und daß davon auch an Gläubige auf der ganzen Welt,
wenn sie es wollen, etwas verschickt wird; und die Tropfen
und das hochheilige Blut bleiben immer erhalten und
verändern ihr Aussehen nicht. All das vollzieht sich in einer
Gottes würdigen Weise, nicht nach festgesetzten Zeit-
abschnitten, sondern je nachdem, wie es die Lebensweise
des Bischofs und die Würde seines Verhaltens verlangen.
Man sagt, daß sich dieses Wunder sehr häufig ereignet,
wenn ein ehrbarer und durch Tugend ausgezeichneter
Mann Bischof ist, daß aber derartige Wunderzeichen nur
selten erscheinen, wenn einer Bischof ist, der nicht von dieser Art ist. Ich will noch etwas berichten, was weder von
Zeitpunkt noch von Gelegenheit abhängt und keinen Unterschied macht zwischen Gläubigen und Ungläubigen,

διακέκριται, πᾶσι δὲ ἐξ ἴσης ἀνεῖται· ὅταν ὧδε τοῦ
χώρου τις γένηται ἔνθα ἡ τιμία σορὸς ἐν ᾗ τὰ πανάγια
λείψανα, ὀδμῆς εὐώδους ἐμπίπλαται πάσης συνήθους
ἀνθρώποις ὑπερτέρας. Οὐδὲ γὰρ τῇ ἐκ λειμώνων ἀθροι-
ζομένῃ παρέοικεν, οὐδέ γε τῇ ἔκ τινος τῶν εὐωδεστάτων　5
ἀναπεμπομένῃ, οὐδὲ οἵαν μυρέψης ἐργάσαιτο· ξένη δέ
τις καὶ | ὑπερφυὴς ἐξ αὐτῆς παριστᾶσα τῶν ἀναδιδόν- | 42
των τὴν δύναμιν.

4. Ἐνταῦθα ἡ λελεγμένη μοι σύνοδος ἁλίζεται, τὸν
τόπον Λέοντος ἀρχιερέως τῆς πρεσβυτέρας Ῥώμης δι- 10
επόντων, ὡς εἴρηται, Πασκασίνου καὶ Λουκενσίου
ἐπισκόπων καὶ Βονιφατίου πρεσβυτέρου, τῆς Κωνσταντίνου μὲν προεδρεύοντος Ἀνατολίου, Διοσκόρου δὲ τῆς
Ἀλεξανδρέων ἐπισκοποῦντος, Μαξίμου τε Ἀντιοχείας,
καὶ Ἰουβεναλίου Ἱεροσολύμων· οἷς παρῆσαν οἵ τε ἀμφ' 15
αὐτοὺς ἱερεῖς καὶ οἱ τὰ κορυφαῖα τῆς ὑπερφυοῦς γερουσίας ἔχοντες. Πρὸς οὓς οἱ τὸν τόπον πληροῦντες Λέοντος ἔφασκον μὴ δεῖν Διόσκορον συγκάθεδρον σφίσι
γενέσθαι· τοῦτο γὰρ αὐτοῖς ἐπιτετράφθαι παρὰ τοῦ
σφῶν ἐπισκόπου Λέοντος, καὶ εἰ τοῦτο μὴ φυλάξουσιν, 20
αὐτοὺς τῆς ἐκκλησίας ἀπαλλάττεσθαι. Καὶ πυθομένης
τῆς γερουσίας τί ἄρα εἴη τὰ ἐπαγόμενα τῷ Διοσκόρῳ,
διεξῆλθον λόγον ὀφείλειν αὐτὸν ὑποσχεῖν τῆς οἰκείας
κρίσεως, κριτοῦ πρόσωπον παρὰ τὸ εἰκὸς ἀνειληφότα.

---

[163] Nach LECLERCQ, Parfums 1693f, und DEONNA, Euodia 195, wurden
die Gebeine der Toten und besonders der Martyrer mit wohlriechenden
Kräutern und Essenzen bestreut; vermutlich entstand dadurch der „Duft
der Heiligkeit". Auch MELANIA DIE JÜNGERE hat dort einen Wohlgeruch
wahrgenommen (vgl. GORCE, Vie de sainte Mélanie 228).

[164] Die Eröffnungssitzung dieses größten Konzils der Alten Kirche (mit
antiken Quellen zufolge 630, tatsächlich erheblich weniger Teilneh-
mern) fand am 8. Oktober 451 statt (vgl. C Chalc. Gesta actionis primae
[2/1, 1,55–196 SCHWARTZ]).

[165] ANATOLIUS war von 449 bis 458 Patriarch von Konstantinopel.

[166] Vgl. h. e. 1,10, oben 148f Anm. 69. JUVENAL vertrat ursprünglich

sondern sich allen in gleicher Weise mitteilt: wenn jemand
zu der Stelle gelangt ist, wo der kostbare Schrein steht, in
dem die hochheiligen Reliquien liegen, wird er von einem
angenehmen Duft[163] umgeben, der herrlicher ist als alles,
was Menschen kennen. Denn er gleicht nicht dem Duft,
der aus Blumenwiesen steigt, noch dem, der von den wohl-
riechendsten Essenzen ausgesandt wird, und auch nicht
dem, wie ihn ein Parfümhersteller wohl machen kann; er
ist fremdartig und übernatürlich und erweist die Kraft
dessen, was von der Martyrin ausgeht.

  4. Dort trat die von mir genannte Synode zusammen.[164]
Den Platz Leos, des Erzbischofs des Alten Rom, nahmen,
wie gesagt, die Bischöfe Paschasinus und Lucensius und
der Presbyter Bonifatius ein; vorsitzender Bischof von
Konstantinopel war Anatolius[165], Dioskur war Bischof
von Alexandrien, Maximus von Antiochien und Juvenal[166]
von Jerusalem; bei ihnen waren die zu ihnen gehörenden
Bischöfe und die Spitzen des Hohen Senats.[167] Ihnen sagten
die Stellvertreter Leos, daß Dioskur keinen Sitz unter ihnen haben dürfe; diesen Auftrag hätten sie von ihrem
Bischof Leo erhalten, und wenn sie (*sc.* die Beamten und
Senatoren) das nicht beachteten, würden sie die Versammlung verlassen. Als der Senat fragte, welche Anschuldigungen gegen Dioskur erhoben würden, führten sie an, daß er
sich für seinen eigenen Prozeß verantworten müsse, da er
rechtswidrig den Rang eines Richters eingenommen habe.

---

die Linie des DIOSKUR, wechselte aber während des Konzils die Seite.
[167] Neben den päpstlichen Legaten und den genannten Patriarchen nahmen zwölf Senatoren und sieben hohe Reichsbeamte an dem Konzil teil;
dazu die Bischöfe der Diözesen Oriens, Pontus, Asien und Thrakien auf
der einen, die Bischöfe aus Ägypten, Illyrien und Palästina (und die
Bischöfe von Thessalonike und Korinth) auf der anderen Seite, jedoch
aus dem Westen nur zwei afrikanische Bischöfe.

Ὧν εἰρημένων, ἐπειδὴ Διόσκορος ψήφῳ τῆς συγκλήτου
ἀνὰ τὸν μέσον καθῆστο χῶρον, Εὐσέβιος ἐξῄτει τὰς
ἐπιδεδομένας παρ᾽ αὐτοῦ τῇ βασιλείᾳ δεήσεις ἀναγνωσθῆναι, φήσας ἐπὶ λέξεως ταῦτα· „Ἠδίκημαι παρὰ
Διοσκόρου, ἠδίκηται ἡ πίστις, ἐφονεύθη Φλαβιανὸς ὁ 5
ἐπίσκοπος, ἅμα ἐμοὶ ἀδίκως καθῃρέθη παρ᾽ αὐτοῦ· κελεύσατε τὰς δεήσεις μου ἀναγνωσθῆναι." Ὅπερ ἐπειδὴ
διελαλήθη, ἡ δέησις ἀναγνώσεως ἔτυχε, ταυτὶ φθεγγομένη τὰ ῥήματα·

„Παρὰ Εὐσεβίου τοῦ ἐλαχίστου ἐπισκόπου Δορυλαί- 10
ου, ποιουμένου τὸν λόγον ὑπέρ τε ἑαυτοῦ καὶ τῆς ὀρθοδόξου πίστεως, καὶ ὑπὲρ τοῦ ἐν ὁσίοις Φλαβιανοῦ τοῦ
γενομένου ἐπισκόπου Κωνσταντινουπόλεως.

Σκοπὸς τῷ ὑμετέρῳ κράτει ἁπάντων μὲν τῶν ὑπηκόων
προνοεῖν καὶ χεῖρα ὀρέγειν πᾶσι τοῖς ἀδικουμένοις, 15
| μάλιστα δὲ τοῖς <εἰς> ἱερωσύνην τελοῦσι. Καὶ ἐν τούτῳ | 43
γὰρ τὸ θεῖον θεραπεύεται, παρ᾽ οὗ τὸ βασιλεύειν ὑμῖν καὶ
κρατεῖν τῶν ὑφ᾽ ἥλιον δεδώρηται. Ἐπεὶ οὖν πολλὰ καὶ
δεινὰ παρὰ πᾶσαν ἀκολουθίαν ἡ εἰς Χριστὸν πίστις καὶ
ἡμεῖς πεπόνθαμεν παρὰ Διοσκόρου τοῦ εὐλαβεστάτου 20
ἐπισκόπου τῆς Ἀλεξανδρέων μεγαλοπόλεως, πρόσιμεν
τῇ ὑμετέρᾳ εὐσεβείᾳ τῶν δικαίων ἀξιοῦντες τυχεῖν.

Τὰ δὲ τοῦ πράγματος ἐν τούτοις· ἐπὶ τῆς ἔναγχος γενομένης συνόδου ἐν τῇ Ἐφεσίων μητροπόλει — ἣν ὄφελόν
γε ἦν μὴ γενέσθαι, ἵνα μὴ κακῶν καὶ ταραχῆς τὴν οἰ- 25
κουμένην ἐμπλήσῃ — ὁ χρηστὸς Διόσκορος παρ᾽ οὐδὲν θέμενος τὸν τοῦ δικαίου λόγον καὶ τὸν τοῦ θεοῦ φόβον, ὁμόδοξος ὢν καὶ ὁμόφρων Εὐτυχοῦς τοῦ ματαιόφρονος καὶ
αἱρετικοῦ, λανθάνων δὲ τοὺς πολλούς, ὡς ὕστερον ἑαυτὸν
ἐφανέρωσεν, εὑρὼν καιρὸν τὴν γεγενημένην παρ᾽ ἐμοῦ 30
κατὰ Εὐτυχοῦς τοῦ ὁμοδόξου αὐτοῦ κατηγορίαν καὶ τὴν
ἐπ᾽ αὐτῷ ἐξενεχθεῖσαν ψῆφον παρὰ τοῦ τῆς ὁσίας λήξεως

---

[168] Siehe C Chalc. Gesta actionis primae 16 (2/1, 1,66f Schwartz); für
die vorhergehenden Verhandlungen siehe C Chalc. Gesta actionis primae 4–15 (2/1, 1,64–66 Schwartz).

Nachdem das gesagt worden war und als Dioskur gemäß dem Votum des Senats in der Mitte Platz genommen hatte, verlangte Eusebius (*sc.* von Dorylaeum), daß die Bittschriften verlesen wurden, die er dem kaiserlichen Hof eingereicht hatte, und sagte wörtlich folgendes: „Unrecht ist mir angetan worden durch Dioskur, Unrecht ist dem Glauben angetan worden, der Bischof Flavian ist ermordet worden, zusammen mit mir wurde er unrechtmäßig von ihm abgesetzt; befehlt, daß meine Bittschriften verlesen werden." Nachdem das beschlossen war, gelangte die Bittschrift zur Verlesung, die diesen Wortlaut hatte:[168]

„Von Eusebius, dem geringsten Bischof von Dorylaeum, der für sich selbst und den orthodoxen Glauben und den seligen Flavian, den ehemaligen Bischof von Konstantinopel, die Verteidigung unternimmt.

Es ist Ziel Eurer Majestät, für alle Untertanen zu sorgen und allen die Hand zu reichen, denen Unrecht geschieht, besonders aber denen, die ein bischöfliches Amt innehaben. Denn auch darin besteht die Verehrung der Gottheit, von der Euch die Herrschaft und die Gewalt auf Erden gegeben ist. Da nun gegen alle Regel der Glaube an Christus und wir selbst viel Schlimmes durch Dioskur, den gottesfürchtigsten Bischof der Großstadt Alexandrien, erlitten haben, wenden wir uns an Euere Frömmigkeit und verlangen, Gerechtigkeit zu erhalten.

Der Sachverhalt ist folgender: Auf der Synode, die vor kurzem in der Metropole Ephesus stattgefunden hat — die besser nicht stattgefunden hätte, damit die ganze Welt nicht von Übeln und Unruhen erfüllt wurde —, hat der gute Dioskur, der das Wort des Gerechten und die Furcht vor Gott für nichts achtet und der gleichen Glaubens und gleicher Gesinnung ist wie der Hohlkopf und Häretiker Eutyches, was den meisten verborgen war, was er aber später zu erkennen gab, da also hat Dioskur die Gelegenheit ergriffen, als ich meine Anklage gegen seinen Gesinnungsgenossen Eutyches erhoben und der Bischof

212   EVAGRIUS SCHOLASTICUS

Φλαβιανοῦ τοῦ ἐπισκόπου, πλῆθος ἀτάκτων ὄχλων συναγαγὼν καὶ δυναστείαν ἑαυτῷ διὰ χρημάτων πορισάμενος, τὴν εὐσεβῆ θρησκείαν τῶν ὀρθοδόξων τό γε ἧκον
εἰς αὐτὸν ἐλυμήνατο, καὶ τὴν κακοδοξίαν Εὐτυχοῦς τοῦ
μονάζοντος, ἥτις ἄνωθεν καὶ ἐξ ἀρχῆς παρὰ τῶν ἁγίων 5
πατέρων ἀπεκηρύχθη, ἐβεβαίωσεν. Ἐπεὶ οὖν οὐ μικρὰ τὰ
τετολμημένα αὐτῷ κατά τε τῆς εἰς Χριστὸν πίστεως καὶ
καθ᾽ ἡμῶν, δεόμεθα καὶ προσπίπτομεν τῷ ὑμετέρῳ κράτει
θεσπίσαι τὸν αὐτὸν εὐλαβέστατον ἐπίσκοπον Διόσκορον
ἀπολογήσασθαι τοῖς παρ᾽ ἡμῶν αὐτῷ ἐπαγομένοις· δηλα- 10
δὴ τῶν παρ᾽ αὐτοῦ καθ᾽ ἡμῶν πεπραγμένων ὑπομνημάτων
ἀναγινωσκομένων ἐπὶ τῆς ἁγίας συνόδου, δι᾽ ὧν δυνάμεθα
ἀποδεῖξαι <αὐτὸν> καὶ ἀλλότριον ὄντα τῆς ὀρθοδόξου
πίστεως, καὶ αἵρεσιν ἀσεβείας πεπληρωμένην κρατύναν-
τα, καὶ ἀδίκως ἡμᾶς καθελόντα καὶ τὰ | δεινὰ ἡμᾶς κατειρ- 15
γασμένον· θείων καὶ προσκυνουμένων ὑμῶν μανδάτων
καταπεμπομένων τῇ ἁγίᾳ καὶ οἰκουμενικῇ συνόδῳ τῶν
θεοφιλεστάτων ἐπισκόπων, ἐφ᾽ ᾧ τε ἡμῶν καὶ τοῦ προειρημένου Διοσκόρου διακοῦσαι, καὶ ἀνενεγκεῖν εἰς γνῶσιν
τῆς ὑμετέρας εὐσεβείας πάντα τὰ πραττόμενα πρὸς τὸ 20
παριστάμενον τῇ ἀθανάτῳ ὑμῶν κορυφῇ. Καὶ τούτου
τυχόντες ἀδιαλείπτους εὐχὰς ἀναπέμψαμεν ὑπὲρ τοῦ
αἰωνίου ὑμῶν κράτους, θειότατοι βασιλεῖς."

Μετὰ ταῦτα ἐκ κοινῆς δεήσεως Διοσκόρου τε καὶ
Εὐσεβίου τὰ ἐν τῷ δευτέρῳ συνεδρίῳ πεπραγμένα τῶν 25
ἐν Ἐφέσῳ διὰ τῆς ἀναγνώσεως ἐδημοσιεύετο· ὧν τὴν
λεπτομέρειαν διὰ πολλῶν μὲν ἀνειλημμένην, ἐμπεριεχο-
μένην δὲ τοῖς ἐν Καλχηδόνι κεκινημένοις, ὡς ἂν μὴ ἀδο-
λεσχεῖν δόξω τοῖς πρὸς τὸ πέρας τῶν πραγμάτων ἐπειγο-
μένοις, ὑπέταξα τῷ παρόντι τῆς ἱστορίας βιβλίῳ, ἄδειαν 30
δοὺς τοῖς πάντα λεπτῶς εἰδέναι βουλομένοις καὶ τούτοις
ἐντυχεῖν καὶ τὴν πάντων ἀκρίβειαν ἀναμάξασθαι.

---

[169] Die Akten der zweiten Synode von Ephesus (449) sind (außer in einer
syrischen Version) nur unzusammenhängend in den Akten von Chalcedon erhalten (C *Chalc.* Gesta Ephesi [2/1, 1,68–195 SCHWARTZ]).

Flavian seligen Angedenkens sein Urteil über ihn gefällt
hatte, und hat eine Menge ungeordeneter Haufen zusammengebracht, hat sich durch Geld Macht verschafft und
den frommen Glauben der Orthodoxen, soweit es in seiner Macht lag, besudelt und die Irrlehre des Mönches Eutyches, die von Anfang an und von Grund aus von den heiligen Vätern verworfen worden war, bekräftigt. Da nun
das, was er gegen den christlichen Glauben und gegen uns
zu tun gewagt hat, nicht geringfügig ist, ersuchen wir Euere Majestät kniefällig zu befehlen, daß sich der gottesfürchtigste Bischof Dioskur gegenüber den von uns erhobenen Vorwürfen verteidigt; die von ihm gegen uns
verfaßten Protokolle sollen auf der heiligen Synode verlesen werden; anhand der Protokolle können wir beweisen,
daß er sich vom orthodoxen Glauben entfernt hat, daß er
eine Häresie voller Gottlosigkeit durchgesetzt hat und
daß er uns zu Unrecht abgesetzt und uns schlimme Dinge
angetan hat; Euere kaiserlichen und verehrten Mandate
sollen der heiligen und ökumenischen Synode von gottgeliebtesten Bischöfen übersandt werden zu dem Zweck,
daß sie uns und den genannten Dioskur anhören und alles,
was verhandelt wird, Euerer Frömmigkeit zur Kenntnis
bringen zur Billigung durch Euer unsterbliches Haupt.
Wenn wir die Erfüllung dieser Bitte erlangen, werden wir
unablässige Gebete für Euere ewige Herrschaft zum Himmel schicken, heiligste Kaiser."

Danach wurden auf gemeinsame Bitten von Dioskur
und Eusebius hin die Akten der zweiten Versammlung von
Ephesus[169] durch öffentliche Verlesung bekannt gemacht.
Deren genauen Wortlaut, der auf weite Strecken wiedergegeben wird und in den Akten von Chalcedon enthalten ist,
habe ich, um denen, die zum Ende der Geschehnisse hin-
drängen, nicht zu weitschweifig zu erscheinen, diesem
Buch der Kirchengeschichte angefügt und gebe so denen,
die alles genau wissen wollen, die Möglichkeit, auch das zu
lesen und von allem die richtige Vorstellung zu gewinnen.

Ἐπιτρέχων δὲ τὰ καιριώτερα, φημὶ ὡς ἐφωράθη Διόσκορος μὴ δεξάμενος τὴν Λέοντος ἐπιστολὴν ἐπισκόπου τῆς
πρεσβυτέρας Ῥώμης, καὶ πρός γε τὴν καθαίρεσιν Φλαβιανοῦ τῆς νέας Ῥώμης ἐπισκόπου ἐν ἡμέρᾳ μιᾷ ποιησάμενος, ἐν ἀγράφῳ τε χάρτῃ παρασκευάσας τοὺς 5
ἁλισθέντας ἐπισκόπους ὑποσημήνασθαι, καὶ τὴν καθαίρεσιν Φλαβιανοῦ περιέχοντι. Ἐφ᾽ οἷς οἱ ἀπὸ τῆς συγκλήτου βουλῆς ἐψηφίσαντο τάδε·

„Περὶ μὲν τῆς ὀρθοδόξου καὶ καθολικῆς πίστεως
τελεώτερον συνόδου γινομένης τῇ ὑστεραίᾳ ἀκριβεστέ- 10
ραν ἐξέτασιν γενέσθαι συνορῶμεν. Ἐπειδὴ δὲ Φλαβιανὸς ὁ τῆς εὐσεβοῦς μνήμης καὶ Εὐσέβιος ὁ εὐλαβέστατος
ἐπίσκοπος, ἐκ τῆς τῶν πεπραγμένων καὶ διαγνωσθέντων
ἐρεύνης καὶ αὐτῆς τῆς φωνῆς τῶν γενομένων ἐξάρχων
τῆς τότε συνόδου φησάντων ἐσφάλθαι καὶ μάτην αὐτοὺς 15
| καθῃρηκέναι, οὐδὲν περὶ τὴν πίστιν σφαλέντες δείκ- | 45
νυνται ἀδίκως καθαιρεθέντες, φαίνεται ἡμῖν κατὰ τὸ
θεῷ ἀρέσκον δίκαιον εἶναι, εἰ παρασταίη τῷ θειοτάτῳ
καὶ εὐσεβεστάτῳ ἡμῶν δεσπότῃ, τῷ αὐτῷ ἐπιτιμίῳ Διόσκορον τὸν εὐλαβέστατον ἐπίσκοπον Ἀλεξανδρείας, καὶ 20
Ἰουβενάλιον τὸν εὐλαβέστατον ἐπίσκοπον Ἱεροσολύμων, καὶ Θαλάσσιον τὸν εὐλαβέστατον ἐπίσκοπον Καισαρείας Καππαδοκίας, καὶ Εὐσέβιον τὸν εὐλαβέστατον
ἐπίσκοπον Ἀρμενίας, καὶ Εὐστάθιον τὸν εὐλαβέστατον
ἐπίσκοπον Βηρυτοῦ, καὶ Βασίλειον τὸν εὐλαβέστατον 25
ἐπίσκοπον Σελευκείας Ἰσαυρίας, τοὺς ἐξουσίαν ἐσχηκότας καὶ ἐξάρχοντας τῆς τότε συνόδου, ὑποπεσεῖν
παρὰ τῆς ἱερᾶς συνόδου κατὰ τοὺς κανόνας τοῦ ἐπισκοπικοῦ ἀξιώματος ἀλλοτρίους γινομένους, πάντων τῶν
παρακολουθησάντων τῇ θείᾳ κορυφῇ γνωριζομένων." 30

---

[170] Vgl. C *Chalc.* Gesta actionis primae 87–134 (2/1, 1,83–88 SCHWARTZ).
[171] Ἀρμενίας steht fälschlich für Ἀγκύρας; ebenso *h. e.* 2,18, unten
276f; dagegen richtig Evagrius, *h. e.* 2,18, unten 304f.

Um das Wesentliche herauszugreifen, sage ich nur: Dioskur wurde überführt, daß er den Brief Leos, des Bischofs
des Alten Rom, nicht angenommen hatte, daß er außerdem
die Absetzung Flavians, des Bischofs des Neuen Rom, an
einem einzigen Tag vorgenommen und daß er die versammelten Bischöfe dazu gebracht hatte, ein unbeschriebenes
Blatt Papier zu unterzeichnen, das (dann) auch die Absetzung Flavians enthielt.[170] Daraufhin gaben die Senatsver-
treter folgendes Votum ab:

„Über den orthodoxen und katholischen Glauben soll, so
bestimmen wir, am nächsten Tag, wenn die Synode vollständig zusammengetreten ist, eine genauere Untersuchung angestellt werden. Da aus der Prüfung der Akten und Beschlüsse und aus den Äußerungen der Vorsitzenden der damaligen
Synode, die zugegeben haben, daß sie sich geirrt und sie (*sc.*
Flavian und Eusebius) ohne Grund abgesetzt haben, hervorgeht, daß Flavian frommen Angedenkens und der gottesfürchtigste Bischof Eusebius in keiner Weise vom Glauben
abgewichen sind und zu Unrecht abgesetzt worden sind,
scheint es uns gemäß dem Willen Gottes gerecht zu sein,
wenn unser heiligster und frömmster Herrscher sein Einverständnis gibt, daß Dioskur, der gottesfürchtigste Bischof von
Alexandrien, Juvenal, der gottesfürchtigste Bischof von
Jerusalem, Thalassius, der gottesfürchtigste Bischof von
Caesarea in Kappadokien, Eusebius, der gottesfürchtigste
Bischof von Armenien[171], Eustathius, der gottesfürchtigste
Bischof von Berytus, und Basilius, der gottesfürchtigste
Bischof von Seleucia in Isaurien, die auf der damaligen Synode die Vollmacht hatten und die die Vorsitzenden waren,
von der heiligen Synode derselben Strafe unterworfen wer-
den und gemäß den Kanones die bischöfliche Würde verlieren, wenn alles, was in der Folge verhandelt worden ist,
dem kaiserlichen Haupt bekanntgemacht wird."[172]

---

[172] Siehe C *Chalc.* Gesta actionis primae 1068 (2/1, 1, 195 SCHWARTZ). —
Damit endete die erste Sitzung.

Εἶτα λιβέλλων ἐς ἑτέραν ἐπιδεδομένων κατὰ Διοσκόρου ἐγκλημάτων τε χάριν καὶ χρημάτων, ὡς δίς τε καὶ
τρὶς κληθεὶς ὁ Διόσκορος οὐχ ὑπήντησεν ἐπὶ προφά-
σεσιν αἷς εἴρηκεν, οἱ τὸν τόπον πληροῦντες Λέοντος τοῦ
τῆς πρεσβυτέρας Ῥώμης ἐπισκόπου ἐπὶ λέξεως ἀπ- 5
εφήναντο ταῦτα·
„Δῆλα γεγένηται τὰ τετολμημένα Διοσκόρῳ τῷ γενο-
μένῳ τῆς Ἀλεξανδρέων μεγαλοπόλεως ἐπισκόπῳ κατὰ
τῆς τῶν κανόνων τάξεως καὶ τῆς ἐκκλησιαστικῆς καταστάσεως, ἐκ τῶν ἤδη ἐξετασθέντων ἐν τῷ πρώτῳ συν- 10
εδρίῳ καὶ ἀπὸ τῶν σήμερον πεπραγμένων. Οὗτος γάρ,
ἵνα τὰ πολλὰ παραλίπωμεν, Εὐτυχῆ τὸν ὁμόδοξον αὐτῷ
καθαιρεθέντα κανονικῶς παρὰ τοῦ ἰδίου ἐπισκόπου,
τοῦ ἐν ἁγίοις φαμὲν πατρὸς ἡμῶν καὶ ἐπισκόπου Φλαβιανοῦ, αὐθεντήσας ἀκανονίστως εἰς κοινωνίαν ἐδέ- 15
ξατο, πρὶν ἢ συνεδρεῦσαι ἐν τῇ Ἐφεσίων μετὰ τῶν θεο-
φιλῶν ἐπισκόπων. Ἀλλ’ | ἐκείνοις μὲν ὁ ἀποστολικὸς | 46
θρόνος συγγνώμην ἀπένειμεν ἐπὶ τοῖς ἐκεῖθεν μὴ κατὰ
γνώμην ὑπ’ αὐτῶν πεπραγ μένοις· οἳ καὶ διετέλεσαν μέχρι τοῦ παρόντος ἑπόμενοι τῷ ἁγιωτάτῳ ἀρχιεπισκό- 20
πῳ Λέοντι καὶ πάσῃ τῇ ἁγίᾳ καὶ οἰκουμενικῇ συνόδῳ· οὗ
δὴ χάριν καὶ ἐν τῇ αὐτοῦ κοινωνίᾳ αὐτοὺς ὁμοπίστους
ἐδέξατο. Οὗτος δὲ καὶ μέχρι τοῦ παρόντος διέμεινε
σεμνυνόμενος ἐπ’ ἐκείνοις οἷς ἔδει στένειν καὶ εἰς γῆν
κεκυφέναι. Πρὸς τούτοις δὲ οὐδὲ τὴν ἐπιστολὴν ἀνα- 25
γνωσθῆναι συνεχώρησε τοῦ μακαρίου πάπα Λέοντος,
τὴν γραφεῖσαν παρ’ αὐτοῦ πρὸς τὸν ἐν ἁγίοις τὴν μνήμην
Φλαβιανόν, καὶ ταῦτα πολλάκις παρακληθεὶς ἀναγνωσθῆναι ταύτην ὑπὸ τῶν κεκομικότων, καὶ μεθ’ ὅρκων
ποιήσασθαι τὴν ἀνάγνωσιν ὑποσχόμενος.Ἧς μὴ ἀνα- 30

173 Die von Evagrius in Übereinstimmung mit den griechischen Akten als
zweite angeführte Sitzung war E. SCHWARTZ zufolge tatsächlich die dritte,
die am 13. Oktober im Martyrium der EUPHEMIA stattfand; an ihr nahmen
nur die Bischöfe (mit Ausnahme der ägyptischen und palästinischen) teil
(C Chalc. Actio secunda [2/1,2,3–42 SCHWARTZ]). Auf dieser Sitzung
hatten die päpstlichen Legaten den Vorsitz. — Diese Reihenfolge der

Als dann noch für eine weitere (Sitzung)[173] Anklageschriften wegen persönlicher Verfehlungen und wegen
Geldsachen gegen Dioskur eingereicht worden waren und
er nach zwei- und dreimaliger Vorladung unter Ausflüch-
ten, die er vorbrachte, nicht gekommen war, verkündeten
die Stellvertreter Leos, des Bischofs des Alten Rom, wörtlich folgendes:

„Was Dioskur, der ehemalige Bischof der Großstadt
Alexandrien, gegen die Ordnung der Kanones und die
kirchliche Verfassung zu tun gewagt hat, ist schon aus den
Untersuchungen der ersten Sitzung und aus den heutigen
Verhandlungen offenbar geworden. Denn dieser hat, um
das meiste beiseite zu lassen, seinen Glaubensgenossen
Eutyches, der von seinem Bischof — wir meinen unseren
seligen Vater und Bischof Flavian — gemäß den kanonischen Bestimmungen abgesetzt worden war, eigenmächtig
und gegen die kanonischen Bestimmungen in seine Gemeinschaft aufgenommen, noch ehe er mit den gottgeliebten Bischöfen in Ephesus zusammengetreten war. Aber
jenen gewährt der apostolische Stuhl Verzeihung mit
Rücksicht darauf, daß sie dort nicht ihrer Überzeugung
entsprechend gehandelt haben; sie sind auch bis zum heutigen Tag dem heiligsten Erzbischof Leo und der gesamten
heiligen und ökumenischen Synode treu gefolgt; deswegen hat er sie auch in seine Gemeinschaft aufgenommen,
da sie mit ihm gleichen Glaubens sind. Dieser aber (sc.
Dioskur) hat sich weiterhin bis zum heutigen Tag mit dem
gebrüstet, dessentwegen er laut klagen und den Kopf zur
Erde beugen müßte. Außerdem hat er nicht zugelassen,
daß der Brief des seligen Papstes Leo verlesen wurde, den
er an Flavian seligen Angedenkens geschrieben hat, und
das, obwohl er von denen, die ihn überbracht hatten,
mehrmals aufgefordert worden war, ihn verlesen zu lassen, und er unter Eiden die Verlesung versprochen hatte.

Sitzungen wurde jedoch neuerdings wieder in Frage gestellt.

γνωσθείσης, σκανδάλων καὶ βλάβης τὰς ἀνὰ τὴν οἰκουμένην ἁγιωτάτας ἐπλήρωσεν ἐκκλησίας. Ἀλλ᾽ ὅμως
τοιούτων παρ᾽ αὐτοῦ τολμηθέντων, ἐσκοποῦμεν περὶ
τῆς προτέρας αὐτοῦ ἀνοσίας πράξεως φιλανθρωπίας
τινὸς αὐτὸν ἀξιῶσαι ὡς καὶ τοὺς λοιποὺς θεοφιλεῖς ἐπι- 5
σκόπους, καίτοι μηδὲ τὴν αὐθεντίαν αὐτῷ παραπλησίως
τῆς κρίσεως ἐσχηκότας. Ἐπειδὴ δὲ τοῖς δευτέροις τὴν
προτέραν παρανομίαν ὑπερηκόντισεν, ἐτόλμησε δὲ καὶ
ἀκοινωνησίαν ὑπαγορεῦσαι κατὰ τοῦ ἁγιωτάτου καὶ
ὁσιωτάτου ἀρχιεπισκόπου τῆς μεγάλης Ῥώμης Λέον- 10
τος, πρὸς δὲ τούτοις καὶ λιβέλλων παρανομιῶν μεστῶν
κατ᾽ αὐτοῦ προσενεχθέντων τῇ ἁγίᾳ καὶ μεγάλῃ
συνόδῳ, καὶ ἅπαξ καὶ δὶς καὶ τρὶς διὰ θεοφιλῶν ἐπισκόπων κανονικῶς κληθεὶς οὐχ ὑπήκουσεν, ὑπὸ τοῦ
οἰκείου συνειδότος δηλονότι κεντούμενος, καὶ τοὺς 15
παρὰ | συνόδων διαφόρων ἐνθέσμως καθαιρεθέντας | 47
παρανόμως ἐδέξατο, αὐτὸς καθ᾽ ἑαυτοῦ τὴν ψῆφον
ἐξήνεγκε διαφόρως τοὺς ἐκκλησιαστικοὺς πατήσας θεσμούς. Ὅθεν ὁ ἁγιώτατος καὶ μακαριώτατος ἀρχιεπίσκοπος τῆς μεγάλης καὶ πρεσβυτέρας Ῥώμης Λέων δι᾽ 20
ἡμῶν καὶ τῆς παρούσης συνόδου, μετὰ τοῦ τρισμακαρίου καὶ πανευφήμου Πέτρου τοῦ ἀποστόλου, ὅς ἐστι
πέτρα καὶ κρηπὶς τῆς καθολικῆς ἐκκλησίας καὶ τῆς
ὀρθοδόξου πίστεως θεμέλιος ἐγύμνωσεν αὐτὸν τοῦ τε
ἐπισκοπικοῦ ἀξιώματος καὶ πάσης ἱερατικῆς ἠλλοτρί- 25
ωσεν ἐνεργείας. Τοιγαροῦν ἡ ἁγία αὕτη καὶ μεγάλη
σύνοδος τὰ δόξαντα τοῖς κανόσιν ἐπὶ τῷ μνημονευθέντι
Διοσκόρῳ ψηφίσεται."
    Τούτων παρὰ τῆς συνόδου κυρωθέντων καί τι-
νων ἑτέρων πεπραγμένων, οἱ μὲν ἅμα Διοσκόρῳ καθ- 30
αιρεθέντες παρακλήσει τῆς συνόδου καὶ νεύμασι τῆς

---

[174] Das geht aus C *Chalc.* Libellus Theodori diaconi (2/1,2,16, Zeile
26–34 SCHWARTZ) hervor.

Da der Brief nicht verlesen wurde, hat er den heiligsten
Kirchen in der ganzen Welt Ärgernisse und Schaden zugefügt. Aber trotz dieser seiner Taten hatten wir dennoch die
Absicht, ihn hinsichtlich seiner ersten unfrommen Handlung mit Milde zu behandeln wie auch die übrigen gottgeliebten Bischöfe, obwohl sie nicht in gleicher Weise wie er
die Entscheidungsvollmacht hatten. Da er aber die erste
Ungesetzlichkeit mit den zweiten Vergehen noch übertroffen hat und es sogar gewagt hat, die Exkommunikation
gegen den heiligsten und frömmsten Erzbischof des großen Rom, Leo, auszusprechen[174], da außerdem Anklageschriften gegen ihn, die viele (seine) Gesetzwidrigkeiten
enthalten, der heiligen und großen Synode vorgelegt worden sind und er, obwohl er einmal und zweimal und dreimal
von den gottgeliebten Bischöfen gemäß den Kanones geladen wurde, nicht gehorcht hat, natürlich wegen seines
schlechten Gewissens, und da er diejenigen, die von verschiedenen Synoden rechtmäßig abgesetzt worden waren,
widerrechtlich in seine Gemeinschaft aufgenommen hat, so
hat er gegen sich selbst das Urteil gefällt, weil er auf vielfältige Weise die kirchlichen Satzungen mit Füßen getreten hat.
Daher hat der heiligste und seligste Erzbischof des Großen
und Alten Rom, Leo, durch uns und durch die gegenwärtige
Synode, gemeinsam mit dem dreifach seligen und hochberühmten Apostel Petrus, der Fels und Eckstein der katholischen Kirche und Fundament des orthodoxen Glaubens ist,
ihn der bischöflichen Würde entkleidet und von aller priesterlichen Tätigkeit ausgeschlossen. Daher wird diese große und heilige Synode bezüglich des erwähnten Dioskur
die Beschlüsse fassen, die den Kanones entsprechen."[175]

Nachdem dies von der Synode bekräftigt und noch einiges
andere verhandelt worden war, erlangten die zugleich mit
Dioskur abgesetzen Bischöfe auf Vorschlag der Synode und

---

[175] Siehe C *Chalc.* Actio secunda 94 (2/1,2,28f SCHWARTZ).

βασιλείας ἀνακλήσεως ἔτυχον. Ἑτέρων δὲ τοῖς πεπραγμένοις ἐπεισενεχθέντων, ὅρος ἐξεφωνήθη λέγων αὐτοῖς
ὀνόμασι ταῦτα·

„Ὁ κύριος ἡμῶν καὶ σωτὴρ Ἰησοῦς Χριστὸς τῆς
πίστεως τὴν γνῶσιν τοῖς μαθηταῖς βεβαιῶν ἔφη· ‚Εἰρή- 5
νην τὴν ἐμὴν δίδωμι ὑμῖν, εἰρήνην τὴν ἐμὴν ἀφίημι ὑμῖν,‘
ὥστε μηδένα πρὸς τὸν πλησίον διαφωνεῖν ἐν τοῖς δόγ-
μασι τῆς εὐσεβείας, ἀλλ᾽ ἐπ᾽ ἴσης τὸ τῆς ἀληθείας ἐπι-
δείκνυσθαι κήρυγμα."

Καὶ μετὰ ταῦτα ἀναγνωσθέντος τοῦ ἐν Νικαίᾳ ἁγίου 10
συμβόλου, καὶ πρός γε τῶν ἑκατὸν πεντήκοντα ἁγίων
πατέρων, ἐπήγαγον·

„Ἧκει μὲν οὖν εἰς ἐντελῆ τῆς εὐσεβείας ἐπίγνωσίν τε
καὶ βεβαίωσιν τὸ σοφὸν καὶ σωτήριον τοῦτο τῆς θείας
χάριτος σύμβολον· περί τε γὰρ τοῦ πατρὸς καὶ τοῦ υἱοῦ 15
καὶ τοῦ ἁγίου πνεύματος ἐκδιδάσκει τὸ τέλειον, καὶ τοῦ
Κυρίου τὴν ἐνανθρώπησιν τοῖς πιστῶς δεχομένοις παρ-
|ίστησιν. Ἀλλ᾽ ἐπειδήπερ οἱ τῆς ἀληθείας ἐχθροὶ ἀθετεῖν | 48
ἐπιχειροῦσι τὸ κήρυγμα διὰ τῶν οἰκείων αἱρέσεων καὶ
κενοφωνίας ἀπέτεκον, οἱ μὲν τὸ τῆς δι᾽ ἡμᾶς τοῦ Κυρίου 20
οἰκονομίας μυστήριον παραφθείρειν τολμήσαντες καὶ
τὴν θεοτόκος ἐπὶ τῆς παρθένου φωνὴν ἀπαρνούμενοι, οἱ
δὲ σύγχυσιν καὶ κρᾶσιν εἰσάγοντες καὶ μίαν εἶναι τὴν
φύσιν τῆς σαρκὸς καὶ τῆς θεότητος ἀνοήτως ἀναπλάτ-
τοντες, καὶ παθητὴν τοῦ μονογενοῦς τὴν θείαν φύσιν 25
τῇ συγχύσει τερατευόμενοι· διὰ τοῦτο πᾶσαν αὐτοῖς
ἀποκλεῖσαι κατὰ τῆς ἀληθείας μηχανὴν βουλομένη,

---

[176] Es waren JUVENAL VON JERUSALEM, THALASSIUS VON CAESAREA,
EUSEBIUS VON ANCYRA, BASILIUS VON SELEUCIA und EUSTATHIUS VON
BERYTUS, die auf der vierten Sitzung am 17. Oktober von der Absetzung
freigesprochen wurden (*C Chalc.* Actio quarta 12–17 [2/1,2,109
SCHWARTZ).

[177] Die Glaubenserklärung wurde auf der fünften Sitzung am 22. Oktober
abgegeben (*C Chalc.* Actio quinta 31–39 [2/1,2,126–130 SCHWARTZ]) und
noch einmal auf der sechsten Sitzung am 25. Oktober im Beisein des
Kaisers verlesen. Die eigentliche Definition, der *Horos,* findet sich in
C Chalc. Actio quinta 34 (2/1,2,129f SCHWARTZ).

mit Zustimmung des Kaisers die Widerrufung (ihrer Absetzung)[176]. Nachdem noch anderes in die Akten aufgenommen worden war, wurde eine Glaubensdefinition[177] ausgesprochen, die diesen Wortlaut hatte:

„Unser Herr und Erlöser Jesus Christus hat gesagt, als er in seinen Jüngern die Kenntnis des Glaubens festigen wollte: ‚Meinen Frieden gebe ich Euch, meinen Frieden hinterlasse ich Euch' (Joh 14, 27), damit niemand über die Dogmen des rechten Glaubens mit seinem Nächsten verschiedener Meinung sei, sondern die Verkündigung der Wahrheit (überall) in gleicher Weise geschehe."

Danach wurde das heilige Glaubenssymbol von Nicaea vorgelesen und außerdem das Symbol der 150 heiligen Väter[178]; dann fügten sie hinzu:

„Zur vollständigen Erkenntnis und Festigung des Glaubens hätte dieses weise und heilbringende Symbol der göttlichen Gnade genügt; denn es enthält die vollkommene Lehre über den Vater und den Sohn und den Heiligen Geist und stellt die Menschwerdung des Herrn denen, die sie gläubig annehmen, dar. Aber da die Feinde der Wahrheit die Verkündigung durch ihre Häresien zunichte zu machen suchen und leeres Gerede in die Welt gesetzt haben, die einen, indem sie es wagen, das Geheimnis der Menschwerdung des Herrn, die um unseretwillen geschah, zu zerstören, und das Wort „Gottesgebärerin" für die Jungfrau ablehnen[179], die anderen, indem sie eine Vermengung und Vermischung einführen und törichterweise behaupten, daß die Natur des Fleisches und der Gottheit eine sind, und uns vorgaukeln, daß die göttliche Natur des Einziggeborenen durch die Vermengung leidensfähig wird[180] — deswegen, um ihnen jede Möglichkeit zu einer Verdrehung der Wahrheit zu verschließen,

---

[178] Das sogenannte *Constantinopolitanum* von 381. Verlesung der beiden Symbole C *Chalc.* Actio quinta 32f (2/1, 2, 127f SCHWARTZ).
[179] Damit ist NESTORIUS gemeint.
[180] Das ist gegen EUTYCHES gerichtet.

ἡ παροῦσα νῦν αὕτη ἁγία καὶ μεγάλη καὶ οἰκουμενικὴ
σύνοδος τὸ τοῦ κηρύγματος ἄνωθεν ἀσάλευτον ἐκδι-
κοῦσα ὥρισε προηγουμένως τῶν τριακοσίων δέκα ὀκτὼ
ἁγίων πατέρων τὴν πίστιν μένειν ἀπαρεγχείρητον. Καὶ
διὰ μὲν τοὺς τῷ πνεύματι τῷ ἁγίῳ μαχομένους, τὴν χρό- 5
νοις ὕστερον παρὰ τῶν ἐπὶ τῆς βασιλευούσης πόλεως
ἑκατὸν πεντήκοντα συνελθόντων πατέρων περὶ τῆς τοῦ
πνεύματος οὐσίας παραδοθεῖσαν διδασκαλίαν κυροῖ, ἣν
ἐκεῖνοι πᾶσιν ἐγνώρισαν, οὐχ ὥς τι λεῖπον τοῖς προλα-
βοῦσιν ἐπεισάγοντες, ἀλλὰ τὴν περὶ τοῦ ἁγίου πνεύμα- 10
τος αὐτῶν ἔννοιαν κατὰ τῶν τὴν αὐτοῦ δεσποτείαν ἀθε-
τεῖν πειρωμένων γραφικαῖς μαρτυρίαις τρανώσαντες.
Διὰ δὲ τοὺς τὸ τῆς οἰκονομίας παραφθείρειν τολμῶντας
μυστήριον καὶ ψιλὸν ἄνθρωπον τὸν ἐκ τῆς ἁγίας παρθένου τεχθέντα Μαρίας ἀναιδῶς ληρωδοῦντας, τὰς τοῦ 15
μακαρίου Κυρίλλου τοῦ τῆς Ἀλεξανδρέων ἐκκλησίας
γενομένου ποιμένος συνοδικὰς ἐπιστολὰς πρός γε Νεστόριον καὶ πρὸς τοὺς τῆς ἀνατολῆς ἁρμοδίους οὔσας
ἐδέξατο εἰς ἔλεγχον μὲν τῆς Νεστορίου φρενοβλαβείας,
ἑρμηνείαν δὲ τῶν ἐν εὐσεβεῖ ζήλῳ τοῦ σωτηρίου συμ- 20
βόλου ποθούντων τὴν ἔννοιαν· αἷς καὶ τὴν ἐπιστολὴν τοῦ
τῆς | μεγίστης καὶ πρεσβυτέρας Ῥώμης προέδρου, τοῦ | 49
μακαριωτάτου καὶ ἁγιωτάτου ἀρχιεπισκόπου Λέοντος,
τὴν γραφεῖσαν πρὸς τὸν ἐν ἁγίοις ἀρχιεπίσκοπον Φλαβιανὸν ἐπ᾿ ἀναιρέσει τῆς Εὐτυχοῦς κακονοίας, ἅτε δὴ τῇ 25
τοῦ μεγάλου Πέτρου ὁμολογίᾳ συμβαίνουσαν, κοινήν
τινα στήλην ὑπάρχουσαν κατὰ τῶν κακοδοξούντων,
εἰκότως συνήρμοσε πρὸς τὴν τῶν ὀρθῶν δογμάτων
βεβαίωσιν. Τοῖς τε γὰρ εἰς υἱῶν δυάδα τὸ τῆς οἰκονομίας
διασπᾶν ἐπιχειροῦσι μυστήριον παρατάττεται· καὶ 30

---

[181] Die „Geistbekämpfer" sind die Pneumatomachen.
[182] CYRILLS zweiter Brief an NESTORIUS: C Eph. Collectio Vaticana 4
(1/1, 1,25–28 SCHWARTZ); Brief an JOHANNES VON ANTIOCHIEN: C Eph.
Collectio Vaticana 127 (1/1, 4,15–20 SCHWARTZ).

hat diese gegenwärtige heilige und große und ökumenische Synode, die lehrt, was von Anfang an unerschüttert
verkündet wird, vorrangig bestimmt, daß die Glaubens-
formel der 318 heiligen Väter (von Nicaea) unangetastet
bleiben soll. In Bezug auf die, die den Heiligen Geist be-
kämpfen[181], bestätigt die Synode die Lehre, die Jahre später die in der Hauptstadt zusammengekommenen 150 Väter über das Wesen des (Heiligen) Geistes überliefert
haben und die sie allen zur Kenntnis gebracht haben, nicht
weil sie etwas, das bei ihren Vorgängern fehlte, hinzufügen wollten, sondern weil sie deren Auffassung über den
Heiligen Geist gegen die, die seine Herrschaft zu beseitigen suchen, durch Zeugnisse aus der Schrift verdeutlichen
wollten. In Bezug auf die, die das Geheimnis der Heilsord-
nung zu zerstören wagen und unverschämt daherreden,
daß der aus der heiligen Jungfrau Maria Geborene ein blo-
ßer Mensch gewesen ist, hat die Synode die Synodalbriefe
des seligen Cyrill, des ehemaligen Hirten der Kirche von
Alexandrien, an Nestorius und an die Orientalen[182] als geeignet zur Widerlegung des Wahnsinns des Nestorius angenommen und als Auslegungshilfe für die, die in from-
mem Eifer den Sinn des heilbringenden Symbols zu
erfassen suchen; diesen Briefen hat die Synode zur Festigung der rechten Dogmen mit Recht auch den Brief hinzugefügt, den der vorsitzende Bischof des Größten und Alten
Rom, der seligste und heiligste Erzbischof Leo, an den seligen Erzbischof Flavian zur Beseitigung der Irrlehre des
Eutyches geschrieben hat[183], da er mit dem Bekenntnis des
großen Petrus übereinstimmt und gleichsam eine Säule ist,
die uns gegen die Irrgläubigen zusammenhält. Denn er wendet sich gegen die, die das Geheimnis der Menschwerdung in
eine Zweiheit von Söhnen auseinanderzureißen versuchen;

---

[183] *C Chalc.* Epistula Leonis ad Flavianum (2/2, 1,24–33 SCHWARTZ).

224   EVAGRIUS SCHOLASTICUS

τοὺς παθητὴν τοῦ μονογενοῦς λέγειν τολμῶντας τὴν
θεότητα τοῦ τῶν ἱερῶν ἀπωθεῖται συλλόγου· καὶ τοῖς ἐπὶ
τῶν δύο φύσεων τοῦ Χριστοῦ κρᾶσιν ἢ σύγχυσιν ἐπι-
νοοῦσιν ἀνθίσταται· καὶ τοὺς οὐρανίου ἢ ἑτέρας τινὸς
οὐσίας τὴν ἐξ ἡμῶν ληφθεῖσαν αὐτῷ τοῦ δούλου μορφὴν 5
παραπαίοντας ἐξ ἐλαύνει· καὶ <τοὺς> δύο μὲν πρὸ τῆς
ἑνώσεως φύσεις τοῦ Κυρίου μυθεύοντας, μίαν δὲ μετὰ
τὴν ἕνωσιν ἀναπλάττοντας ἀναθεματίζει.

Ἑπόμενοι τοίνυν τοῖς ἁγίοις πατράσιν, ἕνα καὶ τὸν
αὐτὸν ὁμολογοῦμεν υἱὸν τὸν κύριον ἡμῶν Ἰησοῦν 10
Χριστόν, καὶ συμφώνως ἅπαντες ἐκδιδάσκομεν τέλειον
τὸν αὐτὸν ἐν θεότητι καὶ τέλειον τὸν αὐτὸν ἐν ἀνθρωπότητι, θεὸν ἀληθῶς καὶ ἄνθρωπον ἀληθῶς, τὸν αὐτὸν
ἐκ ψυχῆς λογικῆς καὶ σώματος, ὁμοούσιον τῷ πατρὶ
κατὰ τὴν θεότητα καὶ ὁμοούσιον ἡμῖν τὸν αὐτὸν κατὰ 15
τὴν ἀνθρωπότητα, κατὰ πάντα ὅμοιον ἡμῖν χωρὶς
ἁμαρτίας· πρὸ αἰώνων μὲν ἐκ τοῦ πατρὸς γεννηθέντα
κατὰ τὴν θεότητα, ἐπ᾽ ἐσχάτων δὲ τῶν ἡμερῶν τὸν αὐτὸν
δι᾽ ἡμᾶς καὶ διὰ τὴν ἡμετέραν σωτηρίαν ἐκ Μαρίας τῆς
παρθένου καὶ θεοτόκου κατὰ τὴν ἀνθρωπότητα· ἕνα καὶ 20
τὸν αὐτὸν Ἰησοῦν Χριστὸν υἱὸν κύριον μονογενῆ ἐν
δύο φύσεσιν ἀσυγχύτως, ἀτρέπτως, ἀδιαιρέτως, ἀχω-
ρίστως γνωριζόμενον, οὐδαμοῦ τῆς | τῶν φύσεων δια- | 50
φορᾶς ἀνῃρημένης διὰ τὴν ἕνωσιν, σωζομένης δὲ μᾶλλον τῆς ἰδιότητος ἑκατέρας φύσεως, καὶ εἰς ἓν πρόσωπον 25
καὶ μίαν ὑπόστασιν συντρεχούσης· οὐχ ὡς εἰς δύο
πρόσωπα μεριζόμενον ἢ διαιρούμενον, ἀλλ᾽ ἕνα καὶ τὸν
αὐτὸν υἱὸν μονογενῆ, θεὸν Λόγον, κύριον Ἰησοῦν
Χριστόν, καθάπερ ἄνωθεν οἱ προφῆται περὶ αὐτοῦ καὶ
αὐτὸς ἡμᾶς ὁ Χριστὸς ἐξεπαίδευσε, καὶ τὸ τῶν πατέρων 30
ἡμῖν παραδέδωκε σύμβολον. — Τούτων τοίνυν μετὰ
πάσης ἀκριβείας τε καὶ ἐμμελείας παρ᾽ ἡμῶν διατυ-
πωθέντων, ὥρισεν ἡ ἁγία καὶ οἰκουμενικὴ σύνοδος

---

[184] Hier beginnt die eigentliche Glaubensdefinition.

er schließt die, die zu sagen wagen, daß die Gottheit des Einziggeborenen leidensfähig ist, aus der Gemeinschaft der Heiligen aus; er stellt sich gegen die, die sich die zwei Naturen Christi wie eine Vermengung und Vermischung vorstellen; er vertreibt die, die irrigerweise behaupten, daß die Knechtsgestalt, die er von uns angenommen hat, aus einer himmlischen oder irgendeiner anderen Substanz bestehe, und er anathematisiert die, die von zwei Naturen des Herrn vor der Einigung fabulieren, sich aber nach der Einigung eine Natur vorstellen.

Wir folgen also den heiligen Vätern[184] und bekennen einen und denselben Sohn, unseren Herrn Jesus Christus, und übereinstimmend lehren wir alle: Derselbe ist vollkommen in der Gottheit und derselbe ist vollkommen in der Menschheit, er ist wahrhaft Gott, und derselbe ist wahrhaft Mensch aus Vernunftseele und Leib, er ist wesensgleich dem Vater der Gottheit nach und derselbe ist uns wesensgleich der Menschheit nach, in allem uns gleich außer der Sünde; er ist vor allen Zeiten aus dem Vater geboren der Gottheit nach, derselbe ist am Ende der Tage um unseretwillen und um unserer Rettung willen geboren aus Maria, der Jungfrau und Gottesgebärerin, der Menschheit nach; ein und derselbe ist Jesus Christus, Sohn, Herr, Einziggeborener, der in zwei Naturen unvermischt, unverändert, ungeteilt und ungetrennt erkannt wird, ohne daß der Unterschied der Naturen durch die Einigung aufgehoben wird, vielmehr wird die Eigentümlichkeit jeder der beiden Naturen gewahrt, beide vereinigen sich zu einer Person und einer Hypostase; nicht als ob er in zwei Personen geteilt und zertrennt wäre, sondern er ist ein und derselbe einziggeborene Sohn, Gott Logos, Herr Jesus Christus, wie von Anbeginn an die Propheten über ihn und Christus selbst uns gelehrt hat und das Symbol der Väter es uns überliefert hat. — Da dies nun mit aller Genauigkeit und Sorgfalt von uns definiert worden ist, hat die heilige und ökumenische Synode

ἑτέραν πίστιν μηδενὶ ἐξεῖναι προφέρειν, εἴτ᾽ οὖν συγγρά-
φειν, ἢ συντιθέναι, ἢ φρονεῖν, ἢ διδάσκειν ἑτέρως. Τοὺς δὲ
τολμῶντας ἢ συντιθέναι πίστιν ἑτέραν, ἤγουν προκομί-
ζειν, ἢ διδάσκειν, ἢ παραδιδόναι ἕτερον σύμβολον τοῖς
ἐθέλουσιν ἐπιστρέφειν εἰς ἐπίγνωσιν ἀληθείας ἐξ Ἑλλη- 5
νισμοῦ καὶ ἐξ Ἰουδαϊσμοῦ ἢ ἐξ ἑτέρας αἱρέσεως οἵας δή
ποτε, τούτους εἰ μὲν εἶεν ἐπίσκοποι ἢ κληρικοί, ἀλλοτρίους
εἶναι τοὺς ἐπισκόπους τῆς ἐπισκοπῆς καὶ τοὺς κληρικοὺς
τοῦ κλήρου, εἰ δὲ μονάζοντες ἢ λαϊκοὶ εἶεν, ἀναθεματίζεσθαι.“   10

Μετὰ τοίνυν τὸν ἀνεγνωσμένον ὅρον, καὶ βασιλεὺς
Μαρκιανὸς ἀνὰ τὴν Καλχηδοναίων τῇ συνόδῳ παραγενόμενος δημηγορήσας τε αὖ ἐπανέζευξε. Καί τισι
συμβάσεσιν Ἰουβενάλιός τε καὶ Μάξιμος τὰ περὶ τῶν
κατ᾽ αὐτοὺς ἐπαρχιῶν διῴκησαν, καὶ Θεοδώρητος καὶ 15
Ἴβας ἀνεκλήθησαν, καὶ ἕτερα κεκίνητο, ἅπερ, ὡς ἔφθην
εἰπών, μετὰ ταύτην τὴν ἱστορίαν ἐγγέγραπται. Ἐδόκει
δὲ καὶ τὸν θρόνον τῆς νέας Ῥώμης ἐκ τῶν δευτερείων τῆς
πρεσβυτέρας Ῥώμης τῶν ἄλλων τὰ πρεσβεῖα φέρειν.

5. Ἐπὶ τούτοις Διόσκορος μὲν τὴν τῶν Γαγγρηνῶν 20
τῶν Παφλαγόνων οἰκεῖν κατακρίνεται, Προτέριος δὲ τὴν
ἐπισκοπὴν ψήφῳ κοινῇ τῆς συνόδου τῆς Ἀλεξανδρέων
| κληροῦται. Ὃς ἐπειδὴ τὸν οἰκεῖον κατειλήφει θρόνον, | 51
μέγιστος καὶ ἀνύποιστος τάραχος τῷ δήμῳ ἀνέστη πρὸς
διαφόρους κυμαινομένῳ γνώμας. Οἱ μὲν γὰρ Διόσκορον 25
ἐπεζήτουν, οἷά περ εἰκὸς ἐν τοῖς τοιούτοις γίγνεσθαι, οἱ δὲ
Προτερίου μάλα γεννικῶς ἀντείχοντο, ὡς καὶ πολλὰ καὶ
ἀνήκεστα προελθεῖν. Ἱστορεῖ δ᾽ οὖν Πρίσκος ὁ ῥήτωρ

---

185 Jerusalem wurde Patriarchat, und die drei palästinischen Provinzen, die
zum Patriarchat Antiochien gehört hatten, wurden Jerusalem unterstellt.
186 Der Vorrang Konstantinopels wurde im (umstrittenen) Kanon 28
festgesetzt, siehe *h. e.* 2,18, unten 318f Anm. 310.
187 DIOSKUR wurde 451 verbannt; er starb drei Jahre später.
188 Der Chalcedon-Anhänger PROTERIUS war zwar von ägyptischen Bischöfen, aber in Konstantinopel im November 451 zum Nachfolger von
DIOSKUR geweiht worden; gegen die Absetzung von DIOSKUR hatten
sich ägyptische Bischöfe schon auf dem Konzil widersetzt (siehe *h. e.*

bestimmt, daß es niemandem erlaubt ist, ein anderes Glaubensbekenntnis zu verkünden, weder schriftlich zu verfassen oder zu formulieren, noch anders zu denken oder zu
lehren. Diejenigen, die es wagen, ein anderes Glaubensbekenntnis zu verfassen, das heißt zu verkünden oder zu lehren oder ein anderes Symbol denen zu übergeben, die aus
dem Heidentum oder Judentum oder aus irgendeiner anderen Häresie kommen und sich zur Erkenntnis der Wahrheit
bekehren wollen, diese sollen, wenn sie Bischöfe oder Kleriker sind, ausgeschlossen sein, und zwar die Bischöfe aus dem
Bischofsamt, die Kleriker aus dem Klerus, wenn sie Mönche
oder Laien sind, sollen sie mit dem Anathem belegt werden."
      Nach der Verlesung der Definition nahm auch der Kaiser
Marcian in Chalcedon an der Synode teil und hielt eine Rede,
dann kehrte er wieder zurück. Im Verlauf einiger Zusammenkünfte regelten Juvenal und Maximus Angelegenheiten,
die ihre Diözesen betrafen[185], und Theodoret und Ibas wurden wieder eingesetzt, und noch anderes wurde verhandelt,
was ich, wie schon gesagt, als Anhang diesem Buch beigefügt
habe. Es wurde auch beschlossen, daß der Bischofsthron des
Neuen Rom an zweiter Stelle hinter dem Alten Rom den
Vorrang gegenüber allen anderen haben sollte.[186]
      5.   Daraufhin wurde Dioskur zur Verbannung nach Gan-
gra in Paphlagonien[187] verurteilt und Proterius auf allgemeinen Beschluß der Synode zum Bischof von Alexandrien
ernannt.[188] Aber als er seinen Thron eingenommen hatte, entstand ein gewaltiger und unerträglicher Aufruhr im Volk, das
zwischen verschiedenen Meinungen hin- und hergerissen
war. Denn die einen wollten Dioskur wiederhaben, wie
das in solchen Situationen gewöhnlich geschieht, die anderen
hielten ganz stark zu Proterius, so daß vieles entstand,
was nicht wieder gutzumachen war. Der Rhetor Priscus

2,18, unten 306–309). Mit dem Aufstand gegen Proterius beginnen die
langwährenden, oftmals blutigen Auseinandersetzungen um die Zweinaturenlehre des Konzils von Chalcedon, die in Ägypten, zeitweise in
Palästina und in weiten Teilen Syriens mehrheitlich abgelehnt wurde.

φθῆναι τηνικαῦτα τὴν Ἀλεξάνδρου τῆς Θηβαίων ἐπαρχίας ἰδεῖν τε τὸν δῆμον ὁμόσε κατὰ τῶν ἀρχόντων χω-
ροῦντα, τῆς τε στρατιωτικῆς δυνάμεως τὴν στάσιν δια-
κωλύειν βουλομένης, λίθων βολαῖς αὐτοὺς χρήσασθαι,
τρέψασθαί τε τούτους καὶ ἀνὰ τὸ ἱερὸν τὸ πάλαι Σαρά- 5
πιδος ἀναδραμόντας ἐκπολιορκῆσαι, καὶ πυρὶ ζῶντας
παραδοῦναι. Ταῦτά τε τὸν βασιλέα μαθόντα δισχιλίους
νεολέκτους ἐκπέμψαι, καὶ οὕτω πνεύματος ἐπιτυχόντας
οὐριοδρομῆσαι ὡς ἀνὰ τὴν ἕκτην τῶν ἡμερῶν τῇ μεγάλῃ
τῶν Ἀλεξανδρέων προσσχεῖν πόλει. Κἀντεῦθεν τῶν 10
στρατιωτῶν παροινούντων ἔς τε τὰς γαμετὰς καὶ θυ-
γατέρας τῶν Ἀλεξανδρέων, τῶν προτέρων πολλῷ δεινότερα προελθεῖν. Ὕστερόν τε δεηθῆναι τὸν δῆμον τοῦ
Φλώρου, τῶν στρατιωτικῶν ταγμάτων ἡγουμένου ὁμοῦ
τε καὶ τὴν πολιτικὴν διέποντος ἀρχήν, ἀνὰ τὴν ἱππο- 15
δρομίαν ἁλισθέντα, ὥστε καταπράξασθαι αὐτοῖς τὴν
τοῦ σιτηρεσίου χορηγίαν, ἥνπερ παρ᾽ αὐτῶν ἀφῄρητο,
τά τε βαλανεῖα καὶ τὴν θέαν καὶ ὅσα διὰ τὴν γενομένην
παρ᾽ αὐτῶν ἀταξίαν ἀπεκόπησαν. Καὶ οὕτω τὸν Φλῶ-
ρον, εἰσηγήσει τῇ αὐτοῦ, φανέντα τῷ δήμῳ ὑποσχέσθαι 20
ταῦτα, καὶ τὴν στάσιν πρὸς βραχὺ διαλῦσαι.

Ἀλλ᾽ οὐδὲ τὰ κατὰ τὴν ἔρημον τὴν πρὸς τὰ
Ἱεροσόλυμα τὴν ἠρεμίαν εἶχεν. Ἔνιοι γὰρ τῶν μοναχῶν
τῶν ἀνὰ τὴν σύνοδον εὑρεθέντων καὶ τἀναντία ταύτης
βουληθέντων φρονεῖν, πρὸς τὴν Παλαιστίνην ἀφικ- 25
νοῦνται· καὶ προδοσίαν τῆς πίστεως ὀδυρόμενοι τὸ
μοναδικὸν ἔσπευδον | ἀναρριπίσαι καὶ ἀνασοβῆσαι. Καὶ | 52
ἐπειδή περ Ἰουβενάλιος τὸν οἰκεῖον κατειλήφει θρόνον,

---

[189] Das folgende ist nur bei Evagrius überliefert (= PRISCUS, *Historia Byzantina* fr. 22 [4,101 MÜLLER]).
[190] FLORUS war comes Aegypti et praefectus Augustalis.
[191] JUVENAL, auf den vorhergehenden Synoden Anhänger DIOSKURS,
hatte durch seine Zustimmung zum Konzil von Chalcedon den monophysitischen Glauben „verraten", dadurch jedoch die Anerkennung

berichtet[189], daß er damals aus der Eparchie Theben nach
Alexandrien gekommen sei und gesehen habe, wie das
Volk gegen die Beamten losging; als die Militärmacht den
Aufstand niederschlagen wollte, hätten sie mit Steinen geworfen, sie in die Flucht geschlagen und sie, als sie zum
ehemaligen Serapistempel geflüchtet waren, überwältigt
und lebendig verbrannt. Als der Kaiser das erfahren habe,
habe er 2000 neu ausgehobene Soldaten geschickt, und
diese hätten einen günstigen Wind gehabt und seien so
schnell gesegelt, daß sie schon nach sechs Tagen in der
großen Stadt Alexandrien landeten. Darauf hätten die Soldaten an den Frauen und Töchtern der Alexandriner Ge-
walttaten verübt und alles sei noch viel schlimmer als
vorher geworden. Zuletzt habe das im Hippodrom versammelte Volk von Florus, der Befehlshaber der militärischen Streitkräfte war und zugleich die zivile Gewalt innehatte[190], verlangt, ihnen die Getreidespende auszuteilen,
die er ihnen vorenthalten hatte, und ihnen die Bäder und
das Theater und alles, was man ihnen wegen der Unord-
nung genommen hatte, wiederzugeben. So habe sich Florus auf seine, des Priscus, Veranlassung hin dem Volk ge-
zeigt und ihm das alles zugesagt und binnen kurzem den
Aufstand aufgelöst.

    Aber auch in den Gebieten der Wüste bei Jerusalem gab
es keine Ruhe. Denn einige der Mönche, die sich auf der
Synode eingefunden hatten und Ansichten vertreten wollten, die der Synode entgegengesetzt waren, kamen nach
Palästina. Sie beklagten den Verrat des Glaubens[191] und bemühten sich, das Mönchsvolk aufzurütteln und aufzuwie-
geln. Als Juvenal seinen Bischofsthron eingenommen hatte

Jerusalems als Patriarchat erreicht. Angesichts des Widerstandes, der
ihm bei seiner Ankunft in Palästina entgegenschlug, flüchtete er nach
Konstantinopel und konnte nur unter militärischer Begleitung nach
Palästina zurückkehren.

καὶ βιαζόμενος παρὰ τῶν ἀνασυρέντων τὰ οἰκεῖα ἀνα-
σκευάσαι τε καὶ ἀναθεματίσαι κατὰ τὴν βασιλέως πόλιν
ἀνέδραμεν, ἁλισθέντες οἱ τὰ ναντία τῆς ἐν Καλχηδόνι
συνόδου, ὡς ἀνωτέρω εἰρήκαμεν, φρονοῦντες χειροτο-
νοῦσιν ἀνὰ τὴν ἁγίαν Ἀνάστασιν Θεοδόσιον, τὸν μάλι- 5
στα κυκήσαντα τὴν ἐν Καλχηδόνι σύνοδον, τὸν καὶ πρῶτον περὶ ταύτης αὐτοῖς ἀγγείλαντα. — Περὶ οὗ ὕστερον τὸ
ἐν Παλαιστίνῃ μοναχικὸν πρὸς Ἀλκίσωνα γράφον εἴρηκεν, ὡς καὶ παρὰ τοῦ οἰκείου ἐπισκόπου ἐπὶ κακουργίαις
ἁλοὺς τοῦ κατ' αὐτὸν ἀπηλάθη μοναστηρίου, καὶ ὅτι γε 10
κατὰ τὴν Ἀλεξάνδρου γενόμενος ἐπελάβετο τοῦ Διοσκόρου, καὶ πολλαῖς ὡς στασιώδης καταξανθεὶς πληγαῖς
ἐπὶ καμήλου ἴσα κακούργοις ἀνὰ τὴν πόλιν περιηνέχθη. —
Πρὸς ὃν πολλαὶ τῶν ἐν Παλαιστίνῃ πόλεων ἀφικνούμεναι
χειροτονεῖσθαι σφίσιν ἐπισκόπους παρεσκεύαζον. Ἐν οἷς 15
καθειστήκει καὶ Πέτρος ὁ ἐξ Ἰβηρίας, τοῦ καλουμένου
Μαϊουμᾶ τοῦ πρὸς τῇ Γαζαίων πόλει τοὺς οἴακας τῆς
ἐπισκοπῆς πιστευθείς. Ἅπερ ἐπειδὴ Μαρκιανὸς ἔγνω,
πρῶτα μὲν ἀχθῆναι παρ' αὐτῷ κατὰ τὸ στρατόπεδον τὸν
Θεοδόσιον κελεύει, ἐκπέμπει δὲ τὸν Ἰουβενάλιον πρὸς 20
διόρθωσιν τῶν γεγενημένων, ἀπελαθῆναι πάντας τοὺς
ὑπὸ Θεοδοσίου χειροτονηθέντας ἐγκελευσάμενος.
   Μετὰ γοῦν τὴν ἄφιξιν Ἰουβεναλίου πολλὰ καὶ ἀνιαρὰ
γεγόνασιν, ἐκεῖθεν ἔνθεν προϊόντων ὅσαπερ θυμὸς αὐτοῖς
ὑπηγόρευσε· τοῦ βασκάνου καὶ θεομισοῦς δαίμονος 25
οὕτως ἑνὸς γράμματος ἐναλλαγὴν κακούργως τεχνά-
σαντός τε καὶ παρερμηνεύσαντος, ὥστε τῆς θἀτέρου τούτων ἐκφωνήσεως πάντως εἰσαγούσης ἐνταῦθα τὸ ἕτερον,

---

[192] Die Quelle hierfür ist ZACHARIAS RHETOR, *Historia ecclesiastica* 3,3
(1,107f BROOKS). Vgl. auch CYRILL VON SCYTHOPOLIS, *v. Euthym.* 27 (41
SCHWARTZ). THEODOSIUS blieb 20 Monate im Amt; chalcedontreue Bischöfe wurden vertrieben.
[193] Vgl. *h. e.* 3,31, unten 396f Anm. 411.
[194] PETRUS DER IBERER, einer der bekanntesten Monophysiten jener Zeit,
ein Königssohn aus Georgien, der nach Konstantinopel gekommen und 430
Mönch geworden war und in Jerusalem das Iberer-Kloster gegründet hatte,

und von den aufrührerischen Mönchen gezwungen wurde, seine Meinung zu widerrufen und zu anathematisieren, und in die Kaiserstadt geflohen war, da versammelten sich die Gegner der Synode von Chalcedon, die wir oben genannt haben, und wählten in der heiligen Anastasis-Kirche Theodosius zum Bischof, der auf der Synode von Chalcedon der größte Unruhestifter gewesen war und der ihnen als erster darüber berichtet hatte.[192] — Von ihm sagten die palästinischen Mönche später in dem Brief an Alcison[193], daß er von seinem eigenen Bischof schändlicher Taten überführt und aus seinem Kloster ausgestoßen wurde und daß er, als er nach Alexandrien gekommen war, Dioskur angegriffen hat und als Aufrührer mit vielen Hieben gepeitscht und wie ein Verbrecher auf einem Kamel durch die Stadt geführt wurde. — Viele Städte Palästinas kamen zu ihm und erwirkten, daß er Bischöfe für sie ordinierte. Darunter war auch Petrus der Iberer[194], dem die Leitung des Bischofsamtes eines Ortes bei der Stadt Gaza, der Maiuma genannt wird, anvertraut wurde. Als Marcian das erfuhr, befahl er zunächst, Theodosius zu ihm ins Lager zu bringen, dann entsandte er Juvenal, damit er die Ordnung wiederherstelle, und trug ihm auf, alle von Theodosius ernannten Bischöfe aus ihrem Amt zu vertreiben.[195]

Nach der Ankunft Juvenals entstand (*sc.* in Jerusalem) viel Schlimmes, da auf allen Seiten geschah, was die Wut ihnen eingab. Denn der boshafte und gottverhaßte Teufel bewerkstelligte tückisch die Vertauschung eines Buchstabens und eine falsche Interpretation, so daß, obwohl das Aussprechen des einen der beiden Buchstaben in jedem Fall auch (den Gedanken an) den anderen mit sich bringt,

---

wurde 453 Bischof von Maiuma; er starb 488. Vgl. ZACHARIAS RHETOR, *Historia ecclesiastica* 3,4f (1,108f BROOKS).

[195] JUVENAL konnte erst 453 mit kaiserlicher Unterstützung seinen Bischofssitz wieder einnehmen.

πολὺ τὸ διαλλάττον | παρὰ τοῖς πλείοσι νομίζεσθαι, καὶ | 53
ἀντικρὺ τὰς ἐννοίας ἐκ διαμέτρου φέρεσθαι καὶ ἀλλήλων
ἀναιρετικὰς καθεστάναι. Ὅ τε γὰρ „ἐν“ δύο φύσεσι τὸν
Χριστὸν ὁμολογῶν „ἐκ“ δύο ἄντικρυς λέγει, εἴπερ ἐν θεότητι καὶ ἀνθρωπότητι συνομολογῶν τὸν Χριστόν, ὁμο- 5
λογῶν ἐκ θεότητος καὶ ἀνθρωπότητος συντεθεῖσθαι λέγει.
Ὅ τε „ἐκ δύο“ λέγων τὴν „ἐν δύο“ πάντως ὁμολογίαν
εἰσάγει, εἴπερ ἐκ θεότητος καὶ ἀνθρωπότητος τὸν Χριστὸν
λέγων, ἐν θεότητι καὶ ἀνθρωπότητι ὁμολογεῖ αὐτὸν καθ-
εστάναι· οὔτε τῆς σαρκὸς εἰς θεότητα μεταβληθείσης, οὔτε 10
αὖ τῆς θεότητος ἐς σάρκα χωρησάσης, ἐξ ὧν ἡ ἄρρη-
τος ἕνωσις, ὡς διὰ τῆς „ἐκ δύο“ φωνῆς ἐνταῦθα νοεῖσθαι
προσφόρως τὴν „ἐν δύο“, καὶ διὰ τῆς „ἐν δύο“ τὴν „ἐκ
δύο“, καὶ θάτερον τοῦ ἑτέρου μὴ ἀπολιμπάνεσθαι· ὅπου γε
κατὰ τὸ περιούσιον οὐ μόνον τὸ ὅλον ἐκ μερῶν, ἀλλὰ καὶ 15
ἐν μέρεσι τὸ ὅλον γνωρίζεται. Καὶ ὅμως οὕτως ἀλλήλων
ἀπεσχοινίσθαι ταῦτα νομίζουσιν ἄνθρωποι, συνηθείᾳ τινὶ
περὶ τῆς τοῦ θεοῦ δόξης, ἢ καὶ τὸ οὕτω βούλεσθαι προει-
λημμένοι, ὡς πάσης ἰδέας θανάτου περιφρονεῖν, ἢ πρὸς
τὴν τοῦ ὄντος ἰέναι συγκατάθεσιν· ὅθεν τὰ λελεγμένα μοι 20
γεγόνασι. Καὶ ταῦτα μὲν ἔσχεν οὕτως.

6. Ὑπὸ τούτοις δὴ τοῖς χρόνοις καὶ ὀμβρίων ὑδάτων σπάνις γέγονεν ἐν ταῖς Φρυγίαις Γαλατίαις τε αὖ
καὶ Καππαδοκίαις καὶ Κιλικίαις, ὡς ἐνδείᾳ τῶν ἀναγκαίων καὶ ὀλεθριωτέρας τροφῆς μεταλαμβάνειν τοὺς 25

---

[196] Der Ausdruck „in zwei Naturen" steht für die Zwei-Naturen-Lehre
des Chalcedonense („Christus, der … in zwei Naturen erkannt wird"), die
Formel „aus zwei Naturen" für CYRILL („aus zwei Naturen ist ein Christus geworden") und die später so genannten „Monophysiten". — Die
theologische Bedeutung der Kontroverse um die zwei Formeln, bei der
es nicht nur um die „Vertauschung eines Buchstabens" (so auch Evagrius,
h. e. 1, 1, oben 120f, oder einen „Streit um Worte" geht, hat Evagrius offensichtlich nicht erfaßt, doch ist seine Position kennzeichnend für
den Neuchalcedonismus, der die Zwei-Naturen-Lehre des Konzils von
Chalcedon mit der Christologie CYRILLS in Einklang zu bringen suchte
und unter JUSTINIAN zur herrschenden Theologie wurde. Daß auch
Kaiser JUSTINIAN der Auffassung war, die Formel „in zwei Naturen" sei

der Unterschied von den meisten für groß gehalten wurde
und die Auffassungen einander diametral entgegengesetzt
waren und sich gegenseitig aufhoben. Denn wer Christus
„in" zwei Naturen bekennt, sagt geradewegs „aus" zwei
Naturen, denn wenn er zugibt, daß Christus in Gottheit
und Menschheit existiert, sagt er zugleich zustimmend, daß
er aus Gottheit und Menschheit zusammengesetzt ist. Wer
„aus zwei Naturen" sagt, bringt in jedem Fall das Bekenntnis „in zwei Naturen" mit ein, denn wenn er sagt, daß Christus aus Gottheit und Menschheit ist, bekennt er zugleich,
daß er in Gottheit und Menschheit besteht; denn weder hat
sich das Fleisch in Gottheit verwandelt noch auch ist die
Gottheit in Fleisch übergegangen, woraus die unaussprechliche Vereinigung besteht, so daß durch den Ausdruck „aus
zwei Naturen" zugleich notwendigerweise die Vorstellung
„in zwei Naturen" mitgedacht wird und durch „aus zwei
Naturen" „in zwei Naturen" und das eine immer mit dem
anderen verbunden ist, wie ja in der Fülle nicht nur das
Ganze aus den Teilen, sondern auch in den Teilen das Ganze erkannt wird.[196] Aber dennoch glauben die Menschen,
daß das so sehr voneinander verschieden ist, entweder weil
sie es in ihrem Glauben an Gott so gewöhnt sind, oder auch,
weil sie sich vorher entschieden haben, das so zu wollen,
daß sie eher jede Todesart gering achten, als daß sie zu einer
Übereinstimmung über das Seiende kommen; daraus ist
das von mir Geschilderte entstanden. So war das.

   6. In dieser Zeit gab es in Phrygien, Galatien, Kappadokien und Kilikien so wenig Regenwasser, daß die Menschen aus Mangel am Notwendigsten auch verderblichere

---

identisch mit der Formel „aus zwei Naturen", läßt sich meines Erachtens
aus der von BECK, *Kirche und theologische Literatur* 286 Anm. 2 (und
ALLEN, *Evagrius Scholasticus* 104 Anm. 47), angeführten Stelle (= JUSTI-
NIAN [9, Zeile 17–19 SCHWARTZ]) nicht entnehmen. — Gegen Wortstreitereien (λογομαχεῖν) wandte sich auch Patriarch GREGOR, der Dienstherr des Evagrius (*bapt.* [PG 88]).

ἀνθρώπους· ὅθεν καὶ λοιμὸς γέγονεν. Ἐνόσουν τε τῇ
μεταβολῇ τῆς διαίτης, καὶ οἰδαίνοντος σφίσι τοῦ σώματος
δι' ὑπερβολὴν τῆς φλεγμονῆς τὰς ὄψεις ἀπέβαλλον,
βηχός τε συγγινομένης τριταῖοι τὸν βίον ἀπελίμπανον.
Καὶ τοῦ μὲν λοιμοῦ τέως βοήθειαν ἐξευρεῖν οὐκ ἐνῆν, 5
ἄκος δὲ τῆς λιμοῦ τοῖς ὑπολειφθεῖσιν ἡ πάντων σώτειρα
δέδωκε πρόνοια, κατὰ μὲν τὸ ἄγονον ἔτος τροφὴν ἐκ
τοῦ ἀέρος ἐπιβρέξασα ἴσα τοῖς Ἰσραηλίταις — μάννα
προσηγόρευται —, | ἀνὰ δὲ τὸ ἑξῆς ἔτος αὐτομάτως εὐ- | 54
δοκήσασα τοὺς καρποὺς τελεσιουργηθῆναι. Ταῦτα καὶ 10
τὴν Παλαιστινῶν χώραν ἐνεμήθη ἄλλας τε πολλὰς καὶ
ἀναριθμήτους, τὴν γῆν τῶν παθῶν περινοστούντων.

7. Τούτων ἐν τοῖς ἑῴοις προϊόντων, ἀνὰ τὴν προτέραν Ῥώμην Ἀέτιος δειλαίως ἐξ ἀνθρώπων μεθίσταται,
Οὐαλεντινιανός τε ὁ τῶν ἑσπερίων μερῶν βασιλεὺς σὺν 15
αὐτῷ τε Ἡράκλειος πρός τινων Ἀετίου δορυφόρων,
ἐπιβουλῆς καττυθείσης κατ' αὐτῶν παρὰ Μαξίμου τοῦ
καὶ τὴν ἀρχὴν περιζωσαμένου, διότι εἰς τὴν Μαξίμου
γαμετὴν Οὐαλεντινιανὸς ὕβρισε πρὸς βίας αὐτῇ συμφθα-
ρείς. Οὗτος ὁ Μάξιμος τὴν Εὐδοξίαν τὴν Οὐαλεντινι- 20
ανοῦ γαμετὴν συμπάσῃ ἀνάγκῃ εἰσοικίζεται. Ἡ δέ γε ὕβριν καὶ πᾶσαν ἀτοπίαν εἰκότως τὸ πρᾶγμα λογισαμένη,
καὶ πάντα κύβον, τὸ δὴ λεγόμενον, ῥίπτειν αἱρετισαμένη
ὑπὲρ ὧν εἴς τε τὸν γαμέτην ἐπεπόνθει καὶ εἰς τὴν
ἐλευθερίαν ἐξύβριστο — δεινὴ γὰρ γυνὴ καὶ ἀδυσώπητος 25
λύπης, σωφροσύνης ἀντεχομένη, εἰ ταύτην ἀφαιρεθείη,
καὶ μάλιστα παρ' οὗ τὸν ἄνδρα ἔτυχεν ἀπολέσασα —,

---

[197] Das Wortspiel λοιμός (Pest) — λιμός (Hunger), das Evagrius von
THUCYDIDES, *Historiae* 2,54 (1,o.S. JONES), übernommen hat, ist im
Deutschen nicht wiederzugeben.
[198] AËTIUS hatte seit 433 die höchste Heermeisterstelle in Italien inne (er
war patricius et magister utriusque militiae) und siegte 451 über die Hunnen; er besaß großen Einfluß; 454 wurde er auf Anstiften des Eunuchen
HERACLIUS von VALENTINIAN III. ermordet, die beide selbst 455 von einem Schwiegersohn des AËTIUS umgebracht wurden.

Nahrung zu sich nahmen; das führte auch zu einer Pest.
Durch die Veränderung der Ernährung wurden sie krank,
und da ihr Körper infolge eines Übermaßes an Entzün-
dung anschwoll, verloren sie das Augenlicht, dann kam ein
Husten hinzu, und am dritten Tag starben sie. Hilfe gegen
die Pest zu finden, war derzeit nicht möglich, ein Heilmittel gegen den Hunger[197] aber gab den Übriggebliebenen die
für alle heilbringende Vorsehung, die in dem unfruchtbaren
Jahr Nahrung aus der Luft regnen ließ wie für die Israeliten
— sie heißt Manna — und der es im folgenden Jahr gefiel,
die Früchte von selbst wachsen zu lassen. Die Übel breite-
ten sich auch in Palästina und in unzähligen vielen anderen
Gegenden aus, da sie die ganze Erde heimsuchten.

7. Während das im Osten geschah, schied im Alten
Rom Aëtius elendig aus dem Leben und Valentinian, der
Kaiser der westlichen Landesteile, wurde zusammen mit
Heraclius[198] von Leibwächtern des Aëtius ermordet, da
Maximus, der dann auch die Herrschaft erlangte[199], einen
Anschlag gegen sie angezettelt hatte, weil Valentinian der
Frau des Maximus Gewalt angetan hatte. Dieser Maximus
zwang Eudoxia, die Witwe Valentinians, mit allen Mitteln,
ihn zu heiraten. Die aber hielt die Angelegenheit zu Recht
für eine Schande und eine äußerste Ungebührlichkeit und
zog es vor, den Würfel zu werfen, wie man sagt, (und sich
zu rächen) für das, was sie hinsichtlich ihres Gatten erlitten
hatte und was man ihr hinsichtlich ihrer Freiheit angetan
hatte — denn sie war eine außerordentliche Frau und un-
erbittlich in ihrem Schmerz, die sehr auf ihre Sittsamkeit
hielt, wenn sie ihr genommen werden sollte, zumal von
dem Mann, durch den sie ihren Gatten verloren hatte —;

---

[199] PETRONIUS MAXIMUS, der vermutlich an der Beseitigung des AËTIUS
beteiligt war, wurde einen Tag nach der Ermordung VALENTINIANS zum
Kaiser ausgerufen; daß er hinter dem Anschlag auf VALENTINIAN stand,
berichtet PROKOP VON CAESAREA, *Vand.* 1,4 (324–331 HAURY/WIRTH).
Er kam 455 bei der Eroberung Roms ums Leben.

κατὰ τὴν Λιβύην ἐκπέμπει, καὶ δῶρα πλεῖστα παραυ-
τίκα δοῦσα τό τε εὔελπι κἂν τοῖς ἑξῆς ὑποσχομένη,
πείθει Γιζέριχον ἐπελθεῖν ἀδοκήτως τῇ Ῥωμαίων ἐπι-
κρατείᾳ, πάντα οἱ προδώσειν ὑποσχομένη· οὗ δὴ γεγο-
νότος, ἡ Ῥώμη ἁλίσκεται.   5
  Ὁ δὲ Γιζέριχος οἷα βάρβαρος καὶ τὸν τρόπον ἀσταθής
τε καὶ παλίμβολος οὐδὲ ταύτῃ τὸ πιστὸν ἐφύλαξεν· ἀλλὰ
τὴν πόλιν πυρπολήσας πάντα τε ληϊσάμενος, λαβὼν τὴν
Εὐδοξίαν σὺν καὶ ταῖς δύο θυγατράσιν εἰς τοὐπίσω τὴν
ἔλασιν ποιεῖται. Καὶ κατὰ τὴν Λιβύην ἀπιὼν ᾤχετο. Καὶ   10
τὴν μὲν πρεσβυτέραν τῶν Εὐδοξίας θυγατέρων Εὐδοκίαν Ὀνωρίχῳ συνάπτει τῷ οἰκείῳ παιδί, Πλακιδίαν δὲ
τὴν νεωτέραν ἅμα Εὐδοξίᾳ τῇ μητρὶ σὺν θεραπείαις
ὕστερον βασιλικαῖς ἐς Βυζάντιον ἐκπέμπει Μαρκιανὸν
ἡμερούμενος. Ἐνῆγε γὰρ αὐτὸν ἐς ὀργὴν τό τε τὴν Ῥώ- 15
μην ἐμπεπρῆσθαι, τό τε τὰς βασιλίδας οὕτω περιυβ-
ρίσθαι. Ἡ μὲν οὖν Πλακιδία γάμοις ὁμιλεῖ κελεύσμασι
Μαρκι|ανοῦ Ὀλυβρίῳ ταύτην ἐσοικισαμένῳ· ὃς ἐπί- | 55
σημος τῆς γερουσίας ἐτύγχανεν ὢν ἐκ τῆς Ῥώμης ἁλού-
σης ἀνὰ τὴν Κωνσταντινούπολιν ἀφικόμενος.   20
  Μετὰ δὲ αὖ Μάξιμον βασιλεύει Ῥωμαίων Μαϊουρῖνος
δεύτερον ἔτος· καὶ Μαϊουρίνου πρὸς Ῥεκιμέρου τοῦ
Ῥωμαίων στρατηγοῦ δολοφονηθέντος, κατέσχε τὴν ἀρχὴν Ἄβιτος μῆνας ὀκτὼ † δεύτερον ἔτος, καὶ μετ᾽ ἐκεῖ-
νον Σευῆρος ἔτεσι τρισίν.   25

---

[200] Eroberung Roms durch den Vandalenkönig GEISERICH am 2. Juni 455
und anschließende Plünderung. Daß EUDOXIA GEISERICH nach Rom gerufen hat, wird auch von JOHANNES MALALAS, *chron.* 14 (365f DIN-
DORF), PROKOP VON CAESAREA, *Vand.* 1,4 (324–331 HAURY/WIRTH)
und anderen berichtet.
[201] Die Nachricht, daß EUDOXIA und PLACIDIA unter MARCIAN nach
Konstantinopel kamen, hat Evagrius von JOHANNES MALALAS, *chron.* 14
(368 DINDORF), übernommen; tatsächlich wurden sie erst 362 unter
LEO I. nach Konstantinopel entlassen.

sie schickte Boten nach Libyen, machte sofort große Geschenke, erweckte Hoffnungen für die Zukunft und überredete Geiserich, das Römische Reich unvermutet anzugreifen, mit dem Versprechen, ihm alles auszuliefern. Als das geschehen war, wurde Rom eingenommen.[200]

Aber Geiserich, der als Barbar von unstetem Charaker und wankelmütig war, hielt das Versprechen ihr gegenüber nicht, sondern nachdem er Rom in Brand gesetzt und alles geplündert hatte, nahm er Eudoxia und ihre zwei Töchter mit sich und begab sich auf den Rückweg. Er zog sich zurück und ging nach Libyen. Die ältere der Töchter der Eudoxia, Eudocia, gab er seinem Sohn Hunerich zur Frau; die jüngere Tochter Placidia schickte er später zusammen mit ihrer Mutter Eudoxia unter kaiserlichen Ehrerweisungen nach Byzanz, um Marcian zu versöhnen.[201] Denn die Brandschatzung Roms und die unwürdige Behandlung der kaiserlichen Frauen hatten ihn in Zorn versetzt. Placidia lebte auf Befehl Marcians in Ehe mit Olybrius, der sie geheiratet hatte; er war ein angesehenes Mitglied des Senats gewesen und nach der Einnahme Roms nach Konstantinopel gekommen.[202]

Nach Maximus war Maiorianus zwei Jahre Kaiser der Römer; als Maiorianus von dem römischen Heermeister Ricimer ermordet worden war, hatte Avitus die Herrschaft acht Monate † zwei Jahre inne und nach ihm Severus drei Jahre[203].

---

[202] Der Anicier OLYBRIUS war 455 vor den Vandalen nach Konstantinopel geflohen; wann er PLACIDIA geheiratet hat, steht nicht genau fest. 472 wurde er weströmischer Kaiser.

[203] Die Hss bieten unterschiedliche Versionen des Textes, aber keine ist richtig; der Fehler geht wohl auf die Quelle des Evagrius zurück; siehe ALLEN, *Evagrius Scholasticus* 106. — Der Nachfolger von PETRONIUS MAXIMUS ist AVITUS, der 456 von dem Heermeister RICIMER zur Abdankung gezwungen wurde; MAIORIANUS wurde 456 von RICIMER zum Augustus ausgerufen und 461 von ihm beseitigt, LIBIUS SEVERUS wurde 461 durch ihn zum Kaiser erhoben und 465 vermutlich vergiftet.

EVAGRIUS SCHOLASTICUS

8. Ἔτι δὲ βασιλεύοντος Ῥωμαίων Σευήρου, Μαρκιανὸς τὴν βασιλείαν ἐναλλάττει πρὸς τὴν κρείττονα μετα-
χωρήσας λῆξιν, ἑπτὰ μὲν μόνοις ἔτεσι τὴν βασιλείαν
διακυβερνήσας, μνημεῖον δὲ ὄντως βασιλικὸν καταλε-
λοιπὼς παρὰ πᾶσιν ἀνθρώποις, βασιλεύει δὲ Λέων. Ὅπερ   5
οἱ τῆς Ἀλεξανδρέων πυθόμενοι τὴν κατὰ Προτερίου μετὰ
μείζονος θυμοῦ καὶ πλείστης θερμότητος ἀνενεοῦντο
μῆνιν. Εὐέξαπτον γάρ τι χρῆμα πρὸς ὀργὴν ὁ δῆμος καὶ
τὰς τυχούσας ἀφορμὰς ὑπέκκαυμα τῶν θορύβων ἔχων·
οὐχ ἥκιστα δὲ πάντων ὁ τῆς Ἀλεξάνδρου πλήθει τε πολλῷ   10
κομῶν καὶ μάλιστα ἀφανεῖ τε καὶ συγκλύδῳ, καὶ παρα-
λόγῳ θράσει τὰς ὁρμὰς γαυρούμενος. Ὅθεν ἀμέλει φασὶν
ἐξὸν τῷ βουλομένῳ τὸ προστυχὸν καταρρήξαντι πρὸς
δημοτικὴν στάσιν τὴν πόλιν ἐκβακχεύειν, ἄγειν τε καὶ
φέρειν ὅπῃ καὶ καθ᾽ οὗ βούλεται· τὰ πολλὰ δὲ καὶ   15
παιγνιήμονα καθεστάναι, καθὼς Ἡρόδοτος περὶ Ἀμάσι-
δος ἱστορεῖ. Καὶ τοιαῦτα μὲν ὁ δῆμος ἐκεῖνος· οὐ μὴν τά γε
ἄλλα οἷου ἄν τις καὶ κατεφρόνησεν.

Ἐπιτηρήσαντες δ᾽ οὖν καιρὸν οἱ τῆς Ἀλεξάνδρου
καθ᾽ ὃν Διονύσιος τῶν στρατιωτικῶν ταγμάτων ἡγού-   20
μενος ἀμφὶ | τὴν ἄνω διέτριβεν Αἴγυπτον, ψηφίζονται | 56
Τιμόθεον τὸν ἐπίκλην Αἴλουρον εἰς τὸν τῆς ἀρχι-
ερωσύνης ἀναβῆναι βαθμόν, πρώην μὲν τὸν μοναδικὸν
ἐπιτηδεύσαντα βίον, ὕστερον δὲ τοῖς πρεσβυτέροις
ἐναριθμηθέντα τῆς Ἀλεξανδρέων· καὶ πρὸς τὴν μεγά-   25
λην ἀγαγόντες ἐκκλησίαν, ἣ Καίσαρος προσαγορεύεται,
ἐπίσκοπον σφίσι προχειρίζονται, ἔτι Προτερίου περι-
όντος τε καὶ τὰ τῆς ἱερατείας αὐτουργοῦντος. Παρῆσαν

---

204 MARCIAN starb 457, sein Tod fällt also nicht in die Regierungszeit des
SEVERUS. Mit dem „wahrhaft kaiserlichen Denkmal" ist wahrscheinlich
das Konzil von Chalcedon gemeint, doch galt auch seine Regierung als
vorbildlich.
205 LEO I. regierte von 457 bis 474. Er wurde als erster Kaiser vom Patriarchen gekrönt.
206 HERODOT, *Historiae* 2,173 (o. S. HUDE).
207 DIONYSIUS war comes Aegypti.

8. Noch während Severus über die Römer herrschte, tauschte Marcian die Kaiserherrschaft gegen ein besseres Los ein; obwohl er nur sieben Jahre die Herrschaft ausgeübt hatte, hatte er bei allen Menschen ein wahrhaft kaiserliches Denkmal hinterlassen.[204] Sein Nachfolger wurde Leo.[205] Als die Alexandriner dies erfuhren, erneuerten sie mit größerer Wut und äußerster Heftigkeit ihren Zorn gegen Proterius. Denn das Volk ist leicht zur Wut zu entflammen und nimmt beliebige Anlässe als Zündstoff für Unruhen, am meisten von allen das Volk von Alexandrien, das aus einer großen Masse von meist einfachen Leuten und zusammengelaufenem Gesindel besteht und auf die unvernünftige Kühnheit seiner Unternehmungen stolz ist. Daher kommt es sicherlich, daß man sagt, es sei jedem, der wolle, möglich, bei der erstbesten Gelegenheit einen Volksaufstand vom Zaune zu brechen und die Stadt in Aufruhr zu versetzen, sie zu treiben und zu bringen, wohin und gegen wen man wolle; aber meistens ist das Volk zu Scherzen aufgelegt, wie Herodot über Amasis berichtet.[206] So ist das Volk dort; aber im übrigen ist es nicht so, daß man es verachten müßte.

Die Alexandriner paßten nun den Moment ab, da Dionysius, der Befehlshaber der Streitkräfte[207], in Oberägypten weilte, und beschlossen, daß Timotheus mit Beinamen Aelurus[208], der vorher Mönch gewesen war, später aber zu den Presbytern Alexandriens gezählt wurde, den erzbischöflichen Thron besteigen solle; sie führten ihn zu der großen Kirche, die *Caesareum*[209] heißt, und wählten ihn sich zum Bischof, obwohl Proterius noch am Leben war und die bischöflichen Aufgaben wahrnahm. An der

---

[208] Der monophysitische TIMOTHEUS AELURUS (= der Kater oder *mustela* = das Wiesel) war von CYRILL ordiniert worden (ZACHARIAS RHETOR, *Historia ecclesiastica* 4,1 [1,117–119 BROOKS]) und wurde 457 Bischof von Alexandrien.

[209] Das *Caesareum* oder Καισάριον, ein Tempel des AUGUSTUS, den die Christen in eine Kirche umgewandelt hatten, lag in der Nähe des Großen Hafens.

δὲ τῇ χειροτονίᾳ Εὐσέβιος ὁ τοῦ Πηλουσίου πρόεδρος, Πέτρος τε ὁ ἐξ Ἰβηρίας Μαϊουμᾶ τοῦ πολιχνίου,
ὡς τὰ περὶ τούτων ἱστόρηται τῷ τὸν βίον συγγράψαντι
Πέτρου· ὅς φησι τὸν Προτέριον μὴ τὸν δῆμον, ἀλλά τινα
τῶν στρατιωτῶν διαχειρίσασθαι.   5
    Κατειληφότος δὲ Διονυσίου τὴν πόλιν μετὰ πλείστου
τάχους, τῶν γενομένων ἀτοπημάτων συνωθούντων αὐτόν, σπεύδοντός τε τὴν διαναστᾶσαν τῆς στάσεως πυ-
ρὰν σβέσαι, ἔνιοι τῶν Ἀλεξανδρέων παροτρύνοντος
Τιμοθέου, ὡς ἐγράφη τῷ Λέοντι, ἐπελθόντες τὸν Προτέ-   10
ριον διαχειρίζονται, ξίφους κατὰ τῶν σπλάγχνων
ὠσθέντος, κατὰ τὸ πανάγιον βαπτιστήριον καταπε-
φευγότα· ὃν καὶ καλωδίῳ περιαρτήσαντες ἀνὰ τὸ καλούμενον Τετράπυλον τοῖς πᾶσιν ἐπεδείκνυον, ἐπιτω-
θάζοντές τε καὶ κραυγάζοντες Προτέριον εἶναι τὸν   15
ἀνῃρημένον. Καὶ μετὰ ταῦτα τὸ σῶμα διὰ πάσης τῆς πόλεως περιελκύσαντες πυρὶ παρέδοσαν, οὐδὲ τῶν σπλάγχνων αὐτοῦ ἶσα θηρίοις ἀπογεύσασθαι ναρκήσαντες, ὥς
που ταῦτα πάντα ἡ δέησις περιέχει τῶν ἐπισκόπων τῶν
ἀνὰ τὴν Αἴγυπτον καὶ τοῦ σύμπαντος κλήρου τῆς   20
Ἀλεξάνδρου, πρὸς Λέοντα τὸν μετὰ Μαρκιανόν, ὡς
εἴρηται, τὴν ἐπικράτειαν τῶν Ῥωμαίων περιθέμενον
γεγενημένη, ἥπερ γέγραπται ὀνόμασι τούτοις·
    „Τῷ εὐσεβεῖ καὶ φιλοχρίστῳ καὶ παρὰ θεοῦ ἀναδειχ-
θέντι, νικητῇ, τροπαιούχῳ καὶ Αὐγούστῳ Λέοντι, δέησις   25
παρὰ τῶν ἐπισκόπων πάντων τῆς ὑμετέρας Αἰγυπ-
τιακῆς | διοικήσεως καὶ κληρικῶν τῶν κατὰ τὴν μεγίστην | 57
ὑμετέραν Ἀλεξανδρέων ἁγιωτάτην ἐκκλησίαν.

---

[210] *Vita Petri Iberi* (68 RAABE). Als Verfasser der *Vita Petri Iberi* gilt
JOHANNES RUFUS oder ein ihm Nahestehender (siehe LANG, *Peter the
Iberian*); auch ZACHARIAS RHETOR hatte eine *Vita Petri Iberi* verfaßt, die
aber nicht mehr erhalten ist. Vgl. ZACHARIAS RHETOR, *Historia ecclesiastica* 4, 1 (1, 117–119 BROOKS).
[211] Das Tetrapylon lag vermutlich am Kreuzungspunkt der beiden
Hauptstraßen der Altstadt Alexandriens.
[212] PROTERIUS wurde am Gründonnerstag des Jahres 457 ermordet. —

Ordination nahmen teil Eusebius, der vorsitzende Bischof von Pelusium, und Petrus der Iberer aus dem Städtchen Maiuma, wie das der Verfasser des Lebens des Petrus berichtet, der auch sagt, daß Proterius nicht vom Volk, sondern von einem Soldaten getötet worden sei.[210]

Nachdem Dionysius in größter Eile sich wieder in die Stadt begeben hatte — die außergewöhnlichen Vorfälle trieben ihn an, und er trachtete danach, den durch den Aufstand entfachten Scheiterhaufen zu löschen —, stürzten sich einige Alexandriner, angestachelt von Timotheus, wie es in dem Bericht an Leo heißt, auf Proterius und ermordeten ihn; sie stießen ihm, der zum hochheiligen Baptisterium geflüchtet war, ein Schwert in die Eingeweide, dann hängten sie ihn an einem Seil auf und stellten ihn beim sogenannten Tetrapylon[211] allen zur Schau; dabei spotteten sie und schrieen, daß der Getötete Proterius sei. Nachdem sie den Leichnam durch die ganze Stadt geschleift hatten, warfen sie ihn ins Feuer und schreckten nicht einmal davor zurück, wie die Tiere von seinen Eingeweiden zu essen; das alles ist in der Bittschrift enthalten, die die Bischöfe von Ägypten und der gesamte Klerus Alexandriens an Leo gerichtet haben, den Nachfolger Marcians, der, wie gesagt, die Herrschaft über die Römer erlangt hatte; sie hat diesen Wortlaut[212]:

„An den Frommen, Christus Liebenden, von Gott Erwählten, den Sieger, Triumphator und Augustus Leo, Bittschrift von allen Bischöfen Eurer ägyptischen Diözese und Klerikern Eurer größten und heiligsten Kirche von Alexandrien.

Der Brief der chalcedontreuen Bischöfe Ägyptens ist vollständig nur lateinisch erhalten innerhalb des sogenannten *Codex encyclius* (siehe *C Chalc.* Collectio Sangermanensis 1 [2/5, 9–98 SCHWARTZ]) aus dem Jahr 457, dessen uns vorliegende Form eine unvollständige, von CASSIODOR veranlaßte Übersetzung aus dem 6. Jahrhundert ist; der Brief steht *C Chalc.* Collectio Sangermanensis 1,7 (2/5, 11–17 SCHWARTZ). Die Zitate daraus bei Evagrius sind die einzigen aus dem griechischen Original.

Ἐκ τῆς ἄνωθεν χάριτος δῶρον τῷ βίῳ παρασχεθείς,
εἰκότως οὐ λήγεις ὁσημέραι τοῦ κοινοῦ μετὰ θεὸν προμη-
θούμενος, εὐαγέστατε πάντων αὐτοκρατόρων Αὔγουστε."
Καὶ μεθ' ἕτερα· „Ἀστασιάστου τε εἰρήνης τῶν ὀρθοδόξων λαῶν παρ' ἡμῖν τε καὶ κατὰ τὴν τῶν Ἀλε- 5
ξανδρέων ὑπαρχούσης, πλὴν Τιμοθέου ἀποσχοινίσαν-
τος ἑαυτὸν τῆς καθολικῆς ἐκκλησίας καὶ πίστεως καὶ
ἀποτεμόντος εὐθὺς μετὰ τὴν ἐν Καλχηδόνι ἁγίαν σύνοδον, τὸ τηνικαῦτα δῆθεν πρεσβυτέρου τυγχάνοντος,
ἅμα τέτταρσιν ἢ πέντε μόνοις ποτὲ ἐπισκόποις καὶ 10
ὀλίγοις μονάζουσι, σὺν αὐτῷ τὴν αἱρετικὴν Ἀπολλι-
ναρίου καὶ τῶν κατ' ἐκεῖνον νοσοῦσι κακοδοξίαν· δι' ἣν
καθαιρεθέντες τότε κανονικῶς ὑπὸ τοῦ τῆς θείας μνήμης Προτερίου καὶ πάσης Αἰγυπτιακῆς συνόδου, βασι-
λικῆς εἰκότως σὺν ἐξορίᾳ κινήσεως ἐπειράθησαν." 15
Καὶ μεθ' ἕτερα· „Ἐπιτηρήσας τε τὴν ἐντεῦθεν πρὸς
θεὸν ἐκδημίαν τοῦ τῆς εὐαγοῦς λήξεως Μαρκιανοῦ τοῦ
γενομένου βασιλέως, βλασφήμοις τε φωναῖς ὡς αὐτό-
νομος ἀναιδῶς κατ' αὐτοῦ θρασυνόμενος, καὶ τὴν ἁγίαν
καὶ οἰκουμενικὴν τὴν ἐν Καλχηδόνι σύνοδον ἀναθε- 20
ματίζων ἀπηρυθριασμένως, πλῆθος δήμου ὠνητῶν τε
καὶ ἀτάκτων ἐπισυράμενος, καὶ στρατεύσας κατά τε τῶν
θείων κανόνων καὶ τῆς ἐκκλησιαστικῆς καταστάσεως
καὶ τῆς κοινῆς πολιτείας καὶ τῶν νόμων, ἐπεισέφρησεν
ἑαυτὸν τῇ ἁγίᾳ τοῦ θεοῦ ἐκκλησίᾳ ἐχούσῃ ποιμένα τε 25
καὶ διδάσκαλον, τὸν ἁγιώτατον ἡμῶν τὸν τηνικαῦτα
πατέρα καὶ ἀρχιεπίσκοπον Προτέριον, τάς τε συνήθεις
συνάξεις ἐπιτελοῦντα καὶ λιτὰς ἀναπέμποντα τῷ πάν-
των ἡμῶν σωτῆρι Χριστῷ Ἰησοῦ ὑπὲρ τῆς εὐ|σεβοῦς | 58
ὑμῶν βασιλείας καὶ τοῦ φιλοχρίστου ὑμῶν παλατίου." 30
Καὶ μετ' ὀλίγα· „Καὶ μόλις διαγενομένης ἡμέρας, ἐν τῷ
ἐπισκοπείῳ κατὰ τὸ ἔθος διάγοντος τοῦ θεοφιλεστάτου
Προτερίου, λαβὼν μεθ' ἑαυτοῦ ὁ Τιμόθεος τοὺς καθαι-

---

213 Als σύναξις („Versammlung") wurde zunächst nur der Wortgottes-
dienst bezeichnet, dann auch die gesamte Liturgie.

Von der göttlichen Gnade dem menschlichen Leben als
Geschenk gegeben, hörst du mit Recht nicht auf, nächst
Gott tagtäglich für das Gemeinwohl zu sorgen, von allen
Kaisern heiligster Augustus."

Und weiter: „Ungetrübter Frieden herrschte unter den
orthodoxen Völkern bei uns und in der Stadt Alexandrien, außer daß Timotheus, der damals freilich noch
Presbyter war, sich unmittelbar nach dem heiligen Konzil von Chalcedon von der katholischen Kirche und dem
katholischen Glauben abgespalten und abgeschnitten
hatte zusammen mit vielleicht nur vier oder fünf Bischöfen und einigen wenigen Mönchen, die mit ihm an der
häretischen Irrlehre des Apollinaris und seiner Anhänger
krankten; deswegen wurden sie damals gemäß den Kanones von Proterius heiligen Angedenkens und der gesamten ägyptischen Synode abgesetzt und mit Recht auf kaiserlichen Beschluß mit Verbannung bestraft."

Und weiter: „Er paßte den Heimgang zu Gott des vorherigen Kaisers Marcian frommen Angedenkens ab und
erdreistete sich frech, als hätte er eigene Gesetze,
blasphemischen Äußerungen gegen ihn vorzubringen
und anathematisierte die heilige und ökumenische Synode von Chalcedon ohne rot zu werden, er schleppte
einen käuflichen und zuchtlosen Haufen Volks herbei
und zog gegen die göttlichen Kanones, die kirchliche
Verfassung, den gemeinsamen Staat und die Gesetze zu
Felde und drängte sich in die heilige Kirche Gottes, die
ihren Hirten und Lehrer hatte, nämlich unseren damaligen heiligsten Vater und Erzbischof Proterius, der die
gewohnten Synaxen[213] vollzog und Gebete an unser aller
Erlöser Jesus Christus richtete um Eurer frommen
Herrschaft und Eueres Christus liebenden Palastes willen."

Und ein wenig weiter: „Es war kaum ein Tag vergangen
und der gottgeliebteste Proterius hielt sich wie gewöhnlich im Bischofspalast auf, da nahm Timotheus die zwei

ρεθέντας ἐνδίκως δύο ἐπισκόπους, καὶ κληρικοὺς
ὁμοίως τὴν ἐξορίαν, ὡς ἔφημεν, οἰκεῖν κατακριθέντας,
ὡς δὴ χειροτονίαν παρὰ τῶν δύο δεξάμενος, μηδενὸς τὸ
σύνολον τῶν κατὰ τὴν Αἰγυπτιακὴν διοίκησιν ὀρθοδόξων ἐπισκόπων παρόντος κατὰ τὸ εἰωθὸς ἐπὶ ταῖς 5
τοιαύταις τῆς Ἀλεξανδρέων τοῦ ἐπισκόπου χειροτονί-
αις, ἐπιλαμβάνεται ὡς ἐνόμισε τῆς μὲν ἱερατικῆς καθέδρας, μοιχείαν προδήλως τολμήσας κατὰ τῆς ἐχούσης
ἐκκλησίας τὸν ἑαυτῆς νύμφιον, καὶ ἐνεργοῦντος ἐν αὐτῇ
τὰ θεῖα καὶ κανονικῶς τὸν οἰκεῖον διέποντος θρόνον." 10
Καὶ μεθ᾿ ἕτερα· „Οὐδὲν ἕτερον ἦν ποιεῖν τὸν μακάριον
ἐκεῖνον ἢ τόπον δοῦναι τῇ ὀργῇ κατὰ τὸ γεγραμμένον,
καὶ τὸ σεπτὸν καταλαβεῖν βαπτιστήριον, φεύγοντα τῶν
ἐπ᾿ αὐτῷ τρεχόντων πρὸς φόνον τὴν ἔφοδον· ἐν ᾧ
μάλιστα τόπῳ καὶ βαρβάροις καὶ πᾶσιν ἀγρίοις ἀνθρώ- 15
ποις ἐγγίνεται δέος, τοῖς καὶ μὴ εἰδόσι τὸ σέβας τοῦ
τόπου καὶ τὴν ἐκεῖθεν βρύουσαν χάριν. Ὅμως οἱ τὸν ἐξ
ἀρχῆς Τιμοθέου σκοπὸν εἰς ἔργον προαγαγεῖν σπου-
δάζοντες, οἱ μηδὲ ἐν τοῖς ἀχράντοις ἐκείνοις σηκοῖς
αὐτὸν ἀνεχόμενοι σώζεσθαι, οὔτε τὸ σέβας αἰδεσθέντες 20
τοῦ τόπου οὔτε τὸν καιρόν — ἦν γὰρ τοῦ σωτηρίου
πάσχα πανήγυρις — οὔτε τὴν ἱερωσύνην αὐτὴν φρί-
ξαντες μεσιτεύουσαν θεῷ καὶ ἀνθρώποις, ἀποκτέννουσι
τὸν ἀνεύθυνον, ἀποσφάττουσιν αὐτὸν ἀπηνῶς μετὰ καὶ
ἄλλων ἕξ. Καὶ περιαγαγόντες τούτου τὸ λείψανον 25
πανταχοῦ κατατετρωμένον, ὠμῶς τε περισύ|ραντες κα- | 59
τὰ πάντα σχεδὸν τόπον τῆς πόλεως καὶ καταπομπεύ-
σαντες σχετλίως, ᾐκίζοντο ἀνηλεῶς τὸ τῶν πληγῶν οὐκ
αἰσθανόμενον σῶμα διατεμόντες κατὰ μέλος, καὶ οὐδὲ
τῶν ἐντὸς ἀπογεύεσθαι κατὰ τοὺς θῆρας φειδόμενοι 30
ἐκείνου, ὃν ἔχειν μεσίτην θεοῦ καὶ ἀνθρώπων ἔναγχος
ἐνομίσθησαν· πυρί τε παραδόντες τὸ ὑπολειφθὲν αὐτοῦ

---

[214] Zum Text: Lies δεξόμενος (263 Anm. 73 FESTUGIÈRE).

rechtmäßig abgesetzten Bischöfe mit sich und die Kleriker, die, wie gesagt, in gleicher Weise zur Verbannung verurteilt worden waren, um von den beiden die Ordination zu erhalten[214], ohne daß überhaupt einer der orthodoxen Bischöfe der ägyptischen Diözese anwesend war, wie das bei solchen Ordinationen des Bischofs von Alexandrien üblich ist, und nahm, wie er meinte, den bischöflichen Stuhl ein und beging ganz offen Ehebruch gegenüber der Kirche, die ihren Bräutigam hatte, der in ihr die heiligen Handlungen vollzog und seinen Thron gemäß kanonischem Recht verwaltete."

Und weiter: „Jenem Seligen blieb nichts anderes übrig, als gemäß der Schrift dem Zorn Raum zu geben (vgl. Röm 12,19) und das heilige Baptisterium zu erreichen auf der Flucht vor dem Angriff derer, die hinter ihm herliefen, um ihn zu töten; besonders an diesem Ort erfaßt selbst Barbaren und alle rohen Menschen eine heilige Scheu, auch wenn sie nichts wissen von der Heiligkeit des Ortes und der dort strömenden Gnade. Doch die, die darauf aus waren, die von Timotheus von Anfang an gefaßte Absicht ins Werk umzusetzen, die es nicht ertrugen, daß Proterius in jenem reinen Bezirk gerettet wurde, die weder die Heiligkeit des Ortes scheuten noch den Zeitpunkt — es war nämlich die Feier des heilbringenden Osterfestes —, die auch keine Scheu hatten vor dem Priestertum selbst, das Mittler ist zwischen Gott und den Menschen, töteten den Unschuldigen und schlachteten ihn erbarmungslos ab zusammen mit sechs anderen. Sie zogen seinen Leichnam, der über und über von Wunden bedeckt war, herum, schleiften ihn rohlings an fast alle Orte der Stadt und prahlten dreist damit, dann mißhandelten sie erbarmungslos den Körper, der die Schläge nicht mehr spürte, schnitten ihn in Stücke und hielten sich nicht davor zurück, nach Art der Tiere die Eingeweide des Mannes zu essen, den sie noch vor kurzem für einen Mittler zwischen Gott und den Menschen gehalten hatten; schließlich warfen sie, was von seinem Leichnam übrigge-

σῶμα τὴν ἐκ τούτου κόνιν τοῖς ἀνέμοις παρέπεμπον,
θηρίων πᾶσαν ὑπερακοντίσαντες ἀγριότητα. Ὧν ἁ-
πάντων αἴτιος καὶ τῶν κακῶν σοφὸς οἰκοδόμος
καθειστήκει Τιμόθεος."

Τῷ μέντοι γε Ζαχαρίᾳ τὰ περὶ τούτων διηγουμένῳ 5
δοκεῖ πεπρᾶχθαι μὲν τὰ τούτων πλείω, ἐξ αἰτίας δὲ
Προτερίου μεγίστας ταραχὰς τῇ Ἀλεξανδρέων ἐμποιή-
σαντος, καὶ οὐκ ἐκ τοῦ δήμου ταῦτα τετολμῆσθαι, ἀλλ'
ἔκ τινων στρατιωτικῶν, ἐξ ἐπιστολῆς Τιμοθέου πιστού-
μενος πρὸς Λέοντα γεγενημένης. Τούτοις μὲν οὖν ἐπι- 10
θήσων δίκην Στήλας πρὸς τοῦ βασιλέως Λέοντος ἐκπέμπεται.

9. Ἐγκυκλίοις δὲ χρῆται γράμμασιν ὁ Λέων τῶν ἀνὰ
τὴν Ῥωμαϊκὴν πολιτείαν ἐπισκόπων πυνθανόμενος καὶ
τῶν ἐν τῷ μοναδικῷ διαπρεπόντων βίῳ, περὶ τῆς ἐν 15
Καλχηδόνι συνόδου καὶ τῆς Τιμοθέου τοῦ ἐπίκλην
Αἰλούρου χειροτονίας, διαπεμψάμενος καὶ τὰ ἴσα τῶν
ἐπιδεδομένων αὐτῷ δεήσεων ἔκ τε τῆς μοίρας Προτερίου ἔκ τε τῆς Τιμοθέου τοῦ Αἰλούρου. Σύγκειται δὲ τὰ
ἐγκύκλια τούτοις τοῖς ῥήμασιν· 20

"Ἴσον θείου γράμματος τοῦ εὐσεβεστάτου βασιλέως
Λέοντος, πεμφθέντος Ἀνατολίῳ ἐπισκόπῳ Κωνσταντινουπόλεως, καὶ τοῖς κατὰ τὴν οἰκουμένην ἅπασαν
μητροπολίταις καὶ λοιποῖς ἐπισκόποις. Αὐτοκράτωρ
Καῖσαρ Λέων, εὐσεβής, νικητής, τροπαιοῦχος, μέγιστος, 25
ἀεισέβαστος, Αὔγουστος, Ἀνατολίῳ ἐπισκόπῳ.

---

215 ZACHARIAS RHETOR, Historia ecclesiastica 4,2 (1,119 BROOKS).
216 Der Brief selbst ist nicht erhalten.
217 Das Rundschreiben des Kaisers datiert aus dem Jahr 457; der Kaiser
wollte ursprünglich eine Synode einberufen, aber dagegen war Patriarch
ANATOLIUS VON KONSTANTINOPEL (vgl. ZACHARIAS RHETOR, Historia
ecclesiastica 4,5 [1,120f BROOKS]). Im Codex encyclius sind enthalten:
der Brief des Kaisers an Patriarch ANATOLIUS, der Brief der chalcedontreuen Bischöfe Ägyptens und der alexandrinischen Kleriker an den Kaiser und der Brief der chalcedontreuen Bischöfe Ägyptens an ANATOLIUS
sowie der Brief der Partei des TIMOTHEUS AELURUS an den Kaiser

blieben war, ins Feuer und streuten die Asche davon in den Wind, die Tiere an Rohheit übertreffend. Urheber alles dessen und kluger Baumeister der Übeltaten war Timotheus."

Allerdings meint Zacharias in seinem Bericht hierüber[215], daß zwar das meiste davon tatsächlich getan worden sei, doch sei es durch Proterius verursacht worden, der in Alexandrien größte Unruhen hervorgerufen hatte, und die Verbrechen seien nicht vom Volk, sondern von Soldaten begangen worden; er stützt sich dabei auf einen Brief des Timotheus an Leo[216]. — Um die zu bestrafen, wurde Stilas von Kaiser Leo nach Alexandrien geschickt.

9. (Kaiser) Leo ließ Rundschreiben ergehen an die Bischöfe im römischen Reich und an herausragende Mönche, um ihre Meinung über die Synode von Chalcedon und über die Ordination von Timotheus mit Beinamen Aelurus zu erfahren, und schickte ihnen auch Kopien der Bittschriften, die er von den Parteigängern des Proterius und denen des Timotheus Aelurus erhalten hatte. Das Rundschreiben hat diesen Wortlaut:[217]

„Kopie des kaiserlichen Briefes des frömmsten Kaisers Leo, der an Anatolius, den Bischof von Konstantinopel, an die Metropoliten und an die übrigen Bischöfe in der ganzen Welt geschickt wurde.

Der Autokrator und Caesar Leo, der Fromme, der Siegreiche, der Triumphator, der Größte, der immer Erhabene, der Augustus an Bischof Anatolius.

(*C Chalc.* Collectio Sangermanensis 1, 6–9 [2/5, 11 SCHWARTZ]), dann die Antworten der Bischöfe. — Zu den damit verbundenen Problemen siehe GRILLMEIER, *Jesus der Christus 2/1,* 221–231.

Δι᾽ εὐχῆς μὲν ἦν τῇ ἐμῇ εὐσεβείᾳ ἁπάσας τὰς ὀρθο- 60
δόξους ἁγιωτάτας ἐκκλησίας, ἔτι γε μὴν καὶ τὰς ὑπὸ τὴν
Ῥωμαίων πολιτείαν πόλεις μεγίστης ἡσυχίας ἀπολαύειν,
μηδέν τε συμβαίνειν τὴν αὐτῶν κατάστασιν καὶ γαλήνην
διαταράττειν. Οἷα δὲ κατὰ τὴν Ἀλεξανδρέων ἔναγχος 5
συνέβη, εἰδέναι μὲν ἤδη πεπείσμεθα τὴν σὴν ὁσιότητα·
ἵνα δὲ τελεώτερον περὶ πάντων διδαχθείης ποία αἰτία
τοῦ τοσούτου θορύβου καὶ τῆς συγχύσεως γεγένηται, τὰ
ἴσα τῶν δεήσεων ἃς οἱ εὐλαβέστατοι ἐπίσκοποι καὶ κλη-
ρικοὶ ἀπὸ τῆς προλεχθείσης πόλεως καὶ τῆς Αἰγυπτια- 10
κῆς διοικήσεως εἰς τὴν βασιλίδα Κωνσταντίνου πόλιν
παραγενόμενοι κατὰ Τιμοθέου τῇ ἐμῇ εὐσεβείᾳ ἐκό-
μισαν, οὐ μὴν ἀλλὰ καὶ τὰ ἴσα τῶν δεήσεων ἃς εἰς τὸ
θεῖον ἡμῶν στρατόπεδον ὑπὲρ Τιμοθέου ἀπὸ τῆς Ἀλεξανδρέων παραγενόμενοι τῇ ἡμετέρᾳ ἐπιδεδώκασι 15
γαληνότητι, πρὸς τὴν σὴν θεοσέβειαν ἀπεστείλαμεν·
ὥστε τί πέπρακται περὶ τοῦ εἰρημένου Τιμοθέου, ὃν ὅ τε
τῆς Ἀλεξανδρέων δῆμος καὶ οἱ ἀξιωματικοὶ καὶ οἱ
πολιτευόμενοι καὶ ναύκληροι ἐπίσκοπον ἑαυτοῖς αἰ-
τοῦσι, καὶ περὶ τῶν ἄλλων πραγμάτων τῶν τῷ ὕφει τῶν 20
δεήσεων περιεχομένων, καὶ πρὸς τούτοις, περὶ τῆς ἐν
Καλχηδόνι συνόδου ᾗτινι οὐδαμῶς συναινοῦσι, καθὰ αἱ
ὑποτεταγμέναι δεήσεις αὐτῶν σημαίνουσι, φανερῶς
δυνηθῆναι μαθεῖν τὴν σὴν ὁσιότητα. Ἡ σὴ τοιγαροῦν
εὐλάβεια ἅπαντας τοὺς ὀρθοδόξους ὁσίους ἐπισκόπους 25
τοὺς ἐπὶ τοῦ παρόντος κατὰ τήνδε τὴν βασιλίδα πόλιν
διάγοντας, ἔτι γε μὴν καὶ τοὺς εὐλαβεστάτους κληρικοὺς πρὸς ἑαυτὸν παραχρῆμα ποιησάτω συνελθεῖν·
καὶ πάντων ἐπιμελῶς τρακτευθέντων καὶ δοκιμασθέντων,
ἐπειδὴ νῦν ἡ Ἀλεξάνδρου πόλις τετάρακται, ἧστινος τῆς 30
καταστάσεως καὶ τῆς ἡσυχίας μεγίστη ἐστὶν ἡμῖν φροντίς,
εἴπατε τὸ δοκοῦν περὶ τοῦ προειρημένου Τιμοθέου καὶ τῆς
ἐν | Καλχηδόνι συνόδου, ἄνευ τινὸς ἀνθρωπίνου φόβου | 61
καὶ δίχα χάριτος καὶ ἀπεχθείας, μόνον τὸν τοῦ παντοκρά-

---

218   C Chalc. Collectio Sangermanensis 1, 7; 9 (2/5, 11–17.21 f SCHWARTZ).

Dem Gebet meiner Frömmigkeit war es zu verdanken, daß alle die heiligsten orthodoxen Kirchen und überdies auch die Städte im römischen Staat größte Ruhe genossen und nichts geschah, was ihre Ordnung und ihren Frieden störte. Was sich vor kurzem in Alexandrien ereignet hat, weiß, wie wir überzeugt sind, deine Heiligkeit schon; damit Du aber noch besser über alles unterrichtet wirst und erfährst, was die Ursache dieses großen Tumultes und Aufruhrs gewesen ist, haben wir Kopien der Bittschriften, die die frömmsten Bischöfe und Kleriker der genannten Stadt und der ägyptischen Diözese gegen Timotheus verfaßt und in die Hauptstadt Konstantinopel gebracht und meiner Frömmigkeit übergeben haben, desgleichen auch Kopien der Bittschriften zugunsten von Timotheus, die die Alexandriner in unser kaiserliches Lager gebracht und unserer Serenität überreicht haben[218], Deiner Gottesfürchtigkeit geschickt, damit Deine Heiligkeit sich ein deutliches Bild machen kann von dem, was bezüglich des genannten Timotheus geschehen ist, den das Volk von Alexandrien, die Würdenträger, die Kurialen und die Schiffseigner für sich als Bischof verlangen, und auch von all den anderen Dingen, die im Text der Bittschriften enthalten sind, und außerdem von dem, was die Synode von Chalcedon betrifft, der sie keineswegs zustimmen, wie die beigefügten Bittschriften erweisen. Deine Gottesfürchtigkeit soll daher also veranlassen, daß alle heiligen orthodoxen Bischöfe, die sich zur Zeit in dieser Kaiserstadt aufhalten, und ebenso die frömmsten Kleriker sofort bei Dir zusammenkommen; und wenn alles sorgfältig behandelt und geprüft worden ist, da ja die Stadt Alexandrien jetzt in Unruhe ist, für deren Ordnung und Ruhe wir die größte Sorge tragen, so sagt, was Ihr entschieden habt über den genannten Timotheus und über die Synode von Chalcedon, ohne Furcht vor den Menschen und frei von Gunst und Haß, nur die Furcht vor

τορος θεοῦ φόβον πρὸ ὀφθαλμῶν τιθέμενοι, ἐπειδὴ ἴστε
ὡς περὶ τοῦ πράγματος τούτου τῇ ἀχράντῳ θεότητι
λόγον δώσετε, ἵνα περὶ πάντων δι᾽ ὑμετέρων γραμμάτων
τελείως διδαχθέντες τὸν ἁρμόζοντα τύπον δοῦναι
δυνηθῶμεν." 5

Καὶ αὕτη μὲν πρὸς Ἀνατόλιον. Τὰ παραπλήσια δὲ καὶ
πρὸς τοὺς ἄλλους ἐπισκόπους γέγραφε, καὶ πρὸς τοὺς
ἐπισήμους, ὡς λέλεκταί μοι, τῶν κατ᾽ ἐκεῖνο καιροῦ τὸν
ἄσκευον καὶ ἄϋλον διαθλευόντων βίον· ὧν ἦν καὶ
Συμεώνης, ὁ ἐπὶ κίονος πρῶτος τὴν στάσιν ἐξευρηκώς, 10
οὗ καὶ κατὰ τὴν προτεραίαν ἱστορίαν ἐμνήσθημεν· εἰς
οὓς καθειστήκεισαν Βαράδατος καὶ Ἰάκωβος οἱ Σύροι.

10. Τοιγαροῦν πρῶτος ὁ τῆς πρεσβυτέρας Ῥώμης
ἐπίσκοπος Λέων ὑπέρ τε τῆς ἐν Καλχηδόνι συνόδου γέγραφε, τήν τε Τιμοθέου χειροτονίαν ἀπεδοκίμασεν ὡς 15
ἀθέσμως γεγενημένην· ἥντινα τοῦ Λέοντος ἐπιστολὴν
Λέων αὐτοκράτωρ Τιμοθέῳ διαπέμπεται τῷ τῆς Ἀλεξανδρέων προέδρῳ, Διομήδους σιλεντιαρίου τοῖς βασιλικοῖς
κελεύσμασι διακονησαμένου. Πρὸς ὃν καὶ ἀντέγραψε
Τιμόθεος μεμφόμενος τὴν ἐν Καλχηδόνι σύνοδον καὶ τὴν 20
Λέοντος ἐπιστολήν. Ὧν τὰ ἀντίγραφα μὲν σώζεται ἐν τοῖς
καλουμένοις ἐγκυκλίοις, ἐμοὶ δὲ παρεῖται ἵνα μὴ πλῆθος
ἐπεισαγάγω τῷ παρόντι πόνῳ. Καὶ οἱ τῶν ἄλλων δὲ πόλεων ἐπίσκοποι τοῖς ἐν Καλχηδόνι τυπωθεῖσιν ἐνέμειναν,
καὶ τὴν Τιμοθέου χειροτονίαν ἁπάσαις κατέκριναν ψή- 25
φοις· Ἀμφιλόχιος δὲ μόνος ὁ Σίδης ἐπιστολὴν γέγραφε
πρὸς τὸν βασιλέα, καταβοῶσαν μὲν τῆς Τιμοθέου χειροτονίας, οὐκ ἀποδεχομένην δὲ τὴν ἐν Καλχηδόνι σύνοδον.

---

219 Zu BARADATUS siehe THEODORET VON CYRRHUS, *h. rel.* 27 (SCh 257,
216–223); zu JACOBUS siehe THEODORET, *h. rel.* 21 (SCh 257, 70–123).
Die drei Mönche, Zeitgenossen THEODORETS, waren „wegen ihrer Tugend berühmt auf der ganzen Erde" (vgl. PHOTIUS VON KONSTANTINO-
PEL, *cod.* 228 [123 HENRY]).
220 Es waren zwei Briefe, die Papst LEO schrieb (ZACHARIAS RHETOR,
Historia ecclesiastica 4, 5 [1, 120 f BROOKS]), die Evagrius aber zusammen-
wirft; das Schreiben über die Ordination des TIMOTHEUS AELURUS

Gott dem Allmächtigen vor Augen, da Ihr wißt, daß Ihr vor der unbefleckten Gottheit über diese Angelegenheit Rechenschaft ablegen werdet, damit wir, durch Euere Briefe vollkommen unterrichtet, den angemessenen Bescheid erlassen können."

So lautete der Brief an Anatolius. Ähnliche Briefe schrieb er auch an die anderen Bischöfe und, wie gesagt, an die herausragenden unter denen, die zu jener Zeit das unbehauste und spirituelle Leben durchkämpften. Unter ihnen war auch Simeon, der als erster das Stehen auf einer Säule erfunden hatte, den wir auch im vorhergehenden Buch erwähnt haben; und die Syrer Baradat und Jacobus[219] gehörten zu ihnen.

10. Als erster schrieb also der Bischof des Alten Rom Leo zur Verteidigung der Synode von Chalcedon und verurteilte die Ordination des Timotheus als ungesetzlich[220]; diesen Brief Leos schickte der Kaiser Leo an Timotheus, den vorsitzenden Bischof von Alexandrien; der Silentiarier Diomedes führte die kaiserlichen Befehle aus. Timotheus antwortete ihm und tadelte die Synode von Chalcedon und den Brief Leos.[221] Eine Abschrift davon ist in den sogenannten Enzyklien erhalten, ich lasse sie aber beiseite, um das vorliegende Werk nicht zu überfrachten. Die Bischöfe der anderen Städte hielten an den Entscheidungen von Chalcedon fest und verurteilten einstimmig die Ordination des Timotheus; nur Amphilochius von Side schrieb einen Brief an den Kaiser, der zwar die Ordination des Timotheus verwarf, aber die Synode von Chalcedon nicht akzeptierte.

---

vom 1. Dezember 457 findet sich nicht im uns vorliegenden *Codex encyclius,* sondern in *C Chalc.* Epistula 97 (2/4, 101–104 SCHWARTZ).
[221] Es war der Brief des Papstes über das Konzil von Chalcedon, den der Kaiser an TIMOTHEUS schickte (der sogenannte „zweite" Tomus vom 17. August 458 = LEO, *ep.* 165); er findet sich in *C Chalc.* Epistula 104 (2/4, 113–119 SCHWARTZ; und SCHWARTZ, *Codex Vaticanus gr. 1431,* 56–62); die Antwort des TIMOTHEUS ist nicht im *Codex encyclius* enthalten, aber bei ZACHARIAS RHETOR, *Historia ecclesiastica* 4, 6 (1, 121–124 BROOKS) wiedergegeben.

Ἅπερ καὶ ταῦτα Ζαχαρίᾳ τῷ ῥήτορι πεπόνηται, τῷ καὶ
τὴν ἐπιστολὴν αὐτὴν Ἀμφιλοχίου ἐντεταχότι ἐν τῷ αὐτοῦ
συντάγματι. Γράφει δὲ καὶ Συμεώνης ὁ τῆς | ὁσίας λήξεως | 62
περὶ τούτων ἐπιστολὰς δύο πρός τε Λέοντα τὸν αὐτοκράτορα, πρός τε Βασίλειον ἐπισκοποῦντα τὴν Ἀντιόχου· ὧν 5
τὴν πρὸς Βασίλειον βραχυλογοῦσαν ἐντίθημι τῇδέ μου τῇ
συγγραφῇ, ὧδέ πως ἔχουσαν·

„Τῷ δεσπότῃ μου τῷ ὁσιωτάτῳ καὶ ἁγιωτάτῳ φιλο-
θέῳ Βασιλείῳ ἀρχιεπισκόπῳ, ὁ ἁμαρτωλὸς καὶ ταπεινὸς
Συμεώνης ἐν Κυρίῳ χαίρειν.   10
Νῦν εὔκαιρον εἰπεῖν, δέσποτα· ,Εὐλογητὸς ὁ θεός, ὃς
οὐκ ἀπέστησε τὴν προσευχὴν ἡμῶν καὶ τὸ ἔλεος αὐτοῦ
ἀφ᾽ ἡμῶν τῶν ἁμαρτωλῶν.‘ Δεξάμενος γὰρ τὰ γράμματα
τῆς ὑμετέρας ὁσιότητος ἐθαύμασα τὸν ζῆλον καὶ τὴν
εὐσέβειαν τοῦ θεοφιλεστάτου ἡμῶν βασιλέως, τὴν πρὸς 15
τοὺς ἁγίους πατέρας καὶ τὴν τούτων βεβαίαν πίστιν, ἣν
ἐπέδειξε καὶ ἐπιδείκνυται· καὶ τοῦτο οὐκ ἐξ ἡμῶν τὸ δῶρον, καθὼς καὶ ὁ ἅγιος ἀπόστολος λέγει, ἀλλ᾽ ἐκ θεοῦ
τοῦ ταύτην αὐτῷ δεδωκότος τὴν προθυμίαν διὰ τῶν
ὑμετέρων εὐχῶν.“   20
Καὶ μετ᾽ ὀλίγα· „Διὸ κἀγὼ ὁ ταπεινὸς καὶ εὐτελής, τὸ
ἔκτρωμα τῶν μοναχῶν, ἐγνώρισα τῇ αὐτοῦ βασιλείᾳ τὴν
ἐμὴν πρόθεσιν τὴν περὶ τὴν πίστιν τῶν ἁγίων πατέρων
τῶν ἐν Καλχηδόνι συνεληλυθότων ἑξακοσίων τριάκοντα, ἐμμένων καὶ ὑποστηριζόμενος ὑπ᾽ αὐτῆς τῆς ὑπὸ τοῦ 25
ἁγίου πνεύματος φανερωθείσης. Εἰ γὰρ μεταξὺ δύο ἢ
τριῶν συνεληλυθότων διὰ τὸ ὄνομα αὐτοῦ πάρεστιν ὁ
σωτήρ, πῶς μεταξὺ τοσούτων καὶ τηλικούτων ἁγίων
πατέρων ἐνεχώρει εἰ μὴ παρείη τὸ ἅγιον πνεῦμα;“

---

222 ZACHARIAS RHETOR, *Historia ecclesiastica* 4,7 (1,124f BROOKS); der
Brief ist jedoch nicht mehr im Wortlaut erhalten. Die Antworten der
übrigen Bischöfe finden sich in C *Chalc.* Collectio Sangermanensis 1
(2/5, 24–98 SCHWARTZ).
223 BASILIUS war von 456 bis 458 Bischof von Antiochien; den Brief, der
die (von den Monophysiten bestrittene) pro-chalcedonische Haltung

Auch das ist von dem Rhetor Zacharias behandelt worden, der auch den Brief des Amphilochius in sein Werk aufgenommen hat.[222] Auch Simeon heiligen Angedenkens hat hierüber zwei Briefe verfaßt, einen an Kaiser Leo und einen an Basilius, den Bischof von Antiochien; da von diesen der an Basilius kurzgefaßt ist, füge ich ihn in diese meine Schrift ein[223]; er lautet folgendermaßen:

„An meinen Herrn, den frömmsten und heiligsten, von Gott geliebten Erzbischof Basilius, der sündige und geringe Simeon, Gruß im Herrn.

Nun, Herr, ist es an der Zeit zu sagen: ‚Gepriesen sei Gott, der unser Gebet nicht verschmäht hat und sein Erbarmen nicht von uns Sündern genommen hat' (Ps 66,20: Ps 65,20 LXX). Als ich den Brief Euerer Heiligkeit erhalten hatte, staunte ich über den Eifer und die Frömmigkeit unseres gottgeliebtesten Kaisers, über sein Vertrauen in die heiligen Väter, das er bewiesen hat und beweist, und über deren festen Glauben; dieses Geschenk ist nicht von uns, wie auch der heilige Apostel sagt, sondern von Gott (vgl. Eph 2,8), der ihm diesen Eifer dank Euerer Gebete gegeben hat."

Und etwas weiter: „Deshalb habe auch ich, der Geringe und Nichtswürdige, die Mißgeburt unter den Mönchen, seiner Majestät meine Auffassung über den Glauben der 630 in Chalcedon zusammengekommenen heiligen Väter zur Kenntnis gebracht; diesem Glauben, der vom Heiligen Geist geoffenbart worden ist, bleibe ich treu und von ihm werde ich gestärkt. Denn wenn der Erlöser unter zweien oder dreien, die in seinem Namen versammelt sind (vgl. Mt 18,20), zugegen ist, wie sollte es dann möglich sein, daß der Heilige Geist unter so vielen und so bedeutenden heiligen Vätern nicht zugegen wäre?"

SIMEONS zum Ausdruck bringt und der nicht im *Codex encyclius* enthalten ist, kann Evagrius im Archiv von Antiochien gefunden haben.

Καὶ μεθ᾽ ἕτερα· „Διὸ ‚ἴσχυε καὶ ἀνδρίζου‘ ὑπὸ τῆς
ἀληθοῦς εὐσεβείας, καθάπερ καὶ Ἰησοῦς ὁ τοῦ Ναυῆ
ὁ δοῦλος Κυρίου ὑπὲρ τοῦ λαοῦ. Πάντα τὸν ὑπὸ τὴν σὴν
ὁσιότητα εὐλαβῆ κλῆρον καὶ τὸν εὐλογημένον καὶ
πιστότατον λαὸν ἐξ ἐμοῦ προσειπεῖν παρακλήθητι.“   5
   11. Ἐπὶ τούτοις Τιμόθεος ἐξορίαν κατακρίνεται, κε-   63
λευσθεὶς καὶ αὐτὸς τὴν Γαγγρηνῶν οἰκεῖν. Οἱ δὲ οὖν τῆς
Ἀλεξανδρέων διάδοχον Προτερίου Τιμόθεον ἐπίσκοπον ἕτερον προχειρίζονται· ὃν οἱ μὲν ἐκάλουν Βασιλι-
κόν, οἱ δὲ Σαλοφακίαλον. Ἀνατολίου δὲ τελευτήσαντος,   10
τὸν θρόνον τῆς βασιλευούσης διαδέχεται Γεννάδιος, καὶ
μετ᾽ αὐτὸν Ἀκάκιος, ὃς τοῦ καταγωγίου τῶν ὀρφανῶν
προειστήκει κατὰ τὴν βασιλεύουσαν πόλιν.
   12. Ἀνὰ δὲ τὸ δεύτερον ἔτος τῆς βασιλείας Λέοντος,
κλόνος τῆς γῆς ἐξαίσιος καὶ βρασμὸς ἀνὰ τὴν Ἀντιόχου   15
γίνεται, τινῶν μὲν παρὰ τοῦ κατ᾽ αὐτὴν δήμου προγε-
γενημένων, πρὸς πᾶσαν ἐκβακχευθέντων μανίαν πάσης
τε θηριώδους ἐπέκεινα γενομένων γνώμης, ὥσπερ δὲ
προοίμιον τοῖς τοιούτοις κακοῖς παρασχομένων· γίνεται
γοῦν χαλεπώτατος ἕκτον καὶ πεντακοσιοστὸν ἔτος χρη-   20
ματιζούσης τῆς πόλεως, περὶ τετάρτην ὥραν τῆς νυκτός,
τετάρτην καὶ δεκάτην ἄγοντος ἡμέραν τοῦ Γορπιαίου
μηνός, ὃν Σεπτέμβριον Ῥωμαῖοι προσαγορεύουσι, κυρίας
ἐπικαταλαβούσης ἡμέρας, ἀνὰ τὴν ἑνδεκάτην ἐπινέμησιν
τοῦ κύκλου, ἕκτος τυγχάνειν ἱστορούμενος, ἑπτὰ καὶ   25
τεσσαράκοντα καὶ τριακοσίων διῳχηκότων ἐνιαυτῶν ἐξ
ὅτου ὁ κατὰ Τραϊανὸν γέγονεν· ἐκεῖνος μὲν γὰρ ἔνατον
καὶ πεντηκοστὸν καὶ ἑκατοστὸν ἀγούσης τῆς πόλεως
ἔτος τῆς αὐτονομίας γέγονεν, ὁ δέ γε ἐπὶ Λέοντος, ἕκτον
καὶ πεντακοσιοστόν, ὡς τοῖς φιλοπονήσασιν ἐκτέθειται.   30

---

²²⁴ TIMOTHEUS AELURUS wurde 459/460 wie DIOSKUR nach Gangra in
Paphlagonien verbannt, 464 auf die Krim; 475 wurde er von BASILISCUS
zurückgerufen; er starb 477.
²²⁵ Der friedfertige Chalcedonier TIMOTHEUS SALOFACIALUS bzw. SALO-
FACIOLUS („Wackelhut") war 460–475 Patriarch von Alexandrien.
²²⁶ ANATOLIUS starb 458, GENNADIUS war 458–471 Patriarch von Kon-

Und weiter: „Deshalb ‚sei stark und mannhaft' (Jos 1,6)
im Vertrauen auf den wahren Glauben, wie auch Josua, der
Sohn des Nun, der Diener des Herrn, es war für sein Volk.
Grüße bitte den ganzen frommen Klerus, der deiner Heiligkeit unterstellt ist, und das gesegnete und treueste Volk von
mir."

11. Daraufhin wurde Timotheus zur Verbannung verurteilt, auch er nach Gangra[224]. Die Alexandriner wählten
als Nachfolger des Proterius einen anderen Timotheus
zum Bischof, den die einen Basilicus, die anderen Salofacialus[225] nannten. Nach dem Tod von Anatolius[226] übernahm Gennadius den Bischofsthron der Hauptstadt und
nach ihm Acacius, der Vorsteher des Waisenhauses der
Hauptstadt gewesen war.

12. Im zweiten Jahr der Regierung Leos[227] entstand in
Antiochien ein gewaltiges Zittern und Beben der Erde;
dem waren durch das Volk der Stadt hervorgerufene Geschehnisse vorausgegangen, die in äußerste Raserei ausge-
artet waren und tierische Sinnesart noch übertroffen hatten, gleichsam wie ein Vorspiel für die künftigen Übel.
Dieses schlimmste Erdbeben ereignete sich im Jahr 506 der
Ära der Stadt, zur vierten Stunde der Nacht, am vierzehn-
ten Tag des Monats Gorpiaios, den die Römer September
nennen, am Beginn eines Sonntags, im elften Jahr der Indiktion; es war das sechste Erdbeben in Antiochien,
von dem berichtet wird, nachdem 347 Jahre seit dem Erdbeben unter Trajan vergangen waren; jenes ereignete sich
im 159. Jahr der Autonomie der Stadt[228], dieses unter Leo
im 506. Jahr, wie von den Wissenschaftlern dargelegt ist.

---

stantinopel, ACACIUS 472–489.
[227] Im Jahr 458; über die Schwierigkeiten einer genauen Datierung siehe
FESTUGIÈRE, *Histoire ecclésiastique* 268 Anm. 82; DOWNEY, *History*
597–604. Die Ära Antiochiens, seine Autonomie, begann usprünglich mit
dem 1. Oktober 49 v. Chr., aber zwischen 449 und 483 wurde der Jahresan-
fang auf den 1. September verlegt (siehe DOWNEY, *Calendar Reform*).
[228] Nach Berechnung des Evagrius im Jahr 110/111, tatsächlich aber 115.

Οὗτος τοίνυν ὁ σεισμὸς τῆς καινῆς τὰς οἰκίας ἁπάσας
σχεδὸν καταβέβληκε, πολυανθρώπου ταύτης γεγενημένης, καὶ οὐδὲν ἐχούσης ἔρημον ἢ ὅλως ἠμελημένον, ἀλλὰ
καὶ λίαν ἐξησκημένης τῇ φιλοτιμίᾳ τῶν βασιλέων πρὸς
ἀλλήλους ἁμιλλωμένων. Τῶν τε βασιλείων ὁ πρῶτος καὶ 5
δεύτερος οἶκος κατεβλήθησαν, τῶν ἄλλων σὺν τῷ παρα-
κειμένῳ βαλανείῳ μεινάντων, τῷ γε καὶ λούσαντι τὴν
πόλιν παρὰ | τὴν συμφορὰν ἐκ τῆς πρότερον ἀχρηστίας, | 64
ἀνάγκη τῶν τοῖς ἄλλοις βαλανείοις συμβεβηκότων.
Κατέρριψε δὲ καὶ τὰς στοὰς τὰς πρὸ τῶν βασιλείων καὶ 10
τὸ ἐπ᾽ αὐταῖς τετράπυλον, καὶ τοῦ ἱπποδρομίου δὲ τοὺς
περὶ τὰς θύρας πύργους, καί τινας τῶν ἐπ᾽ αὐταῖς στοῶν.
Κατὰ δὲ τὴν παλαιὰν τῶν μὲν στοῶν ἢ οἰκημάτων πτῶ-
σις ὅλως οὐκ ἔψαυσε, τῶν δὲ Τραϊανοῦ καὶ Σευήρου καὶ
Ἀδριανοῦ βαλανείων μικρὰ κατασείσας ἀνέτρεψε. Καὶ 15
τῆς γε Ὀστρακίνης οὕτω καλουμένης γειτονίας τινὰ
συγκατέβαλε σὺν καὶ ταῖς στοαῖς καὶ τὸ καλούμενον
Νυμφαῖον ῥίψας. Ὧν τὸ καθ᾽ ἕκαστον περιέργως Ἰωάννῃ ἱστόρηται τῷ ῥήτορι. Φησὶ δ᾽ οὖν ὡς χίλια χρυσίου
τάλαντα πρὸς τοῦ βασιλέως ἐκ τῶν φόρων ἀφείθη τῇ 20
πόλει, καὶ τοῖς δὲ πολιτευταῖς τῶν ἠφανισμένων τῷ πά-
θει τὰ τέλη· ἐπιμελήσασθαι δὲ τοῦτον καὶ τῶν δημοσίων
οἰκοδομῶν.
13. Συνηνέχθη δὲ τούτοις ὅμοια ἢ καὶ δεινότερα
ἀνὰ τὴν Κωνσταντινούπολιν, ἀρχῆς τοῦ κακοῦ γενο- 25
μένης ἐν τῷ παραθαλασσίῳ τῆς πόλεως μέρει, ὅπερ βοὸς
καλοῦσι πόρον. Ἱστόρηται δὲ ὡς κατὰ τὰς ἐπιλυχνίους

---

[229] Die Neustadt mit kaiserlicher Residenz, Hippodrom und Tetrapylon
befand sich auf der Orontesinsel.
[230] Die Lage der Ostrakine (vielleicht Töpferviertel) ist nicht eindeutig
zu bestimmen, das *Nymphaeum* soll sich im Zentrum der Stadt befunden
haben (doch siehe DOWNEY, *History* 478 Anm. 13).
[231] Die uns überlieferte Chronographie des MALALAS erwähnt das Erdbeben (*chron.* 14 [369 DINDORF]), ebenso den Brand in Konstantinopel
(*chron.* 14 [372 DINDORF]), enthält aber keine Einzelheiten. Die Schilderung des Evagrius ist die ausführlichste.

Dieses Erdbeben zerstörte fast alle Häuser der Neustadt[229], die dicht bevölkert war und in der es nichts gab,
was frei oder völlig vernachlässigt war, die vielmehr dank
der Freigebigkeit der miteinander wetteifernden Kaiser
außerordentlich ausgebaut war. Von den kaiserlichen Pa-
lästen wurden das erste und zweite Gebäude zerstört,
während die anderen erhalten blieben zusammen mit dem
danebenliegenden Bad, das, obwohl es vorher unbenutzt
war, der Stadt nach der Katastrophe aus der Notlage heraus zum Baden diente, da die anderen Bäder von dem Unglück betroffen waren. Das Beben ließ auch die Säulenhallen vor der Residenz und das daran anschließende Tetrapylon zusammenstürzen und im Hippodrom die Türme bei den Eingängen und einige der Säulenhallen in der
Nähe. In der Altstadt wurden überhaupt keine Säulenhallen oder Gebäude vom Einsturz erfaßt, nur von den Bädern des Trajan, des Severus und des Hadrian wurden kleine Teile durch Erdstöße zerstört. In der Nachbarschaft
der sogenannten Ostrakine warf das Beben einige Teile
mit Säulenhallen ein und brachte das sogenannte *Nymphaeum*[230] zum Einsturz. Der Rhetor Johannes hat das im
einzelnen genau dargestellt.[231] Er sagt, daß der Stadt tausend Talente Gold an Steuern vom Kaiser erlassen wurden
und den Bürgern, die durch das Unglück geschädigt worden waren, die Abgaben; er habe auch für den Wiederaufbau der öffentlichen Gebäude gesorgt.

13. Ein ähnliches Unglück wie dieses oder sogar ein noch
schlimmeres trug sich in Konstantinopel zu, wo das Unheil
in einem Stadtteil, der am Meer liegt und den sie Βοόσπορος[232] nennen, seinen Anfang nahm. Es wird berichtet, daß

---

[232] Bei diesem „βοόσπορος" handelt es sich um einen Stadtteil am Goldenen Horn in der Nähe des Hafens Bosporion oder Prosphorianus, der
östlich vom Neorion-Hafen lag (JANIN, *Constantinople* 235).

ὥρας δαίμων τις κακοῦργος παλαμναῖος γυναικὶ εἰκα-
σθείς, εἴτε καὶ ταῖς ἀληθείαις γυνὴ χερνῆτις ὑπὸ δαίμονος
οἰστρουμένη — λέγεται γὰρ ἐπ' ἀμφότερα —, λύχνον
πρὸς παντοπώλιον ἐνεγκεῖν ὠνησομένη τι τῶν τεταριχ-
ευμένων, τεθέντος δ' αὖ τοῦ λύχνου τὸ γύναιον ὑπανα-　5
χωρῆσαι· τὸ δέ γε πῦρ στυππίου λαβόμενον φλόγα
μεγίστην ἐξᾶραι, λόγου τε θᾶττον ἐμπρῆσαι τὸ οἴκημα·
ἐκ τούτου δὲ τὰ παρακείμενα ῥᾴδιον ἀφανισθῆναι, τοῦ
πυρὸς ἀμφινεμομένου οὐ μόνον τὰ εὐέξαπτα ἀλλὰ καὶ
τὰς ἐκ λίθων οἰκοδομίας, καὶ ἄχρι τετάρτης ἡμέρας　10
διαμείναντος, καὶ πᾶσαν ἄμυναν ὑπερβεβηκότος, τὸ με-
σαίτατον ἅπαν τῆς πόλεως ἀπὸ τοῦ ἀρκτῴου μέχρι τοῦ
νοτίου κλίματος δαπανηθῆναι, ἐπὶ πέντε μὲν σταδίους
τὸ μῆκος, δεκα τέσσαρας δὲ τὸ πλάτος· ὡς μηδὲν μεταξὺ
καταλειφθῆναι | μὴ δημοσίων μὴ ἰδιωτικῶν οἰκοδομι-　15
ῶν, μὴ κίονας, μὴ τὰς ἐκ λίθων ψαλίδας, ἀλλὰ πᾶσαν
ἀπεσκληκυῖαν ὕλην ὥσπερ τι τῶν εὐεξάπτων κατα-
καυθῆναι. τοῦτο δὲ τὸ κακὸν γενέσθαι ἐν μὲν τῷ βορείῳ
κλίματι, ἐν ᾧ καὶ νεώρια τῆς πόλεως καθεστᾶσιν, ἀπὸ
τοῦ καλουμένου βοὸς πόρου μέχρι τοῦ παλαιοῦ 'Απόλ-　20
λωνος ἱεροῦ, ἐν δὲ τῷ νοτίῳ ἀπὸ τοῦ 'Ιουλιανοῦ λιμένος
μέχρις οἰκιῶν οὐ πολὺ κειμένων τοῦ εὐκτηρίου τῆς
ἐπίκλην 'Ομονοίας ἐκκλησίας, ἐν δὲ τῷ μεσαιτάτῳ τῆς
πόλεως μέρει ἀπὸ τοῦ Κωνσταντίνου προσαγορευομένου φόρου μέχρι τῆς τοῦ Ταύρου καλουμένης ἀγορᾶς,　25
οἰκτρὸν πᾶσι θέαμα καὶ εἰδεχθέστατον. "Οσα γὰρ ἐπηώ-
ρητο τῇ πόλει κάλλη, ἢ πρὸς τὸ μεγαλοπρεπὲς καὶ ἀπ-
αράβλητον ἐξησκημένα, ἢ πρὸς κοινὰς ἢ ἰδιωτικὰς
καλοῦντα χρείας, ὑφ' ἓν ἐς ὄρη τε καὶ βουνοὺς ἀπ-
εσχεδιάσθη δυσβάτους τε καὶ δυσδιαπορεύτους καὶ　30

---

[233] Der Großbrand erstreckte sich vom Goldenen Horn bis zum Marma-
rameer und dauerte vom 2. bis 6. September 465.
[234] Der Hafen des JULIAN ist der spätere Sophienhafen; der ehemalige
Apollontempel lag auf der Akropolis.

in den frühen Abendstunden ein böser, mörderischer
Dämon in Gestalt einer Frau oder tatsächlich eine Frau,
eine Lohnarbeiterin, die von einem Dämon angestachelt
war — denn beides wird erzählt —, mit einer Lampe zu
einem Laden ging, um Gepökeltes zu kaufen, und daß die
Frau die Lampe abgestellt habe und wieder weggegangen
sei; das Feuer habe Werg erfaßt, eine sehr hohe Flamme
auflodern lassen und schneller, als man es sagen kann, das
Haus in Brand gesetzt; danach seien die benachbarten
Gebäude ganz leicht vernichtet worden, da das Feuer nicht
nur das Leichtentflammbare verzehrte, sondern auch
Gebäude aus Stein. Es habe vier Tage angehalten[233] und
jede Barriere übersprungen und den ganzen mittleren Teil
der Stadt von der nördlichen bis zur südlichen Gegend auf
eine Länge von fünf Stadien und eine Breite von 14 Stadien
vernichtet, so daß dazwischen nichts erhalten blieb, weder
öffentliche noch private Gebäude, weder Säulen noch Bö-
gen aus Stein, sondern alles trockene Material verbrannte,
als wäre es Zunder. Das Unglück sei in der nördlichen Re-
gion entstanden, wo sich auch die Schiffsarsenale befinden, und habe sich vom sogenannten *Boosporus* bis zum
alten Apollontempel ausgebreitet, im Süden vom Hafen
des Julian[234] bis zu Häusern, die nicht weit von der Kapelle
der sogenannten Eintrachtskirche entfernt sind, im mittleren Teil der Stadt von dem nach Konstantin benannten Forum bis zu dem Markt, der *Forum Tauri*[235] heißt — für alle
ein beklagenswerter und höchsten Abscheu erregender
Anblick. Denn all die schönen Bauwerke, die sich über die
Stadt erhoben, die entweder errichtet waren, um sie groß-
artig und unvergleichlich zu machen, oder die zu allgemei-
nem oder privatem Gebrauch einluden, wurden mit einem
Schlag zu unwegsamen und undurchdringlichen Bergen
und Hügeln aus verschiedenartigsten Materialien, die das

---

[235] Das Forum KONSTANTINS und das *Forum Tauri* (= Forum des THEO-
DOSIUS) lagen an der Mese, der Hauptachse der Stadt.

παντοίων ὑλῶν πλήρεις, τὴν προτέραν συγχέοντας ὄψιν·
ὡς μηδὲ τοῖς οἰκήτορσι τὸν τόπον ἐπιρέπειν εἰδέναι τί τε
ἢ ὅπη τῶν προτέρων ἐτύγχανεν ὤν.

14. Ὑπὸ τοῖς αὐτοῖς χρόνοις, τοῦ Σκυθικοῦ πολέμου
συνισταμένου πρὸς τοὺς ἑῴους Ῥωμαίους, ἥ τε Θρᾳκία γῆ 5
καὶ ὁ Ἑλλήσποντος ἐσείσθη, καὶ Ἰωνία καὶ αἱ καλούμεναι
Κυκλάδες νῆσοι, ὡς Κνίδου καὶ τῆς Κρητῶν νήσου τὰ πολλὰ κατενεχθῆναι. Καὶ ὄμβρους δὲ ἐξαισίους ὁ Πρίσκος
ἱστορεῖ γενέσθαι ἀνὰ τὴν Κωνσταντινούπολιν καὶ τὴν Βιθυνῶν χώραν, ἐπὶ τρεῖς καὶ τέσσαρας ἡμέρας ποταμηδὸν 10
τῶν ὑδάτων ἐξ οὐρανοῦ φερομένων· καὶ ὄρη μὲν εἰς πεδία
κατενεχθῆναι, κατακλυσθείσας δὲ κώμας παραπολέσθαι,
γενέσθαι δὲ καὶ νήσους ἐν τῇ Βοάνῃ λίμνῃ, οὐ μακρὰν τῆς
Νικομηδείας ἀφεστώσης, ἐκ τῶν συνενεχθέντων ἐς αὐτὴν
παμπόλλων φορυτῶν. Ἀλλὰ ταῦτα μὲν ὕστερον ἐπράχθη. 15

15. Λέων δὲ γαμβρὸν ἐπὶ θυγατρὶ Ἀριάδνῃ προσλαμ- 66
βάνεται Ζήνωνα, Ἀρικμήσιον μὲν ἐκ σπαργάνων καλούμενον, μετὰ δὲ τοῦ γάμου καὶ τὴν προσηγορίαν προσ-
κτησάμενον ἔκ τινος παρὰ τοῖς Ἰσαύροις ἐς μέγα κλέος
ἐληλυθότος οὕτω προσαγορευομένου. Ὅθεν δὲ προ- 20
ήχθη οὗτος ὁ Ζήνων, τίνος τε χάριν πάντων παρὰ τοῦ
Λέοντος προεκρίθη, Εὐσταθίῳ ἐκτέθειται τῷ Σύρῳ.

16. Ἐκ πρεσβείας δὲ τῶν ἑσπερίων Ῥωμαίων, Ἀν-
θέμιος βασιλεὺς τῆς Ῥώμης ἐκπέμπεται· ᾧ Μαρκιανὸς
ὁ πρῴην βεβασιλευκὼς τὴν οἰκείαν κατενεγγύησε παῖ- 25
δα. Ἐκπέμπεται δὲ στρατηγὸς κατὰ Γιζερίχου Βασι-
λίσκος, ὁ τῆς Λέοντος γυναικὸς Βερίνης ἀδελφός, μετὰ
στρατευμάτων ἀριστίνδην συνειλεγμένων. Ἅπερ ἀκρι-

236 Mit „Skythen" sind Hunnen oder Goten gemeint, hier vermutlich die
Ostgoten, die in Pannonien siedelten und von dort aus Kriegszüge unter-
nahmen.
237 PRISCUS, *Historia Byzantina* fr. 43 (4,110 MÜLLER). Der Text selbst
ist nicht erhalten.
238 Bei anderen Autoren wird ZENOS früherer Name mit TARACOSIDISSA
oder TARASIS CODISA angegeben. Die Heirat mit ARIADNE fand um 467
statt. Der Isaurier, der in die höchsten Ämter aufstieg, sollte ein Gegenge-
wicht gegen die Germanen bilden.

frühere Aussehen verschütteten, so daß es selbst den Ein-
wohnern unmöglich war zu wissen, was aus dem Ort, wo
sie gewohnt hatten, geworden war und wo er sich befand.

14. Zu derselben Zeit, als die Skythen[236] gegen die Römer des Ostens Krieg führten, wurden Thrakien und der
Hellespont durch Erdbeben erschüttert, ebenso Ionien und
die Inseln, die Kykladen genannten werden; große Teile
von Knidos und der Insel Kreta wurden dabei zerstört.
Priscus berichtet[237], daß es außergewöhnlich starke Regen-
fälle in Konstantinopel und in Bithynien gegeben habe und
drei oder vier Tage lang das Wasser in Bächen vom Himmel
geflossen sei. Berge seien zu ebenen Flächen abgetragen
worden, überschwemmte Dörfer seien untergegangen und
im See Boane, der nicht weit von Nicomedien entfernt ist,
seien aus dem vielen Unrat, der sich in ihm angesammelt
hatte, Inseln entstanden. Aber das geschah später.

15. Leo nahm sich für seine Tochter Ariadne Zeno zum
Schwiegersohn, der als Kind Aricmesius[238] hieß, aber mit
der Heirat auch den Namen von jemandem übernommen
hatte, der bei den Isauriern zu großem Ruhm gekommen
war und so angeredet wurde. Wie dieser Zeno zu solcher
Macht kam und warum er von Leo allen anderen vorgezogen
wurde, ist von dem Syrer Eustathius dargestellt worden.

16. Aufgrund einer Gesandtschaft der westlichen Römer wurde Anthemius als Kaiser nach Rom[239] geschickt,
dem Marcian, der vorherige Kaiser, seine Tochter zur Frau
gegeben hatte. Als militärischer Befehlshaber gegen Geiserich wurde Basiliscus, der Bruder von Leos Frau Verina,
zusammen mit Elitetruppen ausgesandt.[240] Das alles hat

---

[239] LEO bestimmte den Heermeister ANTHEMIUS zum Kaiser für West-
Rom, der nach einem Interregnum von zwei Jahren 467 in Rom zum
Augustus ausgerufen wurde; er wurde 472 von einem Verwandten RICI-
MERS getötet. Er war verheiratet mit MARCIANS Tochter EUPHEMIA.
[240] Ost-Rom und West-Rom verbündeten sich 468 gegen GEISERICH; BA-
SILISCUS, der spätere Usurpator, war 468–471 magister militum, doch der
Feldzug scheiterte.

βέστατα Πρίσκῳ τῷ ῥήτορι πεπόνηται· ὅπως τε δόλῳ
περιελθὼν ὁ Λέων μισθὸν ὥσπερ ἀποδιδοὺς τῆς ἐς
αὐτὸν προαγωγῆς ἀναιρεῖ Ἄσπαρα τὴν ἀρχὴν αὐτῷ
περιθέντα, παῖδάς τε αὐτοῦ Ἀρταβούριόν τε καὶ Πατρί-
κιον, ὃν Καίσαρα πεποίητο πρότερον ἵνα τὴν Ἄσπαρος 5
εὔνοιαν κτήσηται.

Μετὰ δὲ τὴν τοῦ Ἀνθεμίου σφαγὴν πέμπτον ἔτος τῆς
Ῥώμης βασιλεύσαντος, ὑπὸ Ῥεκίμερος βασιλεὺς Ὀλύβ-
ριος ἀναγορεύεται, καὶ μετ᾽ αὐτὸν βασιλεὺς προχει-
ρίζεται Γλυκέριος. Ὃν ἐκβαλὼν Νέπως μετὰ πέμπτον 10
ἔτος τῆς ἀρχῆς κρατεῖ, ἐπίσκοπόν τε Ῥωμαίων τὸν Γλυκέ-
ριον εἰς Σάλωνα πόλιν τῆς Δαλματίας χειροτονεῖ· ἐκβάλ-
λεταί τε ὑπὸ Ὀρέστου, καὶ μετ᾽ ἐκεῖνον ὁ τούτου παῖς Ῥω-
μύλλος ὁ ἐπίκλην Αὐγουστοῦλος, ὃς ἔσχατος τῆς Ῥώμης
αὐτοκράτωρ κατέστη, μετὰ τρεῖς καὶ τριακοσίους | καὶ χι- 15
λίους ἐνιαυτοὺς τῆς Ῥωμύλου βασιλείας. Μεθ᾽ ὃν Ὀδό-
ακρος τὰ Ῥωμαίων μεταχειρίζεται πράγματα, τῆς μὲν βασιλέως προσηγορίας ἑαυτὸν ἀφελών, ῥῆγα δὲ προσειπών.

17. Κατὰ τοῦτον τὸν χρόνον Λέων ὁ βασιλεὺς ἐν
Βυζαντίῳ τὴν βασιλείαν ἀποτίθεται, ἑπτὰ καὶ δέκα ταύ- 20
την ἔτι ἰθύνας, Λέοντα τῆς ἑαυτοῦ θυγατρὸς Ἀριάδνης
καὶ Ζήνωνος υἱὸν ὄντα νήπιον βασιλέα χειροτονήσας.
Μεθ᾽ ὃν Ζήνων ὁ πατὴρ τὸ ἁλουργὲς σχῆμα περιτίθεται,
Βερίνης τῆς Λέοντος γυναικὸς ὡς γαμβρῷ συνεπι-
λαβούσης. Τελευτήσαντος δὲ τοῦ παιδὸς μετὰ χρόνον 25
βραχύν, ὁ Ζήνων μόνος διέμεινε κρατῶν τῆς ἡγεμονίας.

---

[241] Siehe PRISCUS, *Historia Byzantina* fr. 43 (4, 110 MÜLLER); vgl. PRO-
KOP VON CAESAREA, *Vand.* 1, 6 (335–340 HAURY/WIRTH).

[242] Der arianische Germane ARDABUR ASPAR hatte als römischer Gene-
ral (424–471) mehrere Kriegszüge befehligt und unter MARCIAN großen
Einfluß besessen; LEO war durch ihn auf den Thron gelangt; er und sein
Sohn ARDABUR wurden 471 ermordet, sein Sohn PATRICIUS, der mit einer
Tochter LEOS verheiratet war, konnte anscheinend entkommen, verlor
aber die Caesarwürde.

[243] OLYBRIUS (verheiratet mit PLACIDIA, siehe *h. e.* 2, 7, oben 236 f) war im
April 472 zum Kaiser ausgerufen worden, aber schon im November desselben Jahres gestorben, wenige Monate nach RICIMER. GLYCERIUS wurde

der Rhetor Priscus[241] genauestens dargestellt und auch,
wie Leo den Aspar mit einer List täuschte, indem er so tat,
als wolle er ihn dafür belohnen, daß er ihn auf den Thron
gebracht hatte, und ihn, der ihm die Herrschaft verschafft
hatte, tötete, ebenso wie seine Söhne Ardabur und Patricius[242], den er vorher zum Caesar gemacht hatte, um das
Wohlwollen Aspars zu gewinnen.

Nach der Ermordung des Anthemius, der fünf Jahre über
Rom geherrscht hatte, wurde Olybrius von Ricimer zum
Kaiser ernannt, und nach ihm wurde Glycerius Kaiser. Ihn
vertrieb nach fünf Jahren Nepos und bemächtigte sich der
Herrschaft der Römer; er machte Glycerius zum Bischof
der Stadt Salona in Dalmatien; Nepos wurde von Orestes
vertrieben, und nach ihm wurde dessen Sohn Romulus mit
Beinamen Augustulus Kaiser[243], der der letzte Kaiser von
Rom war, 1303 Jahre nach der Herrschaft des Romulus.
Nach diesem lenkte Odoaker den Staat der Römer, der sich
selbst die Anrede „Kaiser" versagte und sich „Rex" nannte.

17. Um diese Zeit legte Leo, der Kaiser in Byzanz, die
Herrschaft nieder, die er siebzehn Jahre lang ausgeübt hat-
te, nachdem er Leo, den noch unmündigen Sohn seiner
Tochter Ariadne und des Zeno, zum Kaiser ernannt hatte.
Nach dessen Ernennung legte auch sein Vater Zeno den
Purpurmantel an, wozu ihm Verina, die Frau Leos I., als
ihrem Schwiegersohn verholfen hatte. Als das Kind nach
kurzer Zeit starb, übte Zeno allein die Herrschaft aus.[244]

---

473 weströmischer Kaiser; 474 (nicht nach fünf Jahren) wurde er von
NEPOS, den der oströmische Kaiser LEO gegen ihn entsandt hatte, besiegt.
475 erhob sich ORESTES gegen NEPOS, der bis zu seiner Ermordung 480
von Ost-Rom als rechtmäßiger Kaiser betrachtet wurde, und machte seinen Sohn ROMULUS AUGUSTULUS zum Kaiser, den der germanische Söld-
nerführer ODOAKER 476 absetzte und damit das Ende West-Roms besiegelte. ODOAKER wurde 493 von THEODERICH beseitigt. — Zum Text: lies
τῆς ἀρχῆς Ῥωμαίων κρατεῖ, ἐπίσκοπόν τε (273 Anm. 95 FESTUGIÈRE).
[244] LEO I. starb Anfang 474, sein Enkel LEO II. im Herbst desselben Jahres. ZENO regierte bis 491.

Ἃ δὲ πρὸς αὐτοῦ ἢ κατ' αὐτοῦ πέπρακται, καὶ ὅσα ἕτερα
συνηνέχθη, τὰ ἑξῆς παραστήσει, τοῦ κρείττονος ἐπινεύ-
σαντος.
Τέλος τοῦ δευτέρου λόγου.

18. Εἰσὶν ὡς ἐν ἐπιτομῇ τὰ ἐν τῇ συνόδῳ τῇ ἐν Καλ-   5
χηδόνι συλλεγείσῃ κεκινημένα ἐν τούτοις·
Τὸν τόπον Λέοντος ἀρχιερέως τῆς πρεσβυτέρας Ῥώμης ἐπλήρουν Πασκασῖνος καὶ Λουκένσιος ἐπίσκοποι, καὶ
Βονιφάτιος πρεσβύτερος· Ἀνατολίου τῆς Κωνσταντίνου
προεδρεύοντος, καὶ τῆς Ἀλεξανδρέων Διοσκόρου ἐπι-   10
σκοποῦντος, Μαξίμου τε αὖ Ἀντιοχείας, καὶ Ἰουβεναλίου
Ἱεροσολύμων, καὶ τῶν ἀμφ' αὐτοὺς ἐπισκόπων· οἷς παρῆσαν οἱ τὰ κορυφαῖα τῆς ὑπερφυοῦς γερουσίας ἔχοντες.
Πρὸς οὓς οἱ τὸν τόπον πληροῦντες Λέοντος ἔφασκον μὴ
δεῖν Διόσκορον συγκάθεδρον σφίσι γενέσθαι· τοῦτο γὰρ   15
αὐτοῖς ἐπιτρέψαι τὸν Λέοντα· ἢ εἰ τοῦτο μὴ γένηται,
αὐτοὺς ἔξω τῆς ἐκκλησίας γίνεσθαι. Καὶ πυθομένης τῆς
γερουσίας τί τὰ ἐπαγόμενα τῷ Διοσκόρῳ εἴη, διεξῆλθον
λόγον ὀφείλειν τὸν Διόσκορον δοῦναι τῆς ἰδίας κρίσεως,
πρόσωπον κριτοῦ παρὰ τὸ εἰκὸς ἀνειληφότα τῆς ἐπι-   20
|τροπῆς ἄνευ τοῦ τὴν ἐπισκοπὴν Ῥώμης πρυτανεύοντος. | 68
Ὧν εἰρημένων, καὶ Διοσκόρου κρίσει τῆς συγκλήτου ἀνὰ
τὸν μέσον καθεσθέντος χῶρον, Εὐσέβιος ὁ τοῦ Δορυλαίου
ἐπίσκοπος ἐξῄτει τὰς ἐπιδεδομένας παρ' αὐτοῦ τῇ βασιλείᾳ δεήσεις ἀναγνωσθῆναι, φήσας ἐπὶ λέξεως ταῦτα·   25
    „Ἠδίκημαι παρὰ Διοσκόρου, ἠδίκηται ἡ πίστις, ἐφο-
νεύθη Φλαβιανὸς ὁ ἐπίσκοπος, ἅμα ἐμοὶ ἀδίκως καθῃρέθη παρ' αὐτοῦ· κελεύσατε τὰς δεήσεις μου ἀναγνωσθῆναι.“

---

[245] Die wichtigsten Beschlüsse des Konzils sind im vierten Kapitel dieses
Buches (*h. e.* 2, 4, siehe oben 208–227) wiedergegeben, sie werden in der
Epitome (mit geringen Abweichungen) wiederholt, nicht jedoch die
Glaubenserklärung. – Auf der ersten Sitzung vom 8. Oktober 451
(*C Chalc.* Gesta actionis primae [2/1, 55–196 SCHWARTZ]) wurden die
Anklageschrift des EUSEBIUS VON DORYLAEUM gegen DIOSKUR und die

Was von ihm oder gegen ihn unternommen wurde und was sich sonst noch ereignet hat, soll das folgende Buch darstellen, so Gott will.

Ende des zweiten Buches.

18. Das sind wie in einer Epitome die Verhandlungen der in Chalcedon versammelten Synode:[245]

Den Platz Leos, des Erzbischofs des Alten Rom, nahmen die Bischöfe Paschasinus und Lucensius und der Presbyter Bonifatius ein; Anatolius war vorsitzender Bischof von Konstantinopel, Dioskur war Bischof von Alexandrien, Maximus von Antiochien und Juvenal von Jerusalem; bei ihnen waren auch die zu ihnen gehörenden Bischöfe; mit diesen waren anwesend die Spitzen des hohen Senats. Ihnen gegenüber erklärten die Stellvertreter Leos, Dioskur dürfe keinen Sitz unter ihnen haben; denn das habe ihnen Leo aufgetragen; sonst, wenn das nicht geschähe, würden sie die Versammlung verlassen. Und als die Senatoren fragten, welche Vorwürfe gegen Dioskur erhoben würden, führten sie an, daß Dioskur sich für den von ihm geführten Prozeß verantworten müsse, da er ohne Berechtigung das Richteramt übernommen habe ohne den Auftrag des Bischofs von Rom.[246] Nachdem das gesagt war und Dioskur aufgrund der Entscheidung des Senats sich in die Mitte gesetzt hatte, verlangte Eusebius, der Bischof von Dorylaeum, daß die Bittschriften, die er dem kaiserlichen Hof eingereicht hatte, verlesen wurden, und sagte wörtlich folgendes: „Unrecht ist mir angetan worden durch Dioskur, Unrecht ist dem Glauben angetan worden, der Bischof Flavian ist ermordet worden, zusammen mit mir ist er unrechtmäßig von ihm abgesetzt worden; befehlt, daß meine Bittschriften verlesen werden."

Akten der zweiten Synode von Ephesus verlesen; zeitweise entstand ein derartiger Tumult, daß die Beamten das „pöbelhafte Geschrei" der Bischöfe rügten (*C Chalc.* Gesta actionis primae 44 [2/1, 1,70 SCHWARTZ]).

[246] Dieser Zusatz fehlt in Kapitel 4. Vgl. *C Chalc.* Gesta actionis primae 5–13 (2/1, 1,65 f SCHWARTZ).

Οὗ δὴ διαλαληθέντος γενέσθαι, ἡ δέησις ἀναγνώσεως
ἔτυχε ταυτὶ φθεγγομένη τὰ ῥήματα·
„Παρὰ Εὐσεβίου τοῦ ἐλαχίστου ἐπισκόπου Δορυλαίου, ποιουμένου τὸν λόγον ὑπέρ τε ἑαυτοῦ καὶ τῆς
ὀρθοδόξου πίστεως, καὶ ὑπὲρ τοῦ ἐν ἁγίοις Φλαβιανοῦ 5
τοῦ γενομένου ἐπισκόπου Κωνσταντινουπόλεως.
Σκοπὸς τῷ ὑμετέρῳ κράτει ἁπάντων μὲν τῶν ὑπηκόων προνοεῖν καὶ χεῖρα ὀρέγειν ἅπασι τοῖς ἀδικουμένοις, μάλιστα δὲ τοῖς εἰς ἱερωσύνην τελοῦσι, καὶ ἐν
τούτῳ τὸ θεῖον θεραπεύοντες, παρ᾽ οὗ τὸ βασιλεύειν 10
ὑμῖν καὶ κρατεῖν τῶν ὑφ᾽ ἥλιον δεδώρηται. Ἐπεὶ οὖν
πολλὰ καὶ δεινὰ παρὰ πᾶσαν ἀκολουθίαν ἡ εἰς Χριστὸν
πίστις καὶ ἡμεῖς πεπόνθαμεν παρὰ Διοσκόρου τοῦ εὐλαβεστάτου ἐπισκόπου τῆς Ἀλεξανδρέων μεγαλοπόλεως,
πρόσιμεν τῇ ὑμετέρᾳ εὐσεβείᾳ τῶν δικαίων ἀξιοῦντες 15
τυχεῖν.
Τὰ δὲ τοῦ πράγματος ἐν τούτοις· ἐπὶ τῆς ἔναγχος γενο
μένης συνόδου ἐν τῇ Ἐφεσίων μητροπόλει — ἦν ὄφελόν
γε ἦν μὴ γενέσθαι, ἵνα μὴ κακῶν καὶ ταραχῆς τὴν
οἰκουμένην ἐμπλήσῃ — ὁ χρηστὸς Διόσκορος παρ᾽ 20
οὐδὲν θέμενος τὸν τοῦ δικαίου λόγον καὶ τὸν τοῦ θεοῦ
φόβον, ὁμόδοξος ὢν καὶ ὁμόφρων Εὐτυχοῦς τοῦ ματαιόφρονος καὶ αἱρετικοῦ, λανθάνων δὲ τοὺς πολλούς,
ὡς ὕστερον ἑαυτὸν ἐφανέρωσεν, εὑρὼν καιρὸν τὴν γεγενημένην παρ᾽ ἐμοῦ κατὰ Εὐτυχοῦς ὁμοδόξου αὐτοῦ 25
κατηγορίαν καὶ τὴν ἐπ᾽ αὐτῷ ἐξενεχθεῖσαν ψῆφον παρὰ
τοῦ τῆς ὁσίας λήξεως Φλαβιανοῦ ἐπισκόπου, πλῆθος
ἀτάκτων ὄχλων συναγαγὼν καὶ | δυναστείαν ἑαυτῷ διὰ | 69
χρημάτων πορισάμενος, τὴν εὐσεβῆ θρησκείαν τῶν
ὀρθοδόξων τό γε ἧκον εἰς αὐτὸν ἐλυμήνατο, καὶ τὴν 30
κακοδοξίαν Εὐτυχοῦς τοῦ μονάζοντος, ἥτις ἄνωθεν καὶ
ἐξ ἀρχῆς παρὰ τῶν ἁγίων πατέρων ἀπεκηρύχθη, ἐβεβαίωσεν. Ἐπεὶ οὖν οὐ μικρὰ τὰ τετολμημένα αὐτῷ κατά
τε τῆς εἰς Χριστὸν πίστεως καὶ καθ᾽ ἡμῶν, δεόμεθα

---

[247] C Chalc. Gesta actionis primae 16 (2/1,1,66f SCHWARTZ).

Nachdem beschlossen worden war, daß das geschehen sollte, gelangte die Bittschrift zur Verlesung, die folgenden Wortlaut hatte:[247]

„Von Eusebius, dem geringsten Bischof von Dorylaeum, der für sich selbst und den orthodoxen Glauben und für den seligen Flavian, den ehemaligen Bischof von Konstantinopel, die Verteidigung unternimmt.

Es ist Ziel Euerer Majestät, für alle Untertanen zu sorgen und allen die Hand zu reichen, denen Unrecht geschieht, besonders aber denen, die ein bischöfliches Amt innehaben, auch darin der Gottheit dienend, von der Euch die Herrschaft und die Gewalt auf Erden gegeben ist. Da nun gegen alle Regel der Glaube an Christus und wir selbst viel Schlimmes durch Dioskur, den gottesfürchtigsten Bischof der Großstadt Alexandrien, erlitten haben, wenden wir uns an Euere Frömmigkeit und verlangen, Gerechtigkeit zu erhalten.

Der Sachverhalt ist folgender: Auf der Synode, die vor kurzem in der Metropole Ephesus stattgefunden hat — die besser nicht stattgefunden hätte, damit die ganze Welt nicht von Übeln und Unruhen erfüllt wurde — hat der gute Dioskur, der das Wort des Gerechten und die Furcht vor Gott für nichts achtet und der gleichen Glaubens und gleicher Gesinnung ist wie der Hohlkopf und Häretiker Eutyches, was den meisten verborgen war, was er aber später zu erkennen gab — da also hat Dioskur die Gelegenheit ergriffen, als ich meine Anklage gegen seinen Gesinnungsgenossen Eutyches erhoben und der Bischof seligen Angedenkens Flavian sein Urteil über ihn gefällt hatte, und hat eine Menge ungeordneter Haufen zusammengebracht, hat sich durch Geld Macht verschafft und den frommen Glauben der Orthodoxen, soweit es in seiner Macht lag, besudelt und die Irrlehre des Mönches Eutyches, die von Anfang an und von Grund aus von den heiligen Vätern verworfen worden war, bekräftigt. Da nun das, was er gegen den christlichen Glauben und gegen uns zu tun gewagt hat,

268   EVAGRIUS SCHOLASTICUS

καὶ προσπίπτομεν τῷ ὑμετέρῳ κράτει θεσπίσαι τὸν
αὐτὸν εὐλαβέστατον ἐπίσκοπον Διόσκορον ἀπολογήσασθαι τοῖς παρ' ἡμῶν αὐτῷ ἐπαγομένοις· δηλαδὴ τῶν
παρ' αὐτοῦ καθ' ἡμῶν πεπραγμένων ὑπομνημάτων
ἀναγινωσκομένων ἐπὶ τῆς ἁγίας συνόδου, δι' ὧν δυνά-   5
μεθα ἀποδεῖξαι αὐτὸν καὶ ἀλλότριον τῆς ὀρθοδόξου
πίστεως, καὶ αἵρεσιν ἀσεβείας πεπληρωμένην κρατύ-
ναντα, καὶ ἀδίκως ἡμᾶς καθελόντα καὶ τὰ δεινὰ ἡμᾶς
κατειργασμένον· θείων καὶ προσκυνουμένων ὑμῶν μανδάτων καταπεμπομένων τῇ ἁγίᾳ καὶ οἰκουμενικῇ συν-   10
όδῳ τῶν θεοφιλεστάτων ἐπισκόπων, ἐφ' ᾧ τε ἡμῶν καὶ
τοῦ προειρημένου Διοσκόρου διακοῦσαι, καὶ ἀνενεγκεῖν εἰς γνῶσιν τῆς ὑμετέρας εὐσεβείας πάντα τὰ πραττόμενα πρὸς τὸ παριστάμενον τῇ ἀθανάτῳ ὑμῶν
κορυφῇ. Καὶ τούτου τυχόντες ἀδιαλείπτους εὐχὰς ἀνα-   15
πέμψομεν ὑπὲρ τοῦ αἰωνίου ὑμῶν κράτους, θειότατοι
βασιλεῖς."

Ἐκ κοινῆς τοίνυν δεήσεως Διοσκόρου τε καὶ Εὐσεβίου, τὰ ἐν τῇ δευτέρᾳ ἐν Ἐφέσῳ συνόδῳ πεπραγμένα
διὰ τῆς ἀναγνώσεως ἐδηλοῦντο· δι' ὧν ἐδείκνυτο τὴν   20
ἐπιστολὴν Λέοντος μὴ ἀναγνωσθῆναι, καὶ ταῦτα διαλαλιᾶς ἐνεχθείσης ἅπαξ καὶ δὶς περὶ τούτου. Ἐφ' οἷς Διόσκορος τὴν αἰτίαν ἀπαιτηθεὶς εἰπεῖν, διεξῆλθεν ἅπαξ καὶ
δὶς τοῦτο διαλαλῆσαι γενέσθαι, ᾔτησέ τε καὶ Ἰουβενάλιον τὸν Ἱεροσολύμων ἐπίσκοπον καὶ Θαλάσσιον τῆς   25
πρώτης Καππαδοκῶν Καισαρείας τὰ περὶ τούτων
διασαφῆσαι· σὺν αὐτῷ γὰρ καὶ τούτους τὴν αὐθεντίαν
λαβεῖν. Ἰουβενάλιος μὲν οὖν ἔφησεν ὡς θείου γράμματος ἡγησαμένου διελάλησεν ἐκεῖνο τῇ ἀναγνώσει καθ-
υποβληθῆναι, ὕστερον | δὲ μηδένα τῆς ἐπιστολῆς μνη-   30
μονεῦσαι· Θαλάσσιος δέ, μὴ κωλῦσαι ταύτην ἀναγνωσθῆναι, μηδὲ τοσαύτην ἐσχηκέναι παρρησίαν ὥστε καὶ

---

[248] C Chalc. Gesta actionis primae 18f (2/1,1,67 Schwartz).

nicht geringfügig ist, bitten wir Euere Majestät kniefällig,
zu befehlen, daß der gottesfürchtigste Bischof Dioskur
sich gegenüber den von uns erhobenen Vorwürfen verteidigt; die von ihm gegen uns verfaßten Protokolle sollen auf
der heiligen Synode verlesen werden; anhand der Protokolle können wir beweisen, daß er sich vom orthodoxen
Glauben entfernt hat, daß er eine Häresie voller Gottlosigkeit durchgesetzt hat, daß er uns zu Unrecht abgesetzt und
uns schlimme Dinge angetan hat. Eure kaiserlichen und
verehrten Mandate sollen der heiligen und ökumenischen
Synode der gottgeliebtesten Bischöfe übersandt werden
zu dem Zweck, daß diese uns und den genannten Dioskur
anhören und Euerer Frömmigkeit alles, was verhandelt
wird, zur Kenntnis bringen zur Billigung durch Euer unsterbliches Haupt. Wenn wir die Erfüllung dieser Bitte erlangen, werden wir unablässige Gebete für Euere ewige
Herrschaft zum Himmel schicken, heiligste Kaiser.“

Auf gemeinsames Verlangen von Dioskur und Eusebius[248] wurden also die Akten der zweiten Synode von
Ephesus durch öffentliche Verlesung bekannt gemacht;
daraus ging hervor, daß der Brief Leos nicht vorgelesen
worden war, und das, obwohl deswegen ein- und zweimal
der Antrag gestellt worden war. Als man daraufhin Dioskur nach dem Grund dafür fragte, erwiderte er, daß er ein-
und zweimal gesagt habe, daß das geschehen sollte; er verlangte, daß auch Juvenal, der Bischof von Jerusalem, und
Thalassius, der Bischof von Caesarea in der Provinz Cappadocia prima[249], sich dazu klar äußern sollten, denn sie
hätten mit ihm zusammen die Vollmacht auf der Synode
gehabt. Juvenal sagte, weil das kaiserliche Schreiben den
Vorrang hatte, habe er entschieden, jenes bei der Verlesung
zurückzustellen, und später habe niemand mehr an den
Brief Leos gedacht. Thalassius sagte, er habe die Verlesung
nicht verhindert, aber er habe auch nicht die Freiheit gehabt,

---

[249] Caesarea (heute Kaysaeri) war Hauptstadt der Provinz Cappadocia I.

μόνον οἷόν τε γενέσθαι τυπῶσαι τὴν ἀνάγνωσιν προελθεῖν.

Τῆς τοίνυν τῶν πεπραγμένων ἀναγνώσεως προϊού-
σης, καί τινων ῥήσεων ὡς πλαστῶν ἐπιλαβομένων ἐνίων
τῶν ἐπισκόπων, ἐρωτηθεὶς Στέφανος ὁ τῆς Ἐφεσίων πρό- 5
εδρος τίνες τῶν ὑπογραφόντων αὐτῷ τηνικαῦτα συνεξε-
λάμβανον, διεξῆλθεν Ἰουλιανὸν ὑπογράψαι αὐτῷ ἐπίσκοπον ὕστερον γενόμενον Λεβήδου καὶ Κρισπῖνον· τοὺς
δέ γε ὑπογράφοντας Διοσκόρῳ τοῦτο μὴ συγχωρῆσαι γενέσθαι, ἀλλὰ καὶ τοὺς δακτύλους ἐπιλαβέσθαι τῶν ὑπο- 10
γραφόντων, ὡς καὶ τὰ αἴσχιστα αὐτοὺς κινδυνεῦσαι
παθεῖν. Ὁ αὐτὸς τοίνυν Στέφανος κατέθετο ἐν μιᾷ καὶ τῇ
αὐτῇ ἡμέρᾳ τῇ καθαιρέσει τοῦ Φλαβιανοῦ ὑποσημήνασθαι. Τούτοις ἐπῆγεν Ἀκάκιος Ἀριαραθείας ἐπίσκοπος
ἀγράφῳ χάρτῃ πάντας ὑπογράψαι πρὸς βίας τε καὶ ἀν- 15
άγκης, μυρίοις κακοῖς περιβληθέντας, στρατιωτῶν αὐτοὺς μετὰ φονικῶν ὀργάνων περιστοιχισάντων.

Εἶτα πάλιν ἑτέρας φάσεως ἀνεγνωσμένης, Θεόδωρος
ἐπίσκοπος Κλαυδιουπόλεως ἔφη μηδένα ταῦτα φθέγξα-
σθαι. Προκοπτούσης δὲ καὶ οὕτως τῆς ἀναγνώσεως, ἐπ- 20
ειδή τι χωρίον περιεῖχεν Εὐτυχῆ διεξελθεῖν· „Καὶ τοὺς λέγοντας τὴν σάρκα τοῦ θεοῦ καὶ κυρίου καὶ σωτῆρος ἡμῶν
Ἰησοῦ Χριστοῦ ἐξ οὐρανῶν κατεληλυθέναι,“ Εὐσέβιον
ἔλεγε τὰ γράμματα πρὸς ταῦτα διεξελθεῖν ὡς εἰρήκει μὲν
τὸ ἐξ οὐρανῶν, οὐ προστέθεικε δὲ πόθεν· ἐπεῖξαι δὲ Διο- 25
γένην ἐπίσκοπον Κυζίκου· „Πόθεν οὖν; εἰπέ,“ καὶ μὴ συγ-
χωρηθῆναι αὐτοὺς περαιτέρω τούτων ἐπιζητῆσαι. Εἶτα

---

[250] THALASSIUS, Bischof von Caesarea in Cappadocien, hatte neben
DIOSKUR und JUVENAL den Vorsitz in Ephesus II gehabt. Die Diskussion
der Frage, warum der Brief LEOS an FLAVIAN auf der ephesinischen Synode nicht verlesen wurde, findet sich in C Chalc. Gesta actionis primae
87–106 (2/1, 1,83–85 SCHWARTZ).
[251] Die „Notare" sind die Stenographen (die die notae = Schriftzeichen
kennen).
[252] C Chalc. Gesta actionis primae 121–134 (2/1, 1,87f SCHWARTZ).
[253] EUTYCHES hatte auf der zweiten Synode von Ephesus eine Glaubenserklärung abgegeben, in der er die anathematisierte, die sagen, daß das

daß er als einziger hätte bestimmen können, daß die Verlesung stattfinde.[250]

Als dann die Verlesung der Akten weiterging und einige Bischöfe einwandten, daß bestimmte Passagen gefälscht seien, wurde Stephanus, der vorsitzende Bischof von Ephesus, gefragt, welche Notare[251] ihm damals Protokoll geführt hätten; er erwiderte, Julian, der später Bischof von Lebedos wurde, und Crispinus hätten ihm Protokoll geführt, aber die Notare Dioskurs hätten das nicht zugelassen, sie hätten sogar die Finger der Protokollanten festgehalten, so daß sie Gefahr liefen, Schlimmstes zu erleiden. Derselbe Stephanus machte die Aussage, daß die Absetzung Flavians an ein und demselben Tag unterzeichnet wurde. Acacius, der Bischof von Ariarathia, fügte hinzu, alle hätten unter Zwang und Gewalt ein unbeschriebenes Blatt unterschrieben, sie hätten sich in tausendfachen Gefahren befunden und Soldaten mit Mordwerkzeugen hätten sie umstellt.[252]

Als dann wieder ein anderer Abschnitt vorgelesen wurde, sagte Theodor, der Bischof von Claudiopolis, niemand habe so etwas geäußert. Die Verlesung ging trotzdem weiter; als man zu der Stelle gekommen war, wo Eutyches erklärt: „Und die, die sagen, daß das Fleisch unseres Gottes und Herrn und Erlösers Jesus Christus aus den Himmeln herabgekommen ist", hat Eusebius, wie die Akten sagen, dazu bemerkt, daß Eutyches zwar „aus den Himmeln" gesagt hatte, aber nicht hinzugefügt hatte, woher es gekommen sei, und Diogenes, der Bischof von Cyzicus, hat ihn gedrängt: „Woher also? Sag's!", aber ihnen war nicht gestattet worden, weiter danach zu fragen.[253] Dann zeigen

---

Fleisch des Herrn aus dem Himmel gekommen sei; er hatte aber nicht hinzugefügt: (er hat Fleisch angenommen) „aus der Jungfrau Maria"; daher sagt während der Verlesung der Ephesinischen Akten in Chalcedon EUSEBIUS VON DORYLAEUM: „Er hat nicht gesagt, woher.", und DIOGENES VON CYZICUS behauptet, daß sie ihn gedrängt hätten, das zu sagen, darauf sei aber nicht eingegangen worden (C Chalc. Gesta actionis primae 157–166 [2/1, 1,90–92 SCHWARTZ].

δηλοῦσι τὰ αὐτὰ πεπραγμένα Βασίλειον μὲν ἐπίσκοπον
Σελευκείας Ἰσαυρίας εἰπεῖν· „Προσκυνῶ τὸν ἕνα κύριον
| ἡμῶν Ἰησοῦν Χριστὸν τὸν υἱὸν τοῦ θεοῦ τὸν μόνον θεὸν | 71
Λόγον μετὰ τὴν σάρκωσιν καὶ τὴν ἕνωσιν ἐν δύο φύσεσι
γνωριζόμενον," καὶ πρὸς ταῦτα τοὺς Αἰγυπτίους ἀναβο- 5
ῆσαι· „Τὸν ἀμέριστον μηδεὶς χωριζέτω, τὸν ἕνα υἱὸν οὐ δεῖ
λέγειν δύο," τοὺς δὲ Ἀνατολικοὺς κραυγάσαι· „Ἀνάθεμα
τῷ μερίζοντι, ἀνάθεμα τῷ διαιροῦντι." Ἐρωτηθῆναι δὲ
τὸν Εὐτυχῆ τὰ αὐτὰ πεπραγμένα λέγει εἴ φησι δύο φύσεις
ἐν τῷ Χριστῷ, εἰπεῖν τε ἐκεῖνον ἐκ δύο μὲν φύσεων εἰδέναι 10
τὸν Χριστὸν πρὸ τῆς ἑνώσεως, μετὰ δὲ τὴν ἕνωσιν, μίαν·
εἰπεῖν τε Βασίλειον ὡς εἰ μὴ μετὰ τὴν ἕνωσιν ἀχωρίστους
καὶ ἀσυγχύτους λέγει δύο φύσεις, σύγχυσιν λέγει καὶ σύγ-
κρασιν· εἰ μέντοι προσθήσει „σεσαρκωμένην καὶ ἐναν-
θρωπήσασαν," καὶ νοήσει παραπλησίως Κυρίλλῳ τὴν 15
σάρκωσιν καὶ τὴν ἐνανθρώπησιν, τὰ αὐτὰ λέγειν αὐτοῖς·
ἄλλο μὲν γάρ τι εἶναι τὴν θεότητα τὴν ἐκ τοῦ πατρός,
ἄλλο δέ τι τὴν ἀνθρωπότητα τὴν ἐκ τῆς μητρός.

Ὧν ἐρωτηθέντων ὅτου οὖν χάριν τῇ καθαιρέσει τῇ κατὰ
Φλαβιανοῦ ὑπέγραψαν, τοὺς Ἀνατολικοὺς δηλοῦσι τὰ 20
γράμματα βοῆσαι· „Πάντες ἡμάρτομεν, πάντες συγγνώμην αἰτοῦμεν." Εἶτα πάλιν ἡ ἀνάγνωσις προκόπτουσα δηλοῖ τοὺς ἐπισκόπους ἐρωτηθῆναι τίνος χάριν τὸν Εὐσέβιον
εἰσελθεῖν βουληθέντα οὐκ εἴασαν. Πρὸς ἃ Διόσκορος ἔφη
κομμονιτώριον τὸν Ἐλπίδιον ἐπιφέρεσθαι, κἀκεῖνον δια- 25
βεβαιώσασθαι Θεοδόσιον κελεῦσαι τὸν βασιλέα τὸν Εὐ-

---

[254] BASILIUS VON SELEUCIA hatte sich auf der endemischen Synode von
448 in Konstantinopel zu der chalcedonischen Formel bekannt, daß „der
eine Herr Jesus Christus in zwei Naturen erkannt wird" (C Chalc. Gesta
actionis primae 301 [2/1,1,117 SCHWARTZ]) und EUTYCHES nach seinem
Bekenntnis zu der einen Natur „Vermischung und Vermengung" vorgeworfen (C Chalc. Gesta actionis primae 791 [2/1, 1,173 SCHWARTZ]); als die
Akten der Endemusa auf der zweiten Synode von Ephesus verlesen wurden,
widerrief er seine Äußerungen und bekannte sich zur μία-φύσις-Formel
(C Chalc. Gesta actionis primae 850 [2/1, 1,179 SCHWARTZ]); während der
Verlesung dieser Akten in Chalcedon nimmt BASILIUS Stellung zu seinen
in Ephesus gemachten Aussagen und bekennt sich wieder zur Formel

dieselben Akten, daß Basilius, der Bischof von Seleucia in
Isaurien, gesagt hat: „Ich bete an den einen unseren Herrn
Jesus Christus, den Sohn Gottes, den einzigen Gott Logos,
der nach der Fleischwerdung und nach der Einigung in zwei
Naturen erkannt wird", und daß darauf die Ägypter gerufen haben: „Den Unteilbaren soll niemand trennen, den
einen Sohn soll man nicht zwei nennen!" und daß die
Orientalen geschrieen haben: „Anathem über den, der teilt,
Anathem über den, der trennt!" Dieselben Akten sagen,
daß Eutyches gefragt wurde, ob er sage, daß zwei Naturen
in Christus sind, und daß er geantwortet hat, er wisse, (daß)
Christus aus zwei Naturen vor der Einigung (bestanden
habe), nach der Einigung kenne er nur eine; und daß Basilius gesagt hat, er behaupte Vermengung und Vermischung,
wenn er die zwei Naturen nach der Einigung nicht ungetrennt und unvermischt nenne; wenn er jedoch hinzusetze,
„Fleisch geworden und Mensch geworden", und wenn er
sich die Fleischwerdung und die Menschwerdung ebenso
wie Cyrill vorstelle, dann sage er dasselbe wie sie; denn
etwas anderes sei die Gottheit aus dem Vater und etwas anderes die Menschheit aus der Mutter.[254]

Als die Bischöfe gefragt wurden, weshalb sie unter die
Absetzung von Flavian ihre Unterschrift gesetzt hätten,
haben die Orientalen, wie die Akten zeigen, gerufen: „Wir
alle haben gefehlt, wir alle bitten um Vergebung."[255] Dann
zeigt der weitere Fortgang der Verlesung, daß die Bischöfe
gefragt wurden, weshalb sie Eusebius, der teilnehmen wollte, nicht zugelassen hätten. Dazu sagte Dioskur, daß Elpidius ein *Commonitorium*[256] beigebracht und behauptet habe,
daß Kaiser Theodosius befohlen hätte, Eusebius keinen Zu-

„in zwei Naturen" (*C Chalc.* Gesta actionis primae 176 [2/1,1,93
SCHWARTZ]).

[255] *C Chalc.* Gesta actionis primae 183 (2/1,1,94 SCHWARTZ).

[256] ELPIDIUS hatte einen, von Evagrius schon in *h. e.* 1,10, oben 150f,
zitierten, kaiserlichen Instruktionsbrief (*C Chalc.* Gesta actionis primae
49 [2/1,1,72 SCHWARTZ]).

σέβιον παρόδου μὴ τυχεῖν. Τὰ αὐτὰ καὶ Ἰουβενάλιον εἰπεῖν δηλοῦσι τὰ πεπραγμένα. Ὁ μέντοι γε Θαλάσσιος
ἔφη τὴν αὐθεντίαν μὴ ἔχειν. Ἅπερ πρὸς τῶν ἀρχόντων
καταγνώσεως ἔτυχε· μηδὲ γὰρ ἀπολογίαν εἶναι ταύτην
πίστεως προκειμένης. Ἐφ᾽ οἷς τὸν Διόσκορον μέμψασθαι 5
δηλοῦσι τὰ κεκινημένα διεξελθόντα· „Νῦν ποῖοι κανόνες
σώζονται, ὅτι ἐσῆλθε Θεοδώρητος;“ τήν τε | σύγκλητον | 72
ἀποφήνασθαι ὡς κατήγορον Θεοδώρητον εἰσελθεῖν. Ἐπι-
σημήνασθαί τε Διόσκορον ὡς ἐν τάξει ἐπισκόπου καθ-
έζεται· καὶ τὴν σύγκλητον πάλιν εἰπεῖν ὡς καὶ Εὐσέβιος 10
καὶ Θεοδώρητος κατηγόρων τάξιν ἐπέχουσιν, ὥσπερ οὖν
καὶ Διόσκορος κατηγορουμένου τάξιν ἐκληρώσατο.

Πάντων τοίνυν τῶν κατὰ τὴν δευτέραν σύνοδον τῶν ἐν
Ἐφέσῳ ἀνεγνωσμένων, καὶ τῆς ἀποφάσεως αὐτῆς κατὰ
Φλαβιανοῦ καὶ Εὐσεβίου ὡσαύτως ἀναγινωσκομένης, 15
πρὸς τῇ ῥήσει „ἔνθα γε Ἱλάριος ἐπίσκοπος εἶπεν,“ οἱ τῆς
ἀνατολῆς ἐπίσκοποι καὶ οἱ σὺν αὐτοῖς ἐβόησαν· „Ἀνάθεμα Διοσκόρῳ. Ταύτῃ τῇ ὥρᾳ καθεῖλε, ταύτῃ τῇ ὥρᾳ
καθαιρεθῇ. Ἅγιε Κύριε, σὺ αὐτὸν ἐκδίκησον. Ὀρθόδοξε
βασιλεῦ, σὺ αὐτὸν ἐκδίκησον. Λέοντος πολλὰ τὰ ἔτη. Τοῦ 20
πατριάρχου πολλὰ τὰ ἔτη.“ Εἶτα καὶ τῶν ἑξῆς ἀνεγνωσμένων, τῶν δηλούντων πάντας τοὺς συνειλεγμένους
ἐπισκόπους συναινέσαι τῇ καθαιρέσει Φλαβιανοῦ καὶ
Εὐσεβίου, οἱ ἐνδοξότατοι ἄρχοντες διελάλησαν ἐπὶ
λέξεως οὕτως· 25

„Περὶ μὲν τῆς ὀρθοδόξου καὶ καθολικῆς πίστεως τελειότερον συνόδου γενομένης τῇ ὑστεραίᾳ ἀκριβεστέραν
ἐξέτασιν δεῖν γενέσθαι συνορῶμεν. Ἐπειδὴ δὲ Φλαβιανὸς
ὁ τῆς εὐσεβοῦς μνήμης καὶ Εὐσέβιος ὁ εὐλαβέστατος
ἐπίσκοπος, ἐκ τῆς τῶν πεπραγμένων καὶ διαγνωσθέντων 30
ἐρεύνης καὶ αὐτῆς τῆς φωνῆς τῶν γενομένων ἐξάρχων
τῆς τότε συνόδου ὁμολογησάντων ἐσφάλθαι καὶ μάτην

257 C Chalc. Gesta actionis primae 187–192 (2/1,1,96f SCHWARTZ).
258 C Chalc. Gesta actionis primae 193–196 (2/1,1,97 SCHWARTZ).
THEODORET war auf der zweiten Synode von Ephesus abgesetzt worden.
259 C Chalc. Gesta actionis primae 965 (2/1,1,191 SCHWARTZ).

gang zu gewähren. Die Akten zeigen, daß auch Juvenal dasselbe gesagt hat. Thalassius aber sagte, er habe keine Vollmacht gehabt. Das wurde von den Beamten mißbilligt:
Das sei keine Entschuldigung, wenn es um den Glauben
gehe.[257] Die Akten zeigen, daß daraufhin Dioskur Vorwürfe erhob und fragte: „Welche Kanones gelten jetzt noch, da
Theodoret zugelassen wurde?" Die Senatoren machten
klar, daß Theodoret als Ankläger zugelassen war. Dioskur
wies darauf hin, daß er in der Reihe der Bischöfe sitze; die
Senatoren sagten wieder, daß sowohl Eusebius als auch
Theodoret den Platz von Anklägern einnähmen, so wie ja
auch Dioskur der Platz des Angeklagten zugewiesen sei.[258]

Als alle Akten der zweiten Synode von Ephesus vorgelesen worden waren und das Urteil gegen Flavian und Eusebius ebenso verlesen worden war, riefen bei den Worten
„da sagte Bischof Hilarius" die Bischöfe der Diözese
Oriens und die, die bei ihnen waren: „Anathem über Dioskur! In der Stunde, in der er abgesetzt hat, in derselben
Stunde soll er abgesetzt sein. Heiliger Gott, räche Du ihn
(*sc.* Flavian)! Orthodoxer Kaiser, räche Du ihn! Leo viele
Jahre! Dem Patriarchen viele Jahre!"[259] Als dann auch das
weitere vorgelesen worden war, das zeigte, daß alle versammelten Bischöfe der Absetzung von Flavian und Eusebius zugestimmt hatten, stellten die höchst angesehenen
Beamten wörtlich folgenden Antrag:[260]

„Über den orthodoxen und katholischen Glauben soll,
so bestimmen wir, am nächsten Tag, wenn die Synode vollständig zusammengetreten ist, eine genauere Untersuchung angestellt werden. Da aus der Prüfung der Akten
und Beschlüsse und aus den Äußerungen der Vorsitzenden
der damaligen Synode, die zugegeben haben, daß sie sich
geirrt und sie (*sc.* Flavian und Eusebius) ohne Grund abgesetzt haben, hervorgeht, daß Flavian frommen Angedenkens und der gottesfürchtigste Bischof Eusebius in keiner

---

[260] C *Chalc.* Gesta actionis primae 1068 (2/1,1,195 SCHWARTZ).

αὐτοὺς καθῃρηκέναι, οὐδὲν περὶ τὴν πίστιν σφαλέντες
δείκνυνται, ἀδίκως δὲ καθαιρεθέντες, φαίνεται ἡμῖν
κατὰ τὸ τῷ θεῷ ἀρέσκον δίκαιον εἶναι, εἰ παρασταίη τῷ
θειοτάτῳ καὶ εὐσεβεστάτῳ ἡμῶν δεσπότῃ, τῷ αὐτῷ ἐπιτιμίῳ Διόσκορον τὸν εὐλαβέστατον ἐπίσκοπον Ἀλεξαν-   5
δρείας, καὶ Ἰουβενάλιον τὸν εὐλαβέστατον ἐπίσκοπον
Ἱεροσολύμων, | καὶ Θαλάσσιον τὸν εὐλαβέστατον ἐπί- | 73
σκοπον Καισαρείας, καὶ Εὐσέβιον τὸν εὐλαβέστατον
ἐπίσκοπον Ἀρμενίας, καὶ Εὐστάθιον τὸν εὐλαβέστατον ἐπίσκοπον Βηρυτοῦ, καὶ Βασίλειον τὸν εὐλαβέστα-   10
τον ἐπίσκοπον Σελευκείας τῆς Ἰσαυρίας, τοὺς ἐξουσίαν
ἐσχηκότας καὶ ἐξάρχοντας τῆς τότε συνόδου, ἐκπεσεῖν
διὰ τῆς ἱερᾶς ταύτης συνόδου κατὰ τοὺς κανόνας τοῦ
ἐπισκοπικοῦ ἀξιώματος, πάντων τῶν παρακολουθησάντων τῇ θείᾳ κορυφῇ γνωριζομένων."   15
Ἐφ᾽ οἷς ἐπεβόησαν οἱ Ἀνατολικοί· „Αὕτη δικαία
κρίσις." Οἱ δὲ τῶν Ἰλλυριῶν ἐπίσκοποι ἐπεκραύγασαν·
„Πάντες ἐσφάλημεν, πάντες συγγνώμης ἀξιωθῶμεν."
Καὶ πάλιν τῶν Ἀνατολικῶν ἐπιβοησάντων· „Αὕτη δικαία ψῆφος· τὸν φονέα ὁ Χριστὸς καθεῖλε, τοὺς μάρ-   20
τυρας ὁ θεὸς ἐξεδίκησεν," οἱ συγκλητικοὶ διελάλησαν
ὥστε ἕκαστον τῶν ἐπισκόπων τῶν συνειλεγμένων
ἰδιαζόντως τὴν οἰκείαν ἐκθέσθαι πίστιν, γινώσκοντα ὡς
ὁ θειότατος βασιλεὺς κατὰ τὴν ἔκθεσιν τῶν ἐν Νικαίᾳ
πατέρων τριακοσίων δέκα ὀκτὼ καὶ τῶν ἑκατὸν   25
πεντήκοντα, καὶ τὰς ἐπιστολὰς τῶν ἁγίων πατέρων,
Γρηγορίου, Βασιλείου, Ἱλαρίου, Ἀθανασίου, Ἀμβρο-
σίου, καὶ τὰς δύο τὰς Κυρίλλου, τὰς ἐπὶ τῇ πρώτῃ
συνόδῳ τῇ ἐν Ἐφέσῳ δημοσιευθείσας πιστεύει· καὶ γὰρ
καὶ τὸν εὐλαβέστατον ἐπίσκοπον τῆς πρεσβυτέρας   30
Ῥώμης Λέοντα Εὐτυχῆ ἐπὶ τούτοις καθελεῖν.

---

261 Siehe h. e. 2,4, oben 214f Anm. 171.

Weise vom Glauben abgewichen sind und zu Unrecht abgesetzt worden sind, scheint es uns gemäß dem Willen
Gottes gerecht zu sein, wenn unser heiligster und frömm-
ster Herrscher sein Einverständnis gibt, daß Dioskur, der
gottesfürchtigste Bischof von Alexandrien, Juvenal, der
gottesfürchtigste Bischof von Jerusalem, Thalassius, der
gottesfürchtigste Bischof von Caesarea in Kappadokien,
Eusebius, der gottesfürchtigste Bischof von Armenien (*sc.*
Ancyra[261]), Eustathius, der gottesfürchtigste Bischof von
Berytus, und Basilius, der gottesfürchtigste Bischof von
Seleucia in Isaurien, die auf der damaligen Synode die
Vollmacht hatten und die die Vorsitzenden waren, mit
derselben Strafe belegt werden und durch diese heilige
Synode gemäß den Kanones ihre bischöfliche Würde ver-
lieren, wenn alles, was in der Folge verhandelt worden ist,
dem heiligen Haupt bekanntgemacht wird."

Darauf riefen die Orientalen: „Das ist eine gerechte
Entscheidung." Die Bischöfe Illyriens schrieen: „Wir alle
haben gefehlt, wir alle bitten um Vergebung." Und als die
Orientalen wieder riefen: „Das ist ein gerechter Beschluß;
den Mörder hat Christus abgesetzt, die Martyrer hat Gott
gerächt," beantragten die Senatoren, daß jeder der versammelten Bischöfe einzeln sein Glaubensbekenntnis ablegen
solle und wissen solle, daß der Glaube des heiligsten Kaisers übereinstimmt mit dem Glaubensbekenntnis der 318
Väter von Nicaea und der 150 Väter (*sc.* von Konstantinopel), mit den Briefen der heiligen Väter Gregor, Basilius,
Hilarius, Athanasius und Ambrosius und mit den zwei
Briefen Cyrills, die auf der ersten Synode von Ephesus öffentlich bekannt gemacht worden waren; denn auch der
gottesfürchtigste Bischof des Alten Rom Leo habe Eutyches auf der Grundlage dieser Schriften verurteilt.[262]

---

[262] *C Chalc.* Gesta actionis primae 1069–1072 (2/1,1,195f SCHWARTZ).
— Damit endete die erste Sitzung.

Οὕτω τοίνυν καὶ ταύτης τῆς συνελεύσεως καταπαυ-
θείσης, εἰς ἑτέραν συνελθόντων μόνων τῶν ὁσιωτάτων
ἐπισκόπων, λιβέλλους ἐπέδωκεν Εὐσέβιος ὁ τοῦ Δορυλαίου ἐπίσκοπος ὑπὲρ ἑαυτοῦ τε καὶ Φλαβιανοῦ, δι᾽ οὗ
ἐπεμέμψατο Διοσκόρῳ ὡς τὰ αὐτὰ Εὐτυχεῖ φρονήσαντι, 5
καὶ ὅτι γε αὐτοὺς τῆς ἱερωσύνης ἀφείλετο. Προστέθεικε
δὲ ὅτι καὶ φωνὰς μὴ εἰρημένας τῇ τὸ τηνικαῦτα ἁλισθεί-
σῃ συνόδῳ προστέθεικεν ἐν τοῖς ὑπομνήμασι, καὶ εἰς
ἀγρά|φους χάρτας παρεσκεύασεν αὐτοὺς ὑποσημήνα- | 74
σθαι. Καὶ ἐδεήθη ὡς ἐκ ψήφου τῶν συνειλεγμένων ἀκυ- 10
ρωθῆναι πάντα τὰ ἐν τῇ δευτέρᾳ συνόδῳ τῇ ἐν Ἐφέσῳ
πεπραγμένα, καὶ ἔχειν αὐτοὺς τὴν ἱερωσύνην, καὶ ἀνα-
θεματισθῆναι τὸ μιαρὸν ἐκείνου δόγμα. Καὶ ἠξίωσε μετὰ
τὴν ἀνάγνωσιν καὶ τὸν ἀντίδικον παρεῖναι. Οὗ δὴ διαλαληθέντος γενέσθαι, εἴρηκεν Ἀέτιος ἀρχιδιάκονος καὶ 15
πριμικήριος νοταρίων ὡς διέβη πρὸς Διόσκορον, ὥσπερ
οὖν καὶ πρὸς τοὺς ἄλλους, καὶ εἶπε μὴ συγχωρεῖσθαι ὑπὸ
τῶν φυλαττόντων αὐτὸν παραγενέσθαι. Καὶ διελαλήθη
ζητηθῆναι τὸν Διόσκορον πρὸ τοῦ συνεδρίου. Καὶ μὴ
εὑρεθέντος αὐτοῦ, Ἀνατόλιος ἐπίσκοπος Κωνσταντινου- 20
πόλεως διελάλησεν ὀφείλειν αὐτὸν μετακληθῆναι καὶ ἐν
τῇ συνόδῳ παραγενέσθαι. Καὶ τούτου γενομένου, παραγενόμενοι οἱ ἀποσταλέντες εἰρήκασιν εἰπεῖν αὐτόν· „Φυ-
λάττομαι ἐγώ· εἰ δὲ συγχωροῦσί μοι κατελθεῖν, εἰπά-
τωσαν.“ Καὶ εἰπόντων αὐτῷ τῶν ἐσταλμένων ὡς πρὸς 25
αὐτόν, οὐ πρὸς τοὺς μαγιστριανοὺς ἀπεστάλησαν, διεξῆλθον εἰπεῖν αὐτόν· „Ἕτοιμός εἰμι παραγενέσθαι εἰς τὴν
ἁγίαν καὶ οἰκουμενικὴν σύνοδον, ἀλλὰ κωλύομαι.“

---

[263] Die als zweite gezählte, tatsächlich aber dritte Sitzung fand — ohne
die kaiserlichen Beamten — am 13. Oktober 451 statt (C Chalc. Actio secunda [2/1, 2, 3–42 SCHWARTZ]); siehe h. e. 2, 4, oben 216 f Anm. 173.
[264] C Chalc. Actio secunda 5 (2/1, 2, 8 f SCHWARTZ).
[265] Der primicerius notariorum war der ranghöchste der Notare, das heißt
der Schreiber.

Nachdem also diese Sitzung so zu Ende gegangen war
und zu einer zweiten (Sitzung) nur die heiligsten Bischöfe
zusammengekommen waren[263], reichte Eusebius, der Bischof von Dorylaeum, Schriften zu seiner und zu Flavians
Verteidigung ein, worin er Dioskur vorwarf, daß er dieselben Auffassungen vertrete wie Eutyches und daß er ihnen
das Bischofsamt genommen hatte. Er fügte hinzu, daß
Dioskur sogar Äußerungen, die auf der damals versammelten Synode nicht gemacht worden waren, in die Protokolle
eingefügt hätte und daß er die Bischöfe dazu gebracht hätte,
unbeschriebene Blätter zu unterzeichnen. Er verlangte, daß
durch einen Beschluß der versammelten Bischöfe alle Verhandlungen der zweiten Synode von Ephesus für ungültig
erklärt werden sollten, daß sie selbst ihr Bischofsamt wieder erhalten sollten und daß dessen (sc. Dioskurs) verwerf-
liche Lehre anathematisiert werden sollte.[264] Er verlangte
nach der Verlesung (sc. seiner Anklageschrift), daß auch
sein Prozeßgegner anwesend sein sollte. Als das beschlossen worden war, sagte der Archidiakon und primicerius der
Notare[265] Aëtius, daß er zu Dioskur gegangen sei wie auch zu
den anderen und daß der gesagt habe, ihm werde von den
Wachen nicht gestattet teilzunehmen. Man beschloß, ihn vor
dem Sitzungsgebäude zu suchen. Da man ihn nicht fand, sagte Anatolius, der Bischof von Konstantinopel, er müsse her-
beigerufen werden und an der Synode teilnehmen. Das
geschah, doch die Boten, die bei ihm gewesen waren, berichteten, er habe gesagt: „Ich werde gefangen gehalten; wenn sie
mir erlauben hinzugehen, sollen sie es sagen." Und als die
Boten ihm erwidert hätten, sie seien zu ihm, nicht zu den magistriani[266] geschickt worden, habe er, wie sie berichteten,
gesagt: „Ich bin bereit, vor der heiligen und ökumenischen
Synode zu erscheinen, aber ich werde daran gehindert."

---

[266] Die magistriani sind die dem magister officiorum unterstellten Beamten.

Οἷς προστέθεικεν Ἱμέριος ὡς, κατελθόντων αὐτῶν παρὰ
Διοσκόρου, ὑπήντησεν ὁ βοηθὸς τοῦ μαγίστρου τῶν θείων ὀφφικίων, καὶ μετ᾽ αὐτοῦ πάλιν γεγόνασιν πρὸς Διόσκορον οἱ ἐπίσκοποι, καὶ περὶ τούτων ἐν σημείοις τινὰ ἔχειν.
Ἅπερ ἀναγνωσθέντα ἐδήλωσεν ἐπὶ λέξεως τὸν Διόσ- 5
κορον εἰπεῖν ταῦτα·
  „Συναγαγὼν ἐμαυτὸν καὶ γνοὺς τὸ συμφέρον τάδε
ἀποκρίνομαι· ἐπειδὴ ἐν τῇ πρὸ ταύτης συνόδῳ καθεζό-
μενοι οἱ μεγαλοπρεπέστατοι ἄρχοντες ὥρισαν πολλὰ
μετὰ πολλὴν ἑκάστου διαλαλιάν, νῦν δὲ εἰς δευτέραν κα- 10
λοῦμαι σύνοδον εἰς τὴν τῶν προειρημένων ἀνασκευήν,
παρακαλῶ τοὺς πρῴην ἐν τῇ συνόδῳ παραγενομένους
| μεγαλοπρεπεστάτους ἄρχοντας καὶ τὴν ἱερὰν σύγκλη- | 75
τον καὶ νῦν παρεῖναι, ἵνα πάλιν τὰ αὐτὰ γυμνασθῇ.“
  Πρὸς ὃν Ἀκάκιον δηλοῖ τὰ πεπραγμένα διεξελθεῖν 15
ἐπὶ λέξεως ταῦτα· „Οὐχ οὕτως ἐκέλευσεν ἡ ἁγία καὶ μεγάλη σύνοδος τὴν ὑμετέραν ἁγιότητα παρεῖναι ὥστε
ἀνασκευασθῆναι τὰ ἐπὶ τῶν μεγαλοπρεπεστάτων ἀρχόντων καὶ ἐπὶ τῆς ἱερᾶς συγκλήτου πραχθέντα, ἀλλ᾽
ἡμᾶς ἀπέστειλεν ὥστε καταλαβεῖν σε τὸ συνέδριον καὶ 20
μὴ ἀπολειφθῆναι αὐτοῦ τὴν σὴν ὁσιότητα.“ Πρὸς ὃν
Διόσκορος εἴρηκεν, ὡς τὰ ὑπομνήματα λέγουσιν· „Εἰ-
ρήκατέ μοι νῦν ὅτι λιβέλλους ἐπιδέδωκεν Εὐσέβιος.
Παρακαλῶ πάλιν παρόντων τῶν ἀρχόντων καὶ τῆς συγκλήτου δοκιμασθῆναι τὰ κατ᾽ ἐμέ.“   25
  Εἶτα ἑτέρων τοιούτων ἐγκειμένων, αὖθις ἀπεστάλησαν οἱ ὀφείλοντες τὸν αὐτὸν προτρέψασθαι Διόσκορον τοῖς πραττομένοις παρεῖναι. Καὶ τούτου γενομένου, ἐπαναζεύξαντες οἱ πεμφθέντες εἰρήκασιν ἔχειν
ἐν σημείοις τὴν αὐτοῦ φωνήν, ἃ δηλοῦσιν αὐτὸν εἰπεῖν· 30
  „Ἤδη φθάσας δεδήλωκα τῇ ὑμετέρᾳ θεοσεβείᾳ
ὡς ὅτι καὶ ἀρρωστίᾳ συνέχομαι, καὶ ἐξαιτῶ ὥστε
καὶ τοὺς μεγαλοπρεπεστάτους ἄρχοντας καὶ τὴν ἱερὰν

---

[267] Die Auseinandersetzungen um die erste Vorladung Dioskurs finden
sich in C Chalc. Actio secunda 9–22 (2/1,2,10 Schwartz).

Dem fügte Himerius hinzu, daß ihnen, als sie von Dioskur zurückkamen, der Gehilfe des Magisters der heiligen Offizien begegnet sei und daß die Bischöfe mit ihm zusammen wieder zu Dioskur gegangen seien und daß sie darüber einige Notizen in Kurzschrift hätten. Das wurde verlesen und zeigte, daß Dioskur wörtlich folgendes gesagt hat:

„Ich bin mit mir zu Rate gegangen, und in Erkenntnis dessen, was mir zuträglich ist, antworte ich dies: Da in der vorherigen Synode die erhabensten Beamten einen Sitz hatten und nach eingehender Erörterung eines jeden Falls viele Beschlüsse gefaßt haben und da ich nun vor die zweite Synode geladen werde zur Aufhebung der genannten Beschlüsse, verlange ich, daß die erhabensten Beamten, die auf der vorherigen Synode anwesend waren, und der heilige Senat auch jetzt anwesend sind, damit noch einmal dasselbe untersucht wird."

Die Akten zeigen, daß Acacius ihm wörtlich folgendes erwidert hat: „Nicht deshalb hat die heilige und große Synode Euerer Heiligkeit befohlen, anwesend zu sein, um die Entscheidungen der erhabensten Beamten und des heiligen Senats rückgängig zu machen, sondern sie hat uns geschickt, damit Du an der Versammlung teilnimmst und Deine Heiligkeit nicht davon fernbleibt." Dioskur hat ihm geantwortet, wie die Protokolle sagen: „Ihr habt mir jetzt gesagt, daß Eusebius Anklageschriften überreicht hat. Ich verlange noch einmal, daß die Anklage gegen mich in Anwesenheit der Beamten und des Senats geprüft wird."[267]

Dann wurden nach weiteren derartigen Äußerungen, die in den Akten enthalten sind, wieder Boten abgesandt, die Dioskur dazu bringen sollten, an den Verhandlungen teilzunehmen. Nachdem das geschehen war, kamen die Abgesandten zurück und sagten, sie hätten in Kurzschrift seine Worte, wonach er gesagt hat:

„Ich habe Euerer Frömmigkeit schon dargelegt, daß ich krank bin, und ich verlange, daß die erhabensten Beamten und der heilige Senat auch jetzt bei der Entscheidung über

282　　　EVAGRIUS SCHOLASTICUS

σύγκλητον καὶ νῦν παρεῖναι τῇ τῶν ἐξετασθησομένων
κρίσει. Ἐπειδὴ δέ μοι τὰ τῆς ἀρρωστίας ἐπετάθη, τούτου
χάριν τὴν ὑπέρθεσιν πεποίημαι." Καὶ Κεκρόπιον εἰπεῖν
τὰ ὑπομνήματα δηλοῖ πρὸς τὸν Διόσκορον πρώην μηδὲν
περὶ ἀρρωστίας εἰπεῖν· ὀφείλειν οὖν αὐτὸν τοῖς κανόσι 5
τὸ ἱκανὸν ποιῆσαι. Πρὸς ὃν ὁ Διόσκορος ἀπεφήνατο·
„Ἅπαξ εἶπον ὀφείλειν παρεῖναι τοὺς ἄρχοντας."
　Εἶτα τὸν Ῥουφῖνον εἰπεῖν πρὸς αὐτὸν ἐπίσκοπον
Σαμοσάτων κανονικὰ τὰ κινούμενα καθεστάναι, καὶ δύνασθαι αὐτὸν παραγενόμενον ἃ βούλεται διεξελθεῖν. 10
| Πυθομένου δὲ τοῦ Διοσκόρου εἰ Ἰουβενάλιος καὶ Θα- | 76
λάσσιος παρεγένοντο καὶ Εὐστάθιος, ἀπεκρίνατο ὡς
οὐδὲν πρὸς ἔπος. Πρὸς ἃ Διόσκορον εἰπεῖν τὰ πεπραγμένα δηλοῦσι παρακαλέσαι τὸν φιλόχριστον βασιλέα
ὥστε καὶ τοὺς ἄρχοντας παρεῖναι καὶ τοὺς σὺν αὐτῷ 15
δεδικακότας· καὶ πρὸς ταῦτα τοὺς πεμφθέντας εἰπεῖν
μόνου κατηγορεῖν αὐτοῦ τὸν Εὐσέβιον, καὶ ὀφείλειν
πάντως παραγενέσθαι· καὶ πρὸς ταῦτα τὸν Διόσκορον
εἰπεῖν ὀφείλειν καὶ τοὺς ἄλλους παρεῖναι τοὺς σὺν αὐτῷ
δεδικακότας· μηδὲ γὰρ ἰδικὸν ἔχειν πρᾶγμα πρὸς αὐτὸν 20
τὸν Εὐσέβιον, ἀλλ᾽ ἢ ἄρα περὶ ὧν πάντες δεδικάκασιν.
Καὶ πάλιν ἐπιμεινάντων τῶν πεμφθέντων περὶ τούτου,
ἀπέφησεν ὁ Διόσκορος εἰπών· „Ἅπαξ εἶπον ἃ εἶπον· καὶ
περαιτέρω τούτων εἰπεῖν οὐκ ἔχω."
　Πρὸς ἃ Εὐσέβιος ὁ τοῦ Δορυλαίου διεξῆλθε πρὸς μόνον 25
Διόσκορον ἔχειν, καὶ πρὸς μηδένα ἕτερον· καὶ ἠξίωσε τρίτῃ κλήσει κληθῆναι Διόσκορον. Καὶ ὑπολαβὼν Ἀέτιος
ἐδίδασκε πρώην τινὰς λέγοντας ἑαυτοὺς κληρικοὺς μετὰ
καὶ ἑτέρων λαϊκῶν τῆς Ἀλεξανδρέων ὁρμωμένους ἐπιδοῦναι λιβέλλους κατὰ Διοσκόρου, καὶ τούτους πρὸ τοῦ 30
συνεδρίου ἑστῶτας ἐκβοήσεσι κεχρῆσθαι. Καὶ πρῶτον
μὲν ἐπιδεδωκότος Θεοδώρου διακόνου γενομένου τῆς ἐν
Ἀλεξανδρείᾳ ἁγίας ἐκκλησίας, εἶτα δὲ καὶ Ἰσχυρίωνος

---

[268] Zweite Ladung: *C Chalc.* Actio secunda 23–36 (2/1,2,12–14
SCHWARTZ).

das, was untersucht werden soll, anwesend sind. Weil sich
meine Krankheit verschlimmert hat, habe ich mein Erscheinen aufgeschoben." Die Akten zeigen, daß Cecropius dem
Dioskur entgegengehalten hat, daß er vorher nichts von
Krankheit gesagt habe, er müsse also den Kanones Genüge
tun. Ihm hat Dioskur erwidert: „Ich habe ein für allemal
gesagt, daß die Beamten anwesend sein sollen."

Dann hat Rufinus, der Bischof von Samosata, ihm gesagt, die Verhandlungen entsprächen den Kanones und
er könne darlegen, was er wolle, wenn er anwesend sei.
Als Dioskur fragte, ob Juvenal, Thalassius und Eustathius
anwesend wären, antwortete er, das gehöre nicht zur
Sache. Darauf hat Dioskur, wie die Akten zeigen, gesagt, er
rufe den christusliebenden Kaiser an, daß auch die Beamten und die, die mit ihm Recht gesprochen hätten, anwesend sein sollten. Darauf haben die Abgesandten gesagt,
daß Eusebius nur gegen ihn Anklage erhebe und daß er auf
jeden Fall erscheinen müsse; darauf hat Dioskur gesagt,
daß auch die anderen, die mit ihm Recht gesprochen hätten, anwesend sein müßten, denn Eusebius vertrete keine
Sache, die nur ihn betreffe, sondern eine, über die alle
geurteilt hätten. Und als die Abgesandten wieder darauf
beharrten, lehnte Dioskur mit den Worten ab: „Was ich gesagt habe, habe ich ein für allemal gesagt; darüber hinaus
habe ich nichts zu sagen."[268]

Daraufhin erklärte Eusebius von Dorylaeum, er habe
eine Klage nur gegen Dioskur und gegen keinen anderen
und verlangte, Dioskur zum dritten Mal vorzuladen.
Dann ergriff Aëtius das Wort und gab bekannt, daß vor
kurzem einige Leute, die sich selbst als Kleriker bezeich-
neten, mit anderen Laien aus Alexandrien gekommen sei-
en und Anklageschriften gegen Dioskur übergeben hätten
und daß sie vor dem Sitzungsgebäude gestanden und lau-
tes Geschrei erhoben hätten. Nachdem zuerst Theodor
Anklageschriften überreicht hatte, der Diakon der heiligen Kirche von Alexandrien gewesen war, dann Ischyrion,

ὡσαύτως διακόνου καὶ ᾿Αθανασίου πρεβυτέρου καὶ
ἀδελφιδοῦ Κυρίλλου καὶ πρός γε Σωφρονίου, δι᾽ ὧν περί
τε βλασφημιῶν ἐνεκάλεσαν Διοσκόρῳ περί τε σωματι-
κῶν καὶ βιαίας ἀφαιρέσεως χρημάτων, τρίτη κλῆσις γέγονε προτρέπουσα τὸν Διόσκορον παραγενέσθαι.   5
   Τοιγαροῦν ἐπαναζεύξαντες οἱ ἐπὶ τούτῳ ἀφωρισμέ-
νοι εἰρήκασιν εἰπεῖν τὸν Διόσκορον· „Αὐτάρκως ἐδίδα-
ξα τὴν ὑμετέραν θεοσέβειαν, οἷς προσθεῖναί τι οὐ δύνα-
μαι. | ᾿Αρκοῦμαι γὰρ ἐν τούτοις.“ Καὶ προτρεψάντων | 77
τῶν ἐπὶ τούτῳ σταλέντων πάλιν τὸν αὐτὸν Διόσκορον 10
ἐλθεῖν, ἀπεφήνατο εἰρηκώς· „Ἃ εἶπον, εἶπον· οἷς προσθεῖναί τι οὐ δύναμαι. ᾿Αρκοῦμαι γὰρ ἐν τούτοις.“ Καὶ
προτρεψάντων τῶν ἐν τούτῳ σταλέντων πάλιν τὸν
αὐτὸν Διόσκορον ἐλθεῖν, ἀπεφήνατο εἰρηκὼς τὰ αὐτά.
Καὶ αὖθις δὲ τὰ αὐτὰ εἰρηκότος τοῦ αὐτοῦ Διοσκόρου, 15
ἐπιμεινάντων τῇ προτροπῇ τῶν ἐπὶ τούτῳ σταλέντων,
Πασκασῖνος ἐπίσκοπος εἶπεν ὡς ἤδη τρίτον κληθεὶς
Διόσκορος οὐ παρεγένετο ὑπὸ συνειδήσεως βαλλό-
μενος, καὶ ἐπυνθάνετο τίνος ἄξιος εἴη. Πρὸς ὃ τῶν ἐπισκόπων ἀποκριναμένων ὑποπεπτωκέναι αὐτὸν τοῖς κα- 20
νόσι, Προτερίου δὲ ἐπισκόπου Σμύρνης εἰπόντος· „Ὅτε
ἐφονεύετο ὁ ἅγιος Φλαβιανός, οὐδὲν ἀκόλουθον ἐπράχθη ἐπ᾽ αὐτῷ,“ οἱ τὸν τόπον ἐπέχοντες Λέοντος ἐπισκόπου
τῆς πρεσβυτέρας Ῥώμης ἀπεφήναντο ἐπὶ λέξεως ταῦτα·
   „Δῆλα γεγένηται τὰ τετολμημένα Διοσκόρῳ τῷ γενο- 25
μένῳ τῆς ᾿Αλεξανδρέων μεγαλοπόλεως ἐπισκόπῳ κατὰ
τῆς τῶν κανόνων τάξεως καὶ τῆς ἐκκλησιαστικῆς καταστάσεως, ἐκ τῶν ἤδη ἐξετασθέντων ἐν τῷ πρώτῳ συνεδρίῳ καὶ ἀπὸ τῶν σήμερον πεπραγμένων. Οὗτος γάρ, ἵνα
τὰ πολλὰ παραλείπωμεν, Εὐτυχῆ τὸν ὁμόδοξον αὐτῷ 30
καθαιρεθέντα κανονικῶς παρὰ τοῦ ἰδίου ἐπισκόπου, τοῦ
ἐν ἁγίοις φαμὲν πατρὸς ἡμῶν καὶ ἀρχιεπισκόπου Φλαβιανοῦ, αὐθεντήσας ἀκανονίστως εἰς κοινωνίαν ἀνεδέξα-

---

²⁶⁹ Die Anklageschriften: C Chalc. Actio secunda 47–64 (2/1,2,15–24
SCHWARTZ).
²⁷⁰ Dritte Ladung: C Chalc. Actio secunda 70–90 (2/1,2,25–28 SCHWARTZ).

ebenfalls Diakon, und Athanasius, Presbyter und Neffe Cyrills, sowie Sophronius, in denen sie Anschuldigungen gegen Dioskur erhoben wegen Lästerungen, wegen körperlicher Vergehen und wegen gewaltsamer Geldentwendung[269], erfolgte die dritte Vorladung an Dioskur mit der Aufforderung, zu erscheinen.

Als dann also die zu diesem Zweck Ausgesandten zurückkamen, berichteten sie, Dioskur habe gesagt: „Ich habe Euere Gottesfürchtigkeit hinreichend unterrichtet; dem kann ich nichts hinzufügen. Denn damit habe ich genug gesagt." Als die Abgesandten den Dioskur wieder aufforderten zu kommen, hat er erklärt: „Was ich gesagt habe, habe ich gesagt; dem kann ich nichts hinzufügen. Denn damit habe ich genug gesagt." Und als die Abgesandten den Dioskur wieder aufforderten zu kommen, sagte er dasselbe. Und da derselbe Dioskur wieder dasselbe gesagt hatte und die Abgesandten bei ihrer Aufforderung geblieben waren, sagte Bischof Paschasinus, daß Dioskur trotz dreimaliger Aufforderung wegen seines schlechten Gewissens nicht erschienen sei, und fragte, welche Strafe er verdiene. Als darauf die Bischöfe antworteten, daß er den Kanones unterliege, und Proterius, der Bischof von Smyrna, sagte: „Als der heilige Flavian getötet wurde, hatte das keine Folgen für ihn,"[270] verkündeten die Stellvertreter Leos, des Bischofs des Alten Rom, wörtlich folgendes:

„Was Dioskur, der ehemalige Bischof der Großstadt Alexandrien, gegen die Ordnung der Kanones und gegen die kirchliche Verfassung zu tun gewagt hat, ist schon aus den Untersuchungen der ersten Sitzung und ist aus den heutigen Verhandlungen offenbar geworden. Denn dieser hat, um das meiste beiseite zu lassen, seinen Glaubensgenossen Eutyches, der von seinem Bischof — wir meinen unseren seligen Vater und Erzbischof Flavian — gemäß den kanonischen Bestimmungen abgesetzt worden war, eigenmächtig und gegen die kanonischen Bestimmungen in seine Gemeinschaft aufgenommen, noch

το, πρὶν ἢ συνδρεῦσαι ἐν τῇ Ἐφεσίων μετὰ τῶν θεοφιλῶν
ἐπισκόπων. Ἀλλ' ἐκείνοις μὲν ὁ ἀποστολικὸς θρόνος
συγγνώμην ἀπένειμεν ἐπὶ τοῖς ἐκεῖσε μὴ κατὰ γνώμην
ὑπ' αὐτῶν πεπραγμένοις· οἳ καὶ διετέλεσαν μέχρι τοῦ
παρόντος | ἑπόμενοι τῷ ἁγιωτάτῳ ἀρχιεπισκόπῳ Λέον- 5 | 2
τι καὶ πάσῃ τῇ ἁγίᾳ καὶ οἰκουμενικῇ συνόδῳ· οὗ δὴ
χάριν καὶ ἐν τῇ ἑαυτοῦ κοινωνίᾳ αὐτοὺς ὁμοπίστους
ἐδέξατο. Οὗτος δὲ καὶ μέχρι τοῦ παρόντος διέμεινε
σεμνυνόμενος ἐν ἐκείνοις ἐφ' οἷς ἔδει στένειν, καὶ εἰς
γῆν κεκυφέναι ὀφείλει. Πρὸς τούτοις δὲ οὐδὲ τὴν ἐπι- 10
στολὴν ἀναγνωσθῆναι συνεχώρησε τοῦ μακαριωτάτου
πάπα Λέοντος, τὴν γραφεῖσαν παρ' αὐτοῦ πρὸς τὸν ἐν
ἁγίοις τὴν μνήμην Φλαβιανόν, καὶ ταῦτα πολλάκις
παρακληθεὶς ἀναγνῶναι ταύτην ὑπὸ τῶν κεκομικότων,
καὶ μεθ' ὅρκων ποιήσασθαι τὴν ἀνάγνωσιν ὑποσχό- 15
μενος. Ἧς μὴ ἀναγνωσθείσης, σκανδάλων καὶ βλάβης
αἱ ἀνὰ τὴν οἰκουμένην ἁγιώταται ἐπληρώθησαν ἐκκλησίαι. Ἀλλ' ὅμως τοιούτων παρ' αὐτοῦ τολμηθέντων,
ἐσκοποῦμεν περὶ τῆς προτέρας ἀνοσίας αὐτοῦ πράξεως φιλανθρωπίας τινὸς αὐτὸν ἀξιῶσαι ὡς καὶ τοὺς 20
λοιποὺς θεοφιλεστάτους ἐπισκόπους, καίτοι μηδὲ τὴν
αὐθεντίαν παραπλησίως αὐτῷ τῆς κρίσεως ἐσχηκότας.
Ἐπειδὴ δὲ τοῖς δευτέροις τὴν προτέραν παρανομίαν
ὑπερηκόντισεν, ἐτόλμησε δὲ καὶ ἀκοινωνησίαν ὑπαγορεῦσαι κατὰ τοῦ ἁγιωτάτου καὶ ὁσιωτάτου ἀρχι- 25
επισκόπου τῆς μεγάλης Ῥώμης Λέοντος, πρὸς δὲ
τούτοις καὶ λιβέλλων παρανομιῶν μεστῶν κατ' αὐτοῦ
προσενεχθέντων τῇ ἁγίᾳ καὶ μεγάλῃ συνόδῳ, καὶ ἅπαξ
καὶ δὶς καὶ τρὶς διὰ θεοφιλῶν ἐπισκόπων κανονικῶς
κληθεὶς οὐχ ὑπήκουσεν, ὑπὸ τοῦ ἰδίου συνειδότος δη- 30
λονότι κεντούμενος, καὶ τοὺς παρὰ συνόδων διαφόρων
ἐνθέσμως καθαιρεθέντας παρανόμως ἐδέξατο, αὐτὸς

ehe er mit den gottgeliebten Bischöfen in Ephesus zusammengekommen war. Aber jenen gewährt der apostolische
Stuhl Verzeihung mit Rücksicht darauf, daß sie dort nicht
ihrer Überzeugung entsprechend gehandelt haben; sie
sind auch bis zum heutigen Tag dem heiligsten Erzbischof
Leo und der gesamten heiligen und ökumenischen Synode
treu gefolgt; deswegen hat er sie auch in seine Gemeinschaft aufgenommen, da sie mit ihm gleichen Glaubens
sind. Dieser aber (sc. Dioskur) hat sich weiterhin bis zum
heutigen Tag mit dem gebrüstet, dessentwegen er laut klagen und den Kopf zur Erde beugen müßte. Außerdem hat
er nicht zugelassen, daß der Brief des seligsten Papstes Leo
verlesen wurde, den er an Flavian seligen Angedenkens geschrieben hat, und das, obwohl er von denen, die ihn überbracht hatten, mehrmals aufgefordert worden war, ihn
verlesen zu lassen, und er unter Eiden die Verlesung versprochen hatte. Da der Brief nicht verlesen wurde, hat er
den heiligsten Kirchen auf der ganzen Welt Ärgernisse
und Schaden zugefügt. Aber trotz dieser seiner Taten hatten wir dennoch die Absicht, ihn hinsichtlich seiner ersten
unfrommen Handlungsweise mit Milde zu behandeln wie
auch die übrigen gottgeliebten Bischöfe, obwohl sie nicht
in gleicher Weise wie er die Vollmacht in dem Prozeß hatten. Da er aber die erste Ungesetzlichkeit mit den zweiten
Vergehen noch übertroffen hat und es sogar gewagt hat,
die Exkommunikation gegen den heiligsten und frömmsten Erzbischof des Großen Rom, Leo, auszusprechen, da
außerdem Anklageschriften gegen ihn, die viele (seine)
Gesetzwidrigkeiten enthalten, der heiligen und großen
Synode vorgelegt worden sind und er, obwohl er einmal
und zweimal und dreimal von den gottgeliebten Bischöfen
gemäß den Kanones geladen wurde, nicht gehorcht hat,
natürlich wegen seiner eigenen Gewissensbisse, und da er
diejenigen, die von verschiedenen Synoden rechtmäßig
abgesetzt worden waren, widerrechtlich in seine Gemeinschaft aufgenommen hat, so hat er gegen sich selbst das

καθ᾽ ἑαυτοῦ τὴν ψῆφον ἐξήνεγκε διαφόρως τοὺς ἐκκλησιαστικοὺς πατήσας θεσμούς. Ὅθεν ὁ ἁγιώτατος καὶ
μακαριώτατος ἀρχιεπίσκοπος τῆς μεγάλης καὶ πρεσβυτέρας Ῥώμης Λέων δι᾽ ἡμῶν καὶ τῆς παρούσης συνόδου, μετὰ τοῦ τρισμακαρίου καὶ πανευφήμου Πέτρου 5
τοῦ ἀποστόλου, ὅς ἐστι πέτρα καὶ κρηπὶς τῆς καθολικῆς
ἐκκλησίας καὶ τῆς ὀρθοδόξου πίστεως θεμέλιος τυγχά-
νει, | ἐγύμνωσεν αὐτὸν τοῦ τε ἐπισκοπικοῦ ἀξιώματος | 79
καὶ πάσης ἱερατικῆς ἠλλοτρίωσεν ἐνεργείας. Τοιγαροῦν
ἡ ἁγία αὕτη καὶ μεγάλη σύνοδος τὰ δόξαντα τοῖς κανό- 10
σιν ἐπὶ τῷ μνημονευθέντι Διοσκόρῳ ψηφίσηται.“

Ὧν δὴ κυρωθέντων παρὰ Ἀνατολίου Μαξίμου τε αὖ
καὶ τῶν λοιπῶν ἐπισκόπων, ἄνευ ἐκείνων τῶν ἅμα Διοσκόρῳ παρὰ τῆς συγκλήτου καθαιρεθέντων, ἀναφορὰ
περὶ τούτων πρὸς Μαρκιανὸν ἐγράφετο παρὰ τῆς συνό- 15
δου, καὶ ἡ καθαίρεσις ἐπέμπετο Διοσκόρῳ παρὰ τῆς
αὐτῆς συνόδου, ἔχουσα ὧδε·

„Γίνωσκε σαυτὸν διὰ τὴν κατὰ τῶν θείων κανόνων
ὑπεροψίαν καὶ διὰ τὴν ἀπείθειάν σου τὴν περὶ τὴν ἁγίαν
ταύτην καὶ οἰκουμενικὴν σύνοδον, ὑπὲρ ὧν, πρὸς τοῖς 20
ἄλλοις πλημμελήμασιν οἷς ἑάλως, καὶ τρίτον κληθεὶς
παρὰ τῆς ἁγίας ταύτης καὶ μεγάλης συνόδου κατὰ τοὺς
θείους κανόνας ἐπὶ τὸ ἀποκρίνασθαι τοῖς ἐπαγομένοις
οὐκ ἀπήντησας, μηνὶ Ὀκτωβρίῳ τῷ ἐνεστῶτι τρισκαι-
δεκάτῃ, παρὰ τῆς ἁγίας καὶ οἰκουμενικῆς συνόδου 25
καθῃρῆσθαι τῆς ἐπισκοπῆς, καὶ παντὸς ἐκκλησιαστικοῦ
θεσμοῦ ὑπάρχειν ἀλλότριον.“

Εἶτα τῶν περὶ τούτων γραφέντων καὶ πρὸς τοὺς
θεοφιλεῖς ἐπισκόπους τῆς ἐν Ἀλεξανδρείᾳ ἁγιωτάτης
ἐκκλησίας, καὶ προθέματος κατὰ τοῦ Διοσκόρου γενο- 30
μένου, τὰ τῆς τοιαύτης συνελεύσεως πέρας ἐδέχετο.

---

[271] C Chalc. Actio secunda 94 (2/1, 2, 28f SCHWARTZ).

Urteil gefällt, weil er auf vielfältige Weise die kirchlichen Satzungen mit Füßen getreten hat. Daher hat der heiligste und glückseligste Erzbischof des Großen und Alten Rom, Leo, durch uns und durch die gegenwärtige Synode, gemeinsam mit dem dreifach seligen und hochberühmten Apostel Petrus, der Fels und Eckstein der katholischen Kirche und Fundament des orthodoxen Glaubens ist, ihn der bischöflichen Würde entkleidet und von aller priesterlichen Tätigkeit ausgeschlossen. Daher wird diese große und heilige Synode bezüglich des erwähnten Dioskurs die Beschlüsse fassen, die den Kanones entsprechen."[271]

Als dieses Urteil von Anatolius, Maximus und den übrigen Bischöfen außer jenen, die zugleich mit Dioskur vom Senat abgesetzt worden waren, bestätigt worden war, wurde von der Synode ein Bericht darüber an Marcian verfaßt und das Dokument der Absetzung Dioskur von derselben Synode zugeschickt, das so lautete:

„Wegen der Mißachtung der göttlichen Kanones und wegen deines Ungehorsams gegenüber dieser heiligen und ökumenischen Synode, weil Du, zusätzlich zu den anderen Verfehlungen, derer Du überführt wurdest, dreimal von dieser heiligen und großen Synode gemäß den göttlichen Kanones gerufen wurdest, um auf die Beschuldigungen zu antworten, und nicht erschienen bist, sollst Du wissen, daß Du an dem gegenwärtigen 13. Tag des Monats Oktober durch die heilige und ökumenische Synode vom Bischofsamt abgesetzt und aus jeder kirchlichen Ordnung ausgeschlossen bist."

Nachdem dann Berichte hierüber auch an die gottgeliebten Bischöfe der heiligsten Kirche von Alexandrien geschrieben waren und ein Edikt gegen Dioskur verfaßt war,[272] nahm diese Sitzung ein Ende.

---

[272] Urteil, Bericht und Edikt in *C Chalc.* Actio secunda 99–101 (2/1,2,41 f SCHWARTZ).

Οὕτω μὲν οὖν τὰ τῆς φθασάσης συνελεύσεως ἐπερα-
τώθη. Μετὰ ταύτην δὲ καὶ αὖθις συναλισθέντες ἔφασκον
πρὸς πεῦσιν τῶν ἀρχόντων διδαχθῆναι βουλομένων τὰ
τῆς ὀρθῆς θρησκείας, ὡς οὐ δέοι τι περαιτέρω τυπωθῆναι, ἅπαξ τῶν κατ᾽ Εὐτυχῆ πέρας δεξαμένων καὶ δια- 5
τυπωθέντων παρὰ τοῦ ἐν Ῥώμῃ ἐπισκόπου, οἷς καὶ
πάντες ἐστοίχησαν. Βοώντων τε αὖ πάντων τῶν ἐπισκόπων πάντας τὰ αὐτὰ λέγειν, καὶ τῶν ἀρχόντων δια-
λαλησάντων | ἕκαστον πατριάρχην ἐκλεγόμενον ἓν ἢ | 80
δεύτερον τῆς ἰδίας διοικήσεως πρόσωπον ἐς μέσον παρ- 10
ελθεῖν, ὥστε τὴν ἑκάστου φανερωθῆναι γνώμην, Φλω-
ρέντιος ἐπίσκοπος Σάρδεων ἐνδόσιμον ᾔτησεν, ἐφ᾽ ᾧ
μετὰ σκέμματος προσελθεῖν αὐτοὺς τῇ ἀληθείᾳ. Καὶ
Κεκρόπιος ἐπίσκοπος Σεβαστοπόλεως ἔφη ταῦτα·
„Ἡ πίστις καλῶς εἴρηται <παρὰ> τῶν τριακοσίων 15
δέκα ὀκτὼ ἁγίων πατέρων, καὶ ἐβεβαιώθη παρὰ τῶν
ἁγίων πατέρων, Ἀθανασίου, Κυρίλλου, Κελεστίνου,
Ἱλαρίου, Βασιλείου, Γρηγορίου, καὶ νῦν πάλιν διὰ τοῦ
ἁγιωτάτου Λέοντος. Καὶ ἀξιοῦμεν καὶ τὰ τῶν ἁγίων
πατέρων τῶν τριακοσίων δέκα ὀκτὼ καὶ τὰ τοῦ ὁσιω- 20
τάτου Λέοντος ἀναγνωσθῆναι."
Ὧν ἀνεγνωσμένων ἡ πᾶσα σύνοδος ἐπεκραύγασε
ταῦτα· „Αὕτη ἡ πίστις τῶν ὀρθοδόξων· οὕτως πάντες πι-
στεύομεν· ὁ πάπας Λέων οὕτως πιστεύει· Κύριλλος οὕτως ἐπίστευσεν· ὁ πάπας Λέων οὕτως ἡρμήνευσεν." 25
Ἑτέρας τε διαλαλιᾶς ἐνεχθείσης ὥστε καὶ τὰ ἐκτεθει-
μένα παρὰ τῶν ἁγίων ἑκατὸν πεντήκοντα τυχεῖν ἀναγνώσεως, ἀνεγνώσθη καὶ ταῦτα. Πρὸς ἃ πάλιν οἱ τῆς
συνόδου βοήσαντες ἔφησαν· „Αὕτη ἡ πάντων πίστις· αὕτη
ἡ πίστις τῶν ὀρθοδόξων· οὕτως πάντες πιστεύομεν." 30
Μεθ᾽ οὓς Ἀέτιος ὁ ἀρχιδιάκονος ἔφη ἔχειν μετὰ χεῖρας
τὴν πρὸς Νεστόριον ἐπιστολὴν Κυρίλλου τοῦ θεσπεσίου,

---

[273] Die in den Akten als dritte bezeichnete Sitzung, in der es um die Definition der Glaubenslehre ging, fand am 10. Oktober statt (faktisch die
zweite, C Chalc. Actio tertia [2/1, 2,69–84 SCHWARTZ]).

So also wurde die vorhergehende Sitzung beendet. Danach versammelten sich die Bischöfe ein weiteres Mal[273]
und sagten auf die Frage der Beamten, die über den richtigen Glauben belehrt werden wollten, daß weitere Definitionen nicht notwendig seien, da die Sache gegen Eutyches
ein für allemal ein Ende genommen habe und vom Bischof
in Rom endgültig definiert worden sei, womit sie alle
übereinstimmten. Als dann alle Bischöfe riefen, daß sie
alle derselben Auffassung seien, die Beamten jedoch vor-
schlugen, daß jeder Patriarch ein oder zwei Personen seiner Diözese auswählen und in die Mitte treten lassen solle,
damit jeder seine Meinung offenbare, verlangte Florenti-
us, der Bischof von Sardes, einen Aufschub, damit sie mit
Überlegung an die Wahrheit herangehen könnten. Und
Cecropius, der Bischof von Sebastopol, sagte:

„Der Glaube ist von den 318 heiligen Vätern richtig verkündet und von den heiligen Vätern Athanasius, Cyrill,
Coelestin, Hilarius, Basilius und Gregor und jetzt wieder
durch den heiligsten Leo bestätigt worden. Wir verlangen,
daß die (Erklärungen) der 318 heiligen Väter und die des
heiligsten Leo verlesen werden."

Als das verlesen worden war, rief die gesamte Synode
aus: „Das ist der Glaube der Orthodoxen; so glauben wir
alle; so glaubt Papst Leo; so hat Cyrill geglaubt; so hat
Papst Leo ihn ausgelegt." Als ein weiterer Antrag gestellt
worden war, daß auch das Bekenntnis der 150 heiligen Väter (von Konstantinopel) zur Verlesung kommen sollte,
wurde auch das verlesen. Darauf riefen die Teilnehmer der
Synode wieder laut: „Das ist der Glaube von uns allen; das
ist der Glaube der Orthodoxen; so glauben wir alle."[274]

Danach sagte der Archidiakon Aëtius, er habe den Brief
des großen Cyrill an Nestorius in den Händen, den alle

---

[274] Antrag der Beamten und Verlesung der Symbole von Nicaea und
Konstantinopel C *Chalc.* Actio tertia 2–15 (2/1,2,77–80 SCHWARTZ).

ἦν πάντες οἱ ἐν Ἐφέσῳ συλλεγέντες ἐκύρωσαν οἰκείαις
ὑποσημειώσεσιν, ἔχειν δὲ καὶ ἑτέραν ἐπιστολήν, τὴν
αὐτοῦ Κυρίλλου γεγραμμένην πρὸς Ἰωάννην τὸν Ἀντιοχείας, καὶ αὐτὴν βεβαιωθεῖσαν, ἃς ἐξῄτει ἀναγνώσεως
τυχεῖν. Διαλαλιᾶς τε πρὸς ταῦτα γεγενημένης, ἄμφω 5
ἀνεγνώσθησαν· καὶ τῆς μὲν προτέρας αὐτοῖς ἔνια τοῖς
ὀνόμασίν ἐστι ταῦτα·

„Τῷ εὐλαβεστάτῳ καὶ θεοσεβεστάτῳ συλλειτουργῷ
| Νεστορίῳ Κύριλλος. Καταφλυαροῦσιν, ὡς μανθάνω, | 81
τινὲς τῆς ἐμῆς ὑπολήψεως ἐπὶ τῆς σῆς θεοσεβείας, καὶ 10
τοῦτο συχνῶς, τὰς τῶν ἐν τέλει συνόδους καιρο-
φυλακοῦντες μάλιστα, καὶ τάχα που καὶ τέρπειν οἰό-
μενοι τὴν σὴν ἀκοήν.“ Καὶ μεθ' ἕτερα· „Ἔφη τοίνυν ἡ
ἁγία καὶ μεγάλη σύνοδος αὐτὸν τὸν ἐκ θεοῦ καὶ πατρὸς
κατὰ φύσιν γεννηθέντα υἱὸν μονογενῆ, τὸν ἐκ τοῦ θεοῦ 15
ἀληθινοῦ θεὸν ἀληθινόν, τὸ φῶς τὸ ἐκ τοῦ φωτός, τὸν δι'
οὗ τὰ πάντα πεποίηκεν ὁ πατήρ, κατελθεῖν, σαρκωθῆναι, ἐνανθρωπῆσαι, παθεῖν, ἀναστῆναι τῇ τρίτῃ
ἡμέρα, ἀνελθεῖν εἰς οὐρανούς. Τούτοις καὶ ἡμᾶς ἕπ-
εσθαι δεῖ καὶ τοῖς λόγοις καὶ τοῖς παραδείγμασιν, 20
ἐννοοῦντας τί τὸ σαρκωθῆναι καὶ ἐνανθρωπῆσαι δηλοῖ
τὸν θεὸν Λόγον. Οὐ γάρ φαμεν ὅτι ἡ τοῦ Λόγου φύσις
μεταποιηθεῖσα γέγονε σάρξ, ἀλλ' οὐδὲ εἰς ὅλον ἄνθρωπον μεταβληθῆναι τὸν ἐκ ψυχῆς καὶ σώματος·
ἐκεῖνο δὲ μᾶλλον ὅτι σάρκα ἐψυχωμένην ψυχῇ λογικῇ 25
ἑνώσας ὁ Λόγος ἑαυτῷ καθ' ὑπόστασιν ἀφράστως
καὶ ἀπερινοήτως γέγονεν ἄνθρωπος καὶ κεχρημάτικεν
υἱὸς ἀνθρώπου, οὐ κατὰ θέλησιν μόνην ἢ εὐδοκίαν,
ἀλλ' οὐδὲ ὡς ἐν προσλήψει προσώπου μόνου· καὶ ὅτι
διάφοροι μὲν αἱ πρὸς ἑνότητα τὴν ἀληθινὴν συνενεχ- 30
θεῖσαι φύσεις, εἷς δὲ ἐξ ἀμφοῖν Χριστὸς καὶ υἱός, οὐχ ὡς
τῆς τῶν φύσεων διαφορᾶς ἀνῃρημένης διὰ τὴν ἕνωσιν,

---

[275] Das ist der zweite Brief CYRILLS an NESTORIUS; er steht vollständig in
C Eph. Cyrilli epistula altera ad Nestorium (1/1, 1,25–28 SCHWARTZ).
[276] Zum Text lies ἐμψυχωμένην statt ἐψυχωμένην (THURMAYR, Sprachliche Studien 50).

Teilnehmer von Ephesus durch ihre Unterschriften bestätigt hatten, und er habe auch noch einen anderen Brief von
Cyrill an Johannes von Antiochien, der auch bestätigt
worden war, und verlangte, daß sie verlesen wurden.
Nachdem der Beschluß dazu gefaßt worden war, wurden
beide verlesen; einige Stellen aus dem erstgenannten
Brief[275] lauten wörtlich so:

„Cyrill an den frömmsten und gottesfürchtigsten Mitbruder Nestorius. Wie ich erfahren habe, reden einige
Leute in Gegenwart Deiner Gottesfürchtigkeit schlecht
über meine Person, und zwar häufig, indem sie vor allem
die Zusammenkünfte der hohen Beamten abpassen, und
wohl auch, weil sie meinen, Dein Ohr zu erfreuen." Und
etwas weiter: „Die heilige und große Synode hat gesagt:
der aus Gott dem Vater der Natur nach gezeugte einziggeborene Sohn, der wahre Gott aus wahrem Gott, das Licht
aus dem Licht, durch den der Vater alles geschaffen hat, ist
herabgekommen, ist Fleisch geworden, ist Mensch geworden, hat gelitten, ist am dritten Tag auferstanden und in die
Himmel aufgestiegen. Diesen Worten und diesen Beispie-
len müssen auch wir folgen und bedenken, was es heißt,
daß der Gott Logos Fleisch geworden und Mensch geworden ist. Denn wir sagen nicht, daß die Natur des Logos sich
verändert hat und Fleisch geworden ist, und auch nicht,
daß sie in einen vollständigen Menschen verwandelt worden ist, der aus Seele und Leib besteht; vielmehr sagen wir,
daß der Logos ein Fleisch, das durch eine Vernunftseele
beseelt ist[276], der Hypostase nach auf eine unsagbare und
unvorstellbare Weise mit sich geeint hat und Mensch geworden ist und Menschensohn heißt, nicht nur dem Wollen und dem Wunsche nach, noch auch nur durch Hinzu-
nahme einer Person; und wir sagen, daß die Naturen, die
zu einer wahrhaften Einheit zusammengeführt sind, verschieden sind, doch daß der aus beiden Naturen bestehen-
de Christus und Sohn einer ist, nicht so, als wäre der Unterschied der Naturen durch die Einigung aufgehoben,

ἀποτελεσασῶν δὲ μᾶλλον ἡμῖν τὸν ἕνα κύριον καὶ
Χριστὸν καὶ υἱὸν ἐκ θεότητός τε καὶ ἀνθρωπότητος διὰ
τῆς ἀφράστου καὶ ἀπορρήτου πρὸς ἑνότητα συνδρο-
μῆς."
    Καὶ μετ᾽ ὀλίγα· „Ἐπειδὴ δὲ δι᾽ ἡμᾶς καὶ διὰ τὴν ἡμε- 5
τέραν σωτηρίαν ἐνώσας ἑαυτῷ καθ᾽ ὑπόστασιν τὸ ἀν-
θρώπινον προῆλθεν ἐκ γυναικός, ταύτῃ λέγεται γεννη-
θῆναι σαρκικῶς. Οὐ γὰρ πρῶτον ἄνθρωπος ἐγεννήθη
κοινὸς ἐκ τῆς ἁγίας παρθένου, εἶθ᾽ οὕτως καταπεφοί-
τηκεν ἐπ᾽ αὐτὸν | ὁ Λόγος, ἀλλ᾽ ἐξ αὐτῆς <τῆς> μήτρας 10 | 8
ἑνωθεὶς ὑπομεῖναι λέγεται γέννησιν σαρκικήν, ὡς τῆς
ἰδίας σαρκὸς τὴν γέννησιν οἰκειούμενος. Οὕτω φαμὲν
αὐτὸν παθεῖν καὶ ἀναστῆναι, οὐχ ὡς τοῦ θεοῦ Λόγου
παθόντος εἰς ἰδίαν φύσιν ἢ πληγὰς ἢ διατρήσεις ἥλων
ἤγουν τὰ ἕτερα τῶν τραυμάτων· ἀπαθὲς γὰρ τὸ θεῖον, ὅτι 15
καὶ ἀσώματον. Ἐπειδὴ δὲ τὸ γεγονὸς αὐτοῦ ἴδιον σῶμα
πέπονθεν, ταῦτα πάλιν αὐτὸς λέγεται παθεῖν ὑπὲρ ἡμῶν·
ἦν γὰρ ὁ ἀπαθὴς ἐν τῷ πάσχοντι σώματι."
    Τῆς δέ γε ἑτέρας τὰ πολλὰ μὲν κατὰ τὴν πρώτην
ἱστορίαν ἀνενήνεκται. Ἔστι δὲ ἐν αὐτῇ ῥῆσις τοιάδε, ἣν 20
γέγραφε μὲν Ἰωάννης ὁ τῆς Ἀντιόχου, προσήκατο δὲ
πάσαις ψήφοις ὁ Κύριλλος·
    „Ὁμολογοῦμεν τὴν ἁγίαν παρθένον θεοτόκον, διὰ τὸ
τὸν θεὸν Λόγον σαρκωθῆναι ἐξ αὐτῆς καὶ ἐνωρωπῆσαι,
καὶ ἐξ αὐτῆς τῆς συλλήψεως ἑνῶσαι ἑαυτῷ τὸν ἐξ αὐτῆς 25
ληφθέντα ναόν. Τὰς δὲ εὐαγγελικὰς καὶ ἀποστολικὰς ἐπὶ
τοῦ Κυρίου φωνὰς ἴσμεν τοὺς θεοφόρους ἄνδρας τὰς
μὲν κοινοποιοῦντας ὡς ἐφ᾽ ἑνὸς προσώπου, τὰς δὲ δι-
αιροῦντας ὡς ἐπὶ δύο φύσεων, καὶ τὰς μὲν θεοπρεπεῖς

---

[277] Der Brief Cyrills an Johannes von Antiochien findet sich vollständig C Eph. Cyrilli epistula ad Iohannem Antiochenum (1/1, 4, 15–20
Schwartz); der daraus zitierte Teil bei Evagrius, h. e. 1, 6, oben 132–135.

vielmehr so, daß sie uns den einen Herrn und Christus und Sohn aus Gottheit und Menschheit durch das unsagbare und geheimnisvolle Zusammenkommen in der Einheit vollenden."

Und etwas weiter: „Weil er um unseretwillen und um unseres Heils willen der Hypostase nach die Menschheit mit sich geeint hat und aus der Frau hervorgegangen ist, deshalb sagt man, daß er fleischlich geboren worden ist. Denn nicht wurde zuerst ein gewöhnlicher Mensch aus der heiligen Jungfrau geboren und dann kam der Logos auf ihn herab, sondern man sagt, daß der Logos vom Mutterleib an (mit der menschlichen Natur) geeint war und die fleischliche Geburt auf sich genommen hat, da er sich die Geburt des eigenen Fleisches zueigen gemacht hat. In diesem Sinne sagen wir, daß er gelitten hat und auferstanden ist, nicht als ob der Gott Logos in seiner eigenen Natur gelitten hätte, als er geschlagen und von Nägeln durchbohrt wurde und die anderen Wunden erhielt; denn die Gottheit ist nicht leidensfähig, da sie unkörperlich ist. Weil der Leib, der sein eigener geworden war, gelitten hat, deshalb sagt man wieder, daß er für uns gelitten hat; denn der Leidensunfähige war in dem leidensfähigen Leib."

Ein großer Teil des zweiten Briefes[277] ist im ersten Buch der Kirchengeschichte wiedergegeben. Darin ist auch folgende Erklärung enthalten, die zwar Johannes von Antiochien geschrieben hat, der Cyrill aber voll und ganz zugestimmt hat:

„Wir bekennen, daß die heilige Jungfrau Gottesgebärerin ist, weil der Gott Logos aus ihr Fleisch geworden und Mensch geworden ist und weil er vom Augenblick der Empfängnis an den Tempel, den er von ihr erhalten hat, mit sich geeint hat. Was die Aussagen des Evangeliums und der Apostel über den Herrn betrifft, so wissen wir, daß die von Gott erleuchteten Männer sie teils ununterschieden wie über eine Person gemacht haben, teils unterscheidend wie über zwei Naturen, und daß sie teils die gottgemäßen

κατὰ τὴν θεότητα τοῦ Χριστοῦ, τὰς δὲ ταπεινὰς κατὰ
τὴν ἀνθρωπότητα αὐτοῦ παραδιδόντας." Οἷς ἐπήγαγε·
„Ταύταις ὑμῶν ταῖς ἱεραῖς ἐντυγχάνοντες φωναῖς οὕτω
μὲν καὶ ἑαυτοὺς φρονοῦντας εὑρίσκομεν· ,εἷς δὲ Κύριος,
μία πίστις, ἓν βάπτισμα'. Ἐδοξάσαμεν οὖν τὸν τῶν ὅλων 5
σωτῆρα θεόν, ἀλλήλοις συγχαίροντες, ὅτι ταῖς θεοπνεύστοις γραφαῖς καὶ τῇ παραδόσει τῶν ἁγίων ἡμῶν πατέρων συμβαίνουσαν ἔχουσι πίστιν αἵ τε παρ' ἡμῖν καὶ αἱ
παρ' ὑμῖν ἐκκλησίαι."

Ὧν ἀνεγνωσμένων, οἱ τῆς αὐτῆς ἐπεβόησαν συνόδου 10
ῥήμασι τούτοις· „Πάντες οὕτω πιστεύομεν· ὁ πάπας Λέ-
ων | οὕτως πιστεύει. Ἀνάθεμα τῷ μερίζοντι καὶ τῷ συγ- | 83
χέοντι. Αὕτη ἡ πίστις Λέοντος τοῦ ἀρχιεπισκόπου, Λέων
οὕτως πιστεύει, Λέων καὶ Ἀνατόλιος οὕτω πιστεύουσι,
πάντες οὕτω πιστεύομεν· ὡς Κύριλλος, οὕτως πιστεύο- 15
μεν· αἰωνία μνήμη Κυρίλλου· ὡς αἱ ἐπιστολαὶ Κυρίλλου
εἰσίν, οὕτως φρονοῦμεν, οὕτως ἐπιστεύσαμεν, οὕτως πιστεύομεν. Λέων ὁ ἀρχιεπίσκοπος οὕτως φρονεῖ, οὕτως
πιστεύει, οὕτως ἔγραψε."

Διαλαλιᾶς δὲ ἐνεχθείσης καὶ τὴν Λέοντος ἐπιστολὴν 20
ἀναγνωσθῆναι, μεταφρασθεῖσα τῆς ἀναγνώσεως ἔτυ-
χεν· ἥτις τοῖς πραχθεῖσιν ἐμφέρεται. Μετὰ γοῦν τὴν
ἀνάγνωσιν τῶν ἐπισκόπων ἐπιβοησάντων· „Αὕτη ἡ πίστις τῶν πατέρων, αὕτη ἡ πίστις τῶν ἀποστόλων· πάντες οὕτω πιστεύομεν, οἱ ὀρθόδοξοι οὕτω πιστεύομεν. 25
Ἀνάθεμα τῷ μὴ οὕτως πιστεύοντι. Πέτρος διὰ Λέοντος
ταῦτα ἐξεφώνησεν, οἱ ἀπόστολοι οὕτως ἐδίδαξαν· εὐσεβῶς καὶ ἀληθῶς Λέων ἐδίδαξε, Κύριλλος οὕτως ἐδίδαξε,
Λέων καὶ Κύριλλος ὁμοίως ἐδίδαξαν. Ἀνάθεμα τῷ μὴ
οὕτως πιστεύοντι. Αὕτη ἡ ἀληθὴς πίστις, οἱ ὀρθόδοξοι 30
οὕτως φρονοῦσιν, αὕτη ἡ πίστις τῶν πατέρων. Ταῦτα ἐν
Ἐφέσῳ διὰ τί οὐκ ἀνεγνώσθη; Ταῦτα Διόσκορος ἔκρυ-
ψεν," ἐμφέρεται ἐν τοῖς αὐτοῖς πεπραγμένοις ὡς ἡνίκα
τὸ μέρος τῆς ἐπιστολῆς Λέοντος ἀνεγνώσθη περιέχον·

Aussagen entsprechend der Gottheit Christi überliefert haben, teils die Niedrigkeitsaussagen entsprechend seiner Menschheit." Diesen Worten hat Cyrill hinzugefügt: „Da wir diese Eure heiligen Worte lesen, stellen wir fest, daß wir ebenso denken: ‚ein Herr, ein Glaube, eine Taufe' (Eph 4,5). Wir haben nun Gott, den Erlöser des Alls, gepriesen und uns miteinander gefreut, daß die Kirchen bei uns und bei Euch einen Glauben haben, der mit den inspirierten Schriften und der Überlieferung unserer heiliger Väter übereinstimmt."

　　Als die Briefe vorgelesen waren, stimmten die Teilnehmer der Synode mit diesen Worten zu: „Wir alle glauben so, Papst Leo glaubt so. Anathem über den, der teilt, und über den, der vermischt. Das ist der Glaube von Erzbischof Leo, Leo glaubt so, Leo und Anatolius glauben so, wir alle glauben so; wie Cyrill glaubt, so glauben wir; ewiges Andenken an Cyrill; wie die Briefe Cyrills sind, so denken wir, so haben wir geglaubt, so glauben wir. Der Erzbischof Leo denkt so, so glaubt er, so hat er geschrieben."

　　Als der Antrag gestellt wurde, auch den Brief Leos zu verlesen, wurde der Brief in Übersetzung vorgelesen; er ist in den Akten enthalten.[278] Aber als nach der Verlesung die Bischöfe riefen: „Das ist der Glaube der Väter, das ist der Glaube der Apostel; wir alle glauben so, wir Orthodoxen glauben so. Anathem über den, der nicht so glaubt. Petrus hat das durch Leo ausgesprochen, die Apostel haben so gelehrt; fromm und wahr hat Leo gelehrt, Cyrill hat so gelehrt, Leo und Cyrill haben gleich gelehrt. Anathem über den, der nicht so glaubt. Dies ist der wahre Glaube, die Orthodoxen denken so, dies ist der Glaube der Väter. Warum wurde das in Ephesus nicht vorgelesen? Dioskur hat das verheimlicht", steht in den Akten, daß, als aus dem Brief Leos die Stelle vorgelesen wurde, die lautet:

---

[278]　*C Chalc.* Epistula 11 (2/1,1,10–20 SCHWARTZ).

„Καὶ πρὸς τὸ τὸ χρεωστούμενον ὄφλημα τῆς ἡμετέρας
φύσεως ἐκτισθῆναι, ἡ θεία φύσις ἡνώθη τῇ φύσει τῇ πα-
θητῇ ἵνα, τοῦτο δὴ τὸ ταῖς ἡμετέραις ἰάσεσιν ὑπάρχον
ἁρμόδιον, ὁ εἷς καὶ ὁ αὐτὸς ὢν μεσίτης θεοῦ καὶ ἀνθρώπων ἄνθρωπος Χριστὸς Ἰησοῦς‘, καὶ ἀποθνήσκειν ἐκ 5
τοῦ ἑνὸς δυνηθῇ, καὶ τελευτᾶν ἐκ τοῦ ἑτέρου μὴ δυνηθῇ
…“ πρὸς τὴν τοιαύτην ῥῆσιν ἀμφιβαλλόντων τῶν Ἰλλυριῶν καὶ Παλαιστινῶν ἐπισκόπων, Ἀέτιος ἀρχιδιάκο-
νος τῆς | Κωνσταντίνου ἁγιωτάτης ἐκκλησίας ῥῆσιν | 84
παρήγαγεν Κυρίλλου περιέχουσαν οὕτως·   10
„Ἐπειδὴ δὲ πάλιν τὸ ἴδιον αὐτοῦ σῶμα χάριτι θεοῦ,
καθά φησιν ὁ ἀπόστολος Παῦλος, ‚ὑπὲρ παντὸς ἐγεύσα-
το θανάτου‘, λέγεται παθεῖν αὐτὸς τὸν ὑπὲρ ἡμῶν θάνα-
τον, οὐχ ὡς εἰς πεῖραν ἐλθὼν θανάτου τό γε ἧκον εἰς τὴν
αὐτοῦ φύσιν — ἀποπληξία γὰρ τοῦτο λέγειν ἢ φρονεῖν 15
— ἀλλ᾽ ὅτι, καθάπερ ἔφην ἀρτίως, ἡ σὰρξ αὐτοῦ ἐγεύ-
σατο θανάτου.“
Καὶ πάλιν πρὸς τὴν ῥῆσιν τῆς ἐπιστολῆς Λέοντος τὴν
ἔχουσαν·
„Ἐνεργεῖ γὰρ ἑκατέρα μορφὴ μετὰ τῆς θατέρου 20
κοινωνίας ὅπερ ἴδιον ἔσχηκε, τοῦ μὲν λόγου κατεργα-
ζομένου τοῦθ᾽ ὅπερ ἐστὶν τοῦ λόγου, τοῦ δὲ σώματος
ἐκτελοῦντος ἅπερ ἐστὶν τοῦ σώματος. Καὶ τὸ μὲν αὐτῶν
διαλάμπει τοῖς θαύμασιν, τὸ δὲ ταῖς ὕβρεσιν ὑποπέ-
πτωκεν …“ ἀμφιβαλλόντων τῶν Ἰλλυριῶν καὶ τῶν Πα- 25
λαιστινῶν ἐπισκόπων, ὁ αὐτὸς Ἀέτιος κεφάλαιον ἀνέγνω Κυρίλλου περιέχον οὕτως·
„Αἵ μέν εἰσι τῶν φωνῶν ὅτι μάλιστα θεοπρεπεῖς, αἱ δὲ
οὕτω πάλιν ἀνθρωποπρεπεῖς, αἱ δὲ μέσην τινὰ τάξιν
ἔχουσιν ἐμφανίζουσαι τὸν υἱὸν τοῦ θεοῦ θεὸν ὄντα καὶ 30
ἄνθρωπον ὁμοῦ ἐν αὐτῷ.“
Καὶ μετὰ ταῦτα πρὸς ἕτερον μέρος τῆς ἐπιστολῆς
Λέοντος ἀμφιβαλλόντων τῶν εἰρημένων ἐπισκόπων
ἔχον·
„Εἰ καὶ τὰ μάλιστα γὰρ ἐν τῷ δεσπότῃ Ἰησοῦ Χριστῷ 35
τοῦ θεοῦ καὶ τοῦ ἀνθρώπου ἓν πρόσωπον, ὅμως ἕτερόν

„Und um die Schuld, die wir unserer Natur verdanken, zu tilgen, hat sich die göttliche Natur mit der leidensfähigen Natur vereint, damit — als geeignetes Mittel für unsere Heilung — ‚der eine und derselbe, der Mittler ist zwischen Gott und den Menschen, der Mensch Jesus Christus' (1 Tim 2,5) von dem einen her sterben kann und von dem anderen her nicht sterben kann ...", daß bei diesen Worten die Bischöfe Illyriens und Palästinas unsicher waren und daraufhin Aëtius, der Archidiakon der heiligsten Kirche von Konstantinopel, einen Text Cyrills anführte, der so lautet:

„Da wiederum sein eigener Leib durch die Gnade Gottes, wie der Aposel Paulus sagt, ‚für alle den Tod gekostet hat' (Hebr 2,9), sagt man, daß er selbst den Tod für uns erlitten hat, nicht als ob er die Erfahrung des Todes gemacht hätte, soweit das seiner Natur möglich war — denn das zu sagen oder zu denken ist verrückt — , sondern weil, wie ich eben gesagt habe, sein Fleisch den Tod gekostet hat."

Und als bei der Stelle aus dem Brief Leos, die lautet:

„Denn jede Form bewirkt in Gemeinschaft mit dem anderen, was ihr eigentümlich ist, der Logos vollbringt, was Sache des Logos ist, der Leib führt aus, was Sache des Leibes ist. Und das eine erstrahlt durch Wunder, das andere unterliegt Schandtaten..." die Bischöfe Illyriens und Palästinas wieder unsicher waren, las derselbe Aëtius ein Kapitel Cyrills vor, das dies enthält:

„Von den Aussagen entsprechen die einen im höchsten Grade Gott, andere dagegen entsprechen dem Menschen, und andere nehmen eine mittlere Stellung ein und machen deutlich, daß der Sohn Gottes in ihm selbst zugleich Gott und Mensch ist."

Als danach die genannten Bischöfe wegen einer anderen Stelle im Brief Leos im Zweifel waren, die lautet:

„Denn wenn auch mit Sicherheit in dem Herrn Jesus Christus Gott und Mensch eine Person bilden, so ist doch

ἐστιν ἐκεῖνο ἐξ οὗ ἐν ἑκατέρῳ κοινόν ἐστι τὸ τῆς ὕβρεως,
καὶ ἕτερον ἐξ οὗ κοινὸν τὸ τῆς δόξης καθέστηκεν. Ἐξ
ἡμῶν μὲν γάρ ἐστιν αὐτῷ ἡ ἐλάσσων τοῦ πατρὸς ἀνθρω-
πότης, ἐκ δὲ τοῦ πατρός ἐστιν αὐτῷ ἡ μετὰ τοῦ πατρὸς
αὐτῷ ἴση θεότης ..." Θεοδώρητος ζυγοστατῶν ἔλεγεν 5
καὶ τῷ μακαρίῳ Κυρίλλῳ ἐπὶ λέξεως εἰρῆσθαι οὕτως·
    „Καὶ γενόμενον ἄνθρωπον καὶ μὴ μεθέντα τὸ ἴδιον, 85
μεμένηκεν ὅπερ ἦν, καὶ ἕτερον ἐν ἑτέρῳ τὸ κατοικοῦν,
τουτέστιν ἡ θεία φύσις μετὰ τῶν ἀνθρώπων."
    Μετὰ ταῦτα τῶν ὑπερφυῶν ἀρχόντων ἐρωτησάντων 10
εἴπερ ἔτι τις ἀμφισβητεῖ, πάντες ἔφησαν μὴ ἀμφιβάλλειν
ἔτι. Μεθ' οὓς Ἀττικὸς ἐπίσκοπος Νικοπόλεως ἐξήτησεν
ἐνδόσιμον αὐτοῖς γενέσθαι ὀλίγων ἡμερῶν, ἐφ' ᾧ ἀκυ-
μάντῳ διανοίᾳ καὶ ἀταράχῳ λογισμῷ τὰ τῷ θεῷ δο-
κοῦντα καὶ τοῖς ἁγίοις πατράσι τυπωθῆναι. Ἐξήτησεν 15
δὲ λαβεῖν καὶ τὴν ἐπιστολὴν Κυρίλλου τὴν πρὸς Νεστόριον γεγραμμένην, ἐν ᾗ παρακελεύεται αὐτὸν συνθέσθαι
τοῖς δώδεκα αὐτοῦ κεφαλαίοις οἷς ἅπαντες συνέθεντο.
Καὶ τῶν ἀρχόντων διαλαλησάντων ἐνδόσιμον αὐτοῖς
ἡμερῶν πέντε γενέσθαι εἰς τὸ συνελθεῖν παρὰ Ἀνα- 20
τολίῳ τῷ τῆς Κωνσταντινουπόλεως προέδρῳ, πάντες
ἐπευφήμησαν οἱ ἐπίσκοποι φήσαντες· „Ἡμεῖς οὕτως
πιστεύομεν, πάντες οὕτω πιστεύομεν· ὡς Λέων, οὕτως
πιστεύομεν. Ἡμῶν οὐδεὶς ἀμφιβάλλει· ἡμεῖς πάντες
ὑπεγράψαμεν."   25
    Πρὸς ἃ διελαλήθη ἐπὶ ῥήματος ταῦτα· „Οὐκ ἀναγκαῖ-
ον πάντας ὑμᾶς συνελθεῖν· ἀλλ' ἐπειδὴ ἀκόλουθόν ἐστιν
πιστωθῆναι τοὺς ἀμφιβάλλοντας, ὁ εὐλαβέστατος ἐπίσκοπος Ἀνατόλιος ἀπὸ τῶν ὑπογραψάντων ἐπιλέξηται
οὓς ἐὰν νομίσῃ πρὸς διδασκαλίαν τῶν ἀμφιβαλλόντων." 30

---

[279] Die Bischöfe von Illyrien und Palästina hatten Vorbehalte gegenüber
bestimmten Formulierungen des *Tomus Leonis,* die mit der Theologie
CYRILLS im Widerspruch zu stehen schienen; deshalb werden Zitate aus
den Briefen CYRILLS angeführt (*C Chalc.* Actio tertia 24–26 [2/1,2,81 f
SCHWARTZ]). Der Widerstand gegen JUVENAL bei seiner Rückkehr nach

etwas anderes das, aufgrund dessen beiden die Schande
gemeinsam ist, und etwas anderes das, aufgrund dessen
ihnen die Herrlichkeit gemeinsam ist. Denn von uns hat er
die Menschheit, die ihn gegenüber dem Vater erniedrigt,
vom Vater hat er die Gottheit mit dem Vater, die gleich ist
mit der des Vaters ...", sagte Theodoret nach einiger Überlegung, daß der selige Cyrill auch dies wörtlich gesagt
habe: „Auch als er Mensch geworden war und seine Eigentümlichkeit nicht aufgegeben hatte, blieb er, was er war,
und das, was (sc. im Leib) wohnte, war etwas anderes als
das, worin er wohnte, nämlich die göttliche Natur unter
den Menschen."[279]

Danach fragten die erhabenen Beamten, ob noch jemand zweifle, und alle sagten, daß sie nicht mehr unsicher
seien. Nach ihnen verlangte Atticus, der Bischof von Nicopolis, daß ihnen ein Aufschub von einigen Tagen gewährt werde, damit sie mit ruhigem Denken und unge-
störter Überlegung formulieren könnten, was Gott und
den heiligen Vätern richtig scheint. Er verlangte, daß man
auch den Brief Cyrills an Nestorius mit aufnehme, in dem
er ihn auffordert, seinen zwölf Kapiteln zuzustimmen,
denen alle zustimmten. Als die Beamten beschlossen hatten, ihnen einen Aufschub von fünf Tagen zu gewähren,
damit sie bei Anatolius, dem vorsitzenden Bischof von
Konstantinopel, zusammenkommen konnten, spendeten
alle Bischöfe Beifall mit den Worten: „Wir glauben so, wir
alle glauben so; wie Leo glaubt, so glauben wir. Von uns
zweifelt niemand; wir haben alle unterschrieben."

Darauf wurde wörtlich dieser Beschluß gefaßt: „Es ist
nicht notwendig, daß Ihr alle Euch versammelt; aber da es
angebracht ist, daß die Zweifler in ihrem Glauben gestärkt
werden, wird der frömmste Bischof Anatolius von denen,
die unterschrieben haben, die auswählen, die er zur Unter-
weisung der Zweifler für geeignet hält."

Palästina kündigt sich hier schon an.

Οἷς ἐπήγαγον οἱ τῆς συνόδου οὕτως· „Δεόμεθα περὶ
τῶν πατέρων· τοὺς πατέρας τῇ συνόδῳ, τοὺς ὁμόφρονας
Λέοντος τῇ συνόδῳ, τοὺς πατέρας τῇ συνόδῳ· τὰς φωνὰς
τῷ βασιλεῖ, τὰς ἱκεσίας τῷ ὀρθοδόξῳ, τὰς ἱκεσίας τῇ
Αὐγούστῃ. Πάντες ἡμάρτομεν, πᾶσι συγχωρηθῇ."   5
Ἐπεβόησαν δὲ οἱ τῆς Κωνσταντινουπόλεως ἐκκλησί- 86
ας· „Ὀλίγοι κράζουσιν. Οὐ λέγει ἡ σύνοδος."
Μεθ' οὓς οἱ Ἀνατολικοὶ ἐξεβόησαν· „Τὸν Αἰγύπτιον τῇ
ἐξορίᾳ." Οἱ δὲ Ἰλλυριοὶ ἐκραύγασαν· „Δεόμεθα, πάντας
ἐλέησον." Μεθ' οὓς οἱ Ἀνατολικοί· „Τὸν Αἰγύπτιον τῇ 10
ἐξορίᾳ."
Καὶ τῶν Ἰλλυριῶν τὰ παραπλήσια αἰτούντων, οἱ τοῦ
κλήρου Κωνσταντινουπόλεως ἐξεβόησαν· „Διόσκορον
τῇ ἐξορίᾳ, τὸν Αἰγύπτιον τῇ ἐξορίᾳ, τὸν αἱρετικὸν τῇ
ἐξορίᾳ· Διόσκορον ὁ Χριστὸς καθεῖλεν." Μεθ' οὓς πάλιν 15
οἱ Ἰλλυριοὶ καὶ οἱ ἀμφ' αὐτοὺς ἐπίσκοποι· „Πάντες ἡμάρ-
τομεν· πᾶσι συγχώρησον. Διόσκορον τῇ συνόδῳ, Διόσκορον ταῖς ἐκκλησίαις." Καὶ τῶν παραπλησίων προ-
ελθόντων τὰ τῆς τοιαύτης συνελεύσεως ἐπερατοῦτο.
Κατὰ δὲ τὴν μετ' αὐτὴν συνέλευσιν, τῆς συγκλήτου 20
διαλαλησάσης ἀναγνωσθῆναι τοὺς ἤδη δεδομένους
τύπους, ἀνέγνω Κωνσταντῖνος σηκρητάριος ἀπὸ σχέδης
ἐπὶ λέξεως ταῦτα·
„Περὶ μὲν τῆς ὀρθοδόξου καὶ καθολικῆς πίστεως
τελειότερον συνόδου γενομένης μετὰ μίαν ἀκριβεσ- 25
τέραν ἐξέτασιν δεῖν γενέσθαι συνορῶμεν. Ἐπειδὴ δὲ
Φλαβιανὸς ὁ τῆς εὐσεβοῦς μνήμης καὶ Εὐσέβιος ὁ εὐλαβέστατος ἐπίσκοπος, ἐκ τῆς τῶν πεπραγμένων καὶ
διεγνωσμένων ἐρεύνης καὶ αὐτῆς τῆς φωνῆς τινων τῶν
ἐξάρχων γενομένων τῆς τότε συνόδου ὁμολογησάντων 30
ἐσφάλθαι καὶ μάτην αὐτοὺς καθῃρηκέναι, οὐδὲν περὶ

---

[280] C Chalc. Actio tertia 27–45 (2/1,2,82–84 SCHWARTZ). Die Sitzung
endete mit Tumult wegen der Forderung der Cyrillianer, auch DIOSKUR
mit den übrigen Ausgeschlossenen wieder zur Synode zuzulassen.
[281] Die vierte Sitzung fand am 17. Oktober statt (C Chalc. Actio quarta
[2/1,2,84–121 SCHWARTZ]).

Die Synodalen fügten hinzu: „Wir bitten für die Väter; die Väter zur Synode, die so denken wie Leo zur Synode, die Väter zur Synode; unsere Stimmen zum Kaiser, unsere Bitten zum orthodoxen Kaiser, unsere Bitten zur Augusta. Wir alle haben gefehlt, allen möge vergeben werden."

Dagegen riefen die von der Kirche von Konstantinopel: „Das sind nur wenige, die schreien. Das ist nicht die Synode, die spricht."

Darauf riefen die Orientalen aus: „Den Ägypter in die Verbannung." Die Illyrer schrieen: „Wir bitten, habe Mitleid mit allen." Danach die Orientalen: „Den Ägypter in die Verbannung."

Als die Illyrer wieder dasselbe verlangten, riefen die Mitglieder des Klerus von Konstantinopel aus: „Dioskur in die Verbannung, den Ägypter in die Verbannung, den Häretiker in die Verbannung; den Dioskur hat Christus abgesetzt." Darauf wieder die Illyrer und die zu ihnen gehörenden Bischöfe: „Wir alle haben gefehlt, vergib allen. Dioskur zur Synode, Dioskur zu den Kirchen." Das ging in dieser Weise weiter, dann wurde diese Sitzung beendet.[280]

Auf der darauf folgenden Sitzung[281] beantragten die Senatoren, die schon erlassenen Bestimmungen zu verlesen, und der Sekretär Konstantin las wörtlich folgendes vom Blatt[282]:

„Über den orthodoxen und katholischen Glauben soll, so bestimmen wir, am nächsten Tag, wenn die Synode vollständig zusammengetreten ist, eine genauere Untersuchung angestellt werden. Da aus der Prüfung der Akten und Beschlüsse und aus den Äußerungen einiger der Vorsitzenden der damaligen Synode, die zugegeben haben, daß sie sich geirrt und sie (sc. Flavian und Eusebius) ohne Grund abgesetzt haben, hervorgeht, daß Flavian frommen Angedenkens und der gottesfürchtigste Bischof Eusebius

---

[282] Der am Ende der ersten Sitzung gefaßte (und von Evagrius schon zitierte) Beschluß wird wieder verlesen (C Chalc. Actio quarta 3 [2/1,2,92f SCHWARTZ]).

τὴν πίστιν σφαλέντες δείκνυνται ἀδίκως καθαιρεθέντες,
φαίνεται ἡμῖν κατὰ τὸ τῷ θεῷ ἀρέσκον δίκαιον εἶναι, εἰ
παρασταίη τῷ θειοτάτῳ καὶ εὐσεβεστάτῳ ἡμῶν δεσπότῃ, τῷ αὐτῷ ἐπιτιμίῳ Διόσκορον τὸν εὐλαβέστατον
ἐπίσκοπον ᾿Αλεξανδρείας, καὶ ᾿Ιουβενάλιον τὸν εὐλα- 5
βέστατον ἐπίσκοπον | ῾Ιεροσολύμων, καὶ Θαλάσσιον τὸν | 87
εὐλαβέστατον ἐπίσκοπον Καισαρείας Καππαδοκίας, καὶ
Εὐσέβιον τὸν εὐλαβέστατον ἐπίσκοπον ᾿Αγκύρας, καὶ
Εὐστάθιον τὸν εὐλαβέστατον ἐπίσκοπον Βηρυτοῦ, καὶ
Βασίλειον τὸν εὐλαβέστατον ἐπίσκοπον Σελευκείας τῆς 10
᾿Ισαυρίας, τοὺς ἐξουσίαν ἐσχηκότας καὶ ἐξάρχοντας τῆς
τότε συνόδου, κατὰ τοὺς κανόνας τοῦ ἐπισκοπικοῦ
ἀλλοτρίους γενέσθαι ἀξιώματος, πάντων τῶν παρακολουθησάντων τῇ θείᾳ κορυφῇ γνωριζομένων."
    Εἶτα μεθ᾿ ἑτέρας ἀναγνώσεις γενομένας, ἐρωτηθέν- 15
τες οἱ συνειλεγμένοι ἐπίσκοποι εἰ συνάδουσι τὰ Λέοντος
γράμματα τῇ πίστει τῶν τριακοσίων δέκα ὀκτὼ ἁγίων
πατέρων τῶν ἐν Νικαίᾳ συναχθέντων, καὶ τῇ τῶν ἑκατὸν πεντήκοντα τῶν ἐν τῇ βασιλίδι, ἀπεκρίνατο ᾿Ανα-
τόλιός τε ὁ τῆς Κωνσταντινουπόλεως πρόεδρος καὶ πάν- 20
τες οἱ συνειλεγμένοι συνᾴδειν τὴν ἐπιστολὴν Λέοντος
τοῖς εἰρημένοις ἁγίοις πατράσιν· καὶ τῇ αὐτῇ Λέοντος
ἐπιστολῇ καθυπεσημήναντο. Τούτων ὧδε προελθόν-
των, ἐπεβόησαν οἱ τῆς συνόδου· „Πάντες συντιθέμεθα,
πάντες συναινοῦμεν, πάντες ὁμοίως πιστεύομεν, πάντες 25
τὰ αὐτὰ φρονοῦμεν, οὕτως πιστεύομεν. Τοὺς πατέρας
τῇ συνόδῳ, τοὺς ὑπογράψαντας τῇ συνόδῳ. Πολλὰ τὰ
ἔτη τοῦ βασιλέως, πολλὰ τὰ ἔτη τῆς Αὐγούστης. Τοὺς
πατέρας τῇ συνόδῳ, τοὺς ὁμοπίστους τῇ συνόδῳ. Πολλὰ τὰ ἔτη τοῦ βασιλέως. Τοὺς ὁμόφρονας τῇ συνόδῳ. 30
Πολλὰ τὰ ἔτη τοῦ βασιλέως. Καὶ οἱ πέντε τῇ πίστει
ὑπέγραψαν. ῾Ως ὁ Λέων, οὕτως φρονοῦμεν."

---

[283] Die Unterschriften werden in C *Chalc.* Actio quarta 9 (2/1, 2, 94–109
SCHWARTZ) aufgeführt.
[284] JUVENAL VON JERUSALEM, THALASSIUS VON CAESAREA, EUSEBIUS

in keiner Weise vom Glauben abgewichen sind und daß sie
zu Unrecht abgesetzt worden sind, scheint es uns gemäß
dem Willen Gottes gerecht zu sein, wenn unser heiligster
und frömmster Herrscher sein Einverständnis gibt, daß
Dioskur, der gottesfürchtigste Bischof von Alexandrien,
Juvenal, der gottesfürchtigste Bischof von Jerusalem, Thalassius, der gottesfürchtigste Bischof von Caesarea in
Kappadokien, Eusebius, der gottesfürchtigste Bischof von
Ancyra, Eustathius, der gottesfürchtigste Bischof von Berytus, und Basilius, der gottesfürchtigste Bischof von Seleucia in Isaurien, die auf der damaligen Synode die Vollmacht
hatten und die die Vorsitzenden waren, mit derselben Strafe
belegt werden und gemäß den Kanones ihre bischöfliche
Würde verlieren, wenn alles, was in der Folge verhandelt
worden ist, dem kaiserlichen Haupt bekanntgemacht ist."

Dann wurden nach weiteren Verlesungen die versammelten Bischöfe gefragt, ob der Brief Leos übereinstimme
mit dem Glaubensbekenntnis der 318 heiligen Väter, die in
Nicaea zusammengekommen waren, und dem der 150 Väter in der Hauptstadt; Anatolius, der vorsitzende Bischof
von Konstantinopel, und alle versammelten Bischöfe antworteten, daß der Brief Leos mit den genannten Vätern
übereinstimme, und sie setzten ihre Unterschrift unter den
Brief Leos[283]. Als das geschehen war, riefen die Synodalen:
„Wir stimmen alle zu, wir stimmen alle überein, wir glauben alle gleich, wir denken alle dasselbe, so glauben wir. Die
Väter zur Synode, die, die unterschrieben haben, zur Synode. Viele Jahre dem Kaiser, viele Jahre der Augusta. Die Väter zur Synode, die, die gleichen Glaubens sind, zur Synode.
Viele Jahre dem Kaiser. Die Gleichgesinnten zur Synode.
Viele Jahre dem Kaiser. Auch die fünf[284] haben das Glau-
bensbekenntnis unterschrieben. Wir denken so wie Leo."[285]

VON ANCYRA, EUSTATHIUS VON BERYTUS und BASILIUS VON SELEUCIA.
[285] C Chalc. Actio quarta 11 (2/1,2,109 SCHWARTZ). — In den Akten
heißt der letzte Satz: „Sie denken so wie Leo".

Καὶ διαλαλιᾶς ἐνεχθείσης ἐπὶ λέξεως ὧδε· „Ἀνηνέγ-
καμεν τῷ θειοτάτῳ καὶ εὐσεβεστάτῳ ἡμῶν δεσπότῃ περὶ
αὐτῶν, καὶ ἀναμένομεν τὴν ἀπόκρισιν τῆς αὐτοῦ εὐσεβείας. Ἡ δὲ εὐλάβεια ἡ ὑμετέρα καὶ περὶ Διοσκόρου τοῦ
παρ’ ὑμῶν καθαιρεθέντος, ἀγνοούσης καὶ τῆς θειο|τά-   5 | 8
της κορυφῆς καὶ ἡμῶν, καὶ περὶ αὐτῶν τῶν πέντε ὑπὲρ
ὧν τὴν παράκλησιν ποιεῖσθε, καὶ πάντων τῶν πεπραγμένων ἐν τῇ συνόδῳ δώσει λόγον τῷ θεῷ,“ ἐπευφήμησαν
λέγοντες· „Διόσκορον ὁ θεὸς καθεῖλεν. Διόσκορος δικαίως καθῃρέθη. Διόσκορον ὁ Χριστὸς καθεῖλεν.“   10
    Εἶτα μετὰ ταῦτα τῆς ἀπὸ Μαρκιανοῦ ἐνεχθείσης ἀπο-
κρίσεως τῇ διακρίσει τῶν ἐπισκόπων τὰ περὶ τῶν καθαιρεθέντων διδούσης, ὡς ἡ διαλαλιὰ τῶν ἀρχόντων ἐδήλωσεν, ἐδεήθησαν ἐπὶ λέξεως εἰπόντες ταῦτα· „Παρα-
καλοῦμεν αὐτοὺς εἰσελθεῖν· τοὺς ὁμοδόξους τῇ συνόδῳ,   15
τοὺς ὁμόφρονας τῇ συνόδῳ, τοὺς ὑπογράψαντας τῇ
ἐπιστολῇ Λέοντος τῇ συνόδῳ.“ Οἵπερ ἀπὸ διαλαλιᾶς τῇ
συνόδῳ συνηριθμήθησαν.
    Καὶ μετὰ τοῦτο δεήσεις ἐπιδεδομέναι παρὰ τῶν ἐπι-
σκόπων τῆς ἐν Αἰγύπτῳ διοικήσεως Μαρκιανῷ τῷ αὐ-   20
τοκράτορι ἀνεγνώσθησαν, αἳ περιέχουσι πρὸς ἑτέροις·
    „Φρονοῦμεν καθὼς καὶ οἱ ἐν Νικαίᾳ τριακόσιοι δέκα
ὀκτὼ ἐξέθεντο καὶ ὁ μακάριος Ἀθανάσιος καὶ ὁ ἐν ἁγίοις Κύριλλος, ἀναθεματίζοντες πᾶσαν αἵρεσιν, τήν τε
Ἀρείου, καὶ Εὐνομίου, καὶ Μάνου, καὶ Νεστορίου, καὶ   25
τῶν λεγόντων ἐξ οὐρανοῦ τὴν σάρκα τοῦ Κυρίου ἡμῶν
ὑπάρχειν, καὶ μὴ ἐκ τῆς ἁγίας καὶ θεοτόκου καὶ ἀειπαρ-
θένου Μαρίας, καθ’ ὁμοιότητα πάντων ἡμῶν, χωρὶς
ἁμαρτίας.“ Πάντες οἱ τῆς συνόδου ἔκραξαν λέγοντες·

---

[286] Die kaiserlichen Beamten hatten an der dritten Sitzung, auf der Dios-
KUR abgesetzt worden war, nicht teilgenommen. Die Bischöfe hatten be-
antragt, die fünf oben Genannten wieder aufzunehmen, nicht jedoch
DIOSKUR.

Als (*sc.* von den kaiserlichen Beamten) wörtlich diese Erklärung abgegeben wurde: „Wir haben unserem heiligsten und frömmsten Herrscher hierüber Bericht erstattet und warten auf die Antwort seiner Frömmigkeit. Eure Gottesfürchtigkeit wird über Dioskur, den ihr ohne Wissen des heiligsten Hauptes und ohne unser Wissen abgesetzt habt, und über die fünf[286], für die ihr ein Bittgesuch stellt, und ebenso über alles, was auf der Synode verhandelt worden ist, gegenüber Gott Rechenschaft ablegen", stimmten (die Bischöfe) zu mit den Worten: „Den Dioskur hat Gott abgesetzt. Dioskur wurde zu Recht abgesetzt. Den Dioskur hat Christus abgesetzt."

Als dann die Antwort Marcians überbracht wurde, die die Entscheidung über die Absetzungen den Bischöfen überließ, wie die Mitteilung[287] der Beamten zeigte, stellten sie wörtlich die Bitte: „Wir bitten, daß sie zugelassen werden. Die, die gleichen Glaubens sind, zur Synode; die, die gleicher Meinung sind, zur Synode; die, die den Brief Leos unterschrieben haben, zur Synode." So wurden sie auf Antrag wieder in die Synode aufgenommen.[288]

Danach wurden Bittschriften verlesen, die von den Bischöfen der Diözese Ägyptens Kaiser Marcian übergeben worden waren, die unter anderem enthalten:

„Wir denken ebenso, wie es die 318 in Nicaea dargelegt haben und ebenfalls der selige Athanasius und der heilige Cyrill, wir anathematisieren jede Häresie, die des Arius, die des Eunomius, die des Mani, die des Nestorius und die derer, die sagen, daß das Fleisch unseres Herrn aus dem Himmel ist und nicht aus der heiligen Gottesgebärerin und immer jungfäulichen Maria, das uns in allem gleich ist außer der Sünde." Da schrieen sämtliche Synodalen:

---

[287] Διαλαλιά bedeutet hier, daß die Beamten den Inhalt des kaiserlichen Schreibens, das nach einigen Stunden eintraf, mitteilten.
[288] *C Chalc.* Actio quarta 12–17 (2/1,2,109 SCHWARTZ).

„Τὸ δόγμα Εὐτυχοῦς διὰ τί μὴ ἀνεθεμάτισαν; Τῇ ἐπιστολῇ Λέοντος ὑπογράψωσιν, ἀναθεματίσαντες Εὐτυχῆ καὶ τὰ δόγματα αὐτοῦ· συνθῶνται τῇ ἐπιστολῇ Λέοντος. Χλευάσαι ἡμᾶς θέλουσιν καὶ ἀπελθεῖν."

Πρὸς ἃ διῆλθον οἱ ἐξ Αἰγύπτου ἐπίσκοποι ὡς πολλοὶ 5
τυγχάνουσιν οἱ ἐν Αἰγύπτῳ ἐπίσκοποι, καὶ μὴ δύνασθαι
| τὸ τῶν ἀπολιμπανομένων ἀναδέξασθαι πρόσωπον· καὶ | 89
παρεκάλουν ἀναμεῖναι τὴν σύνοδον τὸν αὐτῶν ἀρχιεπίσκοπον, ἵνα τῇ γνώμῃ ἐκείνου ἀκολουθήσωσιν, ὡς τὸ
ἔθος βούλεται· ἐὰν γὰρ πρὸ τῆς τοῦ ἡγεμονεύοντος προ- 10
βολῆς ποιήσωσί τι, ἐπέρχεσθαι αὐτοῖς τοὺς ἀπὸ πάσης
τῆς Αἰγυπτιακῆς διοικήσεως. Καὶ πολλὰ περὶ τούτων δε-
ηθέντων, καὶ τῶν ἀπὸ τῆς συνόδου μάλα ἰσχυρῶς ἀντι-
τεινόντων, διελαλήθη ἐνδοθῆναι τοῖς ἐξ Αἰγύπτου ἐπισκόποις μέχρις οὗ ἀρχιεπίσκοπος αὐτοῖς προχειρισθείη. 15

Καὶ μετὰ τοῦτο δεήσεις ἐπεδίδοντό τινων μοναχῶν,
ὧν τὸ κεφάλαιον ἦν μηδαμῶς αὐτοὺς ἀναγκάζεσθαι ἔν
τισι χάρταις ὑπογράφειν μέχρις ἂν συναθροισθείη ἡ
σύνοδος ἣν τεθέσπικεν ὁ βασιλεὺς ἁλισθῆναι, καὶ τὰ
τετυπωμένα γνῶσιν. Ὧν ἀναγνωσθεισῶν, Διογένης ἐπί- 20
σκοπος Κυζίκου διεξῆλθε Βαρσουμᾶν ἕνα τῶν συνελθόντων Φλαβιανὸν σφάξαι· αὐτὸν γὰρ κράξαι· „σφά-
ξον," καὶ μὴ ἐγκείμενον ταῖς δεήσεσι παρὰ τὸ δέον τῆς
εἰσόδου τυχεῖν. Οἷς ἐπεβόησαν πάντες οἱ ἐπίσκοποι·

---

[289] EUTYCHES hatte zwar anerkannt, daß Christus seinen Leib aus MARIA
hatte, leugnete aber, daß Christus uns wesensgleich ist. Daher verlangen
die Synodalen eine ausdrückliche Verurteilung.
[290] *C Chalc.* Actio quarta 19–62 (2/1,2,110–114 SCHWARTZ). — Die
ägyptischen Bischöfe anathematisierten schließlich EUTYCHES, weiger-
ten sich aber, die Absetzung DIOSKURS und den Brief LEOS anzuerken-
nen; sie mußten damit rechnen, in Ägypten umgebracht zu werden, wenn
sie ohne ihren Patriarchen unterschrieben; sie warfen sich auf den Boden,
riefen „Habt Mitleid mit unseren grauen Haaren" und baten um Aufschub bis zur Wahl eines neuen Bischofs, der ihnen endlich von den
Beamten gewährt wurde. Hier wird schon deutlich, auf welche Ablehn-
nung die Konzilsentscheidungen in Ägypten stoßen würden.

„Warum haben sie die Lehre des Eutyches nicht anathematisiert? Sie sollen den Brief Leos unterschreiben, sie sollen Eutyches und seine Lehren anathematisieren; sie sollen
dem Brief Leos zustimmen. Sie wollen uns verspotten und
weggehen."[289]
    Darauf erwiderten die Bischöfe Ägyptens, daß es in
Ägypten viele Bischöfe gebe und daß sie nicht für die sprechen könnten, die fehlten; sie baten die Synode, zu warten,
bis sie einen Erzbischof hätten, damit sie dessen Meinung
folgen könnten, wie es die Gewohnheit will; denn wenn sie
etwas vor der Ernennung ihres Anführers unternähmen,
würden die aus der ganzen ägyptischen Diözese über sie
herfallen. Da sie deswegen viele Bitten vorbrachten und die
Mitglieder der Synode sich ihnen ganz energisch widersetzten, wurde beschlossen, den Bischöfen aus Ägypten einen
Aufschub bis zur Wahl ihres Erzbischofs zu gewähren.[290]
    Danach wurden Bittschriften von Mönchen[291] einge-
reicht, in denen es in der Hauptsache darum ging, daß sie
auf keinen Fall gezwungen werden wollten, Papiere zu unterschreiben, bevor die Synode zusammenträte, die der
Kaiser einberufen hätte, und sie wüßten, was formuliert
worden war. Als sie verlesen worden waren, sagte Diogenes, der Bischof von Cyzicus, daß Barsumas, der einer der
Teilnehmer war, Flavian getötet habe, denn er habe gerufen: „Schlag ihn tot", und da sein Name nicht in den
Bittschriften enthalten sei, habe er wider die Regel Zutritt
zur Synode erhalten. Alle Bischöfe riefen darauf: „Ganz

---

[291] *C Chalc.* Actio quarta 63–116 (2/1,2,114–121 SCHWARTZ). — Ein
Teil der Mönche stand auf Seiten von EUTYCHES und DIOSKUR (so
DOROTHEUS und CAROSUS) und weigerte sich, EUTYCHES zu anathematisieren und den *Tomus Leonis* zu unterschreiben, andere (um FAUSTUS)
standen auf Seiten des Konzils. Die ersteren hatten bei Konzilsbeginn
eine Eingabe an den Kaiser gerichtet (*C Chalc.* Actio quarta 76
[2/1,2,115f SCHWARTZ]), der ihnen daraufhin die Erlaubnis gab, vor
dem Konzil zu erscheinen (*C Chalc.* Actio quarta 79 [2/1,2,116
SCHWARTZ]).

„Πᾶσαν Συρίαν Βαρσουμᾶς ἠφάνισεν, ἐπήγαγεν ἡμῖν
χιλίους μονάζοντας." Καὶ διαλαλιᾶς ἐνεχθείσης
ἀναμεῖναι τοὺς συνεληλυθότας τὴν ἀπὸ τῆς συνόδου
διατύπωσιν, ἠξίωσαν οἱ μοναχοὶ τοὺς συντεταγμένους
αὐτοῖς λιβέλλους ἀναγνωσθῆναι· ὧν μέρος ὑπῆρχε τὸν 5
Διόσκορον καὶ τοὺς σὺν αὐτῷ ἐπισκόπους παρεῖναι
κατὰ τὸ συνέδριον. Πρὸς ὃ ἐπεβόησαν πάντες οἱ
ἐπίσκοποι· „Ἀνάθεμα Διοσκόρῳ. Διόσκορον ὁ Χριστὸς
καθεῖλε. Τούτους ἔξω βάλε. Ἄρον ὕβριν τῆς συνόδου,
ἆρον βίαν τῆς συνόδου. Τὰς φωνὰς τῷ βασιλεῖ. Ἄρον 10
ὕβριν τῆς συνόδου, ἆρον αἶσχος τῆς συνόδου." Οἷς
ἀντιτείνοντες οἱ μοναχοὶ ἔκραζον· „Ἄρον ὕβριν τῶν
μοναστηρίων."

Καὶ τῶν αὐτῶν αὖθις κραυγασθέντων ἐκ τῆς συνόδου, διελαλήθη τοὺς λοιποὺς τῶν λιβέλλων ἀναγνω- 15
σθῆναι | οἵπερ λέγουσι μὴ κατὰ τὸ δέον τὴν καθαίρεσιν | 90
Διοσκόρου γενέσθαι, καὶ χρεὼν πίστεως προκειμένης
μετασχεῖν αὐτὸν τοῦ συνεδρίου· εἰ δὲ μὴ τοῦτο γένηται,
ἀποτινάσσειν τὰ ἱμάτια αὐτῶν τῆς κοινωνίας τῶν συνεληλυθότων ἐπι σκόπων. Ὧν εἰρημένων, Ἀέτιος ἀρχι- 20
διάκονος ἀνεγίνωσκε κανόνα περὶ τῶν ἀφοριζόντων
ἑαυτούς. Καὶ πάλιν πρὸς τὰς πεύσεις τῶν ὁσιωτάτων
ἐπισκόπων τῶν μοναχῶν διενεχθέντων, εἶτα καὶ πρὸς
ἐρώτησιν Ἀετίου ἀρχιδιακόνου ὡς ἀπὸ τῆς συνόδου,
τῶν μὲν ἀναθεματιζόντων Νεστόριον καὶ Εὐτυχῆ, τῶν 25
δὲ καὶ παρακρουσαμένων, διελαλήθη παρὰ τῶν ἀρχόντων τὰς δεήσεις Φαύστου καὶ τῶν λοιπῶν μοναχῶν
ἀναγνωσθῆναι, αἳ παρεκάλουν τὸν βασιλέα μὴ προσ-
δεχθῆναι περαιτέρω προβῆναι τοὺς μοναχοὺς ἐναντι-
ουμένους τοῖς ὀρθοῖς δόγμασιν. Ἐφ' οἷς Δωρόθεος μο- 30
ναχὸς ὀρθόδοξον Εὐτυχῆ κέκληκεν. Πρὸς ὃν διάφορα
δογματικὰ περὶ Εὐτυχοῦς παρὰ τῶν ἀρχόντων ἐκινήθη.

---

[292] BARSUMAS oder BARSAUMA war Anführer einer Gruppe von syrischen Mönchen; er hatte auf Wunsch des Kaisers an der zweiten Synode
von Ephesus teilgenommen und war jetzt mit seinen Mönchsscharen zur

Syrien hat Barsumas zugrunde gerichtet, tausend Mönche hat er gegen uns herangeführt."[292] Als beschlossen worden war, daß die Versammelten die Entscheidung der Synode abwarten sollten, verlangten die Mönche, die von ihnen verfaßten Schriften zu verlesen; sie bestanden zum Teil darin, daß Dioskur und seine Mitbischöfe an der Sitzung teilnehmen sollten. Alle Bischöfe riefen darauf: „Anathem über Dioskur. Christus hat Dioskur abgesetzt. Wirf die da raus! Nimm die Schmach von der Synode, nimm die Gewalt von der Synode! Unsere Worte zum Kaiser. Nimm die Schmach von der Synode, nimm die Schande von der Synode!" Die Mönche widersetzten sich und schrieen: „Nimm die Schande von den Klöstern!"

Als wieder die gleichen Rufe aus der Synode ertönten, wurde beschlossen, die übrigen Eingaben zu verlesen; sie besagten, daß die Absetzung Dioskurs unrechtmäßig erfolgt sei und daß er, da es um den Glauben gehe, an der Versammlung teilnehmen müsse; wenn das nicht geschähe, würden sie ihren Mantel der Gemeinschaft mit den versammelten Bischöfen abwerfen. Nach diesen Worten verlas der Archidiakon Aëtius den Kanon über die, die sich abspalten. Und als auf die Fragen der heiligsten Bischöfe und dann auch auf die Frage des Archidiakons Aëtius, der im Namen der Synode sprach, die Mönche wieder verschiedener Meinung waren und die einen Nestorius und Eutyches anathematisierten, die anderen ausweichend antworteten, beantragten die Beamten, die Bittschriften des Faustus und der übrigen Mönche vorlesen zu lassen, in denen sie den Kaiser baten, nicht zuzulassen, daß die Mönche, die sich den wahren Dogmen widersetzen, weiter vor der Synode aufträten. Daraufhin nannte der Mönch Dorotheus Eutyches orthodox. Gegen ihn brachten die Beamten verschiedene dogmatische Einwände bezüglich Eutyches vor.

---

mönchischen Opposition um Dorotheus und Carosus gestoßen. Zu Barsumas siehe Bacht, *Die Rolle des Mönchtums* 225–253.

Καὶ μετὰ τοῦτο πέμπτης συνελεύσεως γενομένης, διελάλησαν οἱ ἄρχοντες τὰ τυπωθέντα περὶ τῆς πίστεως
δῆλα γενέσθαι· καὶ ἀνέγνω Ἀσκληπιάδης διάκονος
Κωνσταντινουπόλεως ὅρον, ὃν ἔδοξε μὴ συνταγῆναι
τοῖς ὑπομνήμασιν. Πρὸς ὃν τινὲς μὲν διηνέχθησαν, οἱ 5
πλείους δὲ συνῄνεσαν. Καὶ ἐκβοήσεων ἐναντίων γενομένων, εἶπον οἱ ἄρχοντες ὅτι Διόσκορος ἔλεγεν διὰ
τοῦτο καθελεῖν Φλαβιανὸν ἐπειδὴ δύο φύσεις εἶπεν
εἶναι, τὸν δὲ ὅρον „ἐκ δύο φύσεων ἔχειν“. Πρὸς ἃ Ἀνατόλιος εἶπεν Διόσκορον μὴ καθαιρεθῆναι διὰ τὴν πίστιν, 10
ἀλλ᾽ ἐπειδὴ ἀκοινωνησίαν ἐπήγαγεν Λέοντι, καὶ τρὶς
κληθεὶς οὐκ ἦλθεν. Καὶ ἀπῄτουν οἱ ἄρχοντες τὰ ἐν τῇ
ἐπιστολῇ Λέοντος ἐντεθῆναι τῷ ὅρῳ. Πρὸς ὃ ἀπο-
φησάντων τῶν ἐπισκόπων καὶ εἰρηκότων ἄλλον ὅρον μὴ
γενέσθαι, ἐντελῶς γὰρ ἔχειν, ἀνηνέχθη ταῦτα τῷ 15
βασιλεῖ. Καὶ ἐκέλευσεν ἓξ ἀπὸ τῶν ἀνατολικῶν ἐπι-
|σκόπων, καὶ τρεῖς ἀπὸ τῆς Ποντικῆς, καὶ τρεῖς ἀπὸ τῆς | 91
Ἀσίας, καὶ τρεῖς ἀπὸ Θρᾴκης, καὶ τρεῖς ἀπὸ Ἰλλυριῶν,
συμπαρόντος Ἀνατολίου καὶ τῶν τοποτηρητῶν Ῥώμης,
συνελθεῖν ἐν τῷ μαρτυρίῳ, καὶ τὰ περὶ τῆς πίστεως 20
ὀρθῶς τυπῶσαι, ἢ ἕκαστον τὴν ἑαυτοῦ δηλῶσαι πίστιν, ἢ
εἰδέναι ὡς ἐν τῇ δύσει ἡ σύνοδος γίνεται. Καὶ ἀπαιτη-
θέντες εἰπεῖν εἰ Διοσκόρῳ ἀκολουθοῦσιν „ἐκ δύο“
λέγοντι, ἢ Λέοντι „δύο ἐν Χριστῷ“, ἐβόησαν Λέοντι
πιστεύειν· τοὺς δὲ ἀντιλέγοντας, Εὐτυχιανιστὰς εἶναι. 25

---

[293] An der fünften Sitzung am 22. Oktober nahmen nur drei kaiserliche
Beamte und 58 Bischöfe teil (C Chalc. Actio quinta [2/1,2,121–130
SCHWARTZ]).

[294] Gemeint ist die Glaubensdefinition, die eine auf der vierten Sitzung
eingesetzte Kommission unter ANATOLIUS ausgearbeitet hatte (vgl. h. e.
2,18, unten 300f). Darüber sind keine Protokolle geführt worden.

[295] C Chalc. Actio quinta 3–17 (2/1,2,123f SCHWARTZ). Die vorgelegte
Definition, deren Wortlaut unbekannt ist, entsprach offenbar weitgehend der Lehre CYRILLS („aus zwei Naturen“) und wurde von den

Als danach die fünfte Sitzung stattfand[293], beantragten die Beamten, daß bekannt gemacht werden sollte, was über den Glauben definiert worden war[294]; der Diakon Asclepiades aus Konstantinopel las eine Definition vor, die man nicht in die Akten aufzunehmen beschloß. Einige waren abweichender Meinung über die Definition, aber die meisten stimmten ihr zu. Als es Gegenrufe gab, sagten die Beamten, daß Dioskur gesagt hatte, er habe Flavian deswegen abgesetzt, weil er gesagt hatte, es seien zwei Naturen, die Definition enthalte aber „aus zwei Naturen". Anatolius erwiderte darauf, daß Dioskur nicht wegen seines Glaubens abgesetzt worden sei, sondern weil er Leo exkommuniziert habe und nach dreimaliger Vorladung nicht gekommen sei. Die Beamten verlangten, die Ausführungen aus dem Brief Leos in die Definition aufzunehmen.[295] Als die Bischöfe das ablehnten und sagten, es werde keine andere Definition geben, denn sie sei vollständig, wurde die Sache vor den Kaiser gebracht. Der Kaiser befahl, daß sechs Bischöfe aus der Diözese Oriens, drei aus Pontus, drei aus Asien, drei aus Thrakien und drei aus Illyrien im Beisein von Anatolius und den Vertretern Roms im Martyrium[296] zusammenkommen sollten, um richtige Bestimmungen über den Glauben zu verfassen, oder jeder solle seinen eigenen Glauben darlegen oder (wenn sie das nicht wollten) sie sollten wissen, daß die Synode im Westen stattfinde. Als sie aufgefordert wurden zu sagen, ob sie Dioskur folgten, der „aus zwei" sagt, oder Leo, der „zwei in Christus" sagt, riefen sie, daß sie Leo glaubten und daß die, die widersprächen, Eutychianer seien.

---

römischen und einigen Bischöfen der Diözese Oriens abgelehnt; deshalb wurde ein ausdrücklicher Bezug auf den Brief LEOS verlangt.

[296] Das Martyrium der Konzilskirche ist der Rundbau mit dem Schrein der Heiligen.

314   EVAGRIUS SCHOLASTICUS

Καὶ τῶν ἀρχόντων εἰρηκότων προστεθῆναι κατὰ Λέοντα „δύο φύσεις ἡνωμένας ἀτρέπτως καὶ ἀμερίστως καὶ
ἀσυγχύτως ἐν τῷ Χριστῷ“, καὶ εἰσελθόντων τῶν ἀρχόντων ἐν τῷ μαρτυρίῳ τῆς ἁγίας Εὐφημίας ἅμα Ἀνατολίῳ
καὶ τοῖς τοποτηρηταῖς Λέοντος, καὶ Μαξίμου Ἀντιο- 5
χείας καὶ Ἰουβεναλίου Ἱεροσολύμων καὶ Θαλασσίου
Καισαρείας Καππαδοκίας σὺν ἑτέροις, καὶ ἐξελθόντων
αὐτῶν, ἀνεγνώσθη ὁ ὅρος ἔχων οὕτως·
  „Ὁ κύριος ἡμῶν καὶ σωτὴρ Ἰησοῦς ὁ Χριστὸς“ καὶ τὰ
λοιπά, ἃ ἐν τῇ ἱστορίᾳ ἐντέτακται. Καὶ πάντων βοησάν- 10
των· „Αὕτη ἡ πίστις τῶν πατέρων· οἱ μητροπολῖται ἄρτι
ὑπογράψωσιν. Αὕτη ἡ πίστις τῶν ἀποστόλων. Ταύτῃ
πάντες στοιχοῦμεν, πάντες οὕτω φρονοῦμεν,“ διελάλησαν οἱ ἄρχοντες· „Τὰ τυπωθέντα διὰ τῶν πατέρων καὶ
πᾶσιν ἀρέσαντα ἀνενεχθήσεται τῇ θείᾳ κορυφῇ.“   15
  Κατὰ δὲ τὴν ἕκτην συνέλευσιν παρεγένετο Μαρκιανὸς καὶ πρὸς τοὺς ἐπισκόπους περὶ τῆς ὁμονοίας
ἐδημηγόρησε· καὶ διὰ Ἀετίου ἀρχιδιακόνου Κωνσταντινουπόλεως ὁ ὅρος ἀνεγνώσθη ἀπὸ διαλαλιᾶς τοῦ
βασιλέως, καὶ πάντες ὑπέγραψαν τῷ ὅρῳ. Καὶ ἠρώτη- 20
σεν ὁ βασιλεὺς εἰ κατὰ συναίνεσιν πάντων ὁ ὅρος ἀνε-
γνώσθη· καὶ πάντες δι᾽ | εὐφημιῶν ἐβεβαίωσαν. Καὶ | 92
πάλιν πρὸς αὐτοὺς ὁ βασιλεὺς ἐδημηγόρησεν δίς, καὶ
ἐπευφήμησαν πάντες. Καὶ ἀπὸ προτροπῆς τοῦ βασιλέως
ἐτέθησαν κανόνες, καὶ ἐδόθη τῇ Καλχηδοναίων μητρο- 25
πολιτικὰ δίκαια. Καὶ ἐκέλευσεν ὁ βασιλεὺς μεῖναι τοὺς
ἐπισκόπους τρεῖς ἢ τέσσαρας ἡμέρας καὶ ἕκαστον
κινῆσαι περὶ ὧν βούλεται, παρόντων τῶν ἀρχόντων, καὶ
τὰ εἰκότα γενέσθαι· καὶ ἐπεραιώθη ἡ συνέλευσις.
  Γέγονε καὶ ἑτέρα, καὶ ἕτεροι κανόνες ἐτέθησαν.   30

---

[297] C Chalc. Actio quinta 18–28 (2/1,2,124f SCHWARTZ).
[298] Vgl. h. e. 2,4, oben 220–227.
[299] C Chalc. Actio quinta 31–36 (2/1,2,126–130 SCHWARTZ).
[300] An der sechsten Sitzung vom 25. Oktober (C Chalc. Actio sexta [2/1,2,130–158 SCHWARTZ]) nahmen neben dem Kaiser noch weitere hohe Beamte teil.

Und als die Beamten gesagt hatten, daß man Leo gemäß hinzufügen müsse: „zwei Naturen in Christus unverändert, ungeteilt und unvermischt vereinigt"[297], gingen die Beamten zusammen mit Anatolius, den Vertretern Leos, mit Maximus von Antiochien, Juvenal von Jerusalem, Thalassius von Caesarea in Kappadokien und anderen in das Martyrium der heiligen Euphemia, und als sie wieder herauskamen, wurde die Definition verlesen, die so lautet:

„Unser Herr und Erlöser Jesus Christus" und so weiter, was in meiner Geschichte[298] schon enthalten ist. Als alle riefen: „Das ist der Glaube der Väter; die Metropoliten sollen sofort unterschreiben. Das ist der Glaube der Apostel. Damit stimmen wir alle überein, so denken wir alle", beantragten die Beamten: „Die Definitionen, die von den Vätern verfaßt und von allen gebilligt worden sind, sollen dem heiligen Haupt vorgelegt werden."[299]

Auf der sechsten Sitzung[300] war Marcian zugegen und hielt vor den Bischöfen eine Rede über die Eintracht[301]; auf Verlangen des Kaisers wurde die Glaubensdefinition durch den Archidiakon Aëtius von Konstantinopel verlesen, und alle unterschrieben sie. Der Kaiser fragte, ob die Glaubensdefinition mit Billigung aller verlesen worden sei, und alle bestätigten das durch Beifall. Der Kaiser redete wieder zweimal vor ihnen, und alle spendeten Beifall. Auf Anregung des Kaisers wurden Kanones aufgestellt und der Stadt Chalcedon die Rechte einer Metropole gegeben.[302] Der Kaiser befahl den Bischöfen auch, drei oder vier Tage zu bleiben und daß jeder in Gegenwart der Beamten erörtern könne, was er wolle, und daß die angemessenen Vorschläge ausgeführt werden sollten. So wurde die Sitzung beendet.

Es gab auch noch eine andere (Sitzung), und noch andere Kanones wurden aufgestellt.[303]

---

[301] *C Chalc.* Actio sexta 4 (2/1,2,139f SCHWARTZ).
[302] *C Chalc.* Actio sexta 21 (2/1,2,157 SCHWARTZ).
[303] *C Chalc.* Actio septima (2/1,2,158–163 SCHWARTZ).

Καὶ πάλιν καθ᾽ ἑτέραν σύνοδον συνεβάθησαν Ἰουβενάλιος καὶ Μάξιμος, καὶ ἔδοξε τὸν Ἀντιοχείας ἔχειν δύο
Φοινίκας καὶ Ἀραβίαν, τὸν δὲ Ἱεροσολύμων τρεῖς Πα-
λαιστίνας· καὶ ἀπὸ διαλαλιᾶς τῶν ἀρχόντων καὶ ἐπισκό-
πων ἐβεβαιώθησαν.   5
Καὶ κατὰ τὴν ἐνάτην σύνοδον ἐκινήθη τὰ κατὰ
Θεοδώρητον, καὶ ἀνεθεμάτισε Νεστόριον εἰρηκώς·
„Ἀνάθεμα Νεστορίῳ καὶ τῷ μὴ λέγοντι θεοτόκον τὴν
ἁγίαν παρθένον Μαρίαν, καὶ τῷ εἰς δύο υἱοὺς μερίζοντι
τὸν ἕνα υἱὸν τὸν μονογενῆ. Ἐγὼ δὲ καὶ τῷ ὅρῳ τῆς πί-   10
στεως ὑπέγραψα καὶ τῇ ἐπιστολῇ Λέοντος.“ Καὶ ἀπὸ
διαλαλιᾶς πάντων ἀπέλαβε τὸν οἰκεῖον θρόνον.
Ἐν ἄλλῃ συνόδῳ ἐκινήθη τὰ κατὰ Ἴβαν, καὶ ἀνεγνώσθησαν τὰ ἐπ᾽ αὐτῷ κεκριμένα, οἷς ἐδίκασαν Φώτιος
ἐπίσκοπος τῆς Τυρίων καὶ Εὐστάθιος ἐπίσκοπος Βηρυ-   15
τοῦ· καὶ ὑπερετέθη ἡ ψῆφος εἰς τὴν ἑξῆς. Κατὰ οὖν τὴν
ἑνδεκάτην συνέλευσιν, τῶν πλειόνων ἐπισκόπων ψηφι-
σαμένων αὐτὸν εἰς ἱερέας εἶναι, τινὲς ἐπίσκοποι ἀντει-
πόντες εἰρήκασι τοὺς κατηγόρους αὐτοῦ ἔξω εἶναι, καὶ
ἠξίωσαν αὐτοὺς εἰσελθεῖν. Καὶ ἀνεγνώσθησαν τὰ ἐπ᾽ 20
αὐτῷ πεπραγμένα· καὶ διαλαλησάντων τῶν ἀρχόντων
ἀναγνωσθῆναι τὰ ἐν Ἐφέσῳ περὶ Ἴβα | πεπραγμένα, | 93
εἰρήκασιν οἱ ἐπίσκοποι πάντα τὰ ἐν Ἐφέσῳ πεπραγμένα
κατὰ τὴν δευτέραν σύνοδον ἄκυρα εἶναι χωρὶς τῆς
χειροτονίας Μαξίμου τοῦ Ἀντιοχείας. Καὶ ἐδεήθησαν   25
περὶ τούτου καὶ τοῦ βασιλέως ὥστε θεσπίσαι μηδὲν
τῶν ἐν Ἐφέσῳ μετὰ τὴν πρώτην σύνοδον κρατεῖν,

304 Auf der achten Sitzung vom 26. Oktober wurde der seit langem beste-
hende Konflikt zwischen Antiochien und Jerusalem beigelegt (*C Chalc.*
Actio octava [2/1, 3, 3–7 SCHWARTZ]). Jerusalem war fortan Patriarchat.
305 *C Chalc.* Actio nona (2/1, 3, 7–11 SCHWARTZ). — THEODORET VON
CYRRHUS, der 449 abgesetzt worden war, war zwar zum Konzil zugelassen und vom Papst als Bischof wieder eingesetzt worden (*C Chalc.* Gesta
actionis primae 26 [2/1, 1, 69 SCHWARTZ]), blieb aber wegen seiner
Freundschaft mit NESTORIUS verdächtig und wurde erst nach einer aus-
drücklichen Verurteilung von dessen Lehre rehabilitiert.

Auf einer anderen Zusammenkunft wieder kamen Juvenal und Maximus überein und es wurde beschlossen, daß der Bischof von Antiochien die zwei Phönizien und Arabien haben sollte, der von Jerusalem die drei Palästinas; das wurde durch Beschluß der Beamten und Bischöfe bestätigt.[304]

Auf der neunten Zusammenkunft wurde die Sache Theodorets[305] verhandelt; er anathematisierte Nestorius mit den Worten: „Anathem über Nestorius und über den, der nicht bekennt, daß die heilige Jungfrau Gottesgebärerin ist, und über den, der den einen Sohn, den einziggeborenen, in zwei Söhne teilt. Ich habe sowohl die Glaubensdefinition als auch den Brief Leos unterschrieben." Aufgrund eines einstimmigen Beschlusses nahm er seinen Thron wieder ein.

In einer anderen Zusammenkunft wurde der Fall des Ibas[306] behandelt, und die Urteile wurden verlesen, die Bischof Photius von Tyrus und Bischof Eusthatius von Berytus über ihn gefällt hatten; der Beschluß wurde auf die nächste Zusammenkunft verschoben.

Bei der elften Zusammenkunft votierten dann die meisten Bischöfe dafür, ihn unter die Bischöfe aufzunehmen, aber einige Bischöfe waren dagegen und sagten, seine Ankläger seien draußen, und sie verlangten, sie einzulassen. Die Akten über ihn wurden verlesen; als die Beamten beantragten, die Akten von Ephesus über Ibas zu verlesen, sagten die Bischöfe, alle Akten der zweiten Synode von Ephesus seien ungültig außer der Ernennung von Maximus von Antiochien. Sie richteten deswegen auch an den Kaiser die Bitte, zu verordnen, daß nichts von dem Gültigkeit haben sollte, was in Ephesus nach der ersten Synode beschlossen worden war,

---

[306] *C Chalc.* Actio decima (2/1, 3, 11–16 SCHWARTZ) und *C Chalc.* Actio undecima (2/1, 3,16–42 SCHWARTZ). IBAS VON EDESSA war ebenfalls 449 abgesetzt worden; die Bischöfe PHOTIUS und EUSTATHIUS hatten ihn gerechtfertigt.

ἧς ἡγήσατο ὁ ἐν ἁγίοις Κύριλλος ὁ τῶν Ἀλεξανδρέων
πρόεδρος. Καὶ ἐδικαιώθη τὴν ἐπισκοπὴν αὐτὸν ἔχειν.
Καθ᾽ ἑτέραν πρᾶξιν ἐζητήθη τὰ κατὰ Βασιανὸν ἐπίσκοπον τῆς Ἐφεσίων, καὶ ἐδικαιώθη ἐξενεχθῆναι αὐτὸν
καὶ Στέφανον.   5
Καὶ ἑτέρας δὲ συνόδου γενομένης ταῦτα ἐψηφίσθη.
Καὶ τρισκαιδεκάτης πράξεως γενομένης, ἐξητάσθη
τὰ κατ᾽ Εὐνόμιον τὸν Νικομηδείας ἐπίσκοπον καὶ Ἀνα-
στάσιον τὸν ἐπίσκοπον Νικαίας, φιλονεικησάντων περὶ
τῶν ἰδίων πόλεων.   10
Γέγονε δὲ καὶ τεσσαρεσκαιδεκάτη πρᾶξις, καὶ ἐξη-
τάσθη τὰ κατὰ Βασιανὸν τὸν ἐπίσκοπον. Καὶ πρὸς τῷ
τέλει ἐδικαιώθη τὸν Κωνσταντινουπόλεως θρόνον εὐθὺς μετὰ τὸν Ῥώμης τετάχθαι.
Τέλος τοῦ β΄ τόμου τῆς ἐκκλησιαστικῆς ἱστορίας 15
Εὐαγρίου.

---

[307] C Chalc. Actio duodecima (2/1,3, 42–53 SCHWARTZ) und C Chalc.
Actio tertia decima (2/1,3,53–56 SCHWARTZ). — BASSIAN war Vorgänger
des STEPHANUS VON EPHESUS und beanspruchte den Bischofssitz.
[308] C Chalc. Actio quarta decima (2/1,3, 56–62 SCHWARTZ).
[309] C Chalc. Actio quinta decima (2/1,3, 63–83 SCHWARTZ). SABINIAN
(im griechischen Text steht fälschlich BASSIAN) VON PERRHE in der
Euphratesia.

auf der der selige Cyrill, der Bischof von Alexandrien, den Vorsitz gehabt hatte. Es wurde für recht erachtet, daß er (*sc.* Ibas) das Bischofsamt wieder erhalten sollte.

Bei einer anderen Verhandlung untersuchte man den Fall des Bischofs Bassianus von Ephesus und hielt es für recht, daß er und Stephanus abgesetzt werden sollten.[307]

Und auf einer weiteren Sitzung wurde das beschlossen.

Auf der dreizehnten Verhandlung untersuchte man die Angelegenheit von Eunomius, des Bischofs von Nicomedien, und von Anastasius, des Bischofs von Nicaea, die wegen ihrer Städte miteinander im Streit lagen.[308]

Es gab noch eine vierzehnte Verhandlung, auf der man den Fall des Bischofs Sabinianus untersuchte.[309] Zum Schluß wurde entschieden, daß der Thron von Konstantinopel im Rang unmittelbar nach dem von Rom stehen sollte.[310]

Ende des zweiten Buches der Kirchengeschichte des Evagrius.

---

[310] In den letzten Sitzungen (wohl am 30. und 31. Oktober) wurde unter Berufung auf Kanon 3 des Konzils von Konstantinopel 381 gegen den Widerstand der päpstlichen Legaten der umstrittene Kanon 28 festgesetzt: Konstantinopel erhält den zweiten Rang nach Rom und das Recht, die Metropoliten (nicht jedoch die Bischöfe) der Diözesen Pontus, Asia und Thracia nach ihrer Wahl zu ordinieren (*C Chalc.* Actio septima decima [2/1, 3, 86–99 SCHWARTZ]). Damit wurde der 381 festgesetzte Ehrenvorrang rechtlich untermauert.